〈黒人自由闘争〉のアメリカ史

The Black Freedom Movement in American History:
The Dialectics of Civil Rights and Black Power

〈黒人自由闘争〉のアメリカ史

公民権運動とブラック・パワーの相剋

Yasumasa Fujinaga
藤永康政

岩波書店

目次

本書に登場する団体・機関・機構とその略称

BPP　ブラック・パンサー党（カリフォルニア）（Black Panther Party）

BSCP　寝台車特急ポーター組合（Brotherhood of Sleeping Car Porter Union）

BSU　黒人学生組合（Black Student Union）

CIO　産業別組織会議（Congress of Industrial Organization）

COFO　連合組織評議会（Council of Federated Organization）

COINTELPRO　反体制派反撃防諜作戦（Counter Intelligence Program）

CORE　人種平等会議（Congress of Racial Equality）

DCHR　デトロイト人権評議会（Detroit Council of Human Relations）

DCO　デトロイト組織評議会（Detroit Council of Organizations）

DHC　デトロイト住宅委員会（Detroit Housing Commission）

DRUM　ダッジ革命的労働組合運動（Dodge Revolutionay Union Movement）

FBI　連邦捜査局（Federal Bureau of Investigation）

FHA　連邦住宅局（Federal Housing Administration）

FNP　フリーダム・ナウ党（Freedom Now Party）

FOR　友和会（Fellowship of Reconcillation）

FPD　公正慣行局（Fair Pracitices Department）

FSD　自決のための連盟（Federation for Self-Determination）

GOAL　先進的指導者グループ（Group on Advanced Leadership）

ICOC　インナーシティ組織化委員会（Inner-City Organizing Committee）

LCFO　ラウンズ郡自由組織（Lowndes County Freedom Organization）

LRBW　革命的黒人労働者連盟（League of Revolutionary Black Workers）
MFDP　ミシシッピ・フリーダム民主党（Mississippi Freedom Democratic Party）
MOWM　ワシントン大行進運動（March on Washington Movement）
NAACP　全国黒人向上協会（National Association for the Advancement of Colored People）
NAG　非暴力アクショングループ（Nonviolent Action Group）
NDC　ニュー・デトロイト委員会（New Detroit Committee）
NNC　全国ニグロ会議（National Negro Congress）
NOI　ネイション・オヴ・イスラーム（Nation of Islam）
OSPAAL　アジア、アフリカ、ラテン・アメリカ人民連帯機構（Organizaation of Solidarity with the People of Asia, Africa and Latin America）
RAM　革命的行動運動（Revolutionary Action Movement）
SCLC　南部キリスト教指導者会議（Southern Christian Leadership Conference）
SDS　民主社会のための学生たち（Student for Democratic Society）
SFSC　サンフランシスコ・ステイト・カレッジ（San Francisco State College）
SNCC　学生非暴力調整委員会（Student Nonviolent Coordinating Committee）
SNYC　南部ニグロ青年会議（Southern Negro Youth Congress）
SWP　社会主義労働者党（Socialist Workers Party）
TULC　黒人労働者指導者会議（Trade Union Leadership Council）
TWLF　第三世界解放戦線（Third World Liberation Front）
UAW　統一自動車労働組合（United Auto Workers）
UNIA　世界黒人向上協会（Universal Negro Improvement Association）
WCO　ウエスト・セントラル協会（West Central Organization）

序章　黒人自由闘争の歴史へ

二〇二〇年五月二五日、アメリカ合衆国ミネソタ州で、黒人男性のジョージ・フロイド氏が白人警官のデレク・ショーヴィンから八分四六秒の長時間にわたって頸部を膝で押さえつけられて窒息死した。現場に居合わせた一七歳の黒人女性ダーネラ・フレイジァは、震える手でこの残忍な行為を録画し、フェイスブックとインスタグラムにその動画を流すと、全米各地で大規模な抗議運動が興った。このブラック・ライヴズ・マター（ＢＬＭ）運動として広く知られる抗議活動には、六月初旬までに多い集計では二六〇〇万の人びとが参加したと見積もられ、公民権運動の最盛期を超えてアメリカ史上最大級の抗議運動になった。

ＢＬＭ運動は、この二〇二〇年に生まれたものではない。だが、抗議運動が空前の規模になったことから、アメリカのレイシズムへの関心は日本でも高まり、訳語を充てるのが難しい運動の名称、ブラック・ライヴズ・マターが、この年の新語・流行語大賞にノミネートされるまでになった。こうした関心の高まりのなか、わけても日本では、「キング牧師が率いた公民権運動があって五〇年以上も経っているのに、なぜいまこのような運動が起きているのだろうか？」という疑問がよく聞かれた。[1]

この疑問に答える前に改めて考えてみたいのが、一般的な公民権運動の理解である。じっさいのところ、「公民権運動があったのになぜ？」という問いかけは、おそろしくナイーヴな公民権運動史の認識を下敷きにしないと浮かぶものではないからだ。それは、「公民権運動がアメリカ社会から人種主義を一掃した」と、意識するしないを問わず、結局のところ想定しているからこそ生まれる疑問なのである。公民権運動が勝利した結果、現在では黒人も大統領になれる。そのような「時代」にあって、黒人男性が路上で無残に殺される事態は、なにかとても古い光景であるかのようにみえるのだ。

これより四年ほど前、多くの人びとが、ドナルド・トランプとその支持者たちが露骨に表すレイシズムに驚いたのだが、この驚きもまた、半世紀も前にアメリカではレイシズムが一掃されたはずだという信憑があるからこそ生まれたものである。

では、こう問いかけてみたい。――公民権運動はほんとうに「勝利」したのか？　さらに、「公民権運動」とはなんだったのか？　と。

日本の学校教育で公民権運動のことを比較的しっかりと学ぶのはじつは英語の授業である。――キング牧師の演説、「わたしには夢がある」を学ぶのである。過去の出来事を学ぶ世界史の教科書において、公民権運動に関わる記述はキング牧師の登場と運動の成果が平板に述べられているだけであり、英語に比べると、その記述は「あっさり」としている。世界史での学びはせっかく英語で知った演説を歴史のなかに置けるようになるほどには詳《つまび》らかでなく、高校までの歴史の学習にありがちな丸暗記以外には、長く記憶に残ることが難しい。他方、英語の授業の主眼は言語の運用能力を養うことであるから、こちらもこちらで、キングの事績や運動の帰趨について詳しく学ぶ場面ではない。それゆえ、大学でアメリカ史やアメリカ研究の授業を受けるか、専門書でも読まない限り、キングや公民権運動の歴史を知る機会は限られている。こうして、アクティヴィストとしてではなく雄弁家としての「キング牧師」の存在感だけが恐ろしく大きくなって、公民権運動の認知度は高まるのだが、人物と名称の認知度に比してその実像に関する理解は浅いままに留まるのである。

では、ここで少しばかり「現実的」に考えてみよう。雄弁な牧師が「わたしには夢がある」と言えば、一六一九年に初めてアフリカ人の労働者が北米の地に踏み出して以来の約四〇〇年間、さまざまにその内容を変化させてきたレイシズムがさっと消えるのであろうか。もちろんそれがあり得ないとすれば、「公民権運動があって五〇年が経っているのに……」という問いはなにを疑問にしているのだろうか。ふたたび問うてみたい。――公民権運動はなにをしたのだろうか。

「公民権運動がレイシズムを一掃した」とする想定をナイーヴだと一蹴するのは簡単である。しかし、それでなにかが解決するわけではない。筆者が述べたいこともそのようなことに留まるのではない。

ここまで日本の事情について述べてきたが、じつは、アメリカにおける公民権運動に関する認識も似通ったものである。公民権運動はレイシズムに勝利し、黒人の存在とかれらかのじょらの歴史はアメリカ史で広く認められることになった。こうして、その歴史の語りは、奴隷制というアメリカの「原罪」に対する罪が贖《あがな》われて「アメリカ」という「未完の近代プロジェクト」がその理念を実現させる物語となり、公民権運動の「目的」の達成――キング牧師の夢の成就――は、自由と平等の国、アメリカの勝利と同等視されるようになっていった。このような「アメリカの物語」を文字どおり「体現」したのがバラク・オバマだった。最初にその名前が全米で知られることになった二〇〇四年の民主党大会の基調演説で、かれはこう述べていた。――「ここ［二大政党の全国党大会の演壇という「晴れの舞台」］に立つわたしには分かっています、わたしの物語はより大きなアメリカの物語であり、［中略］そのわたしの物語はこの地球に存在するほかのいかなる国でも不可能であったということを」[2]。

レイシズムがアメリカから一掃されたといったん理解され始めると、この後のレイシズムへの関心の促進やその争点化は、いたずらに「人種」に拘る悪しき「アイデンティティ政治」の一類型とみなされることになる。公民権運動の成果のひとつである一九六五年投票権法は、かつて人種差別を行っていた南部諸州に対して選挙法を改正する際には連邦司法省の事前審査が必要であると規定していたのだが、二〇一三年、連邦最高裁は、「シェルビー郡対ホルダー判決」において、投票権法の司法省事前審査に関わる条文を、南部に不当な負担を強いているとして違憲判決を下した。[3] もう差別はない、という論理だ。連邦最高裁はまた、二〇二三年、「公平な入学のための学生たち対ハーヴァード大学総長・理事判決」で、人種間の構造的な進学・雇用に関わる人種間格差を積極的に是正するために一九六〇年代後半より実施されてきたアファーマティヴ・アクション政策について、南北戦争の結果として解放奴隷に市民権を付与するために制定された合衆国憲法第一四条(平等権条項)を皮肉にも根拠として、違憲判決を下すことになった。黒人などのマイノリティや女性の「優遇」は「逆差別」であり、学歴格差は自己責任である、という論理である。さらに、二〇二二年四月、共和党保守強硬派のロン・デサンティスが知事を務めるフロリダ州では、人種やジェンダーなどの多様性《ダイバーシティ》への理解を養うことを目的とした授業や、人権意識の涵養を目的とした企業活動や研修が、特定の人種集団(平たく言うと白人男性)に罪障感と羞恥心を与え、アメリカ人としての共通のアイデンティティを形成することを妨げているという観点から、かかる活動を禁止する「個人の自由法」が制定された。この結果、同州では、黒人の歴史を講じるのが難しい状況におかれることになったのだ。[4]

このような動きにみられるように、黒人の歴史をどう語り、どう理解するかは、現代のアメリカの保守・リベラルを分かつ太い断線のひとつである。したがって、「公民権運動があったのになぜＢＬＭ運動が生まれたのか」、これに真摯に答えるためには、現代アメリカ黒人の政治社会運動についての長い解説が必要とされるのだ。

本書の目的のひとつは、二〇世紀のアメリカ黒人の運動――公民権運動とブラック・パワー運動――を現代アメリカの歴史の文脈のなかでしっかりと理解することにある。これが求められるのは、二〇世紀のアメリカ黒人の運動の捉え返しが現在わたしたちのすぐそばにある「アメリカ」のイメージを書き換えることにもなるからだ。

そこで本章では、右に大略を示した問題点にさらに接近し、読者とのあいだでの共通の理解を深めることを目的に、第一節でまずは公民権運動の一般的な理解の整理を詳細に行う。本書はブラック・パワー運動を主な検討の対象のひとつとしている。ブラック・パワー運動に関わる学術的な研究は、運動の盛期から四半世紀以上が過ぎて時間的な距離が拡がったのが影響して、ここおよそ一五年で急速な深化を遂げた。研究が深化すると、ブラック・パワー運動の鏡像として置かれることが多かった公民権運動に関わる理解も変化していくことになった。だが、日本においては、最新の黒人研究の成果が適宜紹介されてきたとは言い難い状態が続き、本書執筆時現在、ブラック・パワー運動を正面から扱った邦語専門研究書の存在を筆者は寡聞にして知らない。よって、ブラック・パワー運動について語ろうとするならば、公民権運動の歴史、ならびにその歴史の語られ方を批判的に検討する作業が同時に要請されるのである。

これに続く第二節では、公民権／ブラック・パワー運動史研究の動向を整理しつつ、かかる研究が提起している重要な議論を紹介し、本書の議論の目的をさらに明確にしていく。その行論を先取りするならば、本書の議論は、歴史の実証的検討に加えて、歴史を解釈する方法、すなわち歴史像を問いかけるという性格も帯びることになる。そこで、いきなり筆者の議論を開陳する前に、公民権運動研究史について概観し、続いて新興のブラック・パワー運動研究が提示した問題や課題を整理しておくのが適切であろう。本章で行うことがそれである。

一　「公民権運動の正史」の諸問題

公民権運動の一般的理解

まずはアメリカ社会全体の歴史も適宜踏まえながら、一般的に共有されている公民権運動の歴史——いわゆる「教科書的理解」——を整理しておこう（すでにある程度の知識がある場合には、ここで本書に固有の議論は展開していないため、本項は読み飛ばしても大きな支障はないであろう）。

アメリカ南部では、ジム・クロウという人種差別的な制度が奴隷解放後に成立した。この制度は社会生活のあらゆる空間が人種別に隔離《セグリゲーション》されることによって特徴づけされ、白人の空間と黒人のそれはきわめて不平等であった。かかる差別的な制度は、黒人の投票権の実質的剥奪によって政治的に支えられ、黒人の大多数は、棉やタバコなどのプランテーションで生産される単一作物の耕作に分益《シェア》小作人《クロッパー》として従事し、そのほかの経済領域からほぼ完全に排除されていた。こうして黒人は奴隷の身分から解放されたが、「自由」な経済と社会のなかで、引き続き従属的な地位に置かれることになった。

このような状況は一九五四年の最高裁判決によって大きく変化していくことになる。これより以前の一八九六年、ニューオーリンズの市街電車が座席を人種別に指定している行為に対して、連邦最高裁は、分離されたことに差別をみるのはそう述べる側の解釈に過ぎず、そのような心の状態に法は関与すべきでない、よって、人種別の座席は「分離すれども平等」であるとの判断を下していた。プレッシー判決と称されるこの判決は、その後の南部のジム・クロウ制度を支える憲法上の根拠となった。このときから約半世紀後、数ある公民権団体のなかでも最古で最大の組織、〈全国黒人向上協会（NAACP）〉は、公立学校における人種隔離教育が憲法修正一四条の平等権条項に抵触しているとして連邦裁判所に提訴し、一九五四年、連邦最高裁は、「分離された教育は本来の性格として不平等である」と全会一致で断じてプレッシー判決を全面的に覆す判決を下したのである。[5]

ブラウン判決と呼ばれるこの判決が公民権運動の興隆を促すことになる。一九五五年一二月、アラバマ州モントゴメリーで、黒人女性のローザ・パークスが、バスで白人に席を譲ることを拒否して逮捕された。同市のバスはもちろん人種別に隔離されていて、白人の席が満席になると、黒人は白人に席を譲らねばならなかったのだ。パークス逮捕の知らせが黒人コミュニティに届くと、黒人たちは、人種隔離の撤廃を求めて市バスのボイコットを開始した。この運動は、当時はまだ二六歳の青年牧師マーティン・ルーサー・キングによって指導され、かれが説く非暴力主義にしたがって黒人たちは驚異的な団結力を発揮し、約一年にわたる長い闘争の結果、隔離撤廃を勝ち取ることに成功した（モントゴメリー・バス・ボイコット運動）。

この結果、キング牧師はいちやく全米きっての黒人指導者となった。そして、〈南部キリスト教指導者会議（SCLC）〉を一九五七年に結成し、その会長に就任、ボイコット運動勝利の余力を駆って南部全域に運動を拡大しようと動き始めた。[6]

一九五七年になると、同じく南部のアーカンソー州リトルロックが全米の耳目を集めることになる。ブラウン判決を受けて実施されることになった公立高校の人種隔離撤廃《デセグリゲーション》が連邦政府を巻きこんでの大混乱を引き起こすことになったのだ。この年の秋、同市のセントラル高校に、黒人生徒九名――この生徒たちは〈リトルロック・ナイン〉と呼ばれた――の入学が初めて許可された。白人たちは黒人生徒の登校を阻もうと学校周辺に結集し、人種間の緊張が日増しに高まっていった。そこで、オーヴァル・フォーバス知事が州兵を高校周辺の警護に派遣したのだが、隔離撤廃で生じる混乱から黒人生徒を保護するのではなく、教育行政をはじめ内政に関わる事案は州の管轄であるという州権論――かつては奴隷制擁護のために使われた政治理論――を盾に、連邦裁判所の命令に逆らって黒人生徒の登校を阻むのがその目的であった。知事が「反旗を翻し」、連邦制度の危機に直面したドワイト・アイゼンハワー大統領は、現地に連邦軍空挺部隊を派遣して隔離撤廃を実力で実施に移すことを決定し、連邦軍はその後も高校敷地内に駐留して黒人生徒の修学を保護した。国内の治安行為のために連邦軍が南部に展開するのは、実に、南北戦争後に連邦軍が撤兵した一八七七年以後では初のことだった。いまだ南部の多くの州政府ではフォーバス知事ら白人至上主義者が政権を握っていたのだが、公民権運動はここに連邦政府という強力な味方を得ることになったのである（リトルロック危機）[7]。

この三年後、公民権運動は、黒人学生たちの参加を得て大きく勢いを増していく。一九六〇年二月、ノースカロライナ州グリーンズボロで、四人の黒人男子学生が、ホームセンターに併設されたカフェの席に座り、コーヒーを注文した。学生たちは人種隔離条例を根拠にサービスを拒絶されたのだが、そのまま黙って静かに座り込み《シットイン》を始めた。この行為が報道されると、瞬く間に南部一帯で同様の抗議運動が巻き起こり、同年四月までに五万人の学生が同様のシットインを行うことになった。この自然発生的に拡がったシットインの大波のなかから、学生たちのばらばらの活動を調整するために、〈学生非暴力調整委員会(SNCC)〉が結成されるに至った(SNCCは「スニック」と読む)[8]。

この後、シットインやデモ行進などの非暴力直接行動(nonviolent direct action)は公民権運動の最重要戦術となり、アメリカの各地で展開されて人種隔離撤廃を支持する世論を喚起していった。こうして迎えた一九六三年は、アメリカ黒人の歴史にとっての大転換点となった。頑迷な白人至上主義者のユージン・コナーが公安委員長を務めているアラバマ州バーミングハムで、キング牧師とSCLCは隔離撤廃と黒人の雇用促進を求める大キャンペーンを実行に移した(バーミングハム闘争)。コナーは拡声器を手に運動弾圧の陣頭指揮を執り、高圧放水を浴びて宙に舞う黒人少年少女の姿、唸り声をあげながら警察犬がデモ隊に獰猛に噛みつく模様等々がテレビの画面を通じてそのまま全世界に報道され、人びとは警官が振るう暴力の凄まじさに驚愕した。こうして公民権運動を支援する声はかつてない大きなうねりとなり、同年六月一一日、ジョン・F・ケネディ大統領自らがテレビでの緊急記者会見に臨み、公民権法の制定を呼びかけることになったのである。

バーミングハムで市当局と黒人市民が事態改善の合意に達した後も、公民権法の早期可決を求めるデモは全米およそ一五〇の都市で起き、運動の勢いは増す一方だった[9]。八月二八日には、連邦政府により一層の関与を促すために「ワシントン大行進」が実施され、リンカン記念聖堂の前に設けられた舞台から、キング牧師は有名な「わたしには夢がある」の演説を行った。この三カ月後、運動にシンパシーを示していたケネディ大統領が暗殺されることになったのだが、公民権法支持の世論はますます高まりをみせ、大統領職を継いだリンドン・ジョンソンは、同法制定を政権の最重要課題にした。かくして、同法案は、一九六四年二月一〇日に下院を通過した。その後、南部選出の上院議員が、議事の進行を妨害するために弁舌を揮う。フィリバスターと呼ばれる抵抗に出て、その期間は議会史上最長に達したのだが、長年の議員経験で議会工作に長《た》けたジョンソン大統領がこの抵抗を切り崩し、六月一九日に上院を通過、七月二日に大統領が署名して公民権法が成立した。同法は、公共の場における人種差別を違法化するだけでなく、人種、肌の色、宗教、民族的出自《ナショナル・オリジン》、性《セックス》に基づく雇用差別も禁止し、その後のアファーマティヴ・アクション政策に法的根拠を与えた。このような流れのなか、同年一一月の大統領選挙では、南部五州とアリゾナ州を除く四四州を制する圧倒的な得票差でジョンソンが大統領に再選され、翌月には、キング牧師にノーベル平和賞が授与されることになった[10]。

公民権法制定後、黒人の運動の目標は、ジム・クロウ制度を支えてきたいまひとつの支柱、投票権剝奪の問題を解決することに移った。これまで投票権保障は州政府の役割であるとされており、その州政府の実権が白人至上主義者に握られていることでさまざまな権利抑圧が生じていたのだが、これを防ぐ連邦法はなかったのだ。そこで、一九六五年春、キング牧師率いる非暴力のアクティヴィストたちは、アラバマ州セルマでの有権者登録運動を激化し、その運動が官憲のサボタージュに遭うと、大規模な抗議デモ行進を繰り返し実施した。バーミングハム闘争の再現を期したのである。こうして三月七日には、より大きな世論を喚起することを目的に、セルマからモントゴメリーまでの五〇マイルの道を歩く行進を始めることになった。この行進は、セルマの境界にあるエドモンド・ペタス橋で

セルマ闘争の碑.「血の日曜日事件」が起きたエドモンド・ペタス橋へ市内から向かうところに立っている. なお, セルマ＝モントゴメリー行進は,「フリーダム・トレイル」と名づけられ, アラバマ州の観光資源になっている

州兵と市警の混合部隊が行く手を阻み、来た道を引き返そうとする非暴力のデモ隊に背後から襲いかかった。催涙弾の煙、銃声、悲鳴が飛び交う騒乱は「血の日曜日事件」と称されて広く報道され、奇しくも、全国ネットのＡＢＣ放送は、映画『ニュルンベルク裁判』の放送を中止して、画面をセルマからの生中継に切り換えた。多くのアメリカ市民はその映像に激怒した。——ここはアメリカだ、ナチス・ドイツのような行為が許されるはずがない。[11]

その結果、黒人の権利の保障を求める世論はふたたび爆発的に高まることになった。そこでキング牧師は、レイシストが公民権運動の行く手を遮ることはできないことを示すために、再度の実施が予定されているモントゴメリーへの行進に参加を求める呼びかけを行った。その行進はまず八〇〇〇人の参加者を集めて三月二一日に「血の日曜日」の現場、エドモンド・ペタス橋を渡り、この四日後にモントゴメリーに到着するころになると、参加者は二万五〇〇〇人の大群衆になっていた（セルマ＝モントゴメリー行進）。その間の三月一五日、ワシントンでは、ジョンソン大統領が上下両院の合同会議で演壇に立ち、投票権法の制定を求める特別演説を行い、演説の最後を「われら打ち勝たん（we shall overcome）」という言葉で結んだ。それは、公民権デモの参加者が多くの闘争の現場で声高に歌った歌の名だった。ジョンソン本人が述べているように「大統領の職務がもてる道義的な力を最後まで出し切る」ため、敢えてこのような劇的な演出で臨んだのである。この演説をテレビで観ていたキング牧師の頬には涙が伝ったといわれている。[12]

こうして投票権法案は、審議時間わずか三カ月間という異例の速さで議会を通過することになった。ここにジム・クロウ制度は崩壊し、公民権運動は非暴力を武器にほんの一〇年前には想像できなかった成果をあげたのだった。[13]

ところがしかし、投票権法に大統領が署名してからわずか八日後、ロサンゼルスの黒人ゲトー、ワッツで、黒人男性と白人警官の口論を発端とする暴動が勃発した。それは、逮捕者約一〇〇〇名、死者三四名を数え、被害総額三五〇〇万ドル(現在の通貨価値で約二億八〇〇〇万ドル)に達する戦後最大の人種暴動となったのである。[14]人びとはこう思った。――公民権運動は大きな成果をあげたのに、非暴力はどこにいったのだ。

そこでキング牧師は地域住民の意見を聞くためにさっそく同地を訪れるのであるが、黒人に武装を奨めていたマルコムXを慕う住民から罵倒されてしまう。公民権運動が南部で勝ち取った進歩はジム・クロウ制度と無縁の北部や西部ではもとより直接の関係が薄く、非暴力主義は大都市のゲトーに住む貧困な黒人には十分に訴求していなかったのだった。[15]

公民権運動への不信はその後も強まっていった。一九六六年春から夏にかけて北部都市の問題と取り組むのを目的にキング牧師がシカゴで展開したキャンペーン、「シカゴ・フリーダム・ムーヴメント」は、住宅賃貸と販売において人種差別を行わないという「約束」を不動産業者から取りつけるだけで終わってしまった。このようにキング牧師の運動が北部で新たな壁に突き当たるなか、SNCC

議長のストークリー・カーマイケルは、南部で行われていたデモ行進で「ブラック・パワー」というスローガンを唱えた。黒人指導層はこのスローガンの暴力的な響きを激しく批判したのだが、それは瞬く間に黒人青年のあいだで人気を博することになった。運動が非暴力と訣別し新路線を歩み始めたことを示す鬨《とき》の声になっていったのだ。[16]

黒人の運動がこうして急転回するなか、一九六七年の夏には、全米中の都市で人種暴動が吹き荒れてアメリカは大混乱となった。わけても七月二三日からデトロイトで起きた暴動では、連邦軍が暴徒鎮圧のために派兵される事態となり、四三名が死亡、七二〇〇名が逮捕拘束され、六五年のワッツを上回る激しさとなった。こうしてブラック・パワー運動から暴力が連想されることがますます増えていった。それはまた、人種統合《インテグレーション》を目標とした「非暴力の公民権運動」とは対照的に、白人との共存を拒絶してブラック・ナショナリズムを標榜し、人種間の分離《セパレーション》を目標としていると広く理解されるようになっていったのである。

このような展開を受けて、ジョンソン大統領は暴動の原因を調査して対応策を検討する「都市騒擾《そうじょう》に関する大統領諮問委員会」（通称カーナー委員会）を設置した。一九六八年春に提出された委員会の答申は、「わが国民《ネイション》は二つの社会に分かれてきている、ひとつは黒く、ひとつは白い、そして分離し不平等（separate and unequal）である」と不吉な警句を発することになった。この報告によると、六七年と六八年の二年間だけで暴動での死者の総数は一二五名を数え、七〇〇〇人が負傷し、逮捕者数は四万五〇〇〇人、被害総額は一億二七〇〇万ドルにのぼっていたのである。[17]

このような時代を背景に急速に勢力を拡大していったのが〈ブラック・パンサー党（ＢＰＰ）〉である。

この組織は、警官暴力《ポリス・ブルータリティ》に対抗する自警団として生まれ、一九六五年に没したマルコムXの思想を継承し、黒人の武装自衛権と黒人ゲトーの「自決権」を唱導した。ここで黒人の運動のイメージが大きく変化する。――襟付きのワイシャツにスーツが公民権運動のデモの典型的な「衣装」ならば、BPPのそれは黒のベレー帽にレザージャケットを身に纏って、手にはショットガンを携えていたのだった。この疑似軍事的な姿にアメリカ社会に大きな衝撃を受けた。――過去の罪の贖いとしての報復的暴力を主張していると捉えられたのだった。

一九六八年、アメリカは大統領選挙の年を迎える。この年、テレビに毎晩のように映し出されるのは、暴力、暴力、そしてまた暴力であった。まず一月、ベトナム戦争が急転回する。南ベトナム解放戦線が旧正月の休戦に一斉攻撃を開始し、アメリカ軍の拠点や大使館・領事館に猛攻撃を加え、戦争が順調に推移していると思っていたアメリカ市民を驚愕させた。こうして政権への批判が高まると、三月三一日、ジョンソン大統領は、戦争の「泥沼化」の責任をとり、大統領選挙への不出馬を発表した。現職大統領が再選出馬を辞退するのは、クーリッジ大統領以来、実に四〇年ぶりのことだった。この衝撃が収まらないなかの四月四日、テネシー州メンフィスで、キング牧師が凶弾に斃れた。非暴力の雄の死が伝わると全米で暴動が発生し、首都ワシントンでの暴動の炎はホワイトハウスのわずか二ブロック先まで迫った。さらにまた、六月六日、民主党リベラル派の期待の星であったロバート・F・ケネディも暗殺者の弾丸に斃れる。このような騒然とした世情のなかで八月にシカゴで開催された民主党大会では、新左翼、反戦、ブラック・パワーの声が政権批判となってひとつの場所に集まり、市警とデモ隊はダウンタウンの真ん中で激しく衝突した。キング牧師がワシントンで「わたしには夢がある」と謳《うた》った夏はわずか五年前、時代のムードは急変したのである。

こうして迎えた一一月の大統領選挙投票日、アメリカ市民は「法と秩序」の回復を訴えたリチャード・ニクソンを大統領に選ぶことになる。ジョンソンが圧勝した年からわずか四年、黒人の運動の暴力的な展開をひとつの契機に、アメリカ政治の潮流はリベラルから保守へと大きく転回したのである。

右にまとめた公民権運動の歴史の語りにはとりたてて特異な議論は織り込んでいない。おそらく読者もどこかで聞いたり読んだりしたことがきっとあるだろう。それゆえ、ここでは取りあえずそれを「公民権運動の正史」と措いておこう。

公民権運動の勝利主義的解釈と非暴力の神話

ではこの「公民権運動の正史」のどこが具体的に問題なのであろうか。

まず指摘されるのは、この物語が、近代的なリベラル・デモクラシーの基礎となる諸権利を黒人が得ていくという基本的な筋立てになっているという点である。少し突っ込んで述べると、つまり、この物語は、人種差別の存在を認めることで安易な近代礼賛から一定の距離を取っているようにみえながらも、黒人の社会運動である公民権運動を、歴史の主体とするという装置を通じて、結局は「アメリカ」が自由や平等といった近代の原理を徐々に実現していく「大きな物語」に回収するのである。ここで閑却されているのは、理念国家たる「アメリカ」とアフリカにルーツをもつ人びと、すなわち「黒人」が長く斬り結んできた歴史である。黒人は近代奴隷制の最大の犠牲者であり、建国時のアメリカの富の淵源はこの奴隷制にあった。アメリカ独立革命で高らかに謳われた自由を奴隷が享受できるとはそもそも考えられなかった。革命の指導者たちの誰一人として奴隷制の廃止が現実的に可能だとは思っていなかったのである。加えてまた、近代の自由な制度が生んだとされる資本主義は、封建制度が自由の領域を拡大するなかで開花したのではなく、奴隷の不自由労働が生み出す資本の蓄積があったからこそ離陸できたのであった。[18]「アメリカ」が謳う「自由」とは、つまり、「黒人」の排除と犠牲のうえにそもそも成立したのであり、ジム・クロウ制度が継承したのは、かかる不平等な諸制度であったのだ。奴隷制もジム・クロウ制度も、まぎれもないアメリカでこそ大々的に展開した制度なのである。こうした「アメリカ」がそもそも抱える逆説や矛盾と、この物語は正面から組み合うことがない。それは、アメリカを近代の理念が完成されていく場とみる「アメリカ例外主義」と皮肉にも整合的な関係にあり、「アメリカ」にとって都合の良い筋立てとなっているのだ。つまり、「公民権運動の正史」は、例外主義的なアメリカにとっての正史なのである。

「人類は平等に創られている」と謳って独立したアメリカにおける黒人の存在は「アメリカ史の汚点」である。その黒人の歴史がアメリカ礼賛の話になるというのは実に皮肉なことである。かの「わたしには夢がある」演説のなかで、キングはこう述べる。「われわれの共和国の建国者たちが合衆国憲法と独立宣言の荘厳な言葉を書き残したとき、かれらは約束手形に署名したのです」。キングに率いられた公民権運動は最終的にその目的を実現したとみなす歴史解釈は、六〇年代の公民権立法や最高裁判決でもって、(キングの演説の意図とは無関係に)この約束手形をアメリカは支払ったとみなす。

自由と平等が開花する「大きな物語」の目的論の下で公民権運動は勝利の道を歩む。このような、自画自賛的で国家礼賛的な運動史理解を、本書は黒人史の「勝利主義的解釈(triumphalistic understanding)」と呼ぶことにする。[19] 黒人の奮闘を讃えること、そしてアメリカン・デモクラシーの栄光を言祝《ことほ》ぐこととは、この勝利主義的解釈を通じてひとつに結ばれる。公民権運動の正史を下支えしているのは、かかる運動史の解釈なのである。

このような勝利主義的解釈は、また、一方の側に遅れた南部、他方の側に進歩的な北部を措く二元論を下敷きにしている。この構図のなかで、公民権運動はもっぱら「遅れた南部」で展開し、リベラルな北部、すなわち(都合よく南部を除外した)「アメリカ」が、黒人の同盟者として公民権運動を支える。この構図に即して、具体的人物を加えてもう一度勝利主義の物語を簡単に振り返ってみよう――人種差別に抗するために、キング牧師は非暴力を掲げて立ち上がり、これを若き大統領ケネディが支援した。こう考えることで、黒人たちの奮闘や、さらにはかれらかのじょらの死すらも、レイシズムという欠陥を抱えていたアメリカン・デモクラシーが欠陥を克服し、その約束を果たす物語の一部となるのである。それは、キング牧師が語る「アメリカン・ドリーム」が実現される「大きな物語」だといってもよい。

本章の冒頭で、素朴な公民権運動理解の問題は、現代のアメリカ黒人の歴史そのものが関わる、より大きな問題と強い関係にあるという旨のことを述べたが、その理由はここにある。アメリカは近代思想を懐胎して誕生した例外的な国と往々にして理解されてしまいがちだ。したがって、近代というプロジェクトの「大きな物語」そのものを問う作業を経由しなければ、アメリカ黒人の歴史をほんとうのところで理解することができないのである。それはつまり、「アメリカン・ドリーム」を疑えということを意味する。このような問いかけを欠いたままでアメリカの歴史を捉えるからこそ、公民権法は半世紀も前に制定されたのに警官のレイシズムに抗議する大規模なデモが起きていることが不思議に思えるのだ。

例外主義的なアメリカ像を背景にした公民権運動の勝利主義的な解釈は、ある種のスキーマとなってそのほかの事象の解釈にも影響を与える。その代表例が一九六〇年代後半に興隆するブラック・パワー運動である。公民権運動の勝利主義的解釈に照らされたとき、ブラック・パワー運動は勝ち誇る公民権運動の鏡像として示される。公民権運動は非暴力の理想を掲げ、アクティヴィストたちは、レイシストに激しく殴打されても、自由と平等を求めて前へ前へと歩んだ。他方、ブラック・パワー運動は、平等な社会の実現の遅さに業《ごう》を煮やした黒人たちの絶望から生まれ、自滅的に暴力の行使を訴えた。公民権運動の後、アメリカ社会が保守化したのは、公民権運動の非暴力路線を否定したブラック・パワー運動が原因である。ブラック・パワー運動は、公民権運動の「夢」を破壊したのだ。こう捉えられて、公民権運動とブラック・パワー運動の歴史は、勧善懲悪の二元論に回収されてしまうのである。

「アメリカ」という「近代のプロジェクト」が成就するのを助ける善意の運動としての公民権運動、そのような公民権運動の勝利主義的解釈の魅力のひとつは、その分かりやすさにある。実はそこが大問題である。

では、このような理解に抗って、新しい黒人の運動の歴史を紡ぐためにはどうすればいいであろうか。まず、過度に単純化された勧善懲悪の物語を支える暴力／非暴力の二元論を解かなくてはならない。実のところ、公民権運動の現場に解像度を上げて迫ってみると、運動に従事していた者たちが必ずしも非暴力主義に忠実ではなかったこと、それどころかむしろ強い疑念をもっていたのがみえてくる。たとえば、モントゴメリー・バス・ボイコット運動のヒロイン、ローザ・パークスは次のように述べていた。

わたしたちはいつもこう感じていました。攻撃してくる者がいた場合、暴力的に応じる方が非暴力より効果がある、と。このような感覚をモントゴメリーのほとんどの黒人がもっていました。［中略］キング牧師は、黒人は残虐な行為を受けても、それを愛で受け止めよとよく言っていました。わたしは、それは努力の末に辿り着けるゴールだったと思っています。でも、私自身がそんなゴールに近づけたことはありません。[20]［傍点筆者］

右のように、非暴力はすばらしい理想、だけど現実には無理だ、このような心情を率直に語っていたのはかのじょだけではない。運動の最前線で黒人が武装していることは珍しいことではなく、暴力を受けた場合には、（人びとがふつうに行っているように）躊躇《ちゅうちょ》なく反撃していた。白人至上主義者の暴力が猖獗《しょうけつ》を極めていた深南部で「丸腰」を貫くことは時に死を意味し、ミシシッピ州のある黒人は、北部からやってきた公民権アクティヴィストにこう言ったという。「あの非暴力ていうのをやってちゃ、俺たちゃ殺される」[21]。

つまり、公民権運動における非暴力は、運動の絶対的な行動指針ではなく、不承不承に採用したひとつの戦略にすぎなかったのである。それは運動の現場の経験に抗うものであり、非暴力が支持を得るためには、まずはなによりも継続して具体的な成果を挙げることが必要だったのだ。

ところが、その具体的な成果のひとつである公民権法制定の過程のなかでも、非暴力自体は意外にもそれほど大きな役目を果たしていなかった。第三章で詳述するが、一九六二年、州際間長距離バスにおけるジム・クロウの撤廃を求めて、非暴力のアクティヴィストたちが南部を旅するという運動があった（フリーダム・ライド運動）。かれらかのじょらは行く先々で白人至上主義者から暴虐の限りを尽くされ、殴る蹴るの暴力を甘受する非暴力のアクティヴィストたちの姿は全国ネットのテレビで生々しく中継されることになった。それでもしかし、世論の責めを受けたのは、アクティヴィストたちだった。当時のある世論調査では、黒人の運動を支持しないと答えた者は六四％に達していたのである。[22]なぜならば、性急に隔離撤廃を求めるアクティヴィストたちは過激であると判断され、市民的不服従や直接行動は民主的制度にはなじまないと思われたのだった。選挙で選ばれた政治家の議論を通じて施策が練られ、その結果として隔離撤廃が行われるのが民主主義の本道であり、街頭での示威行動ではなく選挙を通じて政策は実現されるべきであるというのである。ストリートでの力の誇示は全体主義の手口であり、アメリカは民主主義国家だ、そう考えられたのだ。

また、バーミングハム闘争でも、黒人が白人の警官隊に殴られるだけでは連邦政府やケネディ大統領は動こうとしなかった。運動の機微をしっかりとみると、政府が動いたのは、激怒した黒人市民たちの「反撃」で治安が極度に混乱したときだった。[23]それゆえ、この時期の社会変革をもたらしたのはなにかと問えば、究極のところそれはむしろ暴力だと考えるのも可能である。実にキング自身も、非暴力で敵対者を改心させるのは難しく、激しい示威行動が誘発する「対決」によって連邦政府を南部の地方行政に介入させることこそが肝心だと考えるようになり、バーミングハム闘争を、対決(confrontation)の頭文字をとって、「プロジェクトC」と仲間内で呼んでいたのだった。[24]「対決」は、多くの人びとがイメージする「非暴力」とは異なっているにちがいない。

アクティヴィストたちがこのようであったならば、白人至上主義者たちもまた、非暴力主義の理想どおりには行動していなかった。非暴力の理想は、暴力を受ける姿が加害者の改心を引き出し、最終的には両者が和解することを想定している。しかし、公民権運動の歴史を通じて顕れるのは、運動が激しくなるにつれてよりいっそう激しく暴力化する白人至上主義者たちの姿である。

公民権運動の正史が伝えるように、モントゴメリー・バス・ボイコット、リトルロック危機、バーミングハム闘争、ワシントン大行進、セルマ闘争と、連続して継起した大きなキャンペーンは少しずつ一定の成果を勝ち取っていった。しかし、その成果の後には、白人至上主義者の「倍返し」が待っていた。一九五六年一二月二〇日、連邦最高裁の判決によってモントゴメリーのバスの人種隔離は撤廃されたのだが、その二日後、キングの自宅がショットガンで襲撃され、さらに五日後には、バスに銃弾が撃ち込まれる事件が起きて一名の負傷者が出た。翌年一月一〇日、ボイコット運動を支えた教会に爆弾が投げ込まれると、市当局は数週間バスの運行を停止した。さらに、ローザ・パークスに対する脅迫は終わることがなく、夫のレイモンドはショットガンを抱えて寝床に就かねばならない日々を送った。ボイコットが終わり、モントゴメリーへの関心が薄らぐと、パークスたちの孤立はいっそう深まり、夫妻はデトロイトに引っ越さざるを得なくなったのである。[25]つまり、ボイコットのヒロインは同地を人知れず追い出されたのだ。リトルロックのセントラル高校へ通う黒人生徒の権利は確かに連邦軍が守った。だが、その後、アイゼンハワー政権の強硬な姿勢に反撥したフォーバス州知事は、次の学制年度より州内の全公立高校を閉鎖する報復に出た。この年、フォーバスは八二％という圧倒的な得票率で知事に再選されることになる。つまり、白人有権者は黒人と同じ高校に自分の子どもを通わせるぐらいなら、いっそのこと高校教育はない方がましといわんばかりの政策を大歓迎したのである。[26]また、一九六三年六月一二日、ケネディ大統領が公民権法の制定をテレビで訴えかけてわずか数時間後のミシシッピ州ジャクソンで、ミシシッピ州の公民権運動のリーダー、メドガー・エヴァースが白人至上主義者によって射殺された。エヴァースの妻マーリーは、マシンガンで周りの人間を撃ち殺したい気分になった、と、このときの気持ちを回顧録で吐露している。[27]

この後も白人至上主義者のテロで落命する者が現れる事件は続く。同年夏のワシントン大行進で、キング牧師の演説は多くの人びとの心を大きく動かしたかもしれない。[28]しかし、この行進からわずか約二週間後の九月一五日の日曜日午前一〇時過ぎ、バーミングハム闘争の拠点だった一六番街バプテスト教会に白人至上主義者が投げ込んだ一五発のパイプ爆弾で、日曜学校に集っていた四名の少女が命を落とすことになった。さらにこの翌年、公民権法が施行された後も白人たちの抵抗は続き、同法制定の二日後、ミシシッピ州ネショバ郡で有権者登録運動を行っていた公民権活動家とボランティアの三名が拉致され、死体となって発見される事件が起きた。三名の行方不明者の捜索に連邦政府は確かに必死に動いた。しかし、この事件には、保安官をはじめとする地域の法の執行機関が関与していたのである。[29]一九六五年三月九日、ジョンソン大統領が投票権法制定を議会に求めた日のこと、アラバマ州セルマでは、ボストンから運動に駆けつけた白人牧師ジェイムズ・リーブが殴打暴行されて死

16番街バプティスト教会の正面玄関の左横には，4名の少女の死を悼む碑が立っている．爆弾はこの碑の横にある部屋に自動車から投げ込まれた

亡する事件が起きた。さらには三月二五日、セルマ＝モントゴメリー行進が終わった翌日のこと、行進参加者を空港に送り届けるボランティア活動に参加していたデトロイト出身の白人女性ヴァイオラ・リウッツォは、かのじょたちを待ち伏せしていた白人至上主義者の凶弾に斃れたのである。

以上、目立つところでの「倍返し」を記述してきたが、白人たちの攻撃はもちろんこれらに尽きるのではない[30]。歴史研究者のランス・ヒルによると、ルイジアナ州ボガルーサでディーコンズ・オヴ・セルフ・ディフェンスという武装自衛組織を黒人たちが結成したのは、公民権法が制定されても連邦司法省がその執行《エンフォースメント》・強制を真剣に行おうとせず、白人至上主義者の暴力がむしろ公民権法以前よりも激しくなってきたからだった。ルイジアナの小さな街でのレイシスト・テロが大きく報道されることはなく、黒人の命は大切だと主張し続けるためには武装して反撃せざるを得なかったのである[31]。

もちろん、公民権法と投票権法などの立法はそれでも無意味ではなく、むしろ長期的にみてアメリカ社会を根本から変えたというのが適切であろう。なにはともあれ、バラク・オバマの大統領選挙当選は、投票権法がなくては不可能だった。しかし、二一世紀のトランプ主義者の暴力、さらには終わることのない警察による黒人の殺害をみるにつけ、この当時の暴力を、去りゆくジム・クロウ秩序の断末魔と断じることができるであろうか。公民権運動は非暴力を特徴とし、それゆえにアメリカ社会の変化を実現することができたというのは歴史ではなく、運動の勝利主義的解釈を支える神話なのである。

過去が神話になり、非暴力の価値にインフレーションが起きると、いまを生きるわれわれの社会運動理解が歪む。今日の抗議者が少しでも暴力的に振る舞ったならば、その暴力への批判が殊更大きくなるのである。批判者はこう言うだろう――「キング牧師が悲しみます、かれはあなたたちが暴れるために亡くなったのではありません」[32]。しかし、その批判が前提とする「キング牧師」は歴史のなかには実在しない。だとすれば、公民権運動の歴史を見直して、非暴力を脱中心化することには、些末な歴史学議論に留まらない現代的意味があることになろう。非暴力の公民権運動の歴史は語り直し／捉え直しを必要としているのだ。

戯画としてのブラック・パワー

公民権運動の理解が右のようだとすれば、では、ブラック・パワー運動はどうであろうか。

先述したように、日本でのブラック・パワー運動に関わる文献はきわめて少ない（本書の最も素朴な目的はそのとても大きな空隙を埋める一歩を踏み出すことにある）。手近な文献を欠いている事情は、キング牧師の演説が教科書に掲載されているのときわめて対照的である。そこで、専門的な研究に関わる議論は次節に譲り、本項では、身近な文化的表象を辿りながら、ブラック・パワーの解釈に迫ってみよう。

ブラック・パワーという表現は、政治思想上の専門語である「公民権」に比べると、表面的には分かりやすい。それがさらなる障碍となって、肝心な運動の実像を理解され難くしている。「ブラック・パワー運動とはどのような運動ですか？」と問われたとして、とりあえず「アメリカの黒人がパワーを求めた運動」と解答するのはそれほど難しいことではないだろうが、だが、実のところ、これでまちがいとは言えないのだ。つまり、単なるトートロジーが正解となってしまうのである。そこでこの運動は常に表面的なイメージが先行して理解されることになる。

映画やドキュメンタリー等、当時を振り返る映像はしばしばこのようなシーケンスをとる。——拳を突き上げたアフロヘアの黒人の姿にモンタージュされるのはベトナムのジャングルで爆発するナパーム弾。公民権運動のBGMにはお揃いのタキシードを着て調子を合わせたステップを踏むテンプテーションズ、白人の若者にも支持されるアイドル、シュープリームスが「愛の名の下に止めて（Stop in the Name of Love）」と、まるで非暴力のアクティヴィストがレイシストの暴徒に訴えているかのように和声で歌う姿が似合う。他方、ブラック・パワーのそれは、「押しまくれ（Move on up）」とアフロヘアで歌うカーティス・メイフィールド、爆音をバックに「すべての権力を人民に（All Power to the People）」（ブラック・パンサーのスローガン）を連呼するスライ&ファミリー・ストーン、そして国歌「星条旗」を独演したあとにアンプと床にギターを叩きつけて火をつけるジミ・ヘンドリクスだ。ブラック・パワーの時代の黒人アーティストはやたらと「過激」である。

その後、激しい運動の記憶が薄くなった一九九〇年代には、大衆文化の先導でブラック・パワー運動の時代への関心が再興し、当時の「黒人文化」が新たな解釈を伴って再評価され始めた。その嚆矢《こうし》となったのが、スパイク・リー監督の映画『マルコムX』（一九九二年）である。意味深なことに、この映画の公開に伴って起きたブームのなかで、マルコムXは、卑しい生まれ《ハンブル》でありながらも信念に生きるアメリカン・ヒーローになっていた。第五章で詳述するが、歴史のなかのマルコムXは、レイシズムやコロニアリズムのみならず、これを支えるアメリカ例外主義と格闘し続けた人物である。しかし、皮肉なことに、そのようなマルコムXが、ある意味での「アメリカン・ドリーム」を体現した主体へと変貌していったのである。「わたしにはアメリカの夢はみえない、わたしがみるのはアメリカの悪夢だ」、そう生前のマルコムXは言っていたのにもかかわらず。[33] そして、映画公開の四年後に開催されたアトランタ五輪開会式には、マルコムXのかつての盟友が登場する。――モハメド・アリである。ベトナム戦争の時代に徴兵を拒否したとき、かれの「平和主義」を理解する者は少なかった。だからこそ、ヘヴィ級世界チャンピオンのタイトルは世論の支持を受けて剝奪され、多くの人びとがかれは危険な「ブラック・ムスリム」で反米主義者だと罵《ののし》った。そのようなかれもこのごろになると難病と勇敢に闘う平和の闘士へ変貌し、「平和の祭典」の聖火リレーの最終走者として震える手で松明《たいまつ》を大きく掲げたのだった。[34] 恐れられ、嫌われ、罵られたブラック・パワーのアイコンたちは、奇妙なことに、「国民的英雄」へと変わったのだ。

この一九九〇年代はまた、ヒップホップがアメリカ大衆音楽のメインストリームに登場した時期にあたる。この新興のアメリカ文化は、都市の黒人青年たちを中心的な担い手に誕生し、かれらかのじょらのパフォーマンスを通じて、ブラック・パワーの時代の文化的なシンボルがリヴァイヴァルすることになった。たとえば、パブリック・エネミーやアフリカ・バンバータは、ラディカルなメッセージ、衣装やアクセサリーなどを通じて、ブラック・パワーの文化的スタイルをリヴァイヴァルさせ、

2Pacは、BPP党幹部の「直系卑属」——2Pacの父のムトゥル・シャクール、母のアフェニ・シャクールは同党ニューヨーク支部の幹部だった——としても注目された。こうしてヒップホップは、単なる音楽ジャンル以外の意味を帯びてくることになった。ラッパーたちの挑撥的な言辞や行動に往年のラディカルな黒人アクティヴィストの残像をみて、一義的にはエンターテインメントの世界で勝負するパフォーマーたちを、新世代アクティヴィストであるかのように受け取る傾向が現れたのである（この傾向は今日も強い）。ラッパーは黒人ゲトーの吟遊詩人《グリオ》、そしてその代弁者《スポークスパーソン》になり、リヴァイヴァルしたブラック・パワーは、「お上品《リスペクタブル》」な社会の偽善を嘲笑《あざわら》う「クールな叛逆者」になった。

　こうしてブラック・パワー運動のイメージは善と悪とに極端に分裂して捉えられるようになった。どちらのイメージを抱くかは、運動の実像とは無関係に、アプリオリななにか——「ブラック」という言葉への直観的な好悪の感情等々——が決め手である。それゆえ、ブラック・パワー運動を穏当に説明しようとすれば、それは、黒人たちがパワーを求めた運動であると、ほぼ同義反復の説明をすることこそが最も当たり障りのない「答え」になってしまうのだ。

　だが、この「答え」はムード以上のものを捉えていない。ブラック・パワー運動が生まれたとき、黒人は権力《パワー》から縁遠い場所にいた。この歴史的な文脈を鑑みれば、じっさいには時代のムードすらも捉えていないのだ。ブラック・パワー運動の理解のためにはもっと多くの言葉が必要なのである。

二　「長い公民権運動論」と黒人自由闘争

公民権／ブラック・パワー運動史研究の展開

右に整理したのは一般的な理解とその問題点であるが、本書の立ち位置を明確にするために研究史を概観しておこう。

公民権運動に関する初期の歴史研究は、ほかの領域や時代の歴史研究と違わず、功成り名を遂げた指導者の事績を追い、法や政治の変化を跡づけることを主たる課題として始まった。具体的には、ブラウン判決が下されるまでの訴訟の過程や、公民権法や投票権法が制定されるまでの政治的な駆け引きなどが、このような研究の主なる関心事となった。公民権運動に登場する人物は、キング牧師やケネディ大統領など、とりわけて「カラフル」で魅力的だった[35]。

だが、始まったばかりの公民権運動史研究には、ほかの領域ではみられない特徴があった。歴史研究者自身がなんらかの形で運動にコミットしていたのである。一九六五年、セルマ闘争での「血の日曜日事件」の直後、キングは、投票権法を求める大行進への参加を広く呼びかけた。これに応じた人びとのなかには、C・ヴァン・ウッドワード、ジョン・ホープ・フランクリン、リチャード・ホフスタッター、ジョン・ハイアム、ローレンス・レヴィーン等々、錚々《そうそう》たる顔ぶれが並んでいた(アメリカ史に通じた者は、この「アメリカ史学の泰斗たちの行進」に大きく目を開くはずである)[36]。かれらはアラバマの埃道でなにを思ったのであろうか？　「アメリカの理念が現実となること」以外のことを想定するのは難しい。この運動と歴史家たちの近さがもつ意味は重い。投票権の保障を求めてアラバマの道を歩く歴史家たちは、自分の歩みを、多少なりとも「アメリカ」の歩みと等しくみただろう。公民権運動の正史がアメリカ例外主義と近づいてしまうことの遠因はこの距離感にある。かと言って、筆者は、歴史研究者の多くがアメリカ例外主義の立場に立っていたと述べたいわけではない。事実はむしろその反対である。かれらの専門研究は、いまでもアメリカ史の古典として読まれ続け、例外主義が想定するアメリカニズムを批判的に検討したものである。そうであるがゆえに、そのようなかれらにあっても、公民権運動が文字どおり突き動かしていたという事実が重いのである。

そのような歴史研究者のなかでも最も献身的に「ムーヴメント」と関わった歴史家のひとりにハワード・ジンがいる。ジンの『新しいアボリショニストたち』(邦題『反権力の世代』)は、公民権運動がその盛期を迎えた一九六四年に早くも公刊され、アメリカ史を「下の視点」から書き換える歴史学の手法や、運動の参与観察者《パーティシパント・オブザーヴァー》として社会変革にコミットし続ける研究者としての実践は、「ラディカル・ヒストリー」と呼ばれて後続の歴史家たちのみならず、同時期の日本の知識人にも影響を与えた。[37]

一九六四年、SNCCが中心となってミシシッピ州で実施された運動、フリーダム・サマーでは、成人の黒人に有権者登録を奨める一方、教育を受ける機会を奪われていた黒人の少年少女に対して「フリーダム・スクール」と呼ばれる無料のサマー・スクールが開設された。この「オルタナティヴ・スクール」では、アメリカ史も教えられたのだが、それは、ハワード・ジンらが編んだ黒人の歴史だった。その後の一九七〇年代、歴史学界では、名の知られていない人びとの歴史を綴る社会史研究の興隆をみる。社会史興隆の理由はさまざまに指摘されるであろうが、本節の関心との関連で述べておくならば、公民権運動における「ラディカル・ヒストリーの実践」が果たした役割は大きい。アメリカ史の書き換えが運動の最前線で始まっていたのだ。

その後に「新世代」の研究者が登場してくるのが八〇年代半ばである。この世代の研究者は、六〇年代後半の運動を高校生や大学生として「感じ」ながらも、直接的な体験のない世代にあたる。こうして運動の盛期から時間的な距離が開いたことが影響して、公民権運動史研究はアカデミックな歴史研究として成熟していった。歴史家デイヴィッド・ギャローや作家テイラー・ブランチの浩瀚なキング伝は、学界や批評界で好評を得た。ギャローは一九八七年、ブランチは一九八九年にピュリツァー賞の歴史部門賞に輝いて幅広い人気も博した。また、SNCCの歴史に関するクレイボーン・カーソンの研究を筆頭に、キング周辺の人物の研究も進み、その後の学術的研究が深化していく基礎を築くことになった。

また、ウィリアム・チェイフィのグリーンズボロの運動の研究は、地域史《ローカル・ヒストリー》から歴史の大きな流れを描き上げて、公民権運動の研究手法に大きな影響を与えた。先行する研究がナショナルな歴史、指導者の歴史を解き明かしたのに対し、まず地域について、そして「歌に歌われたことのないヒーローたち(unsung heroes)」について語るその手法は、九〇年代になると、ジョン・ディトマーやチャールズ・ペインらの研究に引き継がれ、その後も公民権／ブラック・パワー運動史研究のひとつの特徴となっていく。[38]

そのようなローカル史の興隆にとって重要だったのが、スタンフォード大学で「マーティン・ルーサー・キング・ジュニア文書プロジェクト」が一九八五年に開始されたのを筆頭に、全米のさまざまな場所で、黒人史関連の図書館や文書館、ミュージアムが史資料の収集と保全に乗り出していったことである。基本的な文書文献の蓄積と整理が進むのに併せて、各研究機関は地域の人びとの聞き取り調査を実施するなど活発に史資料の収集と保全を行い、その後の研究に必要不可欠なインフラが築かれることになったのだ。また、公民権／ブラック・パワー運動が遺した遺産のひとつに、大学における黒人研究《ブラック・スタディーズ》の推進があるが、二〇〇〇年代に入るとこのような研究プログラムから博士号取得者も現れ始め、アカデミックな研究は質の面でも量の面でも急速に発展していった。

こうして公民権／ブラック・パワー運動の研究がアカデミックな探究として確立されると、それらは先行する研究を次のように批判して問題提起することになった。

（1）チェイフィ、ディトマーらの研究が示したように、公民権運動の最も重要な推進力は地方の黒人コミュニティにあった。このような運動は、地域の論理のなかで動き、全国的な名声のあるリーダーが一般の黒人市民を指導して長く運動に動員できたことはほとんどなかった。公民権運動とは、このような自律的でローカルな運動が、戦略的に合従連衡を繰り返しながら拡大していったものだった。それゆえ、運動はときに「暴走」し、その参加者はときに「暴動」を起こしたこともあった。そのような意図しないローカルな出来事が運動に独特のビートを与えて、この時代独特のリズムを刻んでいた。それゆえ、キングに代表される全国的指導層の動きのみを注視してしまうと、運動の最も重要なポイントを捉え損なうことになる。[39]

（2）これまでの研究には女性がいない。しかし、運動の指導層は男性であっても、運動の「前線」では数多くの女性たちが強い存在感を示していた。たとえば、モントゴメリー・バス・ボイコット運動にしてみても、運動初期における黒人女性の行動がなければ、そもそも始まってすらいなかった。公民権運動の男性リーダーたちは、しばしば、黒人女性からイニシアティヴを簒奪する形で指導権を得ていたのであり、第二波フェミニズムは、公民権運動のなかで社会運動のロジスティックスや戦術を学びながら、その家父長主義的性格に強く反撥して誕生したものでもあった。したがって、公民権運動の歴史は、女性の姿をたんに書き加えることだけでは足りず、ジェンダーを中心におきながら、歴史を語る枠組みそのものを組み直さなくてはならない。[40]

（3）「公民権運動の時代」の時期設定に問題がある。この運動の開始点はずっと早い。ローカルの現場では、一九三〇年代の中ごろから抗議や抵抗が連続的に繰り広げられていたし、最初のワシントン大行進が提唱されたのは一九四一年のことである。また、公民権運動はキング暗殺をもって終わったわけではない。七〇年代以後もローカルな運動は激しく展開されたし、これらの運動を詳らかにみれば、アクティヴィストのネットワークや動員された社会的リソースの点で先行する公民権運動とはっきりとした継続性があるのが分かる。[41]

本書はこれらの動向に強くインスパイアされたものである。このうち、ローカルな動きやジェンダーに強い関心を払うことの重要性は、ほかの（歴史）研究でも指摘されていることであり、ここでさらに立ち入って議論する必要はないであろう。他方、公民権の時代をどのような時間の枠組みで考えるのかという点は、アメリカ史研究全体と、さらに重要なことに、アメリカ社会全体の政治的状況と深く関わる問題に接続されて、現在でもさかんに議論されているが、公民権／ブラック・パワー運動研究特有の議論であるため、広く知られてはいない。そこで、この「長い公民権運動論」と呼び習わされている議論を以下で詳しく検討してみよう。

公民権／ブラック・パワーの二元論――「長い公民権運動論」再考

二〇〇四年のアメリカ史学会年次大会で、ジャクリーン・ダウド・ホールは、「長い公民権運動と過去の政治的利用」と題する会長講演を行った。[42] かのじょによると、公民権運動は、戦闘的《ミリタント》な労働運動が黒人の社会運動を積極的に支援し始めた一九三〇年代末にはすでに存在していた。この一九三〇年代後半とは「人民戦線」の時代である。公民権運動開始の号砲がこの時代に鳴り響いたことを認めることは、単なる運動の系譜を辿ることに留まらない、大きな意味がある。なぜならば、まず、黒人の運動と労働運動や左翼運動との関係が前景化されることを通じて、公民権運動が、公民的権利の保障だけでなく、より広範な労働と経済の問題をも射程に入れていたことが明らかになり、運動の多面的性格がはっきりしてくるからである。それは、人種と階級、すなわちインターセクショナルな問題と格闘していたのだ。[43] また、北部や中西部、太平洋岸地域の産業都市を拠点とした三〇年代の労働運動と黒人の社会運動の関係が照らし出されると、南部地域以外の「人種問題」がより明確な輪郭をもって現れてくる。公民権運動が立憲的な公民権の問題のみにもっぱら取り組んだと考え、南部と北部を異質な社会として捉えるからこそ、一九五〇年代半ばのブラウン判決とモントゴメリー・バス・ボイコット運動で公民権運動が、ほかの諸運動とは関係なしに突如として興隆していたかのようにみえてしまうのである。この時期の運動は「公民権運動の前兆」ではなく、その「紛れもない第一局面」なのだ。

他方、運動の終点を一九六〇年代終わりとする見方にも、ホールは問題があるとみる。公民権運動がもたらした変革に対する白人の抵抗は根強く、黒人が政治経済的に抑圧されている状況はその後も続いた。アファーマティヴ・アクションをめぐる闘い、公立学校の人種統合や教育の質の改善に向けた取り組み、警官暴力や黒人青年の大量収監(mass incarceration)への抗議活動等々、公民権運動の課題を引き受けた闘争は現在進行形で継続しているのである。

公民権運動をこのように捉え始めたときに見直されることになるのが、ブラック・パワー運動であり、アメリカの社会運動全体の盛衰に関わる解釈である。ブラック・パワー運動は公民権運動のなかから生まれ、先住民のレッド・パワー運動、第二波フェミニズムや環境運動などとともにアメリカ社会のラディカルな変革を求めて、公民権運動と入れ違うように大きく花開いた。七〇年代前半は、じつはラディカルな社会運動の時代でもある。公民権運動の「下り坂勾配史観(declension history)」――六〇年代後半に黒人の運動が「終わった」と見立ててそこから目的論的に歴史を解釈する史観――をとるからこそ、激昂した黒人たちや主張を強める女性たちが「アイデンティティの政治」をアメリカにもち込んで、アメリカ人としての普遍的な夢の実現を求めた非暴力の公民権運動の理念を裏切り、七〇年代以後の保守政治の台頭を促したとみてしまうのだ。[44]

このような主張を真っ向から批判したのが、黒人史研究者のサンディアータ・ケイタ・チャ＝ジュアとクラレンス・ラングである。時代の独自性を見極めることが歴史学の主たる役目であり、ホールのような視点に立てば、奴隷叛乱ですらも公民権運動の第一局面となると指摘し、「すべての運動を吸い込む吸血鬼」を生み出すことを歴史研究とは言わないと論難したのだ。かれらにくわえて、アメリカ歴史学協会の会長に黒人として初めて選ばれた黒人史研究の泰斗のトマス・ホルトもまた、「長い公民権運動論」は、時代の枠組みを闇雲に前後に延ばすことで、かえって公民権運動の画期性をみえなくすると批判している。かれにとっては、あくまでも「短い公民権運動」の時期に展開された運動――「長い公民権運動論」はそれを「公民権運動の古典的な局面（classic phase of civil rights movement）」と呼ぶ――が重要であった。ジム・クロウ制度は黒人を隔離することで独自の歴史的成長過程をもつ黒人コミュニティを生んだ。この隔離され差別されたコミュニティは、急進する南部社会の工業化や都市化の結果、五〇年代には分厚い社会的リソースを蓄えることになっていた。公民権運動が動員したのは、このような歴史を通じて蓄積された黒人コミュニティのリソース全体であり、モントゴメリー、アトランタ、ナッシュヴィル等々で起きた黒人の運動は、あのとき、あの場所でなければ起こりえなかったのである。ゆえに、公民権運動の起点は、やはり一九五〇年代中ごろにみるべきなのだ。[45]

チャ＝ジュアとラング、ホルトの指摘にはもっともなところがあるものの、しかし、「長い公民権運動論」の意図を十分に汲み取ってはいない。ある大きな出来事を前にし、その先行事例を探り、当該の現象を時の流れのなかで文脈化しようとするのは歴史研究者の「習性」のひとつでもある。「長い近代論」「長い一六世紀論」等々、歴史学者は物理学的な時間の流れとは無関係に、時代の枠組みを長くするが、この「長い公民権運動論」が行っているのもこれらと同じである。つまり、「長い公民権運動論」が単なる時間枠の問題だとすると、実にそれは歴史研究のなかでは「よくある議論」のひとつになってしまうのだ。じっさいに、公民権運動は一九五〇年代半ばに産声を上げたのではないという主張は、一九六〇年代には早くも言われていた。[46] それゆえ、この論の重要な意図はそこにあるのではない。

「長い公民権運動論」ならではの重要なポイントは、ホールの演題に示されている後半部分、「過去の政治的利用」にある。ホールと類似した見解をとっている歴史研究者のなかにジーン・シオハリスがいるのだが、かのじょたちは一般に広く共有されている公民権運動の物語が「アメリカ的価値観の発展史」となっていることを強く問題視する。[47]――そのような理解が広まったことに「過去の政治的利用」をみて、それに抗うひとつの枠組みとして〈長い公民権運動論〉を提唱しているのである。このことについて、具体的にひとつの事例を紹介しながら少し詳述しよう。

一九八六年、キング牧師の誕生日を祝い、一月第三週を連邦の祝日とする法律が制定された。この法制化が議論され始めた当初、ロナルド・レーガン大統領はキング牧師を「アメリカ史上最も分断的な人物」とみなして反対の論陣をはっていた。現在からだとレーガンのこの見立てはきわめて奇異に感じられるであろうが、それは、単なる保守派政治家のデマゴギーではなく、むしろ「歴史のなかのキング」の実像に近いものだった。公民権運動の盛期にあって、キングは「最も危険なニグロ」と広くみなされ、ベトナム戦争に反対の意思を表明すると、アメリカ市民全体の三分の二がかれの言動に対する不支持を表明していた。つまり、活発な言論活動を行っている黒人のトークショー・ホスト、トラヴィス・スマイリーによると、キングの活動はつねに論争を呼ぶものであり、晩年のかれの評価は「ドナルド・トランプほど低かった」のだ。しかし、公民権運動の盛期からおよそ二〇年の時が経ち、グラスルーツの市民運動が沸き上がるなかで、「マーティン・ルーサー・キング生誕記念日」は祝日として法制化されるに至った。そうすると今度は、公民権運動の歴史は学校で教えられるナショナルな歴史の一コマとなって、アメリカの公的な歴史のなかにしっかりと足場をもつことになっていった。これがキングの偶像化、非暴力の神話化を一段と大きく推し進め、公民権運動とは、公民権・投票権を得ていく黒人たちの、非暴力でありながらも雄々しくヒロイックなストーリーとして、広く認知されるに至ったのである[48]。

そこで語られる公民権運動は、キングが運動の「指導者」となった一九五五年に始まり、かれが暗殺される一九六八年に終わる。――「長い公民権運動論」は、このような物語の骨組みを、「モントゴメリーからメンフィスへのパラダイム」と批判的に呼ぶ(モントゴメリーはキングの「黒人指導者」としての台頭をみたバス・ボイコット運動の場であり、メンフィスはかれが没した街の名である)。

ホールらはこのような公民権運動の語りに「過去の政治利用」の悪しき例をみて、それが新右翼によって先導されたものだとみなす。公民権運動の成果を押し戻すことができないことを悟ったニュー・ライトはこう考えた。――アメリカにはひどいレイシズムがあった、しかし、それは過去の南部の話であり、もはや人種に基づく差別的待遇を定めた法律はない、アメリカはその過去をじゅうぶんに贖った、アメリカは、肌の色に社会的政治的価値をみない社会へと変わったのであり、現在黒人と白人のあいだに、所得や資産、教育等々、数々の格差があるとしても、カラーブラインドな社会が実現した以上、アメリカの諸制度はフェアなものなのだから、それは自己責任である。そもそも、キング牧師はワシントン大行進でこう言ったではないか。「わたしには夢がある、人間が肌の色ではなく、人格の内面によって判断される日が到来することを」。その社会はいまや目の前にあるのだ。これを実現したのが公民権運動なのだ[49]。

この議論に対して、ホールはこう述べる。

公民権運動の大きな物語《マスター・ナラティヴ》は、その闘争の場を南部に閉じ込め、円滑に物事が進むわずか一〇年の時間のなかに押し込み、運動の目的は「政治的権利等の」非経済的なものに限定することで、運動をもち上げると同時に矮小化している。このような物語は、公民権運動の古典的局面を、進歩主義的なアメリカがその目的を達成していくより大きな物語のなかに位置づけて、運動のステータスを確たるものにしたのであるが、他方ではまた、公民権運動の荘厳な実直さを掘り崩してしまうことになった。この大きな物語は、アメリカ史上最も傑出したこの大衆運動から、私たちが現在直面している難題に対して、有用な示唆を得ることを難しくしてしまったのである。[50]

そして、保守的な南部／リベラルな北部の二元論から、公民権／ブラック・パワーの二元論から、黒人の運動の歴史を解き放つために、公民権運動の長い歴史を吟味することを歴史家たちに求めたのだった。つまり、それはなによりもまず政治的な提言だったのだ。

さて、ここから筆者の立ち位置を本書の目的とともに明確にしていこう。本書は「長い公民権運動論」と基本的な視座を共有し、黒人の社会運動史の二元論的理解に正面から抗いながら、公民権運動とブラック・パワー運動の歴史を編み直すことを目的とする。しかし、ホールが言う「公民権運動の大きな物語」を誰が作り上げたのかについては、かのじょとは意見を異にする。公民権運動の物語をアメリカニズム礼賛の物語にしているのは、ニュー・ライトだけではない。だからこそ問題はより大きいのだ。

前節で確認したように、夥《おびただ》しい数の歴史家がセルマの道をアメリカ的価値観の成就を夢みて歩いた。また、ギャローやブランチらのきわめて評価の高い歴史研究を代表に、八〇年代までの研究は大筋において、公民権運動とブラック・パワー運動を異質な二つの運動として対置したうえで、前者は多くの成果をあげ、後者はアメリカ社会に混乱をもたらしたとみてきた。しかし、かれらをニュー・ライトと呼ぶ者はまずもっていないであろう。実のところ、現在では古典とみなされている研究のほとんどがこのような二元論をあたかも自然な態度であるかのようにとってしまっているのである。つまり、公民権運動とブラック・パワー運動の二元論は、後者を批判して前者をもち上げながら、「(アメリカの)建国理念の約束」を救い出すひとつの巧妙な装置であり、はっきりと意図しなければ引っ掛かってしまう「トリック」なのだ。[51]

ここで改めて注目すべきことは、「公民権運動の大きな物語」が、レーガン＝ブッシュの共和党政権、そしてクリントンの民主党政権の約二〇年のあいだに、広く語られるようになったということである。この時代に冷戦は終焉を迎えた。このポスト冷戦の世界において、公民権運動の物語は、本来は正しい「政治体制」が自らの問題を克服していくプロットを支柱とする勝利主義的なトーンを強めていった。公民権運動の勝利主義的解釈とは、超党派的な合意のなかで語られる自由主義の勝利の物語と背中合わせの関係にあったのだ。

公民権運動とブラック・パワー運動は、静かに祈りを捧げる非暴力のアクティヴィストと怒りとともに拳を天空高く突き上げるブラック・パワーのアクティヴィストの対照的なイメージをもつ。アメリカ社会は、このうち後者を、実に長いあいだ、批判、非難、否定し続けた。その先で現れたのが、弁舌爽やかにアメリカの未来と夢を語るバラク・オバマだった。二〇〇八年、大統領選挙に臨んだ黒人候補、オバマの奮闘に、アメリカがその「夢」を実現する様を人びとはみた。黒人大統領誕生へと向かう公民権運動の勝利主義的解釈は、人びとの一般的な感情にもとてもよく適合したのである。歴史の研究者が歴史だと考えるものと、一般の人びとが歴史だと信じているものは必ずしも一致しない。しかし、非暴力の正義が最後に勝利する公民権運動の勝利主義的解釈は、多くの人びとにとって「癒やし」でもあり、その「癒やし」をときとして研究者すらも求めていたのである。

二〇〇八年一一月四日、オバマは、シカゴのグラント公園で、大統領選挙に勝利した初の黒人として勝利演説を行った。集まった群衆を前にして、キング牧師の演説を遠回しに引用しながら、「変化がいま訪れたのです」と高らかに宣言するオバマ、その姿に涙した人間は決して少なくない。この涙はなんであっただろうか。本書はここに問題をみる。[52]

黒人自由闘争の歴史へ

ここまで本章では、二元論的理解――南部／北部、公民権／ブラック・パワー等々――を通じて、公民権運動の正史が形成されていることの問題を指摘してきた。この二元論が孕んでいる最大の問題を最後に指摘しておこう。――公民権運動とブラック・パワー運動を対照的なものと措定する構図には、人種主義的ステレオタイプが下敷きになっているのである。穏健で善良、我慢強い非暴力の公民権運動と、荒々しく暴力的で衝動的なブラック・パワー運動、このような運動の理解は、運動の実態に即したというよりも、「黒人」に関わる旧弊で人種主義的な黒人の二つの類型――「従順なニグロ」

と「反抗的なニガー」――をなぞっているに過ぎないのである。二元論は、本来は複雑な出来事を単純化して分かりやすく伝える。一九六〇年代当時の報道において、公民権運動とブラック・パワー運動は必ず対極に位置づけられ、両者のあいだになんらかの共通点をみる論調をみつけることは難しい。「白黒がはっきりしている物語」は、いつのときであっても、分かりやすい。だが、それは稚拙で怪しげで危険である。

歴史のなかの黒人の運動は、このような二項対立のあいだの時空間で展開していたのだった。バーミングハム闘争でしばしば讃えられるのは、ブル・コナーの警官隊に立ち向かう子どもたちの姿であった。高圧放水を浴びせられて悲鳴をあげる黒人の子どもたちの姿と白人至上主義の凶暴さの対象性、つまり非暴力主義が描きあげる善悪の対決の大団円に人びとは心動かされたのだったが、この子どもたちの姿に非暴力とは別の意味を受け取る者がいた。マルコムXである。警官隊に向かって敢然と突き進む黒人の少年少女の姿に、いよいよ蜂起した黒人大衆の姿を看取したのだ。かれにとって重要だったのは、規律高い非暴力よりも、恐れ知らずで無秩序にも映る行動だった。これまで黒人は白人の理不尽な命令にただ俯いて従ってきた。暴力的弾圧に怯むことなく前へ前へと進む子どもたちの姿は、レイシストが黒人に期待していた役割を拒否していることを意味した。つまり、非暴力のなかにブラック・パワーの目覚めがあったのだ[53]。

本書で以下に跡づけるのは、ブラック・パワー運動が公民権運動のアンチテーゼとしてではなく、この運動を止揚する形で生まれてきた過程である。その歩みのなかでは、二つの運動の境界がとても曖昧になる瞬間がある。これを捉えようとすれば、二つの運動を統べる運動の名が要請されるであろう。そこで本書は、アメリカでの先行する研究を参考に「黒人自由闘争(black freedom struggle/movement)」という表現を導入する。

この「黒人自由闘争」に関わって、先述のクレイボーン・カーソンは、早くも一九八六年にこう主張していた。それはその後の「長い公民権運動論」を先取りするものでもあった。

黒人コミュニティが動員されたのは、たんに連邦政府を黒人の支援に突き動かすことだけを目的としたのではなく、運動の参加者やすべてのアフリカ系アメリカ人に、新たな社会的アイデンティティの創造を促すためでもあった。既存の研究のなかでの公民権運動観では、運動は一九六五年に終わる――この年、公民権団体の主導によるキャンペーンが投票権法の制定のきっかけをつくり、これが最後の大キャンペーンとなったからだ。黒人自由闘争(black freedom struggle)という概念が指し示すのは、このようなイメージとは対照的に、運動はより広範な目標をもち、一九六五年の前も後も、強い継続性をもっていたということである。公民権運動がブラック・パワー運動と入れ替わったのではない。黒人自由闘争は、公民権運動が未達のものとして残してしまった課題と取り組み、人種の包括的な向上を要求してブラック・パワー運動へと進化を遂げたのだ。[54]

さらに、ブラック・パワー運動研究を先頭で牽引している新世代の歴史家ペニール・ジョセフもまた、二つの運動の二元論的な見方を強く批判し、公民権運動とブラック・パワー運動はほぼ同時期に展開された「パラレルな運動」であると見立てている。[55]

本書はこのような一連の研究動向と視点を共有しつつ、公民権運動とブラック・パワー運動に関する二元論的な語り、そしてその語りが含意する目的論を禁じ手にして、現代の黒人の社会運動を黒人自由闘争というより大きなひとつ運動のなかで語り直すことを試みる。

なお、本書においても、「公民権運動」「ブラック・パワー運動」という名称自体は継続して使用する。それは、この二つの運動が多くを共有していたとしても、別個の「アイデンティティ」をもちつつ、時には対立し、時には共闘していたのもまた事実であり、二つの運動の差異を認めることも重要であるからだ(英語の civil rights movement に「公民権運動」という訳語を充てることの適否はすぐ後で改めて詳らかに論じる)。黒人自由闘争というひとつの大きな(大文字の)運動の集合群がある。そのなかに、時と空間が重なりあい、ズレていくなかで、小さな(小文字で複数形の)公民権運動、小さな(小文字で複数形の)ブラック・パワー運動が生起する。[56] 二つの運動の名を捨てて、ひとつの名称のもとに包摂してしまうと、運動の歴史が刻むテンポからビートが消えて、その歩みは単調になってしまうであろう。公民権運動とブラック・パワー運動は、黒人自由闘争にドライヴ感を与えるシンコペーションであり、緊張と拡張をもたらすテンション・ノートなのだ。

三　本書の構成と目的

少々長い序論となったので議論をまとめておこう。本書の最大の目的は、公民権運動／ブラック・パワー運動の歴史に接近することを通じて、アメリカ史のなかで非暴力の公民権運動が立つ位置を脱中心化し、かくして解き放たれた運動理解の枠組みのなかにブラック・パワー運動を改めて置き直し、現代アメリカ黒人史の語りの構図を大きく変えることにある。この構図のなかでの黒人の社会運動の歴史は、公民権運動の勝利主義的解釈とも、近代自由主義が開花していく過程を語る大きな物語とも異質なものになるであろう。

まず本書は、「長い公民権運動論」に添い、一九三〇年代のデトロイトから始まる。公民権連合と呼ばれる政治勢力が、労働運動との連携するかたちで誕生したのだ。アメリカの労働運動の主流は白人労働者を中心として成長し、人種的排他性をひとつの大きな特徴としていた[57]。それゆえ、リベラルな勢力が隊伍を固めるには、労働運動の側には自らのレイシズムと格闘すること、黒人の社会運動の側には反労働組合的態度をみつめ直すことが必要であった。第一章で検討するのは、労働運動と黒人の運動が互いに接近していく具体的な過程である。

続く第二章では、一九六〇年代の黒人自由闘争を先頭で牽引することになるSNCC誕生の軌跡を追う。同章では、SNCC創設大会を企画したエラ・ベイカーの来歴を、ふたたび六〇年代から大きく遡って詳らかに紹介するが、それは、かのじょが人民戦線の時代に生まれた公民権運動と六〇年代の運動を架橋する役割を果たしているからである。同章の検討ではまた、公民権運動の「突撃隊《ショック・トゥループス》」と呼ばれたSNCCが、人種主義と家父長主義とのインターセクショナルな格闘のなかで誕生したという過程が明らかになるであろう。第三章では、SNCCの誕生を経て急進化する黒人青年たちの運動を追う。黒人青年のラディカル化は冷戦下の体制順応主義《コンフォーミズム》を突き抜ける形で進行していった。同章は、公民権運動の勝利主義的な解釈を超えて、このような運動のラディカリゼーションと冷戦イデオロギーとの関係を考察する。アクティヴィストたちが抗っていたのは、勝ち誇るアメリカニズムでもあったのだ。

第四章以後の焦点はブラック・パワー運動へ移る。まず非暴力の運動の盛期であると想定されている一九五〇年代後半に黒人の武装論を唱えたロバート・F・ウィリアムスの来歴を検討し、その後にブラック・パワー運動の名を得る運動の「地下水脈」を確認する。これに続く、第五章では、ブラック・パワー運動に強烈な影響を与えるマルコムXを、キングの非暴力とは対置せずに考察し、さらに第六章では、「ブラック・パワー」というスローガンの「生みの親」であるストークリー・カーマイケルの生涯を検討する。

一九六六年、ブラック・パワーのスローガンが生まれると、それは瞬く間に新たな黒人の運動、さらには「新たな黒人」の誕生を告げる標語となっていった。そのような動きの先頭に立ち、当時のアメリカを代表するラディカルな運動組織となったのがBPPであり、第七章で検討するのが、(日本では分離主義《セパラティズム》を標榜するブラック・ナショナリスト団体と誤解されることが多い)このBPPである。BPPなどのブラック・パワー運動の組織は、「黒人ゲトーの内国植民地論」で理論武装し、「黒人ゲトーのナショナルな自治権(national self-determination of black ghetto)」の獲得を大きな目標にした。公民権法制定後の黒人自由闘争が目標をこのように微調整すると同時に、その働きかけの対象は、連邦政府よりもローカルな都市政府へと力点を移していった。したがって、かかる闘争を語るにあたっては、ローカルな場に視座を置くことが重要な意味をもつ。そのために本書は、第一章と、本書の締め括りとなる終章でデトロイトという地方都市に焦点をあてている。一九六七年、デトロイトでアメリカ史上最大級の「暴動」が起こった。ここで筆者は、「暴動」と、このときの出来事にカッコを施したのだが、それには意味がある。――一九六〇年代半ばより全米で頻発していた集合的暴力は、単なる暴動ではなく、黒人たちの叛乱(rebellion)でもあったのだ。では、そのローカルな現場はどうだったのだろうか。それはまた、一九三〇年代に始まる黒人自由闘争の現代的局面にとってどのような意味をもつのだろうか。本章はこのような問いかけのもとで、ローカルなブラック・パワーを考察する。

ドナルド・トランプがアメリカ政治に登場して以後、この国の「分断」に関わる議論がかまびすしい。盛んに議論されるこの分断のなかで、人種は(ジェンダーと並んで)一本の太い分割線となっている。また、現在のアメリカ社会の保守・リベラルの激しい対立は、「公民権運動の時代」の歴史解釈をめぐる対立にも符合する。――保守派は六〇年代後半の「行き過ぎ」を嘆き、リベラル派はこの時代の改革を言祝ぐ。この時代の黒人自由闘争を原因とする変化に関する評価は現在でも毀誉褒貶がきわめて激しく、ある者が「古き良き時代」の終わりをみれば、また別の者は多様な価値観が共存する現代アメリカの誕生をみる。「アメリカをもう一度偉大にしよう(Make America Great Again)」と呼号するトランピストの欲望がみるのは、六〇年代前のアメリカだ。加えてまた、現代社会の混乱の始まりに単純化されて戯画化されたブラック・パワー運動(と第二波フェミニズム)を描き、そこに「悪しきアイデンティティ・ポリティックス」の誕生をみる者はリベラルを自称する者のなかにも多い。[58] そのようなリベラルの論点は、アイデンティティより階級をというのだが、では白人至上主義もアイデンティティ・ポリティックスの一類型だとすると、ブラック・パワー運動興隆後の変化への嘆きはいったいなにを意味しているのだろうか。

本書が明らかにするように、ブラック・パワー運動は階級と格闘するなかで誕生したものでもあった。したがって、黒人自由闘争という枠組みのなかで公民権運動とブラック・パワー運動を理解し直すことは意外にも大きな課題を射程に入れることになるであろう。それは、現代のアメリカ社会の分断状況を、歴史の文脈に置きなおして改めて考えることも意味するのである。

補遺　用語について

最後に本書で用いる用語について、いくつか整理しておきたい。

【黒人／アフリカ系アメリカ人】

本書において、「黒人」「アフリカ系アメリカ人」という「ヒト」の種別を表す用語は、厳密な区別をせずに用いている。そうするのが最も合理的であるからだ。

「アメリカ合衆国の市民権をもつアフリカにルーツをもつ者」に対する「政治的に妥当《ポリティカリー・コレクト》」であり、かつ学術的に最も正確な表現は、現在では一般的に「アフリカ系アメリカ人」であるとされている。人種的集団の名は、それに属する人びと個人のアイデンティティと深く関わる。ところが、現実のところ、「アフリカ系アメリカ人」という表現はきわめて無反省に使われることが多く、詳しく調査してみれば「アフリカ系アメリカ人」と呼ばれていた者がそうではなかったという事例は決して少なくない。具体例をあげて説明してみよう。アフリカやカリブ海の島嶼国・地域からの「移民」であり、アメリカ市民権をもっていない者に対して「アメリカ人」と呼ぶのが適切であろうか。本書第六章で詳述するストークリー・カーマイケルがこの事例に該当する。国籍やナショナリティに即して表現を変えるならば、「人種集団」を表す表現はもっと増えるであろうし、それに伴って煩瑣なことも増えてくるであろう。そのときに失われてしまうのが、かれらかのじょらが、人種に生物学的な根拠はなくても、ひとつの「人種集団」として強い紐帯を感じた瞬間があったということである。このようなときに、奴隷にされた人びと(enslaved people)を祖先にもつアメリカ南部出身者、カリブやアフリカからの移民の非アメリカ市民等々、かれらかのじょらを総合する呼び名がなにであるかと問うと、合理的には「黒人」としか呼びようがない。――その「黒人」という集団は、人種という範疇に生物学的な根拠がなくても、歴史のなかできわめて重要な役目を果たしたのだ。

じっさいに「黒人」という表現は現在も広く一般に使用されていて、そこにとりたてて侮蔑的な意味合いはない。もとより本書の考察の中心であるブラック・パワー運動は、「ブラック」という形容詞に人種的劣等性や敵意・侮辱をみることに抗い、自らを「黒」と誇りを込めて名乗ることに特徴があった。ファンク・ミュージシャン、ジェイムズ・ブラウンは、このような時代の趨勢を捉えて歌った――「俺は黒い、そして誇り高い(I'm black and I'm proud)」。

他方でまた、かかる「黒人」という集団のなかで、集団内の人びとの紐帯を強くするよりも差異が際立つ場面もある。そのような場合には、できる限り当該人物のアイデンティティや「人種」的出自に即して正確に叙述することが適切である。それゆえ、本書では、アフリカやカリブ海域、中南米出身者の対比のうえで、アメリカ合衆国市民の黒人を指す場合には、(きわめてプライヴェートで政治的な情報であるがゆえに確認するのが難しい市民権の有無はとりあえず措いておき）「アフリカ系アメリカ人」、もしくは「アメリカ黒人」という表現を用いている。

このように、本書では、これらの人種的な呼び名に対して、文脈に細心の配慮をしながら、さまざまな表現を用いることにした。これはアメリカにおける学術文献での使用法とも同じである。

なお、原史料で"Negro"と表記された箇所については、その同時代的な文脈を重視し、カタカナで「ニグロ」と記している。一九六〇年代中ごろまで、この表現は、むしろ教養層のアフリカ系アメリカ人に「ブラック」よりも好まれて用いられていた自称だった。しかし、現在では侮蔑的な意味合いが強いとされ、歴史研究等のきわめて限られた場面でしか使われていない。歴史研究が例外となるのは、その侮蔑的な意味合いなども含めて歴史的文脈を優先しなければならないからであり、筆者に侮辱の意図はもちろんないということを明言しておく。

【公民権運動／市民権運動】

近年の文献では、civil rights movement（以下、本節ではＣＲＭと略記する）という英語に対して「市民権運動」という訳語を充てている文献が増えてきた。[59] 簡単な言葉の置き換えゆえに、その真意が記されていることも少ないし、訳語に関わる議論が展開されている文献も寡聞にして知らないがゆえに、以下の考察は「市民権運動」と記すことの意図を推し量ったものでしかなく、それゆえ的を外しているかもしれないが、筆者は「公民権運動」と表記することを強く推奨するがゆえに、その理由を述べておきたい。

「公民権」という日本語は政治的諸権利を参政権等に狭く示す場合がある。だが、本書でも強調するように、CRMは、投票権などの基本的政治権利を要求する以外にも、広く社会権や「福祉権」の獲得も運動の射程に入れていた。それは「公民権」のみを問題としていた運動ではない。

この点においては、CRMを「公民権運動」と訳すならば、運動の本質を誤り伝えてしまうかもしれない。他方でしかし、多様なCRMのなかには、狭義の立憲的権利以上の問題に関わろうとしなかった「保守的」な流れがあるのも、また事実である。よって、公民権という日本語が示すよりも「CRMはより包括的な運動目的をもっていた」と考えて「市民権運動」と訳し直すとするならば、CRMの「保守性」を閑却する過誤を行ってしまうことになる。そこには訳語を充てるという以上の歴史的で政治的な判断が入り込んでいるのである。また、citizenshipに「市民権」という広く使われる訳語がある限り、CRMを市民権運動と訳出すると、この語がもつ意味を曖昧に拡張させてしまうことにしかならない。

ここで考えねばならないのが、civil rightsを「市民権」と訳すことで歴史理解が鮮明になるかどうかであろう。日本語の「市民権」にあたる英語として、まず人びとが思い浮かべるのは、civil rightsではなく、citizenshipである。citizenshipは憲法修正一四条が黒人に保障しているがゆえに、奴隷制廃止後のアメリカでその獲得が大きな問題となったのは移民である。となると、CRMを「市民権運動」と訳してしまうと、移民のcitizenshipを求める動きをどう表現すればいいだろうか。政治思想的にも、また社会運動としても、移民の運動と黒人の運動は同一のものではない。移民排斥を訴えた黒人は少なくない。

また、citizenshipとの対比においてcivil rightsを「直訳」するならば、それは、「市民権」ではなく「市民的権利」となるであろう。[60] 政治理論上、このcitizenshipが包含する数ある「権利」のなかで、civil rightsは、政治的権利(political rights)、社会的権利(social rights)などとともに、その一部をなす。しかし、政治理論上の正確さを求めると、歴史のなかでの動きがみえなくなる。

他方、公民権運動という訳語は広く流通しているものである。それゆえ、日本においても、この言葉は、政治社会運動としての一定のイメージと「アイデンティティ」をもっている。だからといって訳語の改変があってはならないということにはならないが、なにか別の訳語に置き換えるに際しては、そのことの功利的根拠が明らかでなくてはならない。

市民権、人権、公民権等々に関する歴史学での、政治学での、また社会学での議論はいまも盛んに進行中である。英語の訳語の選択のみで、かかる細やかな議論のなかでの立ち位置を読者が受け取るのはもとより不可能であり、翻訳語に過剰な「思い」が不明瞭に込められると、議論が混乱するだけである。それゆえ本書はcivil rights movementに対してこれまでどおり「公民権運動」という名称を使う。

【ジム・クロウ/(人種)隔離/(人種)分離】

しばしば誤解されているが、人種隔離を定めた「ジム・クロウ法」という実定法は存在しない。ジム・クロウとは、奴隷解放後のアメリカにおいて、複数の法や判決、人種主義的暴力が支えた「慣例《エチケット》」によって、徐々にだが堅牢に形成されていった特異な「制度(institution)」であり、それは、人種隔離のみならず、投票権剝奪にともなう政治的従属、南部の低開発と黒人労働に関する搾取的関係等々、多様な抑圧の仕組みを総体的に示す言葉である。本書での記述はこのジム・クロウの意味と歴史に忠実に従う。

よって、たとえばバスの座席や学校等、特定の空間が人種によって分けられている特定の「現象」に言及するときには、segregation の対訳として「人種隔離」という表現を用い、黒人を抑圧する体制全体を指すときには、「ジム・クロウ」、もしくは「ジム・クロウ体制」という表現を用いる。

また、segregation という言葉には、一部に「人種分離」という訳語が用いられていることがある。「分離」と訳した方が日本語の文脈のなかではスムーズであるときが稀にある。しかし、「分離」には、たとえば水に垂らした油が「分離」する現象のように、自ら進んで分かれ離れていくというニュアンスが強い。

他方、黒人の社会運動のなかでは、白人の世界から積極的に身を離すことを推奨した動きもあった。そのような場合に用いられるのは、(稀に"segregate ourselves"等の表現で segregate が用いられる事例もあったが)たいていは separation である。segregation とは白人至上主義が一方的に強いたものだからだ。

それゆえ、本書では、英語で segregation という言葉が示す現象を指す場合には「隔離」という表現を用い、「分離」は separation のそれとして用いている。

【アメリカ／アメリカ合衆国】

本書で「アメリカ合衆国」は、西半球の地政学的問題が関わる場面を除き、国の名の正確さよりも、あくまでも簡略さを優先し、「アメリカ」と記す。それは、アメリカ合衆国がアメリカ大陸を代表する地域や国であるということを意味しない。

【キング／キング牧師】

本書では、マーティン・ルーサー・キングに関し、批判的検討の対象である歴史のなかに実在した人物の場合には『キング』と、非暴力の英雄としてのイメージが先行する偶像の場合には「キング牧師」と表記する。

第一章　黒人自由闘争と公民権ユニオニズム

はじめに

一九三〇年代のニューディール政策は、連邦政府の役割を大幅に拡大させて、アメリカを大きく変えた。この変化は貧困者や失業者の多い黒人大衆にも影響を与え、奴隷解放後一貫して「リンカンの党」である共和党を支持していた黒人は、一九三六年の選挙でその過半数が民主党支持に回り、ニューディール連合ともローズヴェルト連合とも呼ばれる多数派政治勢力の一翼を担い始めていった。[1]その後の黒人自由闘争が展開する舞台は、このようなアメリカ史を画する巨大な変化のなかで用意されていったのである。

本章は、この黒人自由闘争が駆動し始める場面をデトロイトに焦点を当てて検討するものである。本書の最初の章が北部の産業都市を具体的検討の対象にしたのには意味がある。北部から語り始めることで、南部を中心とする黒人運動の語りの枠組みを揺さぶり、その批判的検討が可能になるからだ。実に、この時期の北部都市に生じた政治的変革なくして、その後の公民権運動の興隆はあり得なかったし、このときの出来事がまた後の運動が展開する条件を定めていくことになるのである。

じっさいの検討に先立ち、北部都市における黒人コミュニティの歴史について時代を遡って簡単に説明しておこう。北部で黒人人口が目立って増加したのは、第一次世界大戦中のことだった。戦争の勃発によってヨーロッパからの移民の流れが途絶えると、アメリカの製造業は激しい労働者不足に陥った。そのとき産業資本家の目にとまったのが南部の黒人だった。こうして、北部産業都市へ南部からの人口移動が加速し、その後の約半世紀のあいだに南部を後にした黒人の数は、六〇〇万人という巨大な規模に上った。アメリカ黒人史研究ではこの現象を大文字で「（黒人の）大移動（Black Great Migration）」と呼ぶ。[2]

だが、北部都市で黒人がみたのは白人の敵意であった。黒人と生活空間を共にすること、そして同じ職業に就くことは激しく嫌悪されたのである。一九一六年に五七四一人だったデトロイトの黒人人口は、その後の四年間のあいだに四万八三八八人にまで急増していた。南部から移住してきた黒人たちは、市のダウンタウンを南北に走る目抜き通り、ウッドワード・アヴェニューの東側の狭い地域、ブラック・ボトムに集住することを余儀なくされていた。一九二〇年代に入っても黒人人口の流入は続き、その総数は一九二五年に八万を超えた。[3] このような規模の黒人の集住地区が生まれると、黒人を相手とする専門的な職業に従事するなかで相当な資産を蓄え、劣悪な環境の黒人集住地区を逃れて白人の住宅地へ移る者も現れ始めた。そのひとりが、白人の病院が黒人の診療を拒否するなかで黒人を対象とする医療を提供していた病院の医師、オシアン・スウィートであり、このスウィート家の転住が引き金となって起きた騒乱は、一九二〇年代の北部都市の人種対立を象徴する事件となる。

一九二五年、スウィートは、デトロイト西部に住宅を買った。周辺の住民はこれに猛反撥し、スウィート宅に家具が運び込まれた当日から周辺に集って露骨な嫌がらせを始めた。他方、スウィートの一家も、最悪の事態に備えて銃で武装していて、転居後二日目の夜、スウィート宅を攻囲していた群衆の投石が始まると、スウィートは銃で反撃し、一名の死亡者が出ることになった。殺人罪で起訴されたスウィートは、有名な「民衆の弁護士」クラレンス・ダロウに弁護を依頼し、この係争は時代を象徴する大裁判劇(cause célèbres)となっていった(なお裁判は、陪審員の意見不一致のため、スウィートの無罪となった)。

北部で白人の敵意に直面した黒人の移住民の多くは、しかし、スウィートほどの資力はなく、人種隔離された黒人住宅地――黒人ゲトー――で生活を送り続けるよりほかはなかった。南部を後にした黒人たちが北部都市でみたものはジム・クロウにほかならなかったのだ。[4]

その後に「公民権運動」の名を得ていくことになる政治連合は、南部に劣らず暴力的な北部スタイルのジム・クロウを背景に、黒人の運動と労働運動や左翼運動が連携を強めていくなかで形成されていくことになる。その過程は、開明的な北部の白人が義憤に駆られて立ち上がり、黒人の運動を支援し始めたという単純な物語には収まらない。本章が検証するのは、黒人エリート層と黒人労働大衆、そして白人労働者が、それぞれの論理で動きながら「公民権連合」を形成し、この連合が動いていくプロセスである。

一 自動車産業と黒人労働者

人種と自動車産業

ミシガン州最大の産業都市、デトロイトにはとにかく悪いイメージがつきまとっている。アメリカ史上最大の二〇〇億ドルという巨額の負債を抱えた財政破綻(二〇一三年)、荒廃したダウンタウンに高い犯罪率等々、その「問題」は枚挙にいとまがない。だが、二〇世紀前半から半ばにかけてのデトロイトはそれとはまったく別の街だった。ヘンリー・フォードによるベルトコンベアの導入は、同市の北にあるハイランド・パーク工場で始まった。その後、大量生産された自動車は、アメリカ製造業の生産様式も、また日常生活も一変させ、新しい時代を拓く「メディア」にもなる。モータリゼーションの時代の曙にあって、ジェネラル・モータース(GM)、フォード自動車会社(以下、創業社主のヘンリー・フォード個人と区別するため、フォード社と略す)、クライスラーの自動車会社の「ビッグスリー」が本社を構え、当時の先端技術を象徴する都市がデトロイトだったのだ。そこは、この時代の「シリコン・ヴァレー」だったのである。

デトロイトが誇った自動車産業は、黒人自由闘争の歴史にとっても重要である。なぜならば、自動車産業は、黒人労働者の比率が製造業のなかでも突出して高かったからだ。一九一〇年のセンサスによると、自動車産業はアメリカ全体でも一〇万五七五八人を雇用しているに過ぎなかった。しかし、その後の二〇年のあいだにその数は六四万四七四人にまで急増していった。「大移動」が起きたのはちょうどこの時期であり、一九一〇年にわずか五八九人にすぎなかった自動車産業の黒人労働者の数は、一九三〇年には二万五八九五人に達した。実数はまだ小さなものだったが、その伸びはおよそ四倍という驚異的なペースであった。

だが、黒人が自動車工場でみたのは、住宅と同じく、またしてもジム・クロウだった。黒人のほとんどが、高炉近くの暑く危険な環境下で重労働を強いられる鋳造部門(foundry)に配属され、その高い人種的集中の様子から、この部門には「黒人部(black department)」という異名が与えられるほどであった。他部門で黒人が雇用されることはあっても、荷車運転手、清掃用務員といった低賃金の非熟練労働か、研磨工や塗装工など、鋳造部門と同様に労働環境が厳しい職種に限られていて、一九三〇年代後半に始まる軍需による雇用総数の拡大も、このような職場の人種隔離に大して大きな変化をもたらさなかった。たとえば、一九四〇年、業界最大手のGMでは、生産拠点が集中するミシガン州とインディアナ州で約一〇万人を雇用していたのだが、黒人労働者約二五〇〇人のうちの五分の四が、ミシガン州にある一部の工場の鋳造部門に集中していたのである。[5]

これが自動車産業全般の状況だったとすれば、フォード社の場合は事情がかなり異なっていた。一九三〇年代後半、フォード社の黒人労働者の数は一万一〇〇〇人を数え、その規模は自動車産業の上位一〇社のうちのフォード社を除いた黒人労働者の総和を超える規模だったのだ。[6]

このようなフォード社での黒人の雇用は、黒人牧師の代表団が失業問題への対処をヘンリー・フォードに懇請したことに始まり、それ以後、第二バプテスト教会のロバート・L・ブラッドビー牧師や、聖マシュー監督派教会のエヴェラード・W・ダニエル神父など、聖職者個人が窓口となって人材をフォードの人事部に推薦するという仕組みを通して促進されていった。フォードも教会への金銭的な支援を活発に行い、両者のあいだには強い個人的な結びつきがあった。このような労働者リクルートにおける恩顧主義《クライエンタリズム》は、金属やゴム部品をその原材料から加工し、組立・出荷までの過程を工場敷地内で垂直統合させた、当時の世界最先端の生産施設、リヴァー・ルージュ工場(以下、ルージュ工場)にも引き継がれていき、一九四〇年になると、フォード社で雇用されている黒人労働者の九九%が同工場に集中することになったのである。[7]

だが、数多くの黒人が雇用されていたとしても、配置・配属の面では依然として人種が大きな基準になっていた。一九三八年、ルージュ工場の黒人労働者の持ち場は、非熟練の鋳造部門全体の三八%に達する一方、熟練職の機械工部門ではわずか一%であった。同時代の研究も断言しているように、フォード社においても、黒人雇用の内実は、自動車産業全般との質的相違を示すものではなく、程度の差に留まっていたのである。[8]

もとよりフォードは平等主義的な社会的アクティヴィズムの一環として黒人の雇用を促進したわけではなかった。労働運動対策という目的があったのである。フォードと黒人の聖職者たちは対等な立場ではなく、黒人が恭順をフォードに示すことが暗黙の了解であった。実のところ、労働者とパターナリスティックな関係を結び、労働運動を制するという方針は、労働者の人種を問わず当時のフォード社の経営方針として体系的に維持・促進されていたものであり、労働者の一体的な管理を行っていたサービス部(service department)は、福祉的なサービスと引き換えに、労働者個々人の日常生活にまで立ち入って労働と生活の規律を監督していたのだった。

経済が上向きだったときに、このような労使関係が大きな問題になることはなかった。ところが、恐慌が始まり雇用の維持が難しくなると事情は一変した。労働者が少しでも組織化の動きみせると、強権的にそれを抑え込んだのである。わけても黒人コミュニティでは、「奴隷主のような高給取りスパイ」と渾名されていたドナルド・J・マーシャルがフォードの耳目となり、組合と関わったものには暴力的制裁も厭わず、労働組合活動家《ユニオニスト》から恐れられた存在になっていた。[9] 一九三〇年代の大恐慌下のユニオニストたちは、フォードと黒人労働者の関係を南部のプランテーションに喩えるのだが、それはあながち的を外したものではなかったのである。

統一自動車労働組合(UAW)の台頭と黒人コミュニティの変容

一九三〇年代、大恐慌への対応として始まったニューディール政策の中核に労働立法がある。わけてもワグナー法は、労働者の団結権と団体交渉権を保障して、労働運動を強く後押しすることになった。こうして勢いを得た労働運動の中核となったのが、炭鉱、鉄鋼、食品加工、電気、そして自動車などの大規模製造業の労働者を産業別に巨大な労働組合に組織化することを目的にして、一九三五年に誕生した労働組合の新連合組織、〈産業別組織会議(CIO)〉である。その後の一九六〇年代が黒人の運動の時代ならば、この時代は労働運動の時代であった。わけても、CIOの傘下の〈統一自動車労働組合(UAW)〉は、一九三六年にミシガン州フリントのGM工場で座り込み占拠《シットダウン》という争議の手法を用いたころより、戦闘的《ミリタント》な労働運動の興隆を象徴していくようになる。[10]

そのUAWの組織化攻勢の厚い壁となったのが、フォードの「プランテーション的工場経営」だった。GMやクライスラーなどの大手が次々に労働組合を承認するなかにあっても、フォード社だけは労働組合が労使関係に容喙《ようかい》することを許さなかったのである。そこでUAWは一九三九年からフォード社を対象にした組織化キャンペーンを本格化させ、一九四一年四月の大規模ストライキでひとつの大団円を迎えることになる。

ところで、ニューディールの労働立法は黒人にとって両義的であった。労働者の権利が保障されたことは、圧倒的多数が労働者階級に属する黒人にとっても歓迎すべきことだった。だが、アメリカの主流の労働運動は白人労働者の利害をもっぱら追求して、黒人を排斥してきたことに大きな特徴があった。デイヴィッド・ロディガーらの労働史家が指摘しているように、労働組合とは、ヨーロッパにルーツをもつ労働者が、黒人を排除しつつ自らの「白人性《ホワイトネス》」を確認する場でもあったのだ。白人性が保証する賃金は、単なる金銭的価値では測り得ないものを保証し、かかる「利益」の方が労働者が共闘することで得られるものよりも高いと考えられたのである。それは、当初は「劣った人種」として蔑まれていた東欧や南欧出身の労働者たちが「白人」と自らをみなしてアメリカ社会に同化するのを促進した「制度」のひとつだったのだ。よって、「伝統的」な労働者組合が団体交渉権を得たならば、それは黒人の雇用からの排除が政府から公認されてしまうことを意味した。[11] こうして、労働運動といかなる関係をもつか、内から変えるか、それとも対抗するかは、黒人大衆に喫緊でありかつ死活的な問題となっていったのである。

この当時、全国黒人向上協会（NAACP）など、主流の黒人の運動は、牧師や弁護士などの教養エリート層が担っており、人種隔離や南部で猖獗をきわめていたリンチなど、黒人の権利や市民的自由が関わる法的問題では活発に動きつつも、労働者の生活や経済的な問題にはとりわけて強い関心を示していなかった。具体的な活動も、差別禁止の啓蒙活動と法廷闘争を中心に、至極穏当なものであった。

だが、恐慌が黒人の労働大衆の生活を破壊すると、このような運動の在り方が次第に問い質されることになっていった。NAACP創設時から同組織の幹部を務めていた黒人知識人で運動の理論家、W・E・B・デュボイスはこのような動きの先頭に立ち、黒人青年の知識人と協働して、NAACPの活動のなかに労働大衆の声を反映させて運動を「左旋回」させようと動いた。しかしながら、この目的を追求するにあたり、ＮＡＡＣＰ機関誌『クライシス』で黒人の「自主的隔離（self-segregation）」を主張して激しい論争を引き起こしてしまった。かれの提言の意図は、差別的労働運動と対抗するためにも、まずは黒人が隊伍を固めよという呼びかけであったのだが、これまで人種隔離と一貫して闘い続けていたＮＡＡＣＰ幹部の逆鱗に触れることになり、激しい指導権争いの末に同組織からの脱会を余儀なくされたのであった[12]。

こうしてＮＡＡＣＰを内部から変える大きな動きが頓挫する一方、主流の運動の外側では、労働運動を足場とする新興の黒人アクティヴィストが存在感を強めていた。その代表が、フォード社と同じく強硬な反労働運動的姿勢で名高い寝台車事業の独占事業体プルマン社を相手に組織化運動を一〇年以上にわたって率い、〈寝台車特急ポーター組合（ＢＳＣＰ）〉を承認させることに成功した、社会党員のＡ・フィリップ・ランドルフであった。このＢＳＣＰにはひとつの際立った特徴があった。――組合員のほぼ全員が黒人だったのである。プルマン社の寝台車特急で働くポーターは、「奴隷制のもとで白人に伺候する訓練を受けたアメリカの黒人は天性の使用人である」という人種差別的ステレオタイプに影響され、おおよそ黒人の独占職となっていたからだ。したがって、ポーターを組織化することはすなわち白人の経営者を相手に黒人を組織化することを意味したのである。このポーター組織化の運動は、一九二五年に始まり、その三年後にストライキ実行に失敗して黒人労働大衆の支持を得られずに頓挫したのだが、ニューディール労働立法の後押しを受けてふたたび息を吹き返していった。そして、一九三五年、プルマン社がついにＢＳＣＰを承認すると、ランドルフはいちやく「時の人」となっていったのである。

その後の一九三九年二月、ランドルフら新世代の黒人指導層は、ユニオニストやニューディール派知識人、社会党、共産党の活動家らを糾合して〈全国ニグロ会議（NNC）〉を結成し、ここにNAACPに代わるひとつの運動の極が政治イデオロギーの左側に形成されるに至った。NNCは、傘下組合の自治権を理由に黒人差別を放置し続ける〈アメリカ労働総同盟（AFL）〉系の組合を強く批判すると同時に、大規模製造業で黒人労働者の組織化攻勢を開始していたCIOの積極的な支援に乗りだしていった。デトロイトでは、ハートフォード・アヴェニュー・バプテスト教会の牧師、チャールズ・ヒルがミシガン州支部長に就き、親ビジネス姿勢が強い既存の公民権組織のなかで居場所がなかったアクティヴィストを集めて、フォード労働者組織化キャンペーンの支援に乗りだしていったのである。[13]

このNNC結成に至る一連の出来事が主流の黒人の団体に圧力を加えていった。旧態依然とした活動では黒人大衆の支持を失うばかりとなったのである。こうして一九三六年夏、NAACP全国大会は、「アメリカの労働運動において、人種や肌の色に拠らず産業別に労働者を組織化しようとしている運動への支持と活発な参加を強く奨める」とする決議を採択し、名指しはせずともCIO支持を打ち出して、従来の路線を切り換えたのだった。[14]

それでもデトロイトの黒人コミュニティの事情はこれとは大きく異なっていた。先述のブラッドビーやダニエルはNAACP支部の理事を務め、支部の活動に強い影響力を行使していた。また、支部長のジェイムズ・マクレンドンも、厳しい経済環境のもとではより厚い忠誠心をフォードに示すことが重要であると考えていたのだった。[15]

この点に関わって、歴史研究者のベス・トンプキン・ベイツは、リベラルな「ニューディール秩序」が成立するところから遡及して過去をみて、保守的で親ビジネスのNAACP支部と進歩的な労働組合のUAWを対置し、後者が前者を乗り越えていく筋立てのなかで初期の黒人コミュニティの「頑迷さ」を強調する従来の歴史研究の見方を問題視している。なぜならば、〈保守対リベラル〉の二項対立をもとにして、目的論的にリベラリズム勝利の歴史を描くと、このときに生じていたより大きな変化を捉え損なうからだ。かのじょの見立てによると、フォードが世界史に残した最大の「遺産」は人びとの労働と余暇全般を変容させたことにあった。一九世紀の農業を中心とした生活のリズムは、フォードによる生産工程の再編によって一変し、歴史は産業化と都市化によって特徴づけされる新たな時代へと入っていった。このような歴史的画期にあってフォードが黒人に雇用の機会を与えたことは、使用人(servant)としてしか役に立たないという黒人のステレオタイプへの挑戦を意味し、「なにが可能であるかについての期待と希望を高め」ることにつながっていた。それは「正真正銘のアメリカ人として包摂されることを求めてきた黒人たちの長い闘争がひとつのコーナーを回った」ことを意味していたのである。こうして新時代に入った黒人コミュニティは、主にはローカルな選挙を通じて、UAWの組織化運動が始まる前の一九二〇年代から、黒人が置かれた苦境に同情的な白人候補を独自に支持し、フォードなどの白人ビジネス・エリートの意向に正面から逆らい始めていた。つまり、都市化した黒人大衆は産業労働に足場を得るや否や、周囲の政治動向を敏感に見極めて、時には叛抗的な動きを始めていたのである。[16]

一九三〇年代の労働運動が向き合うことになったのは、かかる変化の途上にあるダイナミックな黒人コミュニティだった。三〇年代初頭、大恐慌の経済混乱のなか、共産党を筆頭に急進的な左翼団体は、黒人コミュニティで活発な活動を行っていた。たとえば、しばしば共産党員やその関係者が深く関わっていた失業者評議会は、家賃滞納で立ち退きを迫られた人びとの抵抗――法廷命令執行官が家具を運び出すと、かれらの目を盗んでそれを元の家に戻すこと――を率いていた。また、一九三一年、アラバマ州スコッツボロで黒人青年九人がふたりの白人女性をレイプしたとして逮捕され、即決裁判で死刑判決が下された事件では、共産党系の弁護団体が黒人青年の弁護に乗り出して、アメリカのみならず欧州でも大きな反響を呼ぶ抗議行動が行われた。大移動が始まったころに家族に連れられて北部へ移動した世代の黒人たちは、このような政治的激動の最中にある黒人コミュニティで育ち、農村で育った親の代とは異なる政治的感覚を身につけていった。最初期のＵＡＷの黒人ユニオニストの一群はこの世代のなかから現れてくる。[17]

こうして一九三七年、奇しくもデトロイトで開催されたＮＡＡＣＰ全国大会は、新旧黒人アクティヴィストの対決の場となった。この大会には、ＮＮＣ幹事長ジョン・Ｐ・デイヴィスや、ＵＡＷ会長ホーマー・マーティンが参加して、それぞれ演説を行うことになっていた。ブラッドビーやダニエルはこれに猛反撥し、開催都市の支部幹部でありながらも、大会のボイコットを主張するほどだった。その結果、結局、ボイコットは不調に終わるのだが、労働に関する大会決議の採択は難航をきわめた。その結果、ＣＩＯ支持が棚上げされて前年の決議から後退する一方で、労働組合の人種差別を糾弾する決議がなされることになったのである。[18]

これを大会会場で目撃していたのが、一九五〇年代半ばから六〇年代にかけての公民権運動最盛期にＮＡＡＣＰ全国執行幹事として活躍する、ロイ・ウィルキンスであった。当時はＮＡＡＣＰ機関誌『クライシス』の編集長であったかれは、次のような論説を著して、デトロイトの指導層を痛烈に批判したのだった。本書第四章と六章で詳述するように、六〇年代には保守性を激しく批判されるウィルキンスであるが、このときの口吻は荒かった。

ひどく錯乱したデトロイトの聖職者ふたりは、デトロイトのニグロに対してフォード氏が示してくれた慈愛ゆえに、自分たちの大切な全国組織を攻撃する思し召しを受けていると感じている。［中略］かれらは、時価総額八億ドルのフォード自動車会社がくれた衣服を着ていながら、自分の言葉は聖なるものだと思っているのだ。生まれたときから死ぬまでずっとわずかな収入のためにあくせく働かねばならない定めにある貧しい人びとが必要とするもののために奉仕すると言いながら、億万長者の産業家の名前を気が狂ったように呼んで、かれの擁護に回る姿に、イエス・キリストはすすり泣くであろう。[19]

興味深いことに、ＮＡＡＣＰの激しい内訌《ないこう》は、組織を弱体化させず、競合する「派閥」の活動が盛んになることでむしろ組織活動を促進させていった（なお、後の章で詳述するように、これと似た事態は、その後の一九六〇年代にも繰り返されることになる）。左翼運動、労働運動、公民権運動の競争もまた、社会運動全般を刺激し、隆盛にあるＵＡＷに歩調をあわせるかのように、ＮＡＡＣＰデトロイト支部の会員数は、一九三七年の二四〇〇人から、一九三九年には六〇〇〇人へと急増していたのである。[20]

こうして新たに公民権運動と関わり始めた人びとのなかには、親労働組合的な姿勢をもつ者が多くいた。その代表が、先述のチャールズ・ヒルであり、プリマス会衆派教会牧師のホレス・ホワイトであった。ホワイトは、一九三八年、聖職者の雑誌『クリスチャン・センチュリー』に寄稿したエッセイで、ブラッドビーらの行動を次のように批判した。

ニグロが反労働組合であり続けるように取り計らおうとする者たちの筆頭には牧師たちがいる。ニグロが自らの希望を自由に表現できるはずであり、経済的救済を練り上げることができるはずであるのに、その組織［教会のこと］はニグロを助けることができない。なぜならばニグロが教会を所有しているわけではないからだ。ある人物は多数の工場を所有しているが、教会もその人物の手の中にあるのだ。ニグロのリーダーシップはいまだに、そして近い将来もそのような牧師たちに握られており、目下のところ、かれら牧師たちは、ニグロの福祉のためではなく、大企業経営者のためにその指導力を使っているのである。

そしてかれはこう問いかける。――「いったい誰が黒人教会を所有しているのだ」と。それはデトロイトの牧師たちのなかから現れた初めての明確な指導層批判だった。[21]

一方、労働組合が黒人の支持を得ようとするならば、人種差別からの訣別を行動で示す必要があった。そこでＵＡＷは、組織化委員会のもとに黒人労働者対応の特別委員会を置き、ホレス・シェフィールドやシェルドン・タペスなどの黒人労働者を専従オーガナイザーに任じて来るべき大争議への準備を整えていった。それは前途遼遠《りょうえん》な厳しい闘いだった。当時にあっても、たとえば、内装工、金属仕上工、機械据付工など、ＡＦＬ系の熟練工組合のすべてが、黒人の入会を規約で禁止していて、これらの旧い組合が黒人にとっては労働組合を象徴しており、タペスの実感では、白人労働者の七〇％から七五％が組合員リクルートに積極的に応じていたのに対し、黒人の場合、好意的な反応を示したのは一割に満たなかった。[22] ＣＩＯ傘下のＵＡＷは違う、それを示さなければならなかったのだ。

ここで組織化運動の焦点になったのが巨大なルージュ工場であった。雇用者総数七万二〇〇〇人に及んでいたこの工場で、黒人労働者の数は一万一〇〇〇人にのぼり、フォード組織化の鍵はこの黒人労働者が握っていたのだ。ここにフォードのパターナリズムと既存黒人エリートの支配に対抗しつつ、デトロイトの黒人コミュニティ内の力関係を再編する可能性が生まれたのである。[23]

このような黒人労働者の存在がもつ重い意義を直観し、ルージュ工場の組織化のことを「公民権運動の主戦場」と捉えていた人物がいる。[24] 先述のヒルである。ヒルがＮＣＣミシガン州支部長へ選出された一九四一年初頭とは、ＵＡＷがフォードとの「決戦」に向かって準備を進めている最中の出来事だった。こうして旧態依然としたＮＡＡＣＰデトロイト支部をよそ目にみながら、労働運動と公民権運動が交差するところで新たな運動が形成されようとしていたのである。[25]

かくして一九四一年四月一日、フォード・ストライキが始まった。スト開始直後、鋳造部門には二〇〇〇人の労働者が立て籠もって操業を続け、さらには「黒人のスト破り」が大量に動員されるという噂が流れ始めた。そのためじっさいに操業を続けていた労働者の多くが白人であっても、かねてからの黒人とフォードとの特別な関係ゆえに、ストに加わった白人労働者の敵意が黒人という人種に向から可能性が高まった。[26] つまり、労働争議であるルージュ工場ストが人種間衝突に転化する危険があったのだ。

このような危機のなか、フォードとの関係がその地位を支えていた黒人エリートたちにできることはなかった。非対称的な力関係ゆえに、かれらにはフォードに対する影響力はなかったのだ。その姿をよそ目に新興の黒人指導者は、黒人労働者たちに直接働きかけることに注力した。ＮＡＡＣＰ全国執行幹事ウォルター・ホワイトもニューヨークから急行してルージュ工場の正門前でピケに参加、ＵＡＷの黒人ユニオニストとともに、スト破りが動員された際に備えた。[27] かれらの必死の活動の結果、衝突は回避された。巨大なストライキの圧力の下、ワグナー法によって設置された全国労働関係委員会による調停の結果をフォードも受け容れざるを得ず、ＵＡＷが労使交渉権をもつ組合として承認されたのである。

こうして労働界屈指の規模のＵＡＷ第六〇〇支部がルージュ工場に誕生した。この支部はまた、労働組合のなかで最多の黒人組合員数を抱え、ここに、いわば、ＵＡＷにおける「ブラック・パワー」の集結点が生まれることになった。[28] これで公民権運動における指導権争いが決した。黒人労働者、そしてかれらの動向に敏感な牧師たちが公民権運動の最前線に躍り出てきたのである。

二　戦時愛国主義と公民権ユニオニズムの誕生

戦時好景気と人種の空間

右のような変革の中心にいた黒人ユニオニストのひとり、シェルドン・タペスは、黒人が自分たちの同盟者《アライ》を選択するにあたって、政治イデオロギーは大きな意味をもっていなかったという興味深い指摘をしている。先に簡単に述べたように、一九三〇年代初頭の黒人コミュニティでは、共産党、社会党、そして共産党からトロツキストが脱退して結成された〈社会主義労働者党(SWP)〉などが互いに競いあいながら運動を活性化させていた。だが、タペスによると、このどれも確たる支持を得ていたわけではなかった。黒人の反応は、「平等を求めるニグロの熱い思いや期待を最もよく表現していた集団、黒人の権利について支持を公然と明確にできる人びと、ニグロを受け容れることを要求する行動計画を大きな声で語ろうとする者たち」へと向けられていたという。[29]つまり、左翼運動の「路線」よりも「人種の利害」がなによりも重要であり、かれらの支持や忠誠心は、左翼組織や労働組合が黒人の直面する問題にどれだけ真剣に取り組めるかに懸かっていたのである。

このような諸運動の暫定的で緩やかな協力関係は、第二次世界大戦と総動員戦体制の下で生じた住宅問題を契機にさらなる変貌を遂げていく。日米開戦のおよそ一年前の一九四〇年初頭、アメリカの全労働者人口に占める製造業就労者の率が三二%に達した(これは今日に至るまでのアメリカ史上最高の比率である)。[30]こうしてアメリカ経済は軍需が牽引する形で大恐慌から離陸を果たしたのだが、それでもしかし、内務省の長官補佐として当時の黒人の労働環境を調査したロバート・C・ウィーヴァーの調査によると、民需から軍需への転換は、黒人が直面していた問題をむしろ先鋭化させたのだった。[31]「民主主義の兵器廠」の異名をとった産業都市デトロイトはこの状況がはっきりと現れた場所のひとつであった。戦時好景気に惹かれて南部から北部への人口移動が再開すると、デトロイトには以前の規模をさらに上回る数の黒人が移住してきた。ミシガン州雇用安定局の統計によると、一九四〇年、デトロイトの労働者総数に占める黒人の割合はわずか八・九％であったのに対し、それから二年後の一九四二年、同局に職の斡旋を希望して登録している者に占める黒人の率は二一・五％に達することになったのである。[32]人口の急増と雇用における人種差別の双方が影響し、職を求める黒人は白人の二倍半にのぼっていたのだ。

第二次世界大戦へのアメリカの参戦がこの問題に政治的な強い捻りを加えた。アメリカは枢軸国の抑圧的体制を念頭に「言論・表現の自由」「信教の自由」「欠乏からの自由」「恐怖からの自由」の「四つの自由」を掲げて参戦した。他方、黒人もまた実にながいあいだ人種主義暴力という「恐怖からの自由」と闘っており、それゆえ、戦争遂行のための政策一般が、国内の人種問題を抜き差しならぬものにしたのである。

このような政治環境の変化に伴って、同時期の黒人たちの抗議行動は、第一次世界大戦当時とはまったく異なる特徴をもつに至った。反戦の気運がみられる一方で、戦時の国民的連帯のために人種問題を追及することの棚上げが主張されるなど、黒人指導層の意見が分かれた第一次大戦時とは異なり、新世代の黒人リーダーたちのあいだには一定のコンセンサスが生まれていた。――黒人向け新聞の『ピッツバーグ・クリア』紙が提唱した「ダブルV」である。「ダブルV」とは、国内と国外のふたつの戦線でレイシズムに勝利することを目的とするものである。[33] 黒人はアメリカの戦争を支持する、なぜならば戦争の目的はレイシズムの撲滅にある、ならば国内のレイシズムとも闘え、このような「ダブルV」の路線に沿った運動のなかでも最大のものが、先述のランドルフが率いた〈ワシントン大行進運動〉（MOWM）であった。一九四一年、ランドルフは、軍需関連産業における人種差別に抗議の意を表する大規模なデモ行進を首都ワシントンで行うことを呼びかけ、軍の最高指令官である大統領に行動を迫った。この動きを知ったフランクリン・D・ローズヴェルト大統領は、自己主張を強める黒人たちに敵意を抱く者たちと大勢の黒人のデモ隊が首都で衝突することを恐れた。枢軸国、わけても大日本帝国に対して、格好のプロパガンダの素材を与えてしまうからである。こうして、軍需産業における人種差別を禁止する大統領令八八〇二号が発布され、アメリカ黒人史の大転換点がここに訪れた。——南部から連邦軍が撤退した一八七七年以後では初めて、連邦政府が黒人のために積極的に動いたのだ。[34]

この結果、軍需産業における人種差別を調査し、差別があった場合にその是正を勧告する公正雇用機会均等委員会が連邦の機関として設置されたのだが、それでもなお黒人の雇用に目立って大きな変化はなかった。フィスク大学社会科学学院のチャールズ・ジョンソンの調査によると、白人労働者のレイシズムが労働者動員のボトルネックとなり、デトロイトの軍需関連二七〇の事業所で雇用されていた労働者に占める黒人の率はわずか五・四％に留まる一方で、労働力そのものはデトロイト都市圏全体で二〇万人も不足する事態となっていたのである。[35] 明らかにレイシズムは総動員戦の障害になっていたのだ。それでも旺盛な労働需要に惹かれて、人口はさらにデトロイトに流入し続けていた。一九四〇年四月から一九四三年一一月までのあいだにミシガン州全体で約二八万人も人口が増加し、黒人はこのうちの一七％、実数にして約五万人に上っていたのである。[36]

ここで激しい人種対立の場となったのが住宅である。オシアン・スウィート事件が示しているように、白人居住地区に黒人が住むのは不可能であり、黒人ゲトーは深刻な住宅不足に直面することになった。しかし、黒人のための住宅建設はほとんど行われていなかった。当初労働者向け住宅の建造に対処することが期待されていたのは、一九三四年制定の全国住宅法によって設立され、住宅建設の投融資政策を管轄していた〈連邦住宅局（ＦＨＡ）〉だった。全国住宅法では、連邦制度に則り、連邦機関であるＦＨＡの役割は政策の大枠を定めるのみに限定され、じっさいの運営は地方自治体に任せられていた。こうして〈デトロイト住宅委員会（ＤＨＣ）〉が設立されることになったのだが、その活動は活発とは言い難かった。もとよりＦＨＡは、恐慌の際の経済刺激策を担う機関として設立されたものであり、大規模な国家総動員体制の一翼を担える建てつけにはなっていなかった。その結果、一九四〇年には、入居可能な空き家率は住宅戸数全体の七・七％にまで悪化し、ＤＨＣが管理する物件の応募倍率は七倍に達したのである。[37]

そこで、一九四〇年七月、軍需の統括を目的に設立された緊急管理局の下部組織、〈全国住宅局（ＮＨＡ）〉が住宅建設に乗り出した。ＮＨＡは一九四〇年夏に二〇〇万戸の新規住宅の建設計画を発表、ミシガン州は同局から予算四〇〇万ドルを受け取ることになった。しかしながら、ＦＨＡとＮＨＡの管轄権争い、さらには軍需生産優先のための住宅建築物資の不足の結果、新規建設戸数の増加は緩慢なものに留まった。対日宣戦後の一九四二年になっても、市住宅局が建設した物件は、わずか三三〇六戸だったのである。かくして、一九四四年、デトロイトの空き家率は、〇・五％という極限に達する。[38]

住宅建設が進まないことの最大の原因は明らかに人種だった。ＦＨＡは、その創設時より「近隣人口構成原則（neighborhood composition rule）」という融資のガイドラインを定めていた。それによると、住宅環境や不動産価格の維持のため、融資にあたっては、不動産物件を「同じ社会的、階級的集団によって占有」することと規定されていた。それは、一見したところ黒人を差別しているようにはみえなくても、黒人が転入してくると不動産価格が大きく変動し、地域が不安定になる事態を踏まえたものであり、住宅地を特定の人種に指定することで人種の境界を強化し、黒人をゲトーに閉じ込めることに結果していた。景気刺激が最重要課題であったＦＨＡにしてみれば人種問題の解決はその政策意図にはなかったのだ。さらに一九三八年、このルールには、「本来目的としていた人種以外の入居を禁止する」と、直截に「人種」という文言が書き加えられることになった。つまり人種隔離は連邦政府の「お墨付き」を得て、ゲトーはより巨大かつ堅牢になっていったのである。このように、公権力が差別的制度を支え、もっぱら白人の住民の敵意によって形成された以前のものとは質的に異なる黒人ゲトーのことを、歴史研究者のアーノルド・ハーシュは、「第二ゲトー（the second ghetto）」と呼ぶ。[39]

この第二ゲトーの出現によって公営住宅の建設はいっそう難しくなっていった。ひとつの物件に単一の「人種」が入居することになれば、公営住宅は「人種指定物件」になる。黒人ゲトーがすでに密集状態になっているなかで新規物件の建設は難しい。しかし、それを白人住宅地に建設しようとすれば、決まって住民の人種的憎悪を煽りたててしまうのである。

ソジャーナ・トゥルース暴動

住宅をめぐる環境が右のように推移するなか、ＦＨＡは、一九四一年六月、軍需関連工場の労働者向けに七〇〇戸の住宅を建設すると発表した。ＤＨＣ策定の具体案では、このうち二〇〇戸が「黒人向け」に指定され、市北東部の白人住宅地が建設予定地になった。[40] 厳しい住宅不足を鑑みるならば、黒人ゲトーの外に公営住宅が建設されるという知らせは黒人から歓迎されて当然であろう。しかし、興味深いことに、実態は違っていた。住宅建設予定地の近くにあるコナント・ガーデンという地区には多くの黒人が住んでいたのだが、そこの住民たちはこの計画に反対の姿勢をとったのだ。

当時のコナント・ガーデンの住民のなかに、一九五〇年代末に頭角を現し、その後のブラック・パワー運動の先駆的な存在になるロバート・Ｆ・ウィリアムスがいる（かれの活動については第四章で詳述する）。南部のノースカロライナ州に生まれたウィリアムスは、ルージュ工場で働く兄を頼ってデトロイトにやってきたばかりだった。かれにとってコナント・ガーデンは、当時のフォード労働者のコミュニティにおける経済的地位を反映して、「ブルジョア的で洒落た」「ミドルクラスの黒人コミュニティ」に映った。[41] このような黒人住民の経済上の地位は、しかし、自らを白人と同じくみることを意味していなかった。同地の黒人の強い人種的矜持は白人のレイシズムへの対抗意識も高め、白人が地区内に住むことを禁止していたのである。[42] つまり、先住の黒人たちは、安普請の住宅に労働者の「よそ者一般」が大量に流入することを恐れ、かれらの階層的な自己利益を優先していたのである。[43]

人種的紐帯やアイデンティティはアプリオリに存在するものではなく、人種のなかにもしばしば分断線が走る。その分断線は、しかし、しばしば引き直され、それにしたがって対立の構図もまた大きく変化していく。そのような過程のなかで重要な役割を果たした人物のひとりが、既存の黒人指導層批判の声を真っ先にあげて新旧リーダーシップの交替を主導した、先述のホレス・ホワイトだった。DHCの委員なかで唯一の黒人だったホワイトは、公営住宅の建設がいずれにせよ「トラブルになる」ことを予期し、その機先を制する動きに出た。建設予定の住宅を「われわれが直面している大きな問題を劇的に表現できるシンボル」とみなし、ミシガン州と縁の深い黒人奴隷制廃止論者《アボリショニスト》の名前に因んで「ソジャーナ・トゥルース公営住宅」と名づけて、黒人の連帯を訴えたのだ。これで対立の構図が変わった。近隣の黒人住民たちは態度を百八十度転換させて建設支持に回ったのである。[44]

他方、白人住民からの反対は日増しに組織化されていった。一九四一年末、イタリア系の不動産業者ジョセフ・ブッファは、地域のカトリック教会と共に「改善協会(improvement association)」を結成し、黒人の入居に反対する精力的な請願活動を開始した。さらに、この活動のリーダーのひとりで、ポーランド系で神父のコンスタンティン・ズィンクは、FHAに宛てた手紙のなかで、黒人の転入によって地域の住宅価値が下がり、「[白人が所有する]住宅物件に対して壊滅的な打撃」になるとして経済的な懸念をまずは表明しながら、「われわれ白人少女の安全を危険にさらす」とも述べ、人種とジェンダーが重なる露骨な偏見を吐露していた。[45] なお、黒人男性は白人女性に対して殊更強い性的情欲をもち、白人の純潔性の脅威になるという人種差別的思い込みは、奴隷解放直後の南部で拡まって、夥しい数の黒人男性がリンチで殺害される原因となったものである。それは北部産業都市デトロイトのヨーロッパ系移民にもしっかりと共有され、もはや南部に特有のものではなくなっていたのである。

こうして人種的対立が高まるなか、FHAとDHCの方針は二転三転した。まず、翌年一月一五日、DHCは住宅入居者を「白人」へと指定変更した。そこで、ホワイトら新興黒人指導層は黒人ユニオニストたちと共にソジャーナ・トゥルース市民委員会という運動の枠組みをつくり、市庁舎前でのデモなどストリートでの抗議活動を開始したのだった。こうして論争は会議室の外に出たのである。

ところで、ホワイトによると、ソジャーナ・トゥルース市民委員会という組織的枠組みが必要とされたのは、「NAACPをはじめとするほかの組織の無能さの結果」でもあった。ここで黒人自由闘争の歴史にとってひとつのきわめて重要なポイントを指摘しておこう。デモ行進などの示威行動は現在では黒人の社会運動一般の常套戦術だと考えられている。だが、一九三〇年代以前、黒人の運動の主だった闘争戦術は、訴訟や請願を主体とした静穏なものだった。それは、当時の黒人の運動の中心にいた、師士業などの専門職を中心としたミドルクラスの行動様式によりフィットするものだった。これに対して、デモ行進などの直接行動は、戦闘的な労働運動の行動様式や戦略に影響を受けた黒人アクティヴィストたちがこの時期に積極的に採用し、黒人の運動に採り入れていった運動戦術だった。この変化は運動の主たる担い手の変化も促し、新たな指導層の台頭を受けたNAACPなどのメインストリームの組織も、もはや旧態依然とした活動のみを続けるわけにはいかず、ついにはストリートでの抗議に積極的に参加するようになっていったのである[46]。

このような黒人の運動の変化がまた、反対派の行動の変化も促す。――黒人の入居に反対する者たちもストリートでの行動を選択するようになったのだ。こうして、大きな「カウンターデモ」がダウンタウンで開始されると、公共の空間で両者が衝突する可能性も高まっていった。

もとより問題の住宅建設予定地は、この地域最大のポーランド系コミュニティであるハムトラミクに近く、エスニシティ面での同質性が高かった。よって、この対立の表面だけを捉えるならば、「黒人の侵入」の危機に直面した「白人」の特定民族居住地域《エンクレーヴ》が、自然に反対へ動いたかのようにみえる。だが、このような対立が自然に生じることはない。隣接の黒人住宅地、コナント・ガーデンの住民が当初は公営住宅の建設に反対していたことは先に述べたばかりだが、住宅建設が問題化される以前、平均的なデトロイト市民はこの問題にほとんど関心を払っていなかったのである。[47] この地域から連邦下院に選出されていたポーランド系のルドルフ・テネロヴィッチはリベラルなニューディーラーのひとりであり、黒人住民と白人労働者の双方を支持基盤としていた。ところが、そのような人物も、住宅建設反対派の煽動によって地域住民が潜在的に抱えていたレイシズムが露わになり始めると、「白人」の意向を連邦政府で代弁する者へと立場を変えていったのだった。[48]

ところでデトロイトは、ジェラルド・L・K・スミスやチャールズ・カフリン神父など、「国内ファシスト勢力」のアジテーションが盛んな場所であった。じっさいに、反対派のリーダーであるズィンクは、左翼系黒人団体の〈公民権コングレス〉の調査報告書で、同地のカトリック教会で拡大していた反ユダヤ主義活動で、カフリン神父とならぶ中心的な人物であると指摘されている。[49] だが、重要なことに、ズィンクらの活動が地域の白人の住民を広範に動員に成功したことの理由は、かれらの主張が単なる露骨なレイシズムのみに依拠していないところにあった。それは、ズィンクの請願の手紙に記されているように、不動産という私有財産への排他的権利とその権利から生じる「利得」に結びつけられていたところに特徴があったのである。その後のカラーブラインド主義を先取りするかのように、「人種」の不安は、「私有財産の不可侵性」という、一見したところ「肌の色」とは関係のない、じつに「アメリカ的」な権利とともに主張されていたのである。[50]

　このような権利感覚は、この時期に生じたシティズンシップ概念の変容と密接な関係があり、問題をより多層的で複雑にしていた。ニューディール経済政策の一環として制定された全国住宅法は、公営住宅に関わる規定のほかに、債務不履行に陥った個人の抵当権付き《モーゲージ》住宅ローンを政府が裏書きすることを可能にし、住宅金融に関する連邦政府の役割を飛躍的に増大させた。その結果、一九二〇年代に五年から一〇年だった平均的な住宅ローンの返済期間は、一九四〇年にＦＨＡが融資保証をした戸建て物件では二三年へと長くなり、平均的市民の住宅所有を大きく促すことになった。重要なことに、かかる経済政策には、景気刺激以外にも、地理的流動性を下げるという社会政策としての目的もあった。高い流動性は公共の秩序の脅威になる、その混乱から「アメリカには異質のラディカリズム」が育ち、「自由経済」への脅威になる、良き経済政策はその脅威を防ぐ社会政策でなくてはならないと考えられて、住宅所有が推奨されたのである。たとえば、ローズヴェルト大統領は、個人住宅融資は「現代社会に適合するように変化した社会契約の最も枢要な部分」を形成するとみなしていた。ここでローズヴェルトが「社会契約」という言葉で問題を捉えているのはきわめて意味深である。住宅所有の推進は、共和国初期以来のジェファ

住宅対立の最中には，「われらの白人コミュニティが欲しているのは白人の入居者である」という看板が，アメリカ国旗とともに建設地近くに立てられた

ーソン的でロック的な、アメリカのシティズンシップ概念をふたたび賦活しようとする意図があったのだ。[51]

この時期に本格的に始まった住宅政策の目的が、アメリカ人に「住まいと家族の安定」をもたらすことにあるならば、ヨーロッパにルーツをもつ移民たちにとっての住宅所有の意味は、たんに階級の階梯を昇るということに留まるものではなかった。それは新たなシティズンシップの証でもあったのだ。よって、「黒人」という「二級市民」の接近は、かれらかのじょらの人種的アイデンティティ、経済的ステータス、シティズンシップへの同時多発的な脅威であったのだ。[52]

この対立にさらに国際環境が影響を与える。たとえば、ローカル紙の『デトロイト・トリビューン』は、反外国人／移民感情を滲ませつつ、黒人入居推進派を擁護して、アジアでの人種的意味と格闘しながら、次のように論じていた。

「住宅建設反対派による」ピケ参加者の多くは、長くアメリカ合衆国に滞在している者たちではなく、英語の理解能力にも難がある。だからわれわれは疑問に思う――今日、太平洋でなにが起きているのか、それをかれらは分かっているのだろうか、と。ニグロに対抗してデモ行進やアジテーションを行うことで時間が浪費されているあいだにも、われわれの真の敵は、この国の海岸線に近づいているのだ。このことが分かっているのだろうか。いまこうしているあいだも、日本人たちは、人種的優劣は肌の色によって決するわけではないことを証明しようと躍起になるあまりに、挙げ句の果てには天地すらも転覆させようと目論んでいることが。

キャディラック・スクエアや市庁舎前に立っているのが見える。その横では新聞売りの少年が、ニュースの大見出しを大声で読み上げている――「シンガポール陥落」「ジャップ、スマトラを圧倒」「ジャップ、ビルマで英国軍を撃退」。

これらの敗北が民主的国家に対してなにを意味するのかは明らかである。では、市庁舎前のピケ参加者には、その重要性が分かっているのだろうか。分かっているのならば、国民的団結をつくりあげるために尽力し、日本人と枢軸国の進軍をストップさせるために、飛行機、戦車、銃、そのほかの補給品の生産のために尽くすべきであろう。ニグロを「止める」ことにあまりにも多くの力を使いすぎているのだ。アメリカ合衆国にとっての最大の任務は、「ジャップを止めること」である。［中略］ストリートで行進を行い、ヘイトに満ちた印刷物を配布し、ソジャーナ・トゥルース公営住宅へのニグロの入居を阻もうとしている人びとに提案したい。ヨーロッパ、アジア、アフリカ、太平洋島嶼部の地図を得て、日々の戦況を調べたらどうか。[53]

住宅建設をめぐる人種間対立は、移民に対するネイティヴィズムと日本人に対するレイシズムを複雑に織り込みながら、「戦時愛国心」のフィルターを通して理解されることで、住宅建設反対派の「白人」とは別のアメリカ像、アメリカニズムを描きあげていたのである。

このような愛国心を背景にした声の高まりがＤＨＣを動かした。――一九四二年二月二八日を黒人の入居日に決定したのである。反対派はもちろんこの決定に激昂し、黒人の入居を実力で阻む方向へ動き始めた。まずは二月三日、ブッファら三〇〇人の集団が市議会議場に乱入、決定の再審議のための公聴会開催を要求した。この動きが過激派を呼び込んだ。〈クー・クラックス・クラン（KKK）〉が住宅建設地で十字架を燃やす儀式——これは「黒人も黒人の味方をする者も覚悟しろ、クランはお前らを監視している」ということを意味する——を行ったのである。[54]

右に述べたように、そもそも反対派の動機はKKK流の赤裸々なレイシズムとは趣が異なっていた。しかし、長く膠着した対立と政治の動揺、そして穏健だった反対派の過激化が、正真正銘の白人至上主義組織の加勢を促したのだ（なお、この過激化のプロセスは、後の章で詳述するように、一九五〇年代以後の南部でも繰り返されることになる）。

こうして黒人の入居日がやってきた。二月二八日午前、黒人の入居者が住宅敷地に現れると、反対派三人が黒人に暴行を加え、暴力で転入を阻止しようとした。この事件の知らせは瞬く間に地域に広まり、まもなく白人黒人双方併せておよそ一二〇〇人の群衆が集まることになった。公民権指導層や黒人ユニオニストも現場へ急行し、拡声器で群衆に自制を求めたのだが、煉瓦、鉄棒、棍棒を手にした男女が入り乱れる衝突を防ぐことはできず、負傷者三〇人、逮捕者一八〇人がでる騒乱になった。この翌日、『ニューヨーク・タイムズ』などの全国紙はこの事件を暴動と形容して広く報じるに至る。[55]

公民権ユニオニズムの興隆

ソジャーナ・トゥルース住宅暴動の直後、批判の矢面に立たされたのはデトロイト市警だった。この日、不測の事態に対応するために現地に配備されていた二〇〇人の警官は、入居妨害を抑え込んで黒人入居者を保護することよりも、黒人の入居を阻止し、白人に危害が加えられることを防ごうとしていたように思えたからだった。そのひとつの証拠に、一八〇人の逮捕者に占める白人はわずか三人のみだったのだ[56]。

もちろん、人種別逮捕者数は市警の人種的バイアスを即座に立証するものではない。しかし、警察のレイシズムは、当時流行の写真雑誌『ライフ』が衝突現場を激写したレターサイズの大判写真に捉えられ、(インターネットに流れた二〇二〇年のジョージ・フロイド殺害動画のように)センセーショナルに全米に伝わることになった――感情を失ったかのように呆然とした面持ちで現場を見つめる黒人の群衆の前で、白人の警官三人がひとりの黒人男性を羽交い締めにして激しく殴打する瞬間が激写されていたのである。写真に添えられた記事はこう述べていた。労働争議が頻発したデトロイトでは「過去の一〇年間、このような光景[暴力的衝突で警官がその一部となること]は馴染みのものになっている」、これは「正真正銘の人種暴動である」[57]。

1942年3月16日号の『ライフ』に掲載された写真. 警官の暴力を黒人たちは無力に見つめるしかなかった

この暴動の余波のなかでDHCはまたしても方針を転換する。住宅の入居は当座のところ停止となり、今後建設される公営住宅の用地選定にあたっては、FHAのガイドラインを遵守して地域の人種構成保全を最優先課題にしたのだった[58]。それは、ソジャーナ・トゥルース住宅への黒人入居の実現が不透明になるだけでなく、黒人に入居可能な住宅が建設される見込みがなくなったことを意味していた。つまり行政が白人の暴力に屈したのだ。黒人アクティヴィストたちがこれに猛反撥をしたことは言を俟《ま》たない。

だが、このとき、市の方針を批判するその最も強力な声は、意外にも黒人の組織・団体以外から出てきた。地域政治のプレーヤーとしての地位を確保したばかりのＵＡＷである。ＵＡＷ国際執行委員会――常設機関のなかでは同組合の最高意思決定機関――の満場一致の決議として、警察の保護の下での黒人の即時入居こそが正義に叶うものであるとする声明を発表したのである。もちろん白人労働者のなかにはこの決定に猛反撥する者も現れたのだが、ＵＡＷ幹部がこれに怯むことはなかった。[59]

前項で検討したのは、労働者の運動と黒人の運動が職場の問題を中心に連携していく模様であった。このときのＵＡＷの関心はあくまでも労働現場のなかにあった。だが、ソジャーナ・トゥルース住宅の問題を契機に、ＵＡＷは労働現場を飛び出していった。人種対立が激化するなかでもはや「中立」の維持は不可能であり、公民権運動と連帯を強める方向へと大きく舵を切ったのである。これを契機に黒人団体の立場を擁護する声が勢いを増していった。フィスク大学の社会学者、チャールズ・ジョンソンによると、ソジャーナ・トゥルース住宅暴動は、少なくとも、「［デトロイトの］ニグロ市民が日々甘んじている不正義を、これまでより多くの偏見なき白人に認識させた」という効果があったのだ。[60]

フォード・ストライキとソジャーナ・トゥルース住宅問題の連続する大きな闘争のなかで、労働組合と公民権団体は、人種問題と労働問題が交差する場で相互に影響を与え、地域の政治を大きく動かすようになっていった。労働史研究者のロバート・コースタッドらは、この交差の場に生まれた思潮を「公民権ユニオニズム」と呼び、かかる思潮の興隆を「長い公民権運動」が始まるとば口に置く。[61]

この公民権ユニオニズムに繋留されて隊伍を固めた労働運動と公民権運動に押され、ＤＨＣはふたたび方針を転換する。かくして、最初の衝突から約二カ月後の四月二九日、市警に加えてミシガン州兵も派遣され、警護にあたる人員総数が二四〇〇人にのぼるなか、黒人家族八世帯の入居が実現したのだった。[62]

その後、第二次大戦の総動員戦体制のもと、労働運動と公民権運動は、戦時愛国心を武器にレイシズムの克服に乗り出していった。――戦争努力遂行の観点から、人種差別を恥ずべき「利敵行為」だと批判していくのである。一九四三年四月一一日、ＵＡＷとＮＡＡＣＰはデトロイトのダウンタウンの中心地にあるキャディラック・スクエアで一万人を集めた大衆集会を開催した。この集会への参加を募る黒人向け新聞『ミシガン・クロニクル』は、戦時下の黒人の運動の「ダブルＶ」に添い、愛国心を賞揚しつつ、レイシズム（と、さらにはセクシズムも同時に）撃つ。

この「民主主義の兵器廠」においては、ニグロの労働者たちも、戦争努力への貢献が求められている。ところが、このような労働に参加するためにすら、ニグロは闘うことを強いられているのだ。生産は労働不足によって危機に陥っているというのに、同胞の黒人女性たちには仕事が与えられない。このような事実は広く知らしめられねばならない。そうすることを通じて、民主主義を守り抜き、国民の安全を維持することは、ある特定の集団への偏見を放置しておくことよりもはるかに重要である、こう信じる市民の支持をわれわれは獲得しなければならない。この集会に参加することで、あなたはそれを助けることができるのだ。[63]

集会は、「すべての人種からなるわれら人民は、全身全霊をかけて、敵国との最終的な勝利をめざす政府の活動を支援することを誓う」と、「キャディラック憲章」を採択した。その名は米英首脳が戦後の国際秩序の目標を示した大西洋憲章に因んだものだったが、「人種」についてはより踏み込んだ内容が盛り込まれていた。「アメリカが世界に向かって自由の希望を掲げようとする」のならば、「勝利と恒久平和のためにすべての市民が完全で平等な権利をもつことは必須の条件であり、差別的慣行を維持することなどできない」とし、具体的課題として、公営住宅や軍隊における人種差別の廃止、人頭税の廃止、群衆暴力・リンチ・警官暴力からの安全の保障、雇用・昇進・職能訓練における人種差別の禁止をあげたのである。[64] これらの課題は、四年後にトルーマン大統領が設立した公民権委員会の報告書『これらの権利を守るために』が示すものを完全に先取りしていた。[65] こうして公民権ユニオニズムは、「アメリカの世紀」へ向かって駆け出そうとしていた超大国アメリカの道義的優越性を下支えするようにもなっていくのである。

このような世情を背景に、この時期のNAACPデトロイト支部では会員総数二万人超えが射程に入るまでになっていた。本部のあるニューヨークを抜き、全米最大の支部へと成長していったのである。会員の増加は支部の性格の変化を伴っていた。支部の中心は弁護士、教師、医師、牧師たちエリート層から、ユニオニストや労働者階層へと移り、大衆的基盤をもつ組織となったのである。[66]

公民権ユニオニズムから冷戦公民権へ

「開明的」な労働組合と公民権運動の共闘の成立がその後の公民権運動の攻勢につながったとし、リベラリズムの勝利を言祝ぐのは簡単である。だが、もちろん事態はそう単純ではなかった。労働運動と公民権運動の連帯や協力関係が深化しようとも、北部産業都市でのレイシズムは簡単に消え去るものではなかったのだ。都市史研究の泰斗トマス・スグルーが指摘しているように、ソジャーナ・トゥルース住宅暴動だけをみても、黒人入居に反対する者たちによる「暴力緊迫の脅し」は「政治的梃《て》子《こ》」となって大きな力を発揮し、DHCなどの公的機関を動揺させるには十分であった。[67]このような暴力を秘めた対立は、翌一九四三年、大規模な暴動へとつながっていくことになる。

暴動の発端は、同年六月二〇日午後三時ごろ、デトロイト川の小島にある公園ベル・アイルで、黒人と白人の青年集団のあいだに起きた小競り合いにあった。このときの騒動はいったんの終息をみるのだが、深夜になると、橋の上から黒人女性が乳児と一緒に突き落とされたとする流言が広まり始め、それを信じた黒人たちが報復として白人を襲撃することで対立は次のレベルに入っていった。これと同じころ、白人のあいだでも、白人女性が強姦されたとする風評(つまり黒人男性へのリンチを触発する典型的デマ)、さらには郊外に駐留している黒人兵が市内へ進軍しているという根拠なき噂まで広まり、一万人を超える黒人と白人の群衆が、ダウンタウンで激突することになったのである。[68]

小競り合いが流言を生み、武装した大群衆の衝突へとエスカレートしていった背景には、ソジャーナ・トゥルース住宅暴動をはじめ、そもそもデトロイトが激しい人種間対立の場であり、火の粉が飛べば爆発する人種間の緊張が存在していたからであった。このころにはまた、軍需産業での人種差別の禁止が人種関係を極度に緊張させていて、黒人の雇用や昇進に伴って白人労働者が一斉に罷業する

「ヘイト・スト」が頻発していた。たとえば、暴動が起きるわずか約二週前のパッカード社自動車工場では、三人の黒人の昇進に伴って二万五〇〇〇人の労働者の九割が一斉に罷業して製造が完全にストップする事態に陥っていたのだった。[69]

このような激しい人種間対立のなかで起きた暴動には、二五〇〇人の陸軍歩兵連隊が治安回復に動員され、地域に一定の治安が回復される三日後までに、死者の数は三四人を数えることになった。死者数においては、一九世紀のニューヨーク徴兵暴動に次ぐアメリカ史上最悪の規模である。[70] そして、この大暴動の過程で焦点となり、その後の政治対立の原因になっていくのが、またしても警察の役割であった。この暴動の際にも、警察は白人の暴徒を制止するどころかかれらを助けていたし、さらにまた、死者のうち二五人が黒人、そのうち一七人の死には警官が直接関与していた。その後に連邦最高裁判事になるサーグッド・マーシャルは、NAACPの調査団としてデトロイトに入り、暴動の最中の警官の狼藉を暴いた記事「デトロイトのゲシュタポ」をNAACPの機関誌『クライシス』で発表した。[71]

警官暴力《ポリス・ブルータリティ》――かれにとって、デトロイト市警と「ゲシュタポ」に大きな相違はなかったのである。が引き起こす「政治的問題」に対してどのような立ち位置をとるかは、ブラック・ライヴズ・マター運動の興隆をみた現在も難しい問題である。最も「無難」な位置取りは、警察の行動そのものは肯定しつつ、一部の警官の逸脱行為を非難することであろう。にもかかわらずUAWは、黒人市民の側にはっきりと与《くみ》することを選択したのだった。まだ暴動が静まる気配すらなかった二一日午前、エドワード・ジェフリーズ市長と地域の黒人有力者との会談に同席していたUAW会長のR・J・トマスは、市警を制御することができない市長の無能を強く批判、特別大陪審の設置を求めて警察の徹底調査を要求したのである。面罵された市長は目に涙を浮かべたと伝えられている[72]。

だが、このような批判をミシガン州やデトロイト市当局は決して受け容れようとはしなかった。州知事が任じた事実調査委員会は、黒人の「敵対的態度」こそが暴動の原因だとして市警の活動をむしろ称賛し、特別大陪審設置を拒否したのだ[73]。

ここに生まれた対立が次の市長選挙の賭金を高め、その帰趨には人種が色濃く影響を与えることになる。これより二年前、市長に初当選したジェフリーズの強みは、皮肉にも、ニューディール・リベラルとしてUAWから、そして警官暴力への対応を約束したことで黒人から支持されたことにあった。それゆえ、ソジャーナ・トゥルース住宅問題が激化したときには、市長として黒人の入居を支援する側に加わり、白人の群衆が市議会を急襲した際もその態度を変えなかった[74]。しかし、一九四三年秋の選挙では、暴動への対応が問題となって、UAWと黒人双方の支持をジェフリーズは失うことになった。――UAWが市長に推していた巡回裁判所判事のフランク・フィッツジェラルドが人種偏見のない人物を警察署長に任命することを約束すると、NAACPを筆頭とする公民権団体もフィッツジェラルド支持に回ったのである。予備選挙の上位二名が決選に臨むデトロイト市長選において、予備選で最多の票を得たのはフィッツジェラルドだった。するとジェフリーズは、このまま黒人の言いなりになっていると、白人の高校には黒人が大挙して押し寄せ、白人少女が危険に晒される、それは「人種混淆《ミセジネーション》」につながる等々、白人至上主義の言語を語り始めたのだった。これが公共住宅への黒人入居に反対した「白人」に訴求したのはまちがいない。労働者票が分断された結果、選挙に勝利したのはジェフリーズだったのだ。その後、ジェフリーズは、反労働・反公民権の政策を追求するに至る[75]。

その結果、次の一九四五年の選挙でＵＡＷと公民権団体は、ジェフリーズ放逐に全力を傾注し、黒人労働者からの人気が高かった現職副会長のリチャード・フランケンスティーンを擁立することになった。するとジェフリーズは、今度はフランケンスティーンがＵＡＷ左派のリーダーであることを突いてきた。「ブラック」の次には「アカ」の恐怖を煽ったのだ。たとえば、ＵＡＷを中核とするＣＩＯの躍進によって拡大していたクローズド・ショップ制（特定労働組合に加入している労働者のみを雇用し、組合員の資格を失った労働者を解雇する労使協定）のもと、労働者の自由が侵害され始めた、なぜならば一般の労働者はＣＩＯの方針に逆らうことができないからであり、その手口はロシアで共産党が行っていることと同じである、と主張し始めたのである。こうして「ブラック」と「アカ」のふたつの恐怖が煽られた結果、白人労働者を岩盤支持層にして、またしてもジェフリーズが勝利したのだった。[76]

このときよりＵＡＷと黒人の関係は揺らぎ始め、それはまた黒人自由闘争の方向と性格に大きな影響を与えることになる。公民権運動と共産主義の連携を連想する土壌がなければ、かれの戦略は効果を発揮しなかったはずだ。だが公民権ユニオニズムの興隆がかかる連想を促すことになっていた。大恐慌期から一九四〇年代初頭にかけて左翼組織が黒人コミュニティで活発な活動を行っていたことはすでに述べたとおりである。そのなかのひとつ、スコッツボロ事件をめぐるアラバマ州での支援救済活動に参加した人物のひとりに、その後の一九五五年、ジム・クロウのあるバスで白人に席を譲るのを拒否し、マーティン・ルーサー・キングの指導者としての台頭をみるボイコット運動の引き金を引いたローザ・パークスがいた。[77]黒人自由闘争と左翼運動にはじっさいに不即不離の関係があったのだ。

左翼組織の活動は、その後に黒人自由闘争が激化するなかで、闘争の行方にさまざまな影響を与えることになるが、その模様は次章以後で改めて検討する。

このような黒人自由闘争の大きな見取り図を片隅におきながら、ふたたびデトロイトでの出来事の歴史的文脈を整理してみよう。アメリカ労働史で広く知られていることに、草創期のＣＩＯで最も献身的なオーガナイザーにはコミュニストが多かった。ソヴィエトの外交方針によって戦略を大きく変更するアメリカ共産党の動きに黒人大衆は大きく落胆し、「党」への強い不信をもつに至るのだが、労働者組織化の前線ではグラスルーツのコミュニストの献身的な働きがなければ、ＣＩＯの急成長はあり得なかった。そのような労働組合の典型例のひとつがＵＡＷだった。わけてもユニオニストの弾圧に暴力の行使すら厭わないフォード社の組織化にあたって、コミュニストが果たした役割は大きかった。[78]この結果、フォード組織化で活躍した黒人ユニオニストの多くはＵＡＷ内左派であるアデス＝フランケンスティーン会派に属し、ＵＡＷ第六〇〇支部を中心に「黒人会派」とも呼べる組合内集団を形成していた。第六〇〇支部は、左派のユニオニストを通じて職場の外の左翼運動と、そして黒人を通じて公民権運動とを結ぶ場に位置していたのである。[79]

この「黒人会派」は、一九四三年秋のＵＡＷ年次大会で、組合活動における人種差別が関わった案件を調査して処罰を下す〈公正慣行局（ＦＰＤ）〉の創設を実現させ、その存在感をはっきりと示していた。先述のキャディラック憲章採択集会の舞台の中心にいたのは、このような黒人ユニオニストたちであり、次なる目標を投票で選ばれる国際執行委員会に黒人の席を予め設けることを定めて攻勢に出ていた。委員席の「リザーブ」が黒人には必要だと思われたのは、黒人の声は少数派の声にほかならず、単純な多数決原則では、かかる小さな声はかき消されてしまうのが常だったからである。このとき、黒人の要求の支援に回ったのは、もちろん、コミュニストを含むアデス＝フランケンスティーン派であった[80]。

かかる動向を鑑みるならば、「クロ」と「アカ」を結びつけるジェフリーズのキャンペーン戦略が、白人労働者に説得的に響いたとしても不思議ではない。——黒人労働者に特別な配慮を求める組合内の動き、市民生活のさまざまな場面で主張を強める公民権運動とそれを支援する勢力、これらの背後に「コミュニストの国際的陰謀」を読み取り、少なからぬ白人労働者が反撥したのである。

重要なことにまた、ＵＡＷのなかで左派＝黒人会派連合の動きに反撥した勢力に集まったのは、露骨にレイシスト的傾向をもつ者ばかりではなかった。このような勢力の代表になったのがウォルター・リューサーである。リューサーは、カトリック教徒労働者会派、そして南部地域の白人労働者、より穏健な行動を尊ぶ保守的な会派など、雑多なグループを反共の旗印の下に集めていた。かれらはまた、黒人が国際執行委員に就任することにはもちろん賛成だが、それはなにより委員候補個人の資質によって実現されるべきだという論陣を張った。かれら右派にとっては、差別的現状の是正より公平原則の遵守がより重要であり、人種別の特別枠を設けることは、「組合にジム・クロウ車両をつけるがごとき行為」だったのだ[81]。

黒人に特別な配慮をすることをある種の「逆差別」とみなすリューサーの口吻に、二一世紀の保守主義、カラーブラインド主義やそれに基づくアファーマティヴ・アクション反対論の似姿を認めるのは難しくはない。だが、「ニューディール秩序」が打ち立てられたこの時代、リューサーはむしろ冷戦リベラル本流に位置する辣腕ユニオニストとみなされていた。かれの言動に赤裸々なレイシズムをみつけるのもまた難しい。

そのようなリューサーの政治的な態度を決めたのは一義的には左右のイデオロギー対立であり、かれは冷戦リベラルの労働運動右派という立ち位置をとった。人種問題に関するかれの態度は、黒人労働者がイデオロギー対立のなかでどのような位置をとるかに影響され、有力な黒人ユニオニストの多くが左派と親しい関係にあったことによって最終的に決定されていった。左派の活動は共産党などの組合の外の組織としばしば連携し、人種問題に取り組むユニオニストたちは公民権団体と積極的に協力する。このように、公民権ユニオニズムの強みは、組合の外と連携しながら、人種と労働のインターセクショナルな問題と取り組むところにあった。だが、リューサーら右派にとっては、この点がまさに大問題だった。かれらは、国際共産主義運動であれ公民権運動であれ、「外部」の組織の影響が組合に及ぶことを憂い、むしろ労働者自身による自律的な組織ガヴァナンスの確立こそが重要であると考えたのだ。こうして、リューサーらは、一九四五年、国際執行委員会への黒人の任用を拒否すると同時に、ＦＰＤの廃止を逆に提案するに至ったのである。左派の同盟者《アライ》である黒人会派の力を削ぐためである。[82]

左右の勢力が拮抗していたこの時期、ＦＰＤ廃止の提案は否決された。しかし、その後の規約改正でその意図は達成されることになる。設立当初のＦＰＤの部長に就任したのは、共産党系の左翼運動と親しい関係をもっていた黒人弁護士のジョージ・クロケットだった。しかし、四六年に改正された規約では、外部の影響を嫌うリューサー派の意向が反映されて部長の資格が組合員に限定され、クロケットは任を解かれることになった。その代わりに部長に選出されたのは、左翼アクティヴィズムとも公民権運動とも縁遠い黒人労働者のウィリアム・オリヴァーだった。[83]冷戦の足音が聞こえ始めていた終戦直後にして、公民権ユニオニズムは守勢に立たされることを余儀なくされたのだ。

つまり、ＵＡＷの市長選への深い関わりと敗北は、左派と黒人会派の双方が組合政治で後退を続けていたときに起きたことだったのである。

そのあいだにＵＡＷ右派は着実に強力になっていった。交渉術に長けるリューサーは、一一三日に及ぶＧＭのストライキを勝利に導き、ＵＡＷのなかでの地歩を固めて、一九四六年に会長に選出された。これを契機に左派が組合内の役職から追放され、組合内でのイデオロギー対立は反共右派の勝利で決着をみることになった。こうして黒人会派は貴重なアライを失ったのである。[84]

その後のＵＡＷは、リューサーの指導下、一九五〇年、ＧＭ、クライスラー、フォードの三社と、年金と医療保険を経営側が負担し、賃金上昇を物価指数に連動させて決定する五年間の長期労使協定――しばしば「デトロイト条約」と呼ばれる――を結んだ。ここに冷戦時代の「軍産複合体」を支えていく労資協調の体制、すなわちフォーディズムが完成をみたのだった。こうして、戦後に盛んに行われたストライキは一気に減少することになると同時に、人種の問題もまた組合政治に浮上することはなくなった。ＵＡＷのなかでの黒人の影響力は一九四七年を境に「ほとんど存在しなくなってしまった」と、左派の黒人ユニオニストであったタペスはその後に回顧することになる。[85]

以上でみてきたように、人種と階級、そして愛国主義が折り重なる「坩堝《るつぼ》」のなかで、とば口に立つ公民権運動が鋳込まれていったことの意味はきわめて大きい。公民権ユニオニズムの強みは、労働と人種の交差点に生じる課題に正面から格闘するところにあった。しかし、戦後になると左翼勢力にはもはや人民戦線の時代の勢いはなく、アライを失った公民権運動も時代の趨勢への適応を余儀なくされた。こうして公民権ユニオニズムが息吹を吹き込んでいた黒人自由闘争は、リベラリズムを是としてアメリカの体制批判を禁じ手とするものへと変質していく。――このような運動を支える思想的な構造を歴史研究者のメアリー・ドゥージアクは「冷戦公民権 cold war civil rights」と呼ぶ。[86]

その後の公民権運動は、この「冷戦公民権」を大きな条件としながら、それぞれのローカルな場の問題に応じるなかで展開していく。そして、次章以下で詳らかに検討することのひとつが、一九六〇年代の新世代の黒人アクティヴィストたちがローカルな諸課題に応じるなかで「冷戦公民権」の桎《しっ》梏《こく》から脱し、新しく、そして急進的な運動をつくりあげていく過程である。

第二章

学生非暴力調整委員会の誕生

はじめに

第一章では、デトロイトをクローズアップしてみることで、一九三〇年代後半から第二次世界大戦の時期に黒人が労働運動との連携を探るなかで公民権ユニオニズムが生まれ、それが公民権連合と呼ばれる政治勢力の太い紐帯になっていく模様をみた。この公民権ユニオニズムは、戦後に冷戦が始まるとその先鋭的な主張を鈍化させて、冷戦公民権と形容されるものへと姿を変えて着地していった。それはまた、体制順応主義《コンフォーミズム》の時代とも称される五〇年代の黒人自由闘争の在り方だった。本章では、「激動の六〇年代」の始まりを告げる学生非暴力調整委員会（SNCC）の結成について検討する。その後の黒人自由闘争を先頭で牽引するのがこのSNCCであり、それはやがて、公民権運動が展開する条件を定めた公民権の冷戦的理解そのものを揺り動かすことになる。

このSNCC結成の背後には、一九三〇年代より黒人自由闘争の前線で活動していたエラ・ベイカーという名の黒人女性がいた。「非暴力」を冠する組織名からはキング牧師の影響が感じ取られるが、じつは、同組織に最も大きな影響を与えたのは、キングではなくベイカーだった。本章が明らかにするのはその具体的プロセスである。

一　シットインの衝撃

シットイン開始

一九六〇年二月一日の月曜日、ノースカロライナ州グリーンズボロで、Ａ＆Ｔカレッジ（ＨＢＣＵと総称で呼ばれる黒人の高等教育のために設立された大学）の男子学生、ジョセフ・マクニール、イゼル・ブレア、フランクリン・マケイン、デイヴィッド・リッチモンドの四名が、ウールワース（雑貨品販売チェーン）の店内に設けられた軽食堂のカウンター席に座りコーヒーを注文した。かれらが座った席はジム・クロウのある南部の「白人席」だった。

白人のウェイトレスはこの四名の注文を「ここでサービスはできない」と軽くあしらった。これに対して学生たちは、すでにこの店で商品を買ってここに来ました、つまり、商品販売のサービスは受けられ、あなたたちは商品の代金を受け取ったのです、なのにコーヒーはダメだということはないでしょう、と論理的にかつ丁寧に反論した。困ったウェイトレスは支店長に相談するが、支店長は無視しろと指示するだけだった。構う暇などない、無視で足りると判断したのだろう。だが、学生たちはこう思っていた。やつらに極端なことはできない、たぶんここで踏ん張れる。[1]

キャンパスに戻った学生たちは、学生自治会の会長に連絡を入れ、その日の様子を伝えた。翌火曜日、自治会が中心となって賛同者を募ると、シットインを行う学生たちの数は男子学生二五名、女子学生四名に達した。ここで後の議論のために、複数の女子学生が参加していたことに短いながらも特に着目しておきたい。じつのところ、Ａ＆Ｔカレッジと、同校に隣接する女子大学のベネット・カレッジの学生たちは、前年の冬からジム・クロウ制度に挑戦する方法の検討を続けていた。それゆえ、かれらかのじょらの日常のなかでは、シットインという政治的な直接行動に女子学生が参加していて

A&T カレッジの男子寮の前に立つ4名の男子学生の銅像．この像は，シットイン初日に撮影された唯一の写真を忠実に再現している．4名のうちひとり(左から2人目のイゼル・ブレア)は，陸軍の予科訓練を受けたときに配給された軍服を着ている．愛国心を示す軍服を着て抗議行動を行うこと，これが初期の公民権運動の姿であった

も、なんら不思議なことではなかったのである。[2]

　これに対し、四人の男子学生はかかる議論へのアクティヴな参加者ではなかった。しかし、このような大学キャンパスの「雰囲気」が影響していたのはまちがいなく、かれらの行動自体もまったくの思いつきではなかった。火曜日のシットインには新聞記者が現場にいたのだが、それは、かれらから行動のあらましを事前に相談された白人の衣料品店の店主が、大きなニュース報道がかれらの大義を助けると判断して、地元の新聞社に情報を伝えていたからであった。その結果、南部の人口一〇万人の街で起きた小さな抗議行動が、早くも翌水曜日には全米で読まれている『ニューヨーク・タイムズ』紙で報道されることになったのである。

『ニューヨーク・タイムズ』紙の記事は、学生たちが「きちんとした身なり」であり、店を出たときには「主の祈り」を唱和したということも報じている。[3] この振る舞いは学生たちが事前に考え抜いて実行したものであった。悪戯《いたずら》にビジネスを混乱させるのではなく、周囲から敬意を受けられる《リスペクタブル》抗議を行うことを旨とし、軽食堂の席に黙って座り続ける時間のために、「学生らしく」勉学用の参考書と筆記用具も用意していたのである。

　この報道がシットインへのさらなる関心を呼び込んだ。この日の午後、軽食堂の椅子のほとんど全部が占拠されるに至ったのだ。

　翌週の月曜日、シットインは、グリーンズボロに隣接するウィンストン・セイラムとダーラムでも始まった。水曜日、ヴァージニア州リッチモンド、テネシー州ナッシュヴィル、メリーランド州ボルチモアなど、それは南部のほかの州の大都市にも拡がっていく。この四カ月後になると、シットインは、五万人の学生が参加する巨大な波になっていった。こうして一年が経過するころになると、一〇〇以上の自治体で、公共の場での人種隔離が撤廃されるに至った。念のために付言しておこう――キング牧師とは直接の関係なしに。

　このような大きな運動の渦中に飛び込んだ学生たちの内面では奇妙な変化が起きていた。グリーンズボロでシットインを開始した四人の学生のひとり、フランクリン・マッケインは、当時を振り返ってこう述べる。


　ぼくたちの心は、そうですね、大型ダンプカーみたいな自信の塊になっていました。ぼくたちを退けることができるものはなにもなかったし、脅して動かすこともできなかったわけです。「魂を洗う」ということがじっさいにあるとすると、このときぼくの魂はとても綺麗になっていたと思います。人生で最高の気分でしたね。罪悪感のようなものが、きれいさっぱり消えていたわけですから。言ってみれば、男らしさ《マンフッド》を取り戻した気がしました。一人の個人としてではなく、ほかの黒人みんなの男らしさが回復されるのを感じ、自分に誇り《リスペクト》がもてるようになったのです。[4]

このように解き放たれた黒人青年たちのマインドは、その後、アメリカ先住民、プエルトリコ系やチカノ(メキシコ系アメリカ人)、アジア系など、ほかの有色のマイノリティたちにも強い影響を与えることになる。他方、右に述べているような「男らしさ」が「回復」されたという感覚は、抗議の議論の場にも、そしてじっさいの現場にも女子学生がいたにもかかわらず、政治の場を男性性《マスキュリニティ》と結びつけるジェンダー規範を無批判になぞるものである。一九六〇年代後半に本格化する第二波フェミニズムは、このような政治的アクティヴィズムとマスキュリニティを結びつける着想を強く問い質すことを大きな特徴とするのだが、じつのところ、それは、公民権運動のなかにある家父長主義やセクシズムへの反撥をひとつの大きな契機として誕生することになる。[5] つまり、六〇年の黒人学生たちのシットインは、その始まりにおいてすでに、「激動の六〇年代」の多様な政治社会運動のあいだでの弁証法的展開をスタートさせていたのだ。

ボイコットからシットインへ

一般的な理解のなかでは、公民権運動は、一九五五年に始まるモントゴメリー・バス・ボイコット運動でキング牧師という指導者を得てから後、ほぼ直線的に公民権法制定へ向かったかのように捉えられている。だが、歴史の実態はもちろんそんなに単純ではない。その最たる例がシットイン運動の興隆をみた一九六〇年春である。このとき公民権運動は行き詰まっていたのだ。[6]

モントゴメリーでのバス・ボイコット運動が終わった後の南部で起きたことは、非暴力の勝利とはとても言えないものだった。なによりまず、ボイコット運動のヒロイン、ローザ・パークスがモントゴメリーからの退去を迫られた。運動終結によってかのじょへの関心が薄らぐと、白人からの脅迫がむしろ激しくなっていったからである。[7] このパークスに対する脅迫を単なる白人至上主義者個人の活動が折り重なっただけと考えることはできない。ブラウン判決に抗議し、人種隔離教育をはじめとする「南部流の生活様式」を守るために結成された〈白人市民会議（White Citizen's Council）〉は、地域の名士の参加を広範に集めながら、クー・クラックス・クラン（ＫＫＫ）のような暴力組織を良くは思わない白人保守層を中心に急速に勢力を拡大し、「ネクタイをしたＫＫＫ」とも呼ばれて、活動を拡大していた。一九五〇年代の中ごろ、南部のリベラルな地方政治家が次々に公職を追われることになったのだが、その背後には白人市民会議やＫＫＫの組織的活動があったのだ。さらに連邦議会議員などの南部の有力政治家は、「南部宣言」という政治声明を発表し、公立学校の人種隔離を違憲と判断したブラウン判決を州の権利に対する侵害とみなして、人種統合実施への「大規模な叛抗《マッシヴ・レジスタンス》」を訴えていた。つまり、人種隔離撤廃を阻もうとする動きは、南部の実力者が先導し、これに白人の大衆が続く政治運動になっていたのである。[8]

ところで、黒人の運動の拡大を受けて白人が反攻に出ることを「ホワイト・バックラッシュ」と呼ぶ。その起源は、しばしば、一九六六年以後の都市暴動やブラック・パワー運動の興隆に求められている。しかし、人種的な秩序、白人至上主義を守ろうとする動きの始まりは、都市暴動やブラック・パワー運動の興隆よりも遥かに早い。それは、公民権運動が大きな成果を上げる以前から、すでに巨大な政治勢力になっていったのだ。こうして、たとえばアラバマ州では、ブラウン判決の原告となった最大の公民権団体であり、モントゴメリー・バス・ボイコット運動の法廷闘争を支援した全国黒人向上協会(NAACP)は非合法組織化されるに至っていた。[9]

シットインは、かかる白人の反動を前にした公民権運動に戦術的革新をもたらした。ボイコットとは、差別や抑圧が行われている現場(たとえば人種隔離されたバス)とは関わらないことであり、レイシズムが顕れる場から離れることを意味する。他方、シットインは、レイシズムがある空間そのもの(例えば人種で決められたカフェの座席)に飛び込むことを意味する。ボイコット参加者に殴りかかるのは難しくても(ただたんに通りを歩いている者なのか、それともボイコットを行っている者なのかを識別することは不可能だ)、人種隔離が行われているところで白人席に座る黒人を襲うのは容易《たやす》い。

じっさいにグリーンズボロのケースでは、南部連合旗を掲げた白人の群衆がシットイン参加者に嫌がらせを加えるべく結集していた。この群衆のなかをA&Tカレッジのフットボールチームの学生が逆V字の陣形を組んで切り分けて進み、両者は一触即発の事態になった。この対立のエスカレーションこそ、黒人の要求を前に進める鍵だった。ウールワースが黒人たちとの交渉の席につくことに同意したのは、抽象的な正義の実現や具体的な法令遵守を目的としたからではなく(当時は人種隔離を保つことが法に従うことだった)、人種間対立が暴力的騒乱につながることを恐れたからであったのだ。

シットインはもちろん非暴力の抗議形態である。しかし、暴力との距離はつねに短く、治安の混乱は不可避であった。「非暴力の公民権運動」を想起するとき、この運動の現場の暴力は得てして忘却されがちだ。だが、この「非暴力の運動の現場での混乱と暴力」は、運動が前に進むにあたってきわめて重要な役割を果たしていたのだった。

ウールワースとの交渉で、黒人学生たちは、全店舗の人種隔離撤廃ではなく、人種隔離されていない特設スペースを別に設けることを求めた。もちろんこの要求では白人専用席はそのまま残ることになる。しかし、ウールワースは、このような穏健な提案も拒否した。黒人との同席を嫌う白人の客が減少することを恐れたのだ。この交渉決裂を受けて、四月一日、ふたたび学生たちのシットインが始まった。それと同時に、学生だけでなく黒人コミュニティ全体を動員した商店ボイコット運動も始まり、混乱に巻き込まれることを嫌う白人たちは店舗利用を避けるようになっていった。かくして渦中の店舗の売り上げが二〇%も減少して経営を直撃すると、シカゴの本社は南部の事業の在り方を見直し始めた。本社からの圧力を受けることになった同社の南部統括本部は、ダウンタウンのほかの商店が隔離撤廃の足並みを揃えることを条件に、黒人市民たちとの交渉再開に踏み切った。その結果、七月二五日、人種隔離が店舗から完全に撤廃されるに至る。完全な撤廃は、ジム・クロウが残存することを許す最初の提案よりも大きな成果だった。

二　エラ・ベイカーと黒人自由闘争

アップリフト思想とブラック・シスターフッド

六〇年春のシットインは大きな成果を挙げた巨大な大衆運動となった。それはまた、非暴力直接行動の戦略的使用を本格的に開始したという点でも、黒人自由闘争の歴史のなかの紛れもない画期であった。だが、その画期性は、あくまでも歴史の後知恵で分かることである。シットインの大波は、運動参加者の相互の連絡を欠くなかで拡がった。それゆえ、やがて立ち消えになる可能性もあったのだ。

そこで運動を持続的に発展させるために、ひとりの黒人女性が動いた。エラ・ベイカーである。このエラ・ベイカーの行動こそが、六〇年のシットインを真に歴史上の画期にすることになる。

ところで、二〇二〇年八月の民主党全国大会で、ジョー・バイデンは、大統領候補指名受諾演説をいきなりこう切り出した。「エラ・ベイカー、公民権運動の巨人のひとりは、わたしたちにこんな叡智を残してくれました――人びとには光を与えよ、するとかのじょらかれらは道を探し出すだろう」[10]。このように、ベイカーは、アメリカの大きな政治イベントのクライマックスで引用されるほど傑出した人物である。しかし、残念なことに、日本でかのじょのことを知っている者は、アメリカ研究者を除くとほとんどいない。そこで、六〇年代からさらに時代を遡り、かのじょの足跡について詳しく紹介しておきたい。それはまた、黒人自由闘争の始まりを伝える物語でもある。

ベイカーは一九〇三年一二月一三日にヴァージニア州ノーフォークで生まれた。父のブレイクは、蒸気船の長距離定期便のウェイターだった。二〇世紀の中ごろまで、交通機関におけるサービス職は黒人がほぼ独占しており、定期船のウェイターは、有名なプルマン・ポーターと同じく、雇用と収入が比較的安定していたことから、黒人コミュニティの中・上流階層に属していた[11]。

当時のアメリカは、ジョージア州アトランタやノースカロライナ州ウィルミントンを代表例に、各地で黒人コミュニティへの襲撃破壊事件が頻発し、恐怖で黒人を支配するジム・クロウが堅牢になっていった時期にあたる。一九一〇年、ベイカー家が住むノーフォークでも、黒人居住地区が白人暴徒の襲撃を受ける事件が起き、これを契機に、エラは母のアナに連れられて、祖父母が住むノースカロライナ州リトルトンに引っ越すことになった。祖父母たちは、黒人の大半が分益小作人《シェアクロッパー》だった時代にあって、自営で農業を営んでいた。つまり、ベイカーは、当時の黒人の「比較的恵まれた階級(better class)」の家庭に育ったのである。

当時の黒人ミドルクラスやエリートのなかで支配的だった政治的指向性を「アップリフト思想」と呼ぶ。黒人が一定の政治力をもち得ていた再建期《リコンストラクション》が終わりを迎えると、社会ダーウィニズムや優生思想の影響を受けて、黒人の人種的劣等性を科学的に説明する新しいレイシズムが広まっていった。当時の南部で強化されていったジム・クロウは、優等な人種たる白人が黒人に「汚染」されてはならないという似非《えせ》疫学的・進化論的な観点からも推し進められていったものだったのである。このような時代の趨勢を背景に、黒人エリート層は、社会で尊敬を勝ち得ることができる特性、すなわち「リスペクタビリティ」を身につけることこそが、黒人が社会の階梯を上っていく最も効果的な文化政治的戦略であると考え始めた。「汚染」される恐怖に根拠はない、そう示すことが人種の向上の最善の道であると考えたのである。このような「リスペクタブルな市民」を自任するエリートたちは、人種全体を「引き上げる《アップリフト》」ことを自らの使命とした。つまり、アップリフト思想とは、隔離を望む白人の社会に黒人個人が統合されることを一方的に求めたりはせずに、エリート個人の人種内での指導的な場を確保しながら、黒人という人種集団全体の向上を漸次的に目指す途だったのだ[12]。

ベイカーの祖父ミッチェル・ロスは、黒人が一定の政治力をもっていた再建期には、地域のリーダー的存在として尊敬され、自分の農地も黒人コミュニティの共有資産として使っていたという。当時の農村の黒人たちのあいだでは、農繁期の作業を共同で行う慣習があり、それはジム・クロウが強化されていく時代の、黒人の集団的レジスタンスの一形態でもあったのだ。

ベイカーは、このようなアップリフターたちのなかで育ちながら、それと同時にまた、黒人教会と黒人女性の同胞意識《ブラック・シスターフッド》からも強い影響を受けていた。祖父はバプテスト教会の牧師も務めており、ベイカーの祖母も母も教会の運営には熱心に関わっていた。

二〇世紀初頭の教会は、女性がさまざまな社会改良活動と関わっていく際の力の淵源であり拠点だった。黒人社会のなかでそのような活動の先頭に立っていたのが、一九〇〇年に結成された全国黒人バプテスト女性会議だった。その創設者のひとり、ナニー・ヘレン・バロウズは、「たんなる気晴しとしてならばスラムの問題に関心を示すのだが、上品な手袋をした手が汚れるようなことはしない淑女」たちを批判する一方、大衆とともに歩き、大衆の向上に尽くすことを求めていた。歴史研究者エヴリン・ブルックス・ヒギンボーサムによると、この時期の黒人女性たちの活動の特徴は、牧師と男性信徒の「内助者」という規範的な女性の役割を超えて、むしろ社会変革の中心になることを目指した先駆性にあったという[13]。

幼い少女のベイカーはこのような時代の黒人教会を拠り所として成長した。黒人女性の社会政治運動を通じて語られるスローガンに、「同胞も引き上げよ、われわれが坂を登るときには(Lifting, as We Climb)」がある。これは、ジェンダーと人種の「二重の危険性《ダブル・ジェパディ》」の下にある黒人女性が、その苦境に抗って「人種集団と個人の向上を同時に目指す」という決意を示したものであり、それはベイカーにとっても生涯の指針となっていく[14]。

ハーレムの黒人知識人社会

ベイカーは、こうして、当時の黒人の「比較的恵まれた階層」の女性として、アップリフターたちの、そしてブラック・シスターフッドの思想と実践を吸収して成長した。一九一八年、ノースカロライナ州の州都ラリーにあるＨＢＣＵ、ショウ大学附属高校部に進学、飛び級で進学した大学部では社会学を学び、卒業時には総代に選ばれる名誉に与《あずか》った。そして、一九二七年、学識と矜恃とともに、ニューヨーク市のハーレムに向かった。

当時のハーレムは、第一章で論じたデトロイトと同じく、黒人の移動に伴う巨大な変化の渦中にあった。一九一〇年にわずか約九万一〇〇〇人だったニューヨーク市の黒人人口は、一九三〇年になると三二万七〇〇〇人へと激増し、住宅の人種隔離が厳しくなっていくなかにあって、マンハッタン島北部の狭隘な一地区ハーレムがもっぱらこの巨大な黒人人口を吸収していたのである。

ニューヨークは、しかし、ほかの産業都市とは異なる特徴があった。アメリカ最大の国際港があることから、アフリカやカリブ海諸島出身の者の数がアメリカの都市のなかでは突出して多く、この当時から「黒人世界《ブラック・ワールド》の首都」とも呼ばれ始めていたのである。[15] ベイカーがハーレムに着くほんの数年前、カリブ海のイギリス植民地、ジャマイカに生まれたマーカス・ガーヴィは、この「ブラック・ワールドの首都」を本拠地に〈世界黒人向上協会（ＵＮＩＡ）〉を組織し、「アフリカはアフリカ人のもの！」と、世界中の「黒人」にアフリカへの精神的な回帰を訴え、「ブラック・ナショナリズム」を紐帯とした反植民地運動に黒人大衆を大規模に動員していた。[16] その後、ＵＮＩＡの運動は衰退するが、第一次世界大戦中のレーニンやウィルソンの政治声明、そして戦後のベルサイユ講和会議を通じて、「民族自決」という政治的スローガンは人口に膾炙《かいしゃ》し始めており、いったん覚醒した黒人たちの人種意識が眠りに就くことはなかった。ハーレムの目抜き通りである一二五丁目とレノックス大通りの交差点では、新時代の黒人の向上戦略をめぐって、「ブラック・ワールド」からやって来た国際色豊かな雄弁家たちが引き続き持論を闘わせていたのである。南部育ちのベイカーが北部都市で触れたのは、このような、人種隔離されていたがゆえにユニークな政治文化を育み始めた黒人ゲトーの息吹だったのだ。

ベイカーが就いた最初の職は、ニューヨーク大学にあるレストランでのウェイトレスだった。大学を成績優秀で卒業しても、黒人女性が就ける仕事はきわめて限られていたのだ。他方、さまざまな思想的な実験がつねに行われているニューヨークにあっても、ニューヨーク大学のあるグリニッジ・ヴィレッジ界隈の前衛性は名高く、ベイカーは、そのような街のストリートで、欧州情勢や社会主義革命に関する知識を吸収していった。

ほどなくして知的好奇心の強いベイカーは、市立図書館で長い時間を過ごすようになっていく。この時期、市立図書館は、黒人史分館の設立プロジェクトに取りかかっていた。ベイカーはプロジェクトリーダーのアーネスティン・ローズと親しくなり、黒人の歴史と文学の勉強会である「黒人史クラブ」の創設にボランティアとして携わることを契機に図書館運営に関わりをもち始めた。その後、成人教育委員会の市民委員に就任、一九三四年にはハーレムに置かれることになった黒人史分館の常勤職員になった。

この分館の建設は、W・E・B・デュボイスやジェイムズ・ウェルドン・ジョンソンなど、当時の黒人知識人の多くが関わった一大プロジェクトであった（それは現在、ショーンバーグ・センターとして名と場を改め、黒人研究を支える拠点のひとつになっている)。ベイカーは、かれらとの親交を深めると同時に、しばしばストリートの雄弁家を図書館主催の読書会に招き、その高説を披露させていた。ストリートとライブラリーの架け橋となっていたのだ。

図書館のほかにベイカーが頻繁に訪れていたのが一三七丁目にあるＹＷＣＡだった。アメリカ黒人史を知る者は、当時のハーレムＹＷＣＡの運営スタッフの顔ぶれに驚くはずだ。ドロシー・ハイト——その後、黒人女性最大の組織である〈全国黒人女性会議〉会長となり、六〇年代には最盛期にある公民権運動に関与する人物。アナ・アーノルド・ヘッジマン——第一章で詳述したＡ・フィリップ・ランドルフと共に活動し、戦後になると数々の行政機関でマイノリティ部門の長を歴任、キングの「わたしには夢がある」の演説の場として名高い一九六三年のワシントン大行進のオーガナイザーのひとり。パウリ・マレイ——イェール大学ロースクールで黒人女性として初の法学博士となり、ケネディ大統領の女性の地位に関する諮問委員会委員を務めるなど、黒人と女性の権利を法曹界で弁護・主張し続けた人物、等々。かのじょたちみなが一時期は同時にＹＷＣＡに集い、黒人の将来を語り合っていたのである。

当時を振り返り、マレイは、こう述べている。「[その当時]わたしたち女性は自分たちのことをフェミニストとは呼んでいませんでした。しかし、独立心を尊ぶ強い女性たちであり、人種と性が課した限界を超えようと、そして若い女性がそうすることを助けようと一致協力して努力を重ねていました。これを考えると、一九六〇年代に再興するフェミニスト運動を先取りし、女性の絆《シスターフッド》で結ばれた者たちだったと思います」[17]。

一九三一年、ベイカーは、マレイに誘われて、ニューヨーク市郊外の小さな街カトナにあるブルックウッド労働カレッジで学び始めた。同校は、著名な平和主義者《パシフィスト》でユニオニストのＡ・Ｊ・マスティによって創設され、一九一九年の鉄鋼労働者の大ストライキ敗北後、将来の反転攻勢を企図しつつ、左翼思想と歴史を教えながら、新世代の改革運動のオーガナイザーを育成していたところである。「労働運動界のハーヴァード」との異名をとるも、授業の力点はエリート教育ではなく、受講生自らが日常的な関心から社会変革の理論を創り上げていくことにあり、若いオーガナイザーに運動の実践的な知識とネットワーク形成の機会を与えることにあった。ストリートと図書館で学んでいたベイカーにとって、そのような「学校」は、格好のトレーニング場であり社交場であった。[18] 第一章で詳述した左翼運動はかかる地道な活動の甲斐あって一九三〇年代後半に息を吹き返すのだが、「労働組合のオルグ」育成の空間の一部では、黒人女性も人知れず交流を深めていたのである。

　このような知的交流を重ねていたベイカーの「アクティヴな知識人」としての力量が初めて発揮されたのが、ＮＡＡＣＰ機関誌『クライシス』に、黒人で共産党員のマーヴェル・クックと連名で寄せた「ブロンクス奴隷市場」と題された記事である。ニューディール政策は貧困者を助け、労働運動を後押ししたとして一般には知られている。しかし、多くの黒人女性が従事していた家事労働は、ニューディール労働規制の枠外とされ、産業別組織会議（ＣＩＯ）などの巨大な組合が攻勢をかけていた大規模製造業とは異なり、その雇用関係は個人間の約束の域を出ることがなく、「労働者」のあいだでの共闘・団結を育んで維持するのがとりわけて難しかった。大恐慌下、労働需要が逼迫するに伴って通常の労働市場から排除された白人女性が家事労働に携わり始めると、黒人女性の苦境はよりいっそう窮まった。かくしてブロンクスの街角では毎朝、「お手伝い」を雇う資力のある白人がストリートに立ち並ぶ黒人女性を物色し、言い値の低賃金で連れ去っていくという光景がみられるようになったのである。黒人女性たちは、黒人という人種、女性というジェンダー、低賃金労働者という階級の交差点《インターセクション》で、「奴隷市場」にいるかのような屈辱と苦しみのなかにいたのだ。[19]

人種、ジェンダー、階級などの複数の抑圧が重なりあう諸問題を、今日のフェミニスト理論は、インターセクショナリティと呼ぶ。[20]一九三〇年代、ベイカーの視点はすでにここにあったのである。

公民権運動のセクシズム

右にみたように、ベイカーは、南部のブラック・コミュニティが育んだアップリフト思想、都市ブラック・コミュニティのストリートの智恵、その後の第二波フェミニズムを胚胎したブラック・シスターフッド、三〇年代左翼ラディカリズムが混在する場に身を置き、第一線で活躍する知識人のサークルの紛れもない一員であった。それでもかのじょは、政党や組織の会議室や書斎ではなく、実践的な運動の現場を自らの活動の場に選ぶ。――一九四〇年、NAACPに参加、公民権運動のメインストリームに入っていったのである。ときはちょうど第一章で詳述した公民権ユニオニズムが黒人自由闘争を強く鼓舞していた時期にあたり、NAACPの会員数は、一九四〇年から五年のあいだに五万人から四五万人へと、実に九倍の急増加を記録していたのだった。

そのNAACPでベイカーが就いた役職はフィールド・セクレタリー(field secretary)だった。[21]ここで、「現地連絡員」や「外勤役員」など、地味な訳語しか充てることのできないこの役職の実務について

1944年当時のエラ・ベイカー

説明しておきたい。アメリカの社会運動や労働運動は、本部が「地方の現場＝フィールド」へ「有給の連絡員＝セクレタリー」を派遣し、その連絡員を通じて大きな運動を形成していく形態をとることが多い。フィールド・セクレタリーは、地方によって異なる問題を抉《えぐ》り出して言語化し、現地で運動の支持者を募り、行動計画をたて、デモやピケの指揮をとり、交渉に当たるという、実に多様で重要な役割を担う。[22]運動の成否はこの「連絡員」の資質に拠るといっても過言ではない。つまり、ベイカーが就いたのは運動の最前線での要職だったのだ。

ベイカー連絡員の最初の任務地は、一九六三年に公民権運動の大闘争の場となるアラバマ州バーミングハムだった(序章参照)。NAACPは、弁護士・牧師・教師などの中上流階層からなるエリート組織であり、その強みは法廷闘争にあった。しかしベイカーは、エリートたちとは縁遠い、ビリヤード場やバーなどに夜ごと集う人びとを運動に動員しようと試みた。というのも、「無骨な人も含む「大衆」の口からも、運動の具体的な活動のことが自然に出るようにすること」が黒人の運動にとって重要だと考えたからだ。[23]ベイカーが重視したのは、教養層や知識人のように自分の考えを明瞭に言葉にすることはできなくても、なにかを直観している民衆の叡智であった。そして、アクティヴィストの具体的な役割は、かれらかのじょらを支えることであり、上からの指示を伝達して指導することではないとみていたのである。

そのようなベイカーにとって、当時のＮＡＡＣＰで指導的地位にあった黒人男性たちは、運動を促進するよりもむしろ阻害しているように映った。かれらが重んじていたのは、アップリフターたちの感性(の一部)を継承し、市民として白人から受け容れられるべく「品格《リスペクタビリティ》」を保つことであった。この思考は次の冷徹な系論をもつ——バーで賭博をしていた黒人の酔っ払いが警官から暴行を受けたとしても、品格を欠く行動を続けている限りは、それはそれでやむを得ぬことだ。対して、アップリフターたちのなかで育ちながらも、三〇年代の左翼運動を経験した黒人自由闘争の闘士、ベイカーはこう考えるようになっていた。リスペクタビリティを強調すると、別の抑圧を生む。黒人の圧倒的多数は低賃金で糊口を凌ぐ労働者であり、かれらかのじょらを遠ざけるなら、黒人の運動は必然的に弱くなる。[24]

このようなベイカーの路線は、労働運動が急伸していた戦時期には、ＮＡＡＣＰのなかでも一定の評価を得ていた。公民権ユニオニズムの時代である。しかしそれでも、かのじょにとって、ＮＡＡＣＰは心地よい活動の場ではなかった。いまひとつ別の問題があったのだ。

決定的な問題は一九四三年に起きた。この年、ベイカーは、支部統括本部長へ「昇進」を果たす。だが、それは、ベイカーにとって喜ばしいことではなかった。なぜならば、ＮＡＡＣＰ執行代表(executive secretary)のウォルター・ホワイトがベイカーの同意なしに行った専断的な人事だったからだ(ＮＡＡＣＰの会長職は名誉職であり、執行代表が団体の実質的なトップであった)。ホワイトは自分を闘争の同志ではなく、単なる駒としてしか考えていない、なぜならばわたしは女性だからだ、ベイカーはそう感じたという。このようにベイカーが問題をジェンダーのレンズを通じて解釈したのは、それまで何度も重要な案件がかのじょへの相談なしに決定されていたからだった。[25] つまり、当時のベイカーは、運動の前線で人種と階級の差別の二つの敵と闘いを始める一方、運動の内部ではエリート主義とセクシズムと同時に格闘していたのである。かのじょの「戦線」はいくつもあったのだ。

そこでベイカーは「戦線」を闘える隊伍を固めようと動く。黒人男性エリートが支配権を堅く握る中央本部の権限を弱めるために、中央本部が支部を直轄する形式に代わって、南部・北部・中西部それぞれ別個に責任者を置く形式に組織構成を編み変え、本部と対峙できる別のパワーブロックを育成しようとしたのである。そして、このガヴァナンス構造に内実を与えるべく、一九四四年から二年間、地域別会議を連続して開催する。この一連の会議のスローガンが、バイデンが指名受諾演説で引用したもの――「人びとには光を与えよ、すると道を探し出すだろう」――であった。[26]

一九四六年、そのような会議のひとつがアトランタで開かれた。そこにアラバマ州モントゴメリーからひとりの女性が参加していた。ローザ・パークスである。[27]

さて、このようにベイカーの足跡を辿ってみると、公民権運動の開始点に関する一般的理解は大きな修正が必要であるのは明らかである。ローザ・パークスが白人に席を譲らなかったことは、こうした運動の延長線上に置かれるべきであり、じつのところパークス自身、一九三〇年代からの運動の闘士であった。しばしば伝えられているような、日中の労働に疲れた「主婦」ではなかったのだ。

三 「非暴力」の運動の実相

学生非暴力調整委員会（SNCC）の誕生

さて、ベイカーの六〇年直前までの歩みを辿り終えたところで、いよいよSNCC誕生の話に戻ろう。

公民権運動が大きな成果を勝ち取る前にマッシヴ・レジスタンスが興隆していたことは先述した。このように白人の抵抗が強力になる一方、モントゴメリー・バス・ボイコット運動の勝利後に、非暴力闘争を拡大展開することを企図して結成され、キングが会長を務める南部キリスト教指導者会議（SCLC）は運動の焦点を定めることができず、目立った成果はなにひとつ挙げられずにいた。当時、キングに請われてSCLCの執行代表代理の職にあったベイカーは（キングとベイカーの関係は後の本章で詳述する）、一九五九年夏、SCLCの理事会に提出した報告書のなかで、過去二年間は日常的な運営業務で忙殺されただけであり、有意義なことはできていないことを率直に述べ、将来の行動目標として、黒人のローカルな組織の協調行動を促進することと、潜在的能力をもつリーダーシップを育成することを提唱した。キングもこの提案に同意し、SCLCは運動戦略の抜本的見直しに入っていった。[28]

そこに起こったのがシットインだった。それは一見したところ「突如」として起きた事件のようにみえる。しかし、別の視点からすれば、一向に進まない公民権運動を傍らに、変革を求める若い世代が集団で声をあげ始めた貴重な瞬間であった。ベイカーはこの歴史的な重要性を直観した。――学生たちの自発性から生まれたシットインの大波に新たな運動形成の希望をみて、かのじょはフィールド・セクレタリーとして培った辣腕を発揮することになる。支援者を短期間に募り、アメリカ各地に拡がったシットイン参加者に連絡を入れて、四月一六日から三日間、かのじょの母校のショウ大学で、全国のシットイン参加者を集めたカンファレンスの開催を呼びかけたのだ。

このときすでにベイカーには、新たな運動の具体的でしっかりとしたヴィジョンがあった。少数のリーダーが発する命令をトップダウン式で実行する規律よりも、集団がコンセンサスを生み出そうと苦闘する過程で生まれる活力に運動を推進させるパワーをみていた。NAACPやSCLCのように、「指導層を中心とした運動(leadership-centered movement)」ではなく、「集団中心的リーダーシップ(group-centered leadership)」を創出し、それを起爆剤に新たな運動の組織化を開始することを企画していたのである。強いリーダーは弱い運動を生む、そう考えていたのだ。[29] なお、このような運動のスタイルは、半世紀の時を越えて、ブラック・ライヴズ・マター運動に継承され甦ることになる。[30]

ベイカーは、この新たなスタイルの運動に組織的基盤をもたせるために、人目につくことのない運動の裏舞台での活動で磨いたスキルを活用し、カンファレンスの運営進行に巧妙な仕掛けをセットした。SCLCなどの非暴力主義を掲げる公民権組織は、新たに生まれてくる学生組織を青年部として吸収する意向を前から示していた。しかし、ベイカーは、そのような既存組織の参加資格を発言権のないオブザーバーとし、学生たちにすべての決定権を与えた。そして、既存組織の「大人たち」が集まる前に学生たちだけのセッションを開催して、カンファレンスが開催される前に青年たちのあいだに同志意識が生まれる空間をつくったのである。このように前もって動いたのは、自分の経験から鑑みて、「大人の男たち」は青年のイニシアティヴをきっと圧殺するにちがいないと考えていたからだ。学生への招待状にはこう記されていた。「(大人の)自由の闘士《フリーダム・ファイターズ》は、相談には乗りますし、助言も行うでしょう」が「カンファレンスは青年中心となります」。それはまた、「人びとには光を与えよ、すると道を探し出すだろう」というかのじょの信念を具体化させたものだった。

このようなベイカーの「お膳立て」があって、ＳＮＣＣは、青年の独立した組織としてスタートする。こうして生まれたＳＮＣＣは、大きな自治権をもつ支部が緩やかに連合する組織形態をとり、中央の役目はもっぱら連絡調整を行うのみという脱集権的な組織形態をとった。独立組織という取り決めは、黒人青年に「自由」な自己決定権をもつ組織的基盤を与えて、その後の黒人自由闘争のなかでの青年たちの発言力を強めることを促すであろう。また脱集権的な組織形態は、黒人青年たちにローカルな運動の現場という「自由」な活動の空間を与え、若者たちの行動力を育むことになるであろう。第六章で詳述するが、最初期のブラック・パワー運動は、ミシシッピ州グリーンウッドやアラバマ州ラウンズ郡での黒人コミュニティ組織化運動のなかから生まれたものであり、その運動の中心にいたのがＳＮＣＣだった。ＮＡＡＣＰをはじめとする「大人たちの組織」は、ＳＮＣＣのブラック・パワーへの動きを「逆のレイシズム」として猛烈に非難することになるのだが、一九六〇年春にＳＮＣＣが「大人の組織」の下部組織になっていたならば、六〇年代後半の運動は芽吹く前に摘まれていたにちがいない。

ところで、自発性に会議を任せるとなると、事前から一定の凝集性をもつ小集団が会議をリードするのは世の常であろう。ＳＮＣＣ結成カンファレンスでそのような集団となったのがフィスク大学の学生たちだった。

フィスク大学は南北戦争終了直後の一八六六年にテネシー州ナッシュヴィルに設立されたＨＢＣＵ

の伝統校である。このフィスク大学グループの中心にいたのがジェイムズ・ローソンだった。ローソンは、一九二八年、ペンシルヴェニア州の小さな街ユニオンタウンで牧師の家庭に生まれた。一九三〇年代、大学で社会学を学んでいたときにパシフィズムの思想に出会い、国際的なパシフィスト団体で、ブルックウッド労働カレッジの主宰者であったマスティもその創設に加わっていた〈友和会(FOR)〉に参加する。その後、第二次世界大戦と朝鮮戦争の双方で徴兵に応召せず、懲役刑に服することになった。一九五二年に刑期を終えると、メソディスト教会の宣教師団の一員としてインドに赴き、ガンディの非暴力抵抗運動の実践的応用の研究に従事した。

ここで重要な点を指摘しておこう。——ローソンの非暴力への目覚めはキングよりずっと早い。キングの非暴力主義は、モントゴメリーでの約一年間に及ぶボイコットのなかで培われていた。このときかれはまずはキリスト者としての素朴な直観から、白人の人種主義的テロ行為に対して、怒りに駆られて暴力的に反撃するようなことはあってはならないと説教していた。次項で述べるが、この動きを注視していたバイヤード・ラスティンらFORのアクティヴィストたちがモントゴメリーに赴き、素朴な非暴力主義者キング牧師に対してそれを抗議運動の戦術として意識的に展開することを説いたのだった[31]。つまり、キングはボイコット運動の過程のなかで、非暴力の「オン・ザ・ジョブ・トレーニング」を受けたのである。そのような「トレーニング」があって、類い稀な雄弁術をもつ当時まだ二九歳の黒人男性、マーティン・ルーサー・キングは「時のひと」になった。インドから戻ったローソンは、新世代の「黒人指導者」として頭角を現していたキングから生活と活動の拠点を南部に移すことを薦められ、一九五八年よりナッシュヴィルで「非暴力ワークショップ」を始めた。グリーンズボロで学生たちがシットインに踏み切る二年前のことである。

公民権運動史研究の泰斗クレイボーン・カーソンによると、フィスク大学の学生たちにとってのロールモデルは、キングではなく、かれらかのじょらのすぐ近くにいるローソンだった。[32] 非暴力とは、「言うに易く、行うに難い」ものである。多くの者は、言葉であれ、行為であれ、激しい「暴力」に直面したならば、反撃を試みるだろう。反撃するほど肉体的に強くなければ、その場から逃げようとするだろう。しかし、「反撃」は非暴力の否定であり、「逃げる」ということは非暴力の敗北を意味する。それゆえ、いくら恐ろしくても、その場に留まらなくてはならない。恐怖のなかで冷静さを失わずに振る舞うこと、これができるには教練を要する。ローソンが行っていたのは、現場でどう振る舞うかという壮絶な教練であり、かれはワークショップの生徒たちを「非暴力の軍隊」と呼んでいた。

このローソンの「非暴力の軍隊」が最初のシットインを行ったのは一九五九年秋である。本章がこれまで一九六〇年春のシットインは突発的に起きた事件ではないと強調してきたのは、このような人目につかぬ運動がすでにあり、激烈な直接行動を支えるインフラストラクチャーが形成されていたからである。つまり、グリーンズボロのシットインは、ひと知れず行われていたより大きな運動の一部であったのだ。だからこそそれは文字どおり瞬く間に大波になったのだ。

このナッシュヴィル・グループが初期のＳＮＣＣの組織哲学の基礎をつくった。当初、新たに生まれる組織の名称に提案されたのは「学生調整委員会」だった。そこに「非暴力」の文言を入れ込んだのだ。かくして最終的に合意されたＳＮＣＣの設立趣旨宣言は、組織の目的をこう高らかに謳い上げた。

われわれは、われわれの目的として、われわれの信条の前提として、そしてわれわれの行動を律する作法として、哲学的で精神的な非暴力の理想を確認する。ユダヤ・キリスト教的伝統から生まれた非暴力は、愛が行きわたった社会秩序を探し求める。人間の努力を「人種的に」統合することは、そのような社会に向けての第一歩を示す。

非暴力を通じて、勇気が恐怖を追い払い、愛が憎悪を変える。寛容が偏見を追い散らし、希望が絶望に終止符を打つ。平和が戦争を圧し、信念が疑念を清める。互いに認め合うことが反目し合うことを無効にする。すべての人びとに正義がもたらされることが、不正義を転覆する。解放されたコミュニティが甚だしい社会的不道徳に基づく体制を転覆するのである。[33]

このナッシュヴィル・グループのひとりに、一九六三年よりSNCCの議長を務め、一九八七年には連邦下院議員となるジョン・ルイスがいる。

だが、ナッシュヴィル・グループのキリスト教的非暴力主義の影響は、結成時を頂点にその後は徐々に減退していくことになる。[34] この会合にはワシントンDCにあるHBCU、ハワード大学の〈非暴力アクショングループ（NAG）〉のメンバーたちがいまひとつの強い凝集性をもつ集団を形成して参加していた。一九六〇年代が進むにしたがって影響力を強めていくのがこの面々である。

ハワード大学もまた、フィスク大学と同じく、HBCUの伝統校である。首都に位置するということが手伝って、そのロースクールは、法曹界の多くの場が黒人に門戸を閉ざしているなかで逸材を集め、ブラウン判決を勝訴に導き、一九六七年に史上初めて黒人として連邦最高裁判事に就任するサーグッド・マーシャルなど、公民権が関わる問題に熟達した法律家を多く生み出していた。また、その大学院の社会科学研究科や政治学研究科は大学で黒人が教育・研究職に就くことが難しいなかで優秀な黒人研究者を集めていたし、六〇年代が始まるころには、多くのアフリカからの留学生が同大学で学び始めていた。アフリカ系アメリカ人の学生たちは、黒人教員の指導の下、留学生を通じて反植民地闘争のことを知り、自らの人種的抑圧を国際的な文脈で理解し始めていた。つまり、ハワード・グループは、神学者で牧師のローソンの影響を受けて宗教色が強いフィスク・グループとは対照的に世俗的な政治性を特徴とし、非暴力主義も反植民地闘争のひとつの戦術として理解していたのだった。[35]第六章で詳述するが、このグループに加わることになるのが、ブラック・パワーのスローガンのシンボルとなるストークリー・カーマイケルである。

一九六〇年代は「激動の時代」と称される。その激動の先陣を切ったのが一九六〇年春のシットインであった。ＳＮＣＣはその団体名に「非暴力」という言葉を冠している。しかし、非暴力主義それ自体がさまざまな意味をもっていた。ある者はそれをキリスト者の愛の実践として考えていたならば、ほかの者たちは反植民地闘争の一形態とみていたのだ。また、ベイカーの巧みな「産婆術」が、この新興の青年組織に反権威主義的な息吹を吹き入れていた。ＳＮＣＣの恐れ知らずのアクティヴィズムは、しばしば穏健な「大人の組織」の背中を押し続け、黒人自由闘争の新しい局面を開いていく。次章が検討するのは、この運動急進化のプロセスと意味であるが、その前にキングとベイカーの関係を少し詳しく検討することで、黒人自由闘争におけるＳＮＣＣの立ち位置をさらに明確にしておきたい。

マーティン・ルーサー・キングとエラ・ベイカー

第一章では、統一自動車労働組合(UAW)のウォルター・リューサーが、外部からの影響力を嫌ったことについて検討した。これと似た展開は、公民権運動の老舗であるNAACPでもみられ、執行代表のウォルター・ホワイトらは、「グラスルーツ」の声を運動に反映させることが左翼運動家の浸透に道を空けることになると考えて、アメリカ社会が反共産主義へ傾斜していくようになるや否や、ストリートでの活動を忌避し、組織のリソースを法廷闘争とロビー活動に集中させていった。つまり、先述したベイカーのNAACP組織改革の試みはNAACP全体の動きとは逆進するものだったのである。そこで、一九四六年、ベイカーは、民主的に問題を議論する体質がNAACPにはなく、改革を成し遂げられることも難しいと判断し、支部統括本部長の職を辞して、いったん運動の前線から身を引いたのだった。

その後、幼い姪の育児と教育に多くの時間を割きながら、しばらくのあいだ人目につく運動からは離れていたが、南部で起きた新しい動きがかのじょを社会運動の現場に引き戻した。一九五五年、アラバマ州モントゴメリーでバス・ボイコット運動が始まると、第一章で述べたワシントン大行進運動(MOWM)の指導者A・フィリップ・ランドルフの「右腕」であり、FORの活動家のバイヤード・ラスティンとともに、南部で沸き上がった新たな運動を支援するために、〈友情の名において(In Friendship)〉という組織を立ち上げ、ふたたび運動にコミットし始めたのだった。ボイコット運動の勝利後、キングらは非暴力闘争を拡大するためにSCLCを結成したのだが、聖職者である牧師たちに社会運動組織を運営する実務上のスキルは乏しかった。そこでキングは、ボイコットの最中よりキングの運動戦略ブレーンになっていたラスティンを頼り、実務経験に長けた人物の紹介を求めた。そのラスティンがキングに推薦したのがベイカーだった。かくして、一九五七年夏、ベイカーは、正式な執行代表が決まるまでの代行としてSCLCの組織運営に携わることになった。もちろんその役職は会長キングに次ぐ重職であった。

このときすでにベイカーは五三歳になっていた(一九二九年生まれのキングとは母子ほどの年の差がある)。黒人運動と左翼運動の交差点の真ん中で時代を代表する「リーダーたち」の傍で過ごしながら形成されたかのじょの運動理念をいまいちど平易に説明すれば、権威主義を否定し、「人びと」に自己決定権を与えるということである。そのようなベイカーは、南部で始まったばかりの運動が、自分に十分な活動の場を与えなかったNAACPに代わるなにかを生み出すことを期待していた。わけても、バス・ボイコットの運動の中心にパークスをはじめとする女性たちがいたことに大きな可能性をみていた。

だが、このベイカーの期待は早々に裏切られることになる。SCLCは、公民権が関わるところでは改革を求める急進派であっても、社会的・文化的な価値観の面では「保守的」な(黒人の)男性牧師を中心とした組織だったのだ。ベイカーの回顧によると、牧師たちが女性と安心して会話できる話題といえば、「つくってくれた料理がどれだけおいしいか、今日は着こなしがどんなに綺麗か」という類いのことだけだった。かのじょはこうも述べている――「結局、わたしはなんだったと思います、女なんです。それも歳を喰った。また「キングと違って」博士号ももっていません」[36]。

じつは、キング牧師の存在は、ベイカーが考える社会運動にとって最大の障害だった。ＳＣＬＣにはカリスマをもつキングに対する「個人崇拝」とも呼ぶべき組織風土があった。ベイカーがキングにその問題について直接問い質しても、キングはただ人びとが勝手に自分を慕い、自分の意見を求めるのだから仕方がないと応じるだけだった。他方、キングの方も、有能な女性のアクティヴィストとして因習的なジェンダー規範を拒絶するベイカーにどう接したらいいのか分からずにいた。当時を知る者は、「女性が要職にいることにマーティンはバツが悪い思いをしていた」という。この両者のあいだの溝は埋まることなく、やがてベイカーはキングのことを「黒人エリート家庭で甘やかされて育った者」と考えるようになっていった[37]。

これからわずか後、キングに関してベイカーとほぼ同じ見立てに立ち、ガーヴィがアフリカへの回帰を説いたのと同じハーレムの交差点で、激しい「ニグロ指導層」の批判を繰り広げる人物が現れる。マルコムＸである。だが、その模様は第五章に譲り、しばらくは黒人学生たちの南部での運動を追ってみよう。

第三章　公民権運動の急進化と冷戦公民権

はじめに

前章は、黒人女性エラ・ベイカーの「産婆術」によって、学生たちの独立組織、学生非暴力調整委員会(SNCC)が誕生する模様を、一九三〇年代からのベイカーの活動に遡り詳解した。本章は、六〇年代の黒人自由闘争の内実と現場により迫ろうとするものである。六〇年代は「激動の時代」と称される。この時代、激烈な闘争が次から次へと起きることで、アクティヴィストたちの「勇敢」な行動が魅力的な物語を織りあげていった。運動の舞台には、強い個性をもつ人物(キング牧師、マルコムX、モハメド・アリ、アンジェラ・デイヴィス等々)が次々と現れ、この運動の歴史的な展開そのものが、魅惑的なエピソードが連なるドラマになっている。だが、黒人自由闘争がきわめて面白い「事件」であるからこそ、その歴史学的な記述においては、「ドラマ」に飲み込まれないことが重要である。「劇場」に注目してしまうと、「非暴力の黒人闘士」対「暴力的な白人レイシスト」という勧善懲悪物語に回収され、大きなアメリカ史のなかで黒人自由闘争がもつ意味がみえなくなってしまうからである。

本章は、したがって、戦後世界秩序という文脈を適宜参照することで分析的な枠組みを維持しながら、名のある全国的なリーダーへの言及は控えめにしつつ、SNCC誕生後の運動の急進化の過程を、アトランタのシットイン、フリーダム・ライド、ミシシッピ州グリーンウッドの有権者登録運動に焦点を絞ってみる。[1] 基本的にこれらの運動は地方を舞台に展開したものだったのだが、その帰趨に決定的に重要な役割を果たしていたのは連邦政府であった。だが、その連邦政府も決して「自由」に動いていたわけではない。それは、冷戦という世界秩序に強く制約されていたのである。他方、公民権運動もまた「冷戦公民権(cold war civil rights)」と呼ばれる、戦後の黒人自由闘争に独特なイデオロギー――思考と行動の様式――に強く制約されていた。本書はすでに第一章において、人民戦線期に生まれた「公民権ユニオニズム」が着地する先としてこの「冷戦公民権」に簡単に触れているが、本章では、その内容をより詳らかに検討する。この「冷戦公民権」という観点を加えて黒人自由闘争の展開をみると、公民権運動の世界史的な脈絡が明らかとなってくる。――それは、「アメリカの世紀」を駆け抜ける自由主義諸国の盟主の急所を突いていたのである。

一　急進化する公民権運動

アトランタのシットイン

一九六〇年三月一五日、ちょうど一カ月半前にノースカロライナ州グリーンズボロに始まった黒人学生の抗議の波が、深南部最大の都市、ジョージア州アトランタに届いた。この日、二〇〇名の学生たちがダウンタウンでシットインを開始したのである。

ＳＮＣＣ結成以後の公民権運動のダイナミズムを理解するうえで肝心なことは、当時の黒人エリートは、シットインやデモなどの「直接行動」を好ましく思っていなかったということである。ボイコット、シットイン、デモ行進などは、公開の裁判、請願や投票などといった民主的手続きに含まれない、急進的な政治行動である。他方、主流の公民権団体が重んじていたのは、まずはなにより選挙で好ましい候補を当選させ、目の前の問題には訴訟を起こすという因習的な方法だった。たとえば、全国黒人向上協会(NAACP)の執行代表のロイ・ウィルキンスなどはこの違いをはっきりと認識しており、ボイコットは支払う代償が高く、シットインは過激すぎ、デモ行進は時間の無駄だ、と考えていたのである。[2]

ところで、アトランタは、クラーク・アトランタ大学、モアハウス・カレッジ、スペルマン大学などの名門HBCUを抱え、黒人の知識人とミドルクラスの厚い層を抱える都市であった。マーティン・ルーサー・キング・ジュニア(多くの人びとが知る「キング牧師」)はモアハウスの卒業生であり、その一族は、黒人コミュニティの上流階層が集う名門教会、アビニザー・バプテスト教会の牧師を代々務めていた。わけても「キング牧師」の父、キング・シニアの声は、黒人コミュニティの大立者《ビッグ・ショット》のそれとして、ジム・クロウの厳しい制約の下ではあるが、ある程度の影響力を白人の実力者に対してもっていた。

じつのところ、アトランタの黒人エリートの政治的な相貌は、ウィルキンスのそれとたいして違わなかった。このエリート層の黒人コミュニティにおける地位を支えていたのが南部流のリベラリズムである。そのようなリベラリズムを体現した人物が、市長のウィリアム・ハーツフィールドであった。ハーツフィールド市政は、安定した人種関係が良好なビジネス環境を生むとみなし、「忙しすぎて憎み合っている暇はない」というスローガンを掲げて、「新南部」の盟主を自任していた。白人の有力者と黒人エリートの穏便な交渉による関係が、ほかの南部の地では爆発寸前にまで高まっている人種間の緊張を巧く管理していると考えられていたのである。[3]

だが、かかるリベラルな南部の人種関係は、黒人エリートが大衆の急進化を抑えることの見返りとして、いくらかの改善や改良が行われるという暗黙のルールを下敷きにしたものであり、いわゆるパトロン＝クライアント政治の典型例だった。よって、アトランタでも始まった黒人青年のシットインは、そのような政治への異議申し立てであり、加えてまた、黒人エリートへの挑戦でもあったのだ。

六〇年春、黒人青年たちは、ＳＮＣＣ創設メンバーのひとりであるジュリアン・ボンドを中心に、同市最大のデパートであるリッチの人種隔離撤廃に焦点を絞り込んで行動を開始した。学生たちの抗議に直面したリッチの経営陣はシットイン中止を交渉の前提条件とし、これに青年たちが応じなかったことで、対立は長期化していった。そこで黒人エリートたちは独自の調停に乗り出した。リッチを説き伏せるためにシットイン中止を学生たちに要請するのだが、学生たちはエリートの意向を受けつけようとはせず、事態は完全に停頓してしまった。

そこでボンドら学生たちは秘策を講じることになる。世代的にはエリート層と学生たちのあいだに立つキングにシットインへの参加を求めたのだ。

このときキングはモントゴメリーからアトランタに半年ほど前に戻ったばかりだった。聖職者としての務めは実父に預ける一方、同地に本部を置く南部キリスト教指導者会議（ＳＣＬＣ）の会長として、より多くの時間とエネルギーを公民権運動に割くつもりであり、運動へのコミットを強めていたのである。そして、アトランタで開催されたＳＮＣＣ全国大会に講演者として招かれた際には、「保釈金は払わず、監獄に留まろう（Jail, No Bail）」という抵抗の方法を提唱し、運動のさらなる加速を鼓舞していたのだった。

ここで膨大な数の逮捕者が出るアメリカの社会運動の現場について説明しておこう。長期にわたって聴取のために被疑者を拘束し、裁判所がそれに介入することがめったにない日本の「人質司法」と異なり、人身保護令状の価値が重んじられているアメリカでは、保釈金の支払いとともに逮捕者・被疑者は釈放され、後日改めて裁判所に出頭するのが通例である。だがしかし、それは黒人にも司法的にフェアな扱いが保証されていることを意味するわけではない。たとえば、リンチのときのように、暴徒が留置所を包囲している場合などでは、黒人の被疑者は署内に留まった方がむしろ安全であり、保釈金の額は判事の裁量で決められることが多く、その決定は決してフェアではなかった。それはご都合主義的で政治的な決定だったのである。たとえば、運動を弾圧しようとする側は、公判が維持できるかどうかを考えずに大量に運動参加者を逮捕し、保釈金の支払いを積み上げさせることで、運動組織にダメージを与えることができた。これに対抗するための戦略が「保釈金は払わず、監獄に留まろう」という闘争方法だった。保釈金を支払わない限り、運動資金が枯渇する危険が回避できるし、悪とは妥協を拒否する厳とした姿勢は運動の志気を高める契機にもなり、獄中からでも運動を鼓舞できると想定されたのだ。

もちろん、このようなキャンペーンに参加すると長く監獄に留まらねばならない可能性もまた高まり、レイシストの暴力が激しい南部にあっては、アクティヴィストの側に並々ならぬ決意が要求されることになる。SNCC全国大会で熱弁を揮ったキングが提唱していたのはこのような苛烈な闘争方法だった。つまり、キングは、学生たちを鼓舞した以上、シットインへの誘いを無下に断るわけにはいかない立場に身を置いていたのだった。かくして一〇月一九日、三五名の学生たちとともにシットインに参加、不法侵入の罪で逮捕されてしまったのだった。[4]

ハーツフィールド市長は、キング逮捕の連絡を受けて、まずは「アトランタ流の解決法」を試みた。黒人エリート約六〇名との会談をもち、三〇日間の抗議活動が停止されるならば、逮捕者を保釈するとし、その後の係争の処理には市が仲介に入ることを発表した。こうして学生たちは無事保釈されることになったのだが、市長には思いもよらなかったことが原因で、キングだけは引き続き拘束されることになった。

このシットインの約五カ月前、自動車を運転していたキングは、警察から停車を求められ、運転免許証の提示を求められた。すると、自動車の車両登録が期限切れになっていたことと、転入後九〇日以内に州発行の運転免許証の取得を命じていたジョージア州の道路交通法に違反していることが発覚し、その後に行われた略式裁判の結果、二五ドルの罰金と、一年の執行猶予つきの懲役一二カ月の刑を言い渡されてしまった(このような微罪による訴追は、先述した大量逮捕に並び、公民権運動を弾圧する際の「常套手段」であった)。キングのシットインでの逮捕は執行猶予の実刑への切り替わりを意味し、青年たちと同じように保釈することはできなかったのだ。

ところで、ハーツフィールド市長は、黒人エリート層と会談の後、民主党大統領選挙に臨んでいたジョン・F・ケネディ上院議員の陣営がアトランタでの展開に強い関心をもっているということを記者に漏らしていた。かれらが公民権運動に関心を示したのには理由がある。一九五七年公民権法の上院での審議過程で法案に反対する南部選出の議員と同調する行動をとったことなどで、大統領選挙での黒人票の獲得が問題視されていたのだ。そこで陣営は、公民権問題に詳しい白人の弁護士でモントゴメリー・バス・ボイコット運動の支援者でもあったハリス・ウォフォードを黒人市民へのアウトリーチ対策に当たらせていた。そのウォフォードは、キング逮捕の一報が届いたときから陣営内で極秘に動き、ケネディ当人を説得して、キングの妻のコレッタに「お見舞い」の電話を入れさせたのだ。[5]ジョン・F・ケネディの実弟であり、その後に司法長官となるロバート・F・ケネディは、このウォフォードの動きに激怒した。南部を支持基盤にする民主党の政治家にとって、リベラルな良心の安易な表示は政治家としての命取りになりかねなかったのだ。

これより一四年前の一九四六年夏、家族の元に戻る途中の黒人の復員兵が、白人至上主義者から暴行を受け失明するという事件がサウスカロライナ州で起きた。白人至上主義者にしてみれば、黒人が名誉と愛国の証である軍服を身に纏っているのが気にいらなかったのだ。このとき犯行に及んだ者のなかには地元警察の署長もいたのだが、即時に行われた裁判は無罪の判決を下した。この時期、これと似た黒人復員兵襲撃の残酷な事件はアメリカ各地で頻発しており、対して黒人復員兵たちも、自由のために枢軸国と戦った第二次世界大戦での従軍経験の矜恃を胸に、南部・北部を問わず自己主張を強めて容易に引き下がろうとはしなかった。このときすでに米ソは戦後国際秩序の覇権争いに入っていた。そこでソ連邦は、独立の準備に入っていたアジア・アフリカでの勢力圏拡大のために、サウスカロライナ州の事件をアメリカのレイシズムを暴く格好のケースとしてプロパガンダに利用し始めた。戦後直後の時期、いわゆる「人権外交」はむしろソ連邦のものだったのである。[6]

そこで、一九四七年、トルーマン大統領は、このようなソ連邦の外交攻勢を迎え撃つために、公民権に関する大統領諮問委員会を創設し、同年一二月に提出された同委員会の最終報告書は、常設の公民権委員会を設置することや、リンチを連邦法で犯罪とすること、戦時下に創設されていた公正雇用機会均等委員会(第一章参照)を常設機関にすること、投票権賦与の条件となっていた人頭税を廃止すること等々の大きな改革を提案することになった。これらの改革提案の多くが、ジム・クロウ体制を根底から揺さぶるものであったのだが、一九四八年の大統領選挙にトルーマンを大統領候補に指名した民主党は、南部を強固な地盤としているにもかかわらず、委員会の提言の多くを党綱領の中に入れ込む決定を行った。これに南部の政治家は激怒した。強硬な人種隔離論者のストロム・サーモンドを独自に候補として擁立する分派活動に出たのである(デキシークラット運動)。[7] その後のサーモンドは民主党に復帰し、前章で述べたブラウン判決に対する「大規模な叛抗《マッシヴ・レジスタンス》」の中心人物となった。つまり、アトランタでの事態が長引き、全米の関心が集まるなかでケネディの行為が明るみに出てしまえば、南部民主党が猛反撥するのは必至であり、ケネディ陣営の選挙戦略は破綻しかねなかったのだ。

　そこで、ロバート・F・ケネディは、まずはキングの件を解決しようと極秘に動いた。キング家への電話が報道されることに目を光らせながらも、所轄の裁判所判事に保釈が認められなかったことについて直接苦言を呈したのである。この「口利き」の結果、一〇月二六日、キングは保釈されることになった。このときすでに大統領選の投票日は目前に迫っていた。キング釈放の舞台裏が秘匿されるなか、ケネディ陣営は、「〈ノーコメントの副大統領ニクソン〉対〈温かいハートをもつ上院議員ケネディ〉――マーティン・ルーサー・キングの件について」と題したリーフレットを北部の黒人居住地で大量に配布した。かくして迎えた選挙では、ケネディが、当時の民主党の大票田である南部を保持すると同時に、中西部・北部の激戦州も制したのだった。

大統領選挙のような巨大な選挙では、アメリカ政治史上の伝説となっているケネディとニクソンのテレビ討論をはじめ、さまざまな要因が結果に影響を与えていたであろう。だが、「ほんの数本の電話」でニクソンは負けた、と漏らしたのは共和党のアイゼンハワー大統領であった。[8]

さて、この「アトランタでのシットイン」について、後の議論のためにふたつの重要なポイントを確認しておきたい。ひとつは黒人学生の急進化が、黒人指導層の急速な交替を促し始めていたという点である。パトロン＝クライアント政治における人種関係には、ジム・クロウの根幹を揺さぶるような言動はしないという暗黙の前提があった。しかし、学生たちがこの枠組みのなかで動くことを拒否し、シットイン以後の運動が大衆を動員するようになると、黒人エリートの立場は苦しくなっていった。板ばさみになったのが、市長であり、そしてキングである。そして、このとき、運動を前へと牽引したのはSNCCの青年たちであった。

そのSNCCが強いイニシアティヴを発揮できたのは、前章でみたように、青年の組織であろうとも「大人たち」の監督のない独立組織だったからだ。黒人青年たちがまず先に走り、その後に（キングを含めた）公民権運動指導層らが続き、運動が別の局面に突入していく、このパターンはこの後も黒人自由闘争を通じて続いていくことになる。

しかし、しばしば理想主義的であることが多い青年たちの活力のみで、公民権運動が前に進んだわけではない。アトランタの事例でターニング・ポイントとなったのが、ケネディ兄弟の介入である。一九三六年の大統領選挙で姿を現した民主党のニューディール連合は、北東部・中西部の労働大衆と南部からなる一大連合であり、南部票は、北部・北東部で二大政党の勢力が拮抗した場合には、民主党にとって死活的な重要性をもっていた。この南部票とは、黒人の政治参加が厳しく抑圧されていた当時にあっては、現実には南部白人の票を意味し、その多くがジム・クロウの支持者だった。したがって、黒人を従属的な地位に留めおくことにさまざまな利益をみる白人の離反を食い止めつつ、沸き上がる公民権運動にどう対処するのかは、この後もケネディ政権にとって重要な政治課題となっていく。そして、一九六一年のフリーダム・ライド運動は、このような政権をふたたび窮地に陥れることになるのである。

フリーダム・ライド

一九六一年五月四日、六名の白人と七名の黒人が、首都ワシントンで南部に向かう長距離バスに乗った。白人と黒人が一組になって座席に座り、「白人と黒人が手を取り合って」人種間の連帯を示しながら、アラバマ州、ミシシッピ州と人種隔離が厳しかった深南部を進み、公立学校における人種隔離を違憲としたブラウン判決の記念日である五月一七日に、ルイジアナ州ニューオーリンズで集会を開催するのがこのキャンペーンの当初の計画だった。この州際間交通における人種隔離撤廃の実行を求めた非暴力の運動を「フリーダム・ライド」と呼ぶ。

ところで、このようなスタイルの抗議が行われたのはこのときが初めてではなかった。一九四四年、アイリーン・モーガンという名の黒人女性が、ヴァージニア州の長距離バスで白人に席を譲らず、人種隔離条例違反で逮捕された。ローザ・パークスがモントゴメリーの市バスで同じ行動をする一一年も前のことである。NAACPは、モーガンの逮捕を受けて違憲訴訟を起こし、一九四六年六月、最高裁は州境を越えて運行する州際間長距離バスにおける人種隔離を違憲と判断した(モーガン判決)。しかし、この判決に南部諸州は従わず、事態に目立った変化はなかった。そこで動いたのが〈人種平等会議(CORE)〉である。

そのCOREはモーガン判決の四年前の一九四二年にシカゴで結成されていた。中心的な役割を担ったのは、前章で説明した若きベイカーが通ったブルックウッド労働カレッジの創設者・講師であり、著名な平和主義者《パシフィスト》であるA・J・マスティが会長を務める友和会(FOR)のメンバーたちであった。また初期のCOREには、公民権ユニオニズム(第一章参照)の影響を強く受けたユニオニストたちが多く関わっていて、シットインを初めとする直接行動(一九三〇年代の労働運動ではシットダウンと呼ばれていた)は、かれらを通じて黒人自由闘争に導入されたものだった。たとえば、FORのメンバーのバイヤード・ラスティンが黒人であることを理由にレストランでのサービスを拒否されたのをきっかけとして、シットインを含める直接行動をCOREのメンバーたちが実行に移すのだが、それはSNCCが結成される二〇年以上も前、一九四二年一一月のことだった。[9]

COREにとって州際間交通における人種隔離の問題は、非暴力直接行動の意義と有効性を試す絶好の機会となった。かくして開始されたのが、一九四七年四月九日に始まる「和解の旅路」という運動だった。この時期のトルーマン政権が公民権問題に積極的に関与していたことは既述のとおりだが、連邦最高裁も、モーガン判決に留まらず、白人だけに投票資格を限定したテキサス州民主党の予備選挙方式を違憲としたオールライト判決(一九四四年)を下して一人一票(one person, one vote)の原則を確認するなど、黒人自由闘争を後押しする判決を下しており、ジム・クロウを攻撃する直接行動キャンペーンを行って世論を喚起する好機が来ているかのようであった。折しも、このキャンペーン開始の二日後には、ニューヨーク市ブルックリンの野球場に黒人選手ジャッキー・ロビンソンが立ち、一八八六年に黒人選手が排除されて以来初の黒人メジャーリーガーが誕生するのを人びとは目撃していたのである。

ところがしかし、COREの運動は厳しい現実を突きつけられて終わることになる。バスに乗車したアクティヴィストたちは、ヴァージニア州の南部で暴力的嫌がらせに遭い始め（参加者はもちろん非暴力主義に則り暴力を甘受した）、ノースカロライナ州チャペルヒルでは四名が逮捕されてしまった。この四名に三〇日の強制労働の判決が下されると、COREに抵抗の手段は尽き、運動を中止せざるを得なくなったのだ。この後、COREは低迷期に入る。それにはまた、キャンペーンが目立った成果をあげられなかったことだけでなく、冷戦の開始にともなって赤狩りが進行し、COREの中核を担っていた公民権ユニオニストたちが同盟者《アライ》を失ってしまったことを反映したものだった。

だが、一九五〇年代後半にキングが「黒人指導者」として頭角を現し、続く六〇年にSNCCが結成されると、非暴力直接行動の「老舗」たるCOREは大きく刺激されることになった。かくしてジム・クロウの問題をめぐる局面は大きく変わったと判断したCOREは、新たなキャンペーンであるフリーダム・ライドでは「和解の旅路」よりも大胆な行動計画を練り、人種差別が厳しい深南部を通過してニューオーリンズを目指す旅程を組んだのだ。

最初の事件は、五月一四日、アラバマ州アニストンで起きた。長距離交通運行会社トレイルウェイズのバスに乗り込んだグループがKKKの襲撃を受けたのだ。その襲撃は、バスと併走する車からタ

KKKから襲撃を受けて炎上するトレイルウェイズのバス

イヤを切り裂いて強制的に停車させ、車両の出入口を塞いだうえで車中へ火炎瓶を投げ込むという凄惨なものだった。ところが、現場に急行したハイウェイ・パトロール隊は、威嚇のための発砲を行うだけで、襲撃者を逮捕しなかった。重傷を負ったライダーたちは近くの病院で応急処置を受けるが、罪に問われず大胆になった暴徒の襲撃を恐れた病院は、夜中の二時になってかれらに退出を求めたのである。このとき、病院の前にはすでに暴徒が集まっていた。この群衆のなかに放り出されることは、すなわち命に関わる問題だった。

このときアニストンに急行したのが、近隣の街バーミングハムの牧師でＳＣＬＣ幹部のフレッド・シャトルスワースだった。ライダーたちの窮状を知ると、救出隊を組んでアニストンに向かい、傷を負ったライダーたちをバーミングハムに運んだのである。後の議論のために重要なことをここで指摘しておこう。この救出隊が暴徒に行く手を遮られなかったのは、ショットガンを目立つように携行していたからである。つまり、武装している黒人の一団が、非暴力主義のアクティヴィストを救ったのだ。

こうして、フリーダム・ライドの運動を続けるのは、別の長距離交通運行会社グレイハウンドのバスに乗った者たちだけになった。しかし、この便がバーミングハムに到着すると、またしても凄まじい暴力事件が起きることになった。バーミングハムは人種主義暴力の激しさで知られていた街である。

黒人の政治活動はたびたび白人至上主義者のテロ攻撃に遭い、公民権アクティヴィストのあいだでは「爆弾町《ボミングハム》」として知られていた。[10] 市の公安委員長ユージン・コナーはレイシスト組織と親しい関係をもち、このときもフリーダム・ライドに関する詳細な情報を地域のＫＫＫに流し、バス到着後の一五分間、クランたちの活動を傍観する約束をしていたのだ。よって、バーミングハムに着いたライダーたちを待っていたのは、バット、鉄パイプ、チェーンを手にしたレイシストの群れだった。トレイルウェイズの件もあり、暴力沙汰が十分予期されていた現場に警察官が配備されていなかったことを記者たちから訊かれたコナーは、悪びれることなく、次のように言い放った。

お節介のためにご苦労にもよそからやって来た目立ちたがり屋どもが、このまま南部のことに口出しを続けたら、血の海をみることになるってことは、ここ二〇年のあいだ俺はずっと言ってきたじゃないか。今日がなんの日だと思って文句を言ってんだ、母の日の日曜日だぞ。この日だけは家族と長くいられるようになるべく多くの警官を休ませてやってたんだ。[11]

母の日に警官に特別の賜暇《しか》をとらせるのがバーミングハムの慣例であったかどうかはさておき、このような批判――南部には関わりのない外部からの煽動者《アウトサイド・アジテーター》が注目を浴びたいがために平和な南部の町でトラブルを起こしている――は、この当時の白人至上主義者が公民権運動を批判するときの常套句だった。それは、家族を守るという観念と接続されて公民権運動に対する「防衛線」を引き、人種とジェンダーを交錯させつつ南部保守主義が死守しようとした領域を示していた。なお、このコナーは二年後のバーミングハム闘争で消防隊の高圧放水と警察犬を使った弾圧（序章参照）を指揮する人物であり、二〇年前とは、産業別組織会議（CIO）が公民権ユニオニズムに鼓舞されて同地の炭鉱労働者・鉄鋼労働者を人種を問わずに組織化し、ジム・クロウに挑戦していたときの事例を指す。もちろん、この労働運動を暴力で抑え込んだのもコナーら白人至上主義者だった。[12]

話をフリーダム・ライドの現場に戻そう。警察から見放されたライダーたちはシャトルスワースの教会に避難したのだが、ここで運動は完全に行き詰まってしまった。暴力沙汰に巻き込まれるのを恐れたバスのドライバーが運転を拒否したのだ。そこでCOREは、世論喚起の目的は一定程度達成されたと判断し、空路で目的地のニューオーリンズに向かうという苦渋の決断をすることになった。フリーダム・ライドはいったん終わったのだ。

ここで動いたのがSNCCである。SNCCナッシュヴィル・グループの黒人女性ダイアン・ナッシュは、フリーダム・ライドの中止は黒人自由闘争そのものの後退を意味すると判断し、一〇名からなる学生の集団をバーミングハムへ独断で急派したのである。これ以後のフリーダム・ライドは、SNCCとCOREの合同オペレーションとなり、五月一九日には、SNCCのメンバーを加えた新編成のライダーたちが出発する準備が整った。それでも、ドライバーがいないという問題、すなわちアクティヴィストにはどうにもこうにも打開できない問題が残っていた。

他方、公共交通機関の運行が暴力によって停止されたということになれば、治安維持に当たる州政府や連邦政府にも大きな汚点が残ることになる。そこで、ケネディ政権発足後に司法長官になっていたロバート・F・ケネディが動き、運動は新局面に入っていった（以下、本書では、ロバート・F・ケネディのことを、大統領の兄と区別するために「ケネディ長官」と略す）。

ところで、COREは、フリーダム・ライドの開始に先立って、運動の目標と旅程を連邦司法省とホワイトハウスに書面で伝えていた。だが、司法省が動き始めたのは、アニストンでの襲撃事件以後だった。というのもアメリカの連邦制度の枠組みのなかで司法省にできることは少ないと判断していたからである。たとえば、バーク・マーシャル司法次官が理解するところによると、「連邦法によって人種隔離が禁じられている場所で人種隔離政策を行うことは、まちがいなく違憲行為である」のだが、治安の維持と市民の保護は州政府の管轄だったのである。[13]

問題は、その治安維持と市民保護の権限をもつ州政府にとってライダーたちは「南部の生活様式」を攪乱する「アウトサイド・アジテーター」にほかならず、弾圧する側にむしろ与していたことだった。堂々とKKKを支援したコナー公安委員長の動きは、この問題をまさに白日の下に晒すものだった。

そこで、ケネディ長官は、アトランタでのキング逮捕のケースと同じく、舞台裏での交渉で事態の収拾を図った。アラバマ州知事のジョン・パタソンを説き伏せ、バーミングハムからモントゴメリーまでの約一五〇キロの道程を、州政府指揮下のハイウェイ・パトロール隊に保護させる約束を取りつけたのである。しかし、これで万事がうまくいったわけではない。バスがモントゴメリー市境を越えた途端にハイウェイ・パトロール隊は消え去ったのだった。市域に入った以上、警備の義務は市警へ移り、管轄権がない以上、ハイウェイ・パトロール隊の役目は終わったというのが表向きの理由である。だが、もちろん、ほんとうの理由は別のところにあった。南部の政治家にとって、人種間対立が高まるなかでライダーたちを保護することは白人有権者の離反を招く政治的自殺行為に等しかったのだ。よって、ライダーたちはふたたび暴徒によって荒々しい「出迎え」を受け、一九五五年のボイコット運動の指導者のひとり、ラルフ・アバナシー牧師の第一バプテスト教会に命からがら逃げ込むことになった。

危機はさらに続く。五月二一日の日曜日、第一バプテスト教会で集会が開催され、アトランタからキングも駆けつけて運動を鼓舞する演説を行った。問題は熱気あふれる集会の場ではない。その外だった。教会の周りには三〇〇〇人にも達する暴徒が集まり、集会参加者は教会に軟禁されてしまったのである。ここでやっと連邦政府が南部への圧力を本格的に強めていった。ケネディ大統領がパタソン州知事に連邦軍を派遣するという「脅し」をかけたのだ。これでパタソン州知事はしぶしぶ州兵派遣に踏み切るのだが、その到着は、教会の窓が投石で砕け散り、会堂に暴徒がなだれ込む寸前のことだった。この後、パタソン知事はケネディ長官にこう言ったという。「あんたはわたしを政治的に潰した[14]」。

こうしてライダーたちはどうにかこうにか窮地を脱した。だが、フリーダム・ライド中止が運動の敗北を少なからず意味するならば、どうすれば旅程を前に進めることができるのか、それは依然として不明なままだった。ともすれば、それは死者が出ることにもつながる。そこでケネディ長官は、状況の緊迫度を下げるために、運動を一時的に停止して「冷却期間」を置くことをライダーたちに提案した。これに対して、COREの執行代表ジェイムズ・ファーマーがケネディ長官を一喝して述べたとされる言葉は、その後も語り継がれていくひとつの伝説になる。「わたしたちは(奴隷制からずっと)

三五〇年間も冷却期間を生きています。それがこれ以上続いたら凍え死んでしまいます」。結局、アクティヴィストたちの固い決意を前に、連邦政府は、結局、バスの行く先であるミシッピ州の州政府と奇妙な「取引」を行った。――暴力事件の発生を抑え込むことを条件に、ライダーたちの逮捕は許すことにしたのである。[15]

五月二四日、ヘリコプターが上空を舞い、銃を抱えた州兵が沿道に立ち並ぶ厳重警備のなか、ライダーたちを乗せたバスがモントゴメリーを出発した。この物騒な模様を見て、「こんなことは非暴力の伝統ではまったくない」と率直な心情を吐露したのは、初期ＳＮＣＣの精神的な支柱であり、非暴力主義者のジェイムズ・ローソンである。[16] そのうえ、厳重警戒で守られたライダーたちがミシッピ州ジャクソンに到着すると、連邦と州の合意どおりに警察は粛々とかれらを逮捕した。人種隔離撤廃の目的は果たされず、白人至上主義者はもとより、連邦政府でさえ、非暴力によって「良心に目覚める」ことはなかったのである。

急進的中核の形成

一九六一年五月の激しい運動だけをみると、フリーダム・ライドが勝ち得た成果は乏しい。――人種隔離は残り、ライダーたちは逮捕されて終わったのだから。重要なことに、序章で議論した「公民権運動の正史」が伝えていることとは反対に、世論は、社会変革を求めるなら選挙や裁判などの「民主的手続き」による方が優れているとみなし、ライダーたちの「過激さ」を責める向きが強かった。当時の世論調査によると、フリーダム・ライダーたちの行動を支持した者の率はわずか二二％に過ぎず、シットインやデモ行進はむしろ黒人の大義を傷つけることになると考える者の率はじつに五七％に達していた。歴史のなかの非暴力直接行動はきわめて不人気だったのだ。[17]

にもかかわらず、フリーダム・ライドは続いた。右にみてきたことは、この年の夏まで波状的に続く運動の第一陣に過ぎず、同年夏にかけて南部のさまざまな場所で同様のキャンペーンが繰り返されたのである。第一陣が逮捕されるや否や、ファーマーは「できるだけ多くのバスを使って、フリーダム・ライダーをジャクソンに送り込め」と全国本部に指令を出していたが、かれらを突き動かしていたのは世論以外のなにかであった。結局、この年の夏が終わるころになると、CORE、SNCCの活動にはSCLCも加わり、フリーダム・ライド関連で逮捕された者の数は、少なくとも三二八名に達したのである。[18] そのなかのひとりに、ハワード大学の学生、当時二〇歳のストークリー・カーマイケルがいた。その後にブラック・パワー運動のシンボル的アクティヴィストになるかれのことは第六章で詳述する。

このような運動の拡大をみたファーマーは、公民権運動のなかで重大な変化が起きていると感じていた。かれによると、当初の運動は人種差別の道義的な問題についてより多くの人が気づくことを目的とし、少数のアクティヴィストが行っていた啓蒙的な運動だった。しかし、フリーダム・ライドのころになると、それは、ジム・クロウの維持が不可能であることを示そうとする大衆運動になっていた。このような質的変化を伴いつつ運動が拡大していくなかで、ライダーたちが刑に服した監獄が、その後の黒人自由闘争にとってきわめて重要な空間となった。逮捕者はだいたい一カ月程度の懲役刑を受けたのだが、狭い刑務所は、アクティヴィストたちが親交を温める空間ともなり、かれらかのじょらにとっての投獄は、恥じ入るべきことではなく、むしろ人種的正義のための闘いに参加した「名誉の証」となっていった。奴隷制プランテーションを思わせる強制労働と劣悪な環境で恐れられていたミシシッピの監獄は、「政治教育」の短期集中授業が行われる現場に変化していったのだ[19]。ファーマーはこう述べる。

自分たちを待ち構えているものがなんであるかをほとんど分かっていなかったフリーダム・ライダーたちは、運動への深く永続的なコミットメントとともに故郷に帰っていった。それは直接参加のみが鼓吹できる変化だった[20]。

六〇年代初頭の黒人自由闘争のポイントのひとつは、このように、運動への参加に伴って「精神的解放」が進行していったということである。運動が要求した人種隔離撤廃は、マッシヴ・レジスタンスやテロなど、合法・非合法の抵抗にあって、なかなか実現されない。そこで運動が目的を達したのかと問うならば、少なくとも一九六四年に公民権法が制定されるまでは、否が答えとなる。しかし、それでも、白人至上主義権力に対する波状的な大衆的叛逆が始まったことの意義は大きかった。というのも、公民権運動のなかで連綿と続く「精神的解放」が、その後のブラック・パワー運動の本格的開始を準備するからである。

法の制定やなんらかの合意形成などの具体的な成果を上げられなかった諸々の運動は、それを分析・評価する者たちからしばしば「失敗」とみなされる。だが、そのような「失敗」という評価に対して、「いったいなにを言っているのか分からない」と強い反撥を憶える運動経験者は多い。[21] なぜならば、アクティヴィストたちの日常の評価は法の制定や政策の実現という「目的からの距離」だけによって決まるわけではないからである。日常の変化は、はっきりと目につかないかたち――たとえば「精神的解放」――で現れることが多くあるのだ。それゆえ、社会運動の歴史をみる目は、運動参加者たちの経験に迫ることがなによりも重要であり、そのような経験が歴史を静かに確実に動かしていくのである。公民権運動史研究の第一人者、クレイボーン・カーソンは、フリーダム・ライドが「ラディカルであることを自覚した学生たちの運動」を生み出し、人種隔離以外の領域へその「戦闘的な姿勢を向けていく準備」を整えることになったと評している。[22] 黒人自由闘争の長い歴史においてフリーダム・ライドの最大の意義はここにある。

二 「アメリカのディレンマ」と冷戦公民権

冷戦公民権

運動が右のように展開するのをよそに、ケネディ長官は、第一陣のライダー逮捕の五日後、長距離バス路線事業を監督する州際間通商委員会に、裁判所判決の遵守命令を発することを求めて請願書を送った。これに同委員会は九月二二日に応じ、バス運行事業者に対して改めて法令遵守を迫った。ケネディ長官なりに動いていたのである。

南部民主党がケネディ政権の大支柱であったことはすでに述べた。それゆえ、南部の白人至上主義者たちの離反を恐れる政権の動機は比較的分かりやすいであろう。では、人種隔離問題の解決を、政治的リスクを冒してでも図ろうとするケネディ政権の動機はどこにあるのだろうか。

第二次世界大戦後、一九四七年のインド独立により本格化した脱植民地化の過程は、一九五七年の英領ゴールドコーストがガーナとして独立したことを皮切りにアフリカ大陸にも届き、一九六〇年になると、アフリカで一七の独立国家が誕生していた。このようにヨーロッパの植民地帝国の解体が進行していくなかで、アメリカ国内の人種差別の問題は、ソヴィエト連邦にとって、新興独立国を抱えて相貌を新たにした国際舞台でアメリカの「偽善」を攻撃する格好の材料となっていた。

また、公共交通機関での人種差別は、このような狭義の外交的対立とは別の次元でも冷戦に直接の影響を与えていた。なぜなら新興独立国の人びとがアメリカ訪問時にジム・クロウを直接体験することが十分あり得たからだ(首都ワシントンは南部のヴァージニア州、メリーランド州に隣接する街である)。よって、ジム・クロウ撤廃の法令遵守を求めた司法省の動きは、国務省によって高く評価されることになる。ディーン・ラスク国務長官によると、「アジア・アフリカ諸国から年間約一〇〇にのぼる外交使節が訪れる」なか、「ジム・クロウの実態は政府公式の謝罪では済まされない害悪を残す」ことになっていたからだ。[23]

じつのところ、黒人自由闘争の闘士たちは、国際的な覇権争いが自らを利することをしっかりと認識していた。たとえば、第一次世界大戦の戦後処理のためにパリ講和会議が開催された際、W・E・B・デュボイスは、「アメリカの窒息しかけた良心の前になにもできないとしても、組織化された国際世論を前にすると、われわれが手にできるチャンスは限りなく拡がるであろう」と、これから誕生する国際連盟に大きな期待をかけていた。[24] 日本提案の人種差別禁止条項が否決されるなど、国際連盟が人種問題や植民地主義が関わる場面で期待された役割を担えなかったことはよく知られたことであるが、国際連合の場合は、設立後すぐに人権規約の検討に入り、国際情勢は大きく変化していた。植民地主義の鎖を断とうしていたアジア・アフリカ植民地をはじめ、「国際社会」が「自由の国アメリカの良心」を問う場になっていったのだ。

この国際環境の変化が、米ソの覇権争いが激化するなかで、黒人自由闘争の方向性に巨大な影響を与えることになった。米ソの対立が決定的になった一九四七年以後、NAACPなどの主流の公民権団体は、自陣営から左派を追放すると同時にまた、自由を愛する愛国的な団体であると自らを位置づけていた。超大国の覇権争いを利用して、アメリカの理念と現実のギャップを突き、政府に行動を迫るという運動戦略をとったのである。このように、自らを愛国的な社会運動であるとし、冷戦下の覇権争いを利用しながら公民権分野での前進を図る運動の在り方やその運動を支えたイデオロギーを「冷戦公民権」と呼ぶ。[25]

この冷戦公民権について、これまで本書では公民権ユニオニズムの力を削いだものとして論じてきた。しかし、別の側面からみれば、それは、自由主義諸国の盟主として冷戦を闘うアメリカの急所を鋭く突くものでもあったのだ。

『アメリカン・ディレンマ』

この冷戦公民権に大きな影響を与えたのが、『アメリカン・ディレンマ』という大部の著作として結実する、ギュンナー・ミュルダールの「ニグロ問題研究」である。このミュルダールの研究に照らして冷戦公民権をいまいちど考えると、それが単なる便宜主義でもなければ、狡猾な運動戦略でもないことが分かる。それは、第二次世界大戦から戦後直後にかけて変容していったアメリカの自己像とも強い関連のある思考と行動の様式でもあったのだ。

カーネギー財団理事のニュートン・ベイカーは、一九三五年の夏に座長を務めたシンポジウムで、大恐慌の下での黒人の苦境を改善するためにはアメリカの政治経済を根本的な大変革が必要であるとする黒人の社会学者アイラ・リードの講演を聴いた。革新主義者として有名なベイカーは、第一次世界大戦中の陸軍長官として人種間対立を目の当たりにした経験ももっており、この問題を放置しておくことの危険性を改めて強く認識することになった。そこで、カーネギー財団を動かして「ニグロ問題」に関する研究調査を開始した。財団はまず、黒人が関わる事業の助成順位を決めるときの参考資料を整える程度の小規模な研究に着手したのだが、事業はその後も拡大の一途を辿り、社会学・政治学・人文学等々の分野を横断し、当時の黒人研究の成果を総結集する大事業となっていった。やがてプロジェクトの予算は当時の研究助成としては破格の総額三〇万ドルに達し、この一大プロジェクトを主幹する人物が必要となった。

このプロジェクトの主幹の人選にあたって財団の理事たちは、人種問題がしばしば強い「感情」を掻き立てること、そしてすでにこの問題の研究にあたっては学派対立があることに懸念を抱いていた。そこで、国内でのさまざまな対立に巻き込まれずに「中立」で「科学的」な見解が出されることを企図し、人種問題への先入観が小さく、学派的にも政治的にも隠当な人物を探すことになった。そこで目に止まったのが、植民地をもたない北欧の国スウェーデンの、気鋭の経済学者ミュルダールだったのだ。当時のかれは、非均衡経済理論のパイオニアであり、三四歳の若さにして社会民主党の経済顧問を務めると同時にスウェーデン議会上院の議員を務め、その後の一九七四年にはノーベル経済学賞を受賞することになる。ここでミュルダールの経済思想を検討することは本書の目的から大きく離れるが、「ニグロ問題」研究との関わりで述べておくと、社会工学《ソーシャル・エンジニアリング》に対する強い信頼がかれの研究の大きな特徴であった(皮肉にも、ノーベル賞を同時受賞したのは、ミュルダールと思想的には対極に立つフリードリヒ・ハイエクだった)。

足かけ約六年の期間を経て一九四四年に公刊された研究成果『アメリカン・ディレンマ』は、一四〇〇ページを超える大部であったのにもかかわらず、広く一般の関心を集め、その影響はきわめて大きく、そして長く続くことになる。それは、歴史研究者オリヴィエ・ザンツの言う、アメリカの「知的探求体制」が生み出した大きな成果のひとつであった。[26]

同書が大きな反響を呼んだのは、その主要な論点がこれまでの「ニグロ問題」理解を根本から再定義したところにあった。当時までの「ニグロ問題」に関するアメリカでの理解は、問題の原因を「黒人人種」に特異の条件や資質に求める傾向が支配的であった。黒人の貧困や失業、低い教育水準、劣悪な住宅環境など、黒人の苦境の重要な原因は黒人の問題であり、その解決にあたっては第一に黒人が努力すべきである、と理解されてきたのである。[27]

他方、ミュルダールは、「ニグロ問題」の原因を白人の無知と偏見に求めて、因果関係を逆転させた。さらに重要なことに、それを「アメリカ文明全般の複雑な問題総体における不可欠の一要素」であるとみなし、かかる文明を支える「アメリカ的信条(American Creed)」の世界史的な使命を強調しながら、その「文明史」を次のように捉えた。

「アメリカ的信条」は、啓蒙主義と「民主的プロテスタンティズム」から生まれ、自由、平等、正義、すべての人びとに開かれた機会の均等に重きを置く。この価値観は、独立革命、南北戦争で勝利を収め、二〇世紀の二つの大戦でもアメリカの大義となった。第一次世界大戦後の新世界秩序の青写真を描いたウィルソン大統領の「一四カ条」や、ナチスがヨーロッパを席巻するなかでローズヴェルトが唱えた「四つの自由」は、この「アメリカ的信条」を表現したものにほかならない。この信条は時に後退を強いられることがある。だがそれでも、より長い歴史的展開をみれば、いつも勝利を収めているのはこの信条に高い価値をみる自由主義《リベラリズム》である。また、自由と平等が対立した場合、つねに勝っていたのは平等の理念である、と。[28]

そして、かかる文明史観のなかで「ニグロ問題」は次のように定義されることになった。

アメリカの黒人問題は、アメリカ人の心のなかにある問題である。人種間の緊張は、心のなかではっきりとした形を取る。決定的な闘争が繰り広げられているのは心のなかだ。これが本書の中心的な論点である。われわれの研究は、人種関係についての経済的、社会的、政治的問題も含んでいるが、これらの問題の底辺には、アメリカ人の道義的ディレンマが横たわっている――さまざまな意識の多様な側面における道義的な価値判断とそのほか一般的な問題とのあいだにおける葛藤である。[29]

もちろん、自由、平等、民主主義に基礎を置く政治思想は、なにも「アメリカ人」の専有物ではない。しかし、ミュルダールは、かかる近代思想への愛着がとりわけて強いのが「アメリカ人」であるとみた。それゆえに「ニグロ問題」の存在は、「アメリカ人」を深刻なディレンマに追い込み、その心理的な苦しみが「アメリカ人」をして問題の解決に進ませるのだ。

この「信条」の内実は、気鋭の経済学者の知性が剔抉《てっけつ》したものであるというよりも、忌憚《きたん》なく言って、今日では冷笑的に扱う者すら現れそうなアメリカ礼賛である。スウェーデン人経済学者が黒人問題を研究してアメリカを言祝ぐこと、冷静にみれば、これはきわめて奇妙な現象である。これには同研究が終盤を迎えた時期の国際情勢が色濃い影響を与えていた。同書の主要な論点は、ミュルダールが一九四二年から四三年にかけてスウェーデンに一時帰国していたときに仕上げられたものだった。中立国スウェーデンでは、デンマークがナチスに占領されると、ナチスの侵攻に対する危機感は否応なしに高まり、わけてもそれはミュルダールを含めた社会民主主義者エリートたちのあいだで強かった。つまり、アメリカへの軍事・政治的期待が、かれの「ニグロ問題」を論じるトーンにも影響を与えていたのである。[30]

このように「アメリカのディレンマ」を考えると、それが、『ライフ』誌編集長のヘンリー・ルースが著した有名な論説文「アメリカの世紀」が発表された三年後に公刊されたことは決して偶然ではないであろう。この有名な論説は、「自由と正義の理想のパワーハウス」としてのアメリカが戦後世界で果たすリーダーシップに強い期待を寄せ、参戦以前にあってすでにアメリカが孤立主義を脱却することを呼びかけたものである。つまり、『アメリカン・ディレンマ』は、ナチズム・ファシズムと闘うアメリカの戦時愛国心にも響き合うとともに、「アメリカの世紀」の始まりに立ったリベラル・エリートたちに新たなヴィジョンを提示していたのである。

モラルの問題としての人種

このように第二次世界大戦期以後の流れを整理すると、急進化する黒人の運動を前にしてのケネディ政権の動きは、冷戦外交遂行上の単なる要請や弥縫《びほう》策ではなかったことが分かる。黒人の権利保障や地位向上は、戦後アメリカのリベラルな自己像の一部でもあったのだ。

重要なことに、このようなアメリカ像を抱いたのはリベラルな白人エリートに限られたことではなかった。それは、多くの黒人がその後じつに長く共有するものでもあった。それは、キング牧師の「いつかこの国は、その国がもつ信条(creed)の真の意味に目覚めて立ち上がり、それを現実のものとする、わたしにはそんな夢がある」という、かの「わたしには夢がある」の演説でのアメリカ観とほとんど同一である。さらに言えば、バラク・オバマが体現したアメリカ像――アメリカとはすべてが可能性に開けている場所である――もこれと大きな違いはないであろう。

ここに大きな問題がある。その後の黒人自由闘争の展開を射程に入れながら、ふたつ指摘しておこう。

ミュルダールの問題理解のなかで、「黒人」は「肌の色が黒いだけのアメリカ人」とみなされ、黒人の文化は「アメリカ文化一般が歪んで発展したものであり、病理的なもの」として捉えられていた。

そこに黒人たちが独自の歴史や文化、経験をもっているものであるとする理解はない。またアメリカを「白人の国」とみなし、「ニグロ問題」の解決に黒人が果たす主体的役割を認めなかった。ミュルダールはこう述べている。「白人が謝罪に駆られるのは、黒人が迫るからではない。なぜならば、黒人はそれほど強い力をもっていないからだ。白人がそうするのは、自分自身の道義的な原則が駆り立てるからである[31]」。つまり、ミュルダールにとっての「ニグロ問題」の解決とは、自ら特異性を消し去った黒人がアメリカ社会に統合されることであった。

　このように戦後アメリカの思想的な枠組みを踏まえたとき、黒人自由闘争がどのような歴史を歩み、なにと闘わねばならなかったかがよりはっきりとみえてくる。次章以下で詳しくみていくように、六〇年代の公民権運動アクティヴィストたちは、ジム・クロウ打倒を直接の目標としながらも、やがてはリベラルなアメリカの自己像にも挑戦せざるを得なくなっていく。このときに黒人自由闘争の中心に立つのがブラック・パワー運動である。

　ふたつ目の問題は人種の問題を「心の問題」に帰着させている点である。この研究が膨大な政治学・経済学・社会学的研究を総合した一大研究であり、それを主幹したのが気鋭の経済学者であったことを考えると、このことは異様ですらある。そこにはもちろん、人種奴隷制とともに「アメリカ」は誕生したという観点も、資本主義とレイシズムの不可分性を指摘する人種資本主義論的な発想もない。つまり、レイシズムは近代的でリベラルな制度により維持されているという着想点がないのだ。

　人種の問題を「心」に求めてしまうと、不平等な人種関係という権力的な関係性、アメリカ社会に人種主義が埋め込まれたものであるという構造的理解は抜け落ちてしまう。こうした問題もまた、ブラック・パワー運動が激しく問い質していくことになる。

グリーンウッドの有権者登録運動とリベラルの誤算

以上の検討を踏まえて、六〇年代初頭の運動の現場に戻ろう。

ケネディ長官は、第一陣のフリーダム・ライドが落ち着きをみせたときを捉えて、黒人青年たちに、暴力的衝突を伴うストリートでの直接行動を停止し、有権者登録運動を行うように提案した。しかも、もしそうするならば、ケネディ家の人脈を通じた運動資金を調達するという支援の申し出を添えて、である。それは、リベラルな有権者の掘り起こしを通じて白人至上主義と親しい南部の有力な民主党政治家の影響を殺《そ》ぐことも目的とした動きであった[32]。

こうして一九六一年以後のSNCCの活動のなかには有権者登録運動が大きく据えられることになった。しかし、この穏健なはずの政治運動も凄まじい暴力に直面することになる。そのような暴力的な事例は夥しい数あるが、本章では、連邦政府との関わりがはっきりと分かるミシシッピ州グリーンウッドのケースをみていく。これから述べる事件はまた、その後の一九六六年、黒人自由闘争のスローガンとしてブラック・パワーという叫びが初めて発せられた街で起きたことでもある（第六章参照）[33]。

一九六二年六月、SNCCの現地連絡員《フィールド・セクレタリー》のボブ・モーゼスは、地元の青年のサム・ブロックとともにグリーンウッドで有権者登録運動を開始した。当時の有権者登録運動は、（労働運動と同じく）有給の現地連絡員が運動進展の可能性がある地域に赴き、その地域在住の人びとのなかからリーダーシップの中核を形成することで始まることが多かった。SNCCの運動もそのなかのひとつであるが、公民権諸団体には「リーダー」の発掘の仕方に違いがあった。わけてもＳＮＣＣの運動の特異性は、地域社会のエリートがもつ社会的信頼や評判で運動を組織していくＮＡＡＣＰと異なり、小作農民や若者から新しい集合的リーダーシップを育て上げるところにあった。それはエラ・ベイカーの運動哲学をそのまま継承するものであった。このＳＮＣＣ型の運動形態を、社会学者のアルドン・モリスは、カリスマ的指導者であるキングが会長を務めるＳＣＬＣや最古で最大組織の公民権団体ＮＡＡＣＰの「リーダー中心型組織」と対比し、「集団育成型リーダーシップ」と呼ぶ[34]。それはまた、既存の公民権団体が垂直に統合された指揮命令系統をもっているのに対し、優れて平等主義(egalitarian)的なメンバー間の関係を特徴としていた。このようなＳＮＣＣ型の運動にとって重要なのは、崇高な理念や高尚な政治議論に民衆を従わせることではなく、どれだけ民衆の生活に即した話ができるか、今日の言葉で言って「民衆目線」で運動を語れるかにあった。

このようなモーゼスらＳＮＣＣアクティヴィストの有権者登録の呼びかけに対し、地域の黒人たちは、政治活動を行った場合に予想される白人至上主義者たちの報復を恐れて容易に応じようとしなかった。しかし、(一九四〇年代のベイカーと同じく)食料品店やプール・バーや教会など、黒人民衆が日常的に集う場所で地道な説得を重ね、六月下旬になると、かれらの集会は二〇名程度の参加者を集めるようになった。その後およそ二カ月にわたって説得を続けた結果、四人の登録希望者が現れた。そこでブロックは、かれらに付き添って有権者登録のために裁判所に向かったのだが、事務官から門前払いされただけでなく、かれらの行動を知った白人たちから激しい暴行を受けることになった。この事件の噂が地域に伝わると、運動の熱気は急激に冷え込んでしまった。

そこでブロックらは、ＳＮＣＣ執行代表ジェイムズ・フォアマンらを交えて今後の戦略を討議する会合をもった。その話し合いの最中、かれらがＳＮＣＣ支部の二階から外をふと見ると、警察車両が先導して「エスコート」しながら、ショットガンらしき物を携えた白人たち八名が乗り込んだ車両が近づいてきているのが見えたのである。

ブロックは、急いで別の街にいるモーゼスに連絡を取ろうとしたのだが、電話がつながらない。次は連邦司法省次官補のジョン・ドーアに電話をかけるものの、ドーアから得られた返事は、犯罪が行われる前に司法省にできることはないというものだった。市民の安全に関わる問題は州政府の管轄だという立場に変わりはなかったのだ。このときすでに、銃、（リンチ用の）ロープ、自転車のチェーンなど、さまざまな武器を携えた白人たちが入口から突入していた。そこでかれらは咄嗟《とっさ》に二階のトイレに逃げ込み、偶然見つかった小さな窓から外に出て、アンテナ線にぶら下がって隣接する建物を渡り歩き、なんとか命の危機から脱出したのである。[35]

ところで、このグリーンウッドＳＮＣＣ支部襲撃の事実は、当時ほとんど報道されることがなかった。メディアの脚光を浴びる著名なリーダーたちとは異なり、「名もなき」アクティヴィストたちは、身体・生命を日々危険に晒しながらも、その恐怖や不安が知られることは少なかったのである。ＳＮＣＣの運動はこのような不安や恐怖とつねに隣り合わせで展開していたが、報道されないならば、世論が味方になることなどなかった。このことは、非暴力主義の有効性に対するアクティヴィストのあいだでのきわめて大きな認識の差をつくりだし、その後の運動の帰趨に影響を与えることになる。

そのうえ、運動の弾圧は参加者へ暴力が行使される劇的な形だけでなく、かれらかのじょらの生活を締め上げる日常的な形でも行われた。グリーンウッドが位置するミシシッピ・デルタは、かつては奴隷制を経済的に支えた棉作プランテーション地帯だった。奴隷解放後、この地域一帯で支配的な労働形態となった分益小作制度《シェアクロッピング》は、黒人農民を引き続き白人地主に従属させることとなり、二〇世紀になって化学肥料が普及し、棉作農業が機械化されると、黒人のシェアクロッパーの生活はさらに厳しくなっていった。たとえば、一九六〇年、地区の全黒人家庭の四分の三の年収が、貧困ラインである三〇〇〇ドル以下だった。また所得中央値をみると、一番所得が高いワシントン郡でも、それは一六〇〇ドルでしかなく、最低のキットマン郡では、八一九ドルだったのである。[36] このように全米でも最貧地域のひとつに位置するグリーンウッドは、連邦政府が行っている余剰食糧配給プログラムに参加していた。ところが、黒人たちの「叛乱」——それは有権者登録という民主的手続きの第一歩を踏み出しただけなのだが——を目の当たりにし、市はプログラムの打ち切りに動いたのである。行政当局は管理運営費の高騰を理由にしていたが、その真の意図が黒人の政治行動への報復であったのは明らかであった。

暴力もまた衰えを知らない。二月二八日、モーゼスらがハイウェイを車で進んでいると、白人が乗っている車がぴったり横を併走し、銃撃してきたのである。モーゼスはとっさに屈んで難を逃れたものの、同乗していたアクティヴィストは頸部に弾丸を受けて重傷を負ってしまった。

それでもモーゼスらはここで怯むと運動は終わると判断し、南部諸州で活動を行っていたほかの団体にグリーンウッドへ集結するように訴えかけた。こうしてNAACPやSCLCが加勢した公民権団体の「統一戦線」が形成され、当初モーゼスひとりが始めた有権者登録運動は、この時期最大級のキャンペーンへと変貌していった。この動きを受けて、白人至上主義者の暴力はさらにエスカレートしていった。三月六日、SNCC事務所の前でアクティヴィストたちが住民と立ち話をしていると、通りかかった自動車から散弾銃が発せられた。三月二四日にはSNCC事務所が放火の標的になった(早期に消火されたのだが、放火の標的となったのはこれが二度目であった)。その二日後、運動の支援者の家が銃撃され、散弾銃で玄関と寝室の窓が粉々に飛び散った。

改めて確認しておくが、これが非暴力の公民権運動の前線で起きていたことである。しばしば非暴力は暴力を使わないことと誤解されている。しかし、これまでの事例が示しているように、それは、暴力を受けながら目的の実現を目指すものだったのである。

有権者登録運動開始当初、黒人市民が弾圧を恐れて運動への関与に躊躇していたのは先に述べたとおりである。しかし、この時点になると、奇妙なことに、激しい暴力によって黒人市民の意思はむしろ強固なものになっていった。三月二七日、一五〇名からなるデモ行進が行われ、これまで有権者登録という地道な政治行動が中心だったグリーンウッドの運動は、直接行動の局面に入っていった。これに対して市警は強硬弾圧策を講じ、デモ隊に容赦なく警察犬をけしかけた(警察犬部隊の活用はこれから約一カ月後のバーミングハム闘争で有名になる光景だが、それはグリーンウッドですでに行われたものだった)。このときの「騒乱」――じっさいは警官の「暴動」――の結果、モーゼス、フォアマンをはじめ、一〇名がまとめて治安紊乱《びんらん》の罪で逮捕され、直後に行われた裁判で、二〇〇ドルの罰金と四カ月の懲役が言い渡されることになった。ここでかれらが選んだのが「保釈金は払わず、監獄に留まろう(Jail, No Bail)」の闘争戦術である。その目的はフリーダム・ライドと同じだ。腰が重い連邦司法省を突き動かすためである。[37]

この判決の翌日、四二名の黒人が有権者登録を試みた。これをおよそ一〇〇名もの警官隊が迎え、警察犬をけしかけられた黒人たちは、近くの黒人教会へ避難することになった。その後、警官隊は、道行く黒人に無差別に襲いかかった。それでもまだSNCCアクティヴィストたちと一体となった黒人市民の志気は挫《くじ》けない。四月一日の集会には著名な黒人コメディアンのディック・グレゴリーも加わり、総勢一〇〇〇名もが参加したのである。

このあいだも連邦司法省は「捜査」を行うだけで、実質的な行動はまったく起こしていなかった。しかし、暴力的衝突が日増しに激化するなか、傍観を続けることはもはや不可能であった。かくして司法省は、三月三〇日、デモ行進の妨害の停止と、拘禁されている八人のアクティヴィストの保釈を求めて、連邦地裁に差し止め請求を行ったのだが、このときまでに運動が始まってからすでに約一〇カ月が経っていた。——有権者登録運動自体がケネディ司法長官のアイデアであるにもかかわらず。

そのうえ、この連邦司法省の動きの効果はなかった。四月三日、差し止め命令の是非を審理する公判が開かれる前日、グリーンウッドの地方裁判所へ、四〇名の黒人が有権者登録へ向かった。警官は、治安紊乱の容疑で一九名の黒人を拘束し、大量逮捕に備えて準備していたスクールバスに乱暴に押し込んだ。[38] つまり、南部の地方権力は連邦政府であろうとも徹底的に抵抗する意思を示したのだ。

すると、驚いたことに、引き下がったのは司法省だった。デモ行進の妨害を禁止する請求を取り下げ、逮捕者の即時保釈だけに要求を緩めたのだ。

この事態の変転に関して、現地で取材をしていたジャーナリストはこう記していた。「白人の暴力に対する恐怖が、アメリカ市民の最も基本的な権利をめぐる決戦で、連邦政府を打ちのめした」。また、有権者登録運動を支えていた現地の黒人はこう述べている。「われわれはスタートしたときに戻ってしまった。われわれが保護されることはない」。一九六一年八月から一九六三年六月までのあいだに一〇一三名の黒人が有権者登録に臨んだが、登録を完了できたのはわずか二三名だった[39]。

六三年春、ミシシッピ・デルタに響いていたのは、非暴力の福音《ゴスペル》ではない。それは白人至上主義の暴力の下で生きる黒人たちの憂歌《ブルース》だったのだ。

ブラック・パワーへ

このグリーンウッドの事例にみるとおり、ジム・クロウの問題は、黒人が隣の席に座るのが嫌だという人種的偏見、すなわち「心の問題」だけに留まるのではない。ジム・クロウは、投票権剝奪という政治的側面、低賃金の黒人労働と貧困という経済的側面とも絡み合って多層的な抑圧の制度を織りなしていたのである。人種隔離された公共空間は、黒人の参加が抑圧された政治空間と不可分であり、白人至上主義者たちは、自分たちの特権的地位が黒人の政治的無力化によって維持されていることをよく分かっていた。だからこそ、有権者登録も全力で弾圧してきたのである。選挙という民主主義の基本回路を通じれば黒人の力で南部保守派の政治力を殺ぐことができるというケネディ政権の想定は、あまりにも楽観的だったのだ。

では、ここで改めて問うてみよう。このようにアメリカの制度のなかにレイシズムが織り込まれているならば、レイシズムとは、アメリカという「未完のプロジェクト」が成就すれば解決されるものなのだろうか。ミュルダールがいう「アメリカ的信条」がレイシズムと不可分なものだとすれば、「ニグロ問題」はどうすれば解決されるのであろうか。もとよりそれは可能なのであろうか。

これは、当時の黒人の自由の闘士《フリーダム・ファイターズ》たちが問いかけていたことでもあった。それを象徴的に表すのが、ワシントン大行進のステージの脇で起きた出来事だ。グラスルーツの抗議運動として始まったワシントン大行進に対して、当初のケネディ政権は反対の意向だった。しかし、行進の実行を止められないことが分かると、それを公民権法案支持の集会とすることを条件に支持へと態度を翻していた。このように事態が推移するなか、ワシントン大行進の前日（一九六三年八月二七日）、演説登壇者たちの打ち合わせの会合で、SNCC議長ジョン・ルイスが用意した草稿のある部分が、行進の指導層からの強い批判を受けて削除されることになった。その部分はこう問いかけていた――「わたしは知りたい、連邦政府はいったいどちらの味方なのだ」。「大人の指導層」はこれが政権批判になると判断し、その表明に異を唱えて削除を要請した。SNCCの青年たちはこれに渋々従うことにした。

この翌日に実施をみた行進の演壇でキングは語った――「わたしには夢がある」と。その横では、黒人青年たちが、運動の行く末、黒人の行く末、そして、アメリカの行く末に煩悶していたのだった。[40]

じつは、このような煩悶に応える声、別の世界観、運動の戦略が、非暴力の公民権運動に並行して黒人自由闘争のなかに存在していた。そのような動きの中心にいたのがマルコムX（ワシントン大行進を茶番劇と論難していた）であり、ロバート・F・ウィリアムス（黒人の武装自衛を主張していた）である。次章以降では、この黒人自由闘争のなかの枢要な一部を成す運動とそのヴィジョン、イマジネーションについて検討してみよう。

第四章
ロバート・F・ウィリアムスの抵抗

はじめに

一般的に公民権運動に批判的な勢力の登場は、一九六五年のワッツ暴動以後、すなわち黒人の政治行動が「暴力化」して以後であると考えられている。そのときに急進化する黒人たちの「導きの手」「英雄」になるのがマルコムXである。しかし、黒人自由闘争の歴史の実態はこのように単純ではない。愛国的な冷戦公民権の運動とは別の実践とヴィジョンが、黒人自由闘争にはつねに存在していた。本章が明らかにするのがそのような運動であり、論争の中心に立っていたときには黒人自由闘争に大きな影響を与えていたのにもかかわらず、一般的には忘却されているロバート・F・ウィリアムスの軌跡である。

このような考察に際して重要なことは、かれらの運動がもつ世界観やその実践を、非暴力に対して暴力を説いたとか、人種統合ではなく人種分離、ブラック・ナショナリズムを重視した等々、単純な二元論に還元しないということである。歴史のなかでじっさいに展開する社会運動では、特定のイデオロギーが先にあって、それに惹かれた人びとが結集して蜂起する場合は稀であり、目の前の耐え難い現実を少しでも変えようという意思が集積されて人びとがとにかくも動き出し、その後に運動が進展するなかで、十分に言語化されていなかった目標や戦術理論などが生まれては消え、消えては生まれていく。わけてもマイノリティの運動は、厳しい現実の諸条件——資金、人脈、時代依存性の高い言説編成等々——によって強く行動が限定されるなかで、あらゆる身近なリソースを眼前の目的めがけて総動員していくものである。なぜならば、まずはなにより、かれらかのじょらには、戦略を練ってから動く余裕がないのである。公民権運動の非暴力主義はそのようにして編み出されたものであり、それは、状況依存的に選び取られたひとつの戦略にすぎない。したがって、状況が変われば、運動は別の戦略をとることになるのだが、それは「路線」の転換というようなものではなく、ひとつの黒人自由闘争のなかでの別の姿を示しているのである。

それが一九六〇年代半ばにブラック・パワー運動という名を得る運動である。本章で着目するのは、そのブラック・パワー運動へとつながる流れのひとつの水脈、ロバート・F・ウィリアムスの運動である。

一　公民権運動のオルタナティヴ

一九六四年公民権法は、公共の場における人種隔離を非合法とし、人種や性《セックス》、国籍上の出自《ナショナル・オリジン》、信教や思想信条で雇用差別を行うことを禁止した。他方、右に振り返ったように、公民権法案の審議が始まった一九六三年の夏にはすでに、連邦政府に対して、非暴力の運動に寡黙に携わる黒人青年たちは強い不信感を抱いていた。そこで、学生非暴力調整委員会（SNCC）の議長、ジョン・ルイスは、前章の最後で紹介したように、ワシントン大行進の際の演説での連邦政府批判を展開しようと試みたのだった。その演説草稿から削除されたところには、公民権法案を次のように批判した部分があった。

われわれは、良心に照らして、政権が推している公民権法案を支持することはできません。なぜならば、その法案の効力は弱すぎ、時代の要請に合っていないからです。この法案のなかに、警官暴力《ポリス・ブルータリティ》からわれらの同胞を保護する規定はどこにもありません。平和的なデモに参加している幼い子どもや老人たちを警察犬や高圧放水から守る規定もありません。投票したいと思っている大勢の黒人市民を助ける規定もないのです。[1]

公民権運動の歴史を非暴力の運動の勝利の歴史として跡づける「大きな物語」のなかでは、ルイスの演説から削除された部分は、運動が「脱線」した小さなエピソードとなってしまう。運動が勝利するまでには様々な対立があり、時には過激な主張が行われたこともある、しかし、そのような紆余曲折にもかかわらず、運動は壁を乗り越えて大きな目標を達成した、そう理解される。公民権法は黒人たちの目標であり、その制定は偉大な成果だった、こうして運動は勝利したのだ、と。

しかし、このようなＳＮＣＣの動きは「脱線」として片づけられるものではない。前章で述べたミシシッピ州グリーンウッドでの運動の経緯が示しているように、メディアの高い関心を集めるマーティン・ルーサー・キングが主導した「大きな運動」と異なり、多くのキャンペーンは人目を集めることなく展開されていた。そのような「小さな運動」では、アクティヴィストたちが遭遇する暴力に関心が集まることは少なかった。ルイスの演説草稿に刻み込まれていたのは、先がみえないなかで暴力を日々恐れながら過ごしていたアクティヴィストたちの恐怖と苦悩だったのだ。

このような感情を直観していた者がいた。マルコムＸである。

ワシントン大行進の最中、マルコムXは、わざわざホテルの一室を借りて記者会見を開き、この「イベント」を「ワシントンの茶番劇(the Farce on Washington)」と揶揄していた。かれの見立てによると、ワシントン大行進と呼ばれることになる運動は、ストリートに繰り出したグラスルーツの人びとのなかから、どこからともなく自然に沸き上がった怒りにそもそもの原点があった。しかし、その怒りは、リベラルな白人が公民権運動のエスタブリッシュメントに人とカネの双方から便宜を図ることで弱められて「乗っ取られた」のだ。[2] この主張は、陰謀論の味付けがなされているあたりでどことなく怪しい響きがある。しかし、マルコムの指摘は事実と大きく異なるものでもなかった。

一九六三年春、キングが運動の先頭に立ったバーミングハム闘争は、大衆的大抗議運動の起爆剤となった。バーミングハムの中心で繰り広げられる非暴力のデモ隊と警官隊の大衝突から刺激を受けて、全米二〇九の都市で九七八件のデモが行われ、運動に従事して逮捕された者の数は南部だけで一万四〇〇〇人を超えたのである。そこで、全米の黒人コミュニティでは、いっそのこと首都で大規模な抗議行動を行おうという気運が高まり、公民権と雇用の分野での大胆な施策を政府に要求し、その要求が実現されるまで市民的不服従に打って出ることも厭わないものとして運動が計画されていった。それは、つまり、単なる「行進」ではなく、大規模な抗議行動であり、だからこそケネディ政権は、行進の実施に反対の姿勢をとった。そこで行進の企画者たちは、議会が審議している公民権法案への賛成の意思を伝える集会へと行進の意図を変更し、リンカン記念聖堂の前に集って著名人の講演と歌を聴く一日限定のイベント――マルコムXは「ピクニック」と嘲笑した――になったのだった。[3] だからこそ、ルイスの演説草稿にあった政府批判をそのまま許すわけにはいかなかったのである。

もちろんワシントン大行進に深くに関わった面々は、かかる運動の変質をはっきりと認識していた。そのような者たちにとってマルコムXの批判は無責任な「横槍」などではなかった。――たとえば、SNCCのホリス・ワトキンズは、マルコムXがこの行進を「茶番劇」と評したことを「これ以上の表現はない」と評価している。歯に衣きせぬ批判を繰り返すマルコムXの周りには多くの黒人アクティヴィストや知識人が集い、公式の行進プログラムとは関係がなくても大きな存在感を示し、SNCCの面々の幾人かはじっさいにかれを訪ねて話しあっていた。非暴力という言葉が団体の名にあっても、殴られたら殴り返すと主張していたマルコムXへ接近するのを恐れはしなかったのである。つまり、マルコムXは、公民権運動の周縁から過激な言辞を弄していたのではなく、黒人自由闘争の真ん中で独特の立ち位置を示しつつ、別の遠近法《パースペクティヴ》から闘争の展望《アウトルック》を語っていたのだ。[4]

マルコムXとロバート・F・ウィリアムス

マルコムXは、非暴力主義を批判し、黒人に武装することを唱えた先駆的人物であったと広く一般的に知られている。しかし、五〇年代半ばの非暴力主義の興隆以後、黒人に武装をあえて説くことで大きな論争を呼び起こしたのはマルコムXが最初ではなかった。それは、一九五〇年代後半、ノースカロライナ州モンロー郡の武装自衛(armed self-defense)を説いたロバート・F・ウィリアムスだった。[5]
そのウィリアムスを評して、マルコムXは一九六四年にこう述べている。

ロバート・ウィリアムスについてですが、かれはわたしの親友であり、現在はキューバに亡命しています。［中略］モンローというところで、「いわゆるニグロ」たちに話しかけながら、自分たちを守ることを説いていたのですが、まさにこのことでキューバに亡命せざるを得なかったのです。かれはいくつかのまちがいを犯しました。第一に、すべての公民権団体がかれと対立して隊伍を固めました。人種統合主義者のグループすべてが共闘したのです。政府から利用されるがまま、ロバート・ウィリアムスを潰したのです。これは、二、三年ほど前のことですが、あのときからわたしたちの同胞《ブラザーズ》はもっと成熟しました。四年ほど前に一四歳だった若者は、今日では一八歳になっています。年齢を重ねて大人になるにしたがい、世界中のあらゆる思想がかれらの前で開かれてきたのです。そうですね、深く考える時期がやってきたのです。［中略］この闘争のあらゆる局面において、青年たちの態度は大きく変化してきています。不正義に対してどう立ち向かえばいいのか、その立場をはっきりと話しますので、わたしたちは、いまやポピュラーな側、大衆から支持されている側にいると実感しています。ロバート・ウィリアムスは、数年ほど時代の先を生きていました。かれが今日の土台を築いたのです。早熟だったかれの立場は、これからの歴史のなかでますますその功績を評価されることになるでしょう。現在、わたしたちはもはや早熟な存在ではありません。特に、今世紀最大の失敗、多くの人びとが関与してしまった最も非生産的な行動、ワシントン大行進のあと、事態は大きく進展しています。[6]

マルコムXは、これからわずか約一年後の一九六五年二月、自分が所属していた教団〈ネイション・オヴ・イスラーム（NOI）〉の信徒から殺害される。NOIが政治活動を禁止していたことが影響して、かれが活発な政治活動を始めたのは、教団最高指導者イライジャ・ムハマドと対立した六三年以後であり、殺害されるまでにかれに残された時間はわずか二年間だった。にもかかわらず、かれの存在感は、ブラック・パワー運動を先頭で牽引した青年たちがかれからの影響を多く語ったことで、死後になって高まっていった(晩年のマルコムXについては次章で詳述する)[7]。

他方、ウィリアムスは、南部公民権運動の真ん中から現れ、キューバと中国で「亡命生活」を送りながらも、六〇年代後半までラディカルな黒人たちに直接的な影響力をもち続けることになる。たとえば、一九六六年に現れるブラック・パンサー党(BPP)の活動(第七章参照)は、マルコムXよりも、ウィリアムスの実践に影響を受けたところが大きい。それゆえ、かれの活動は、公民権/ブラック・パワーの二項対立のあいだでなにが起きていたのかを知る貴重な手掛かりとなる。さらに、その現場は人種の問題がジェンダーや階級と交差する模様《インターセクショナリティ》を示し、その取り組みは、黒人自由闘争を囲い込んだ冷戦公民権の壁についには穴を穿つことになるのである。

二　ロバート・F・ウィリアムスの来歴と武装自衛論

ウィリアムス・公民権ユニオニズム・冷戦公民権

ウィリアムスは、ノースカロライナ州ユニオン郡モンローで、一九二五年二月二六日に生まれた。マルコムXと同い年、キングの四つ年上にあたる。このモンローの街は、ピードモント台地の真ん中に位置し、その人口は、ウィリアムスが生まれたときでわずか五〇〇〇人、一九五〇年代後半でも一万人前後であり、その三分の一が黒人の小さな街だった。父親のジョンは鉄道のボイラー作業員だった。ところで、この時代の南部では、鉄道産業に職を得ることができている黒人の地位には独特なものがあった。当時、黒人のほとんどは収入がほとんどない分益小作人《シェアクロッパー》であり、経済的には地主の白人個人に強く依存していた。しかし、鉄道会社に雇用されていた黒人たちには比較的安定した収入があり、さらに重要なことに、その雇用の形態は、地主・小作の関係とは異なり、非人格的なものだった。ウィリアムス本人もその後に認めているところによると、少年ロバートはモンローの「比較的恵まれた黒人の家庭」に育ったのである。[8]

黒人史研究者のトマス・ホルトは、本書の関心と同じく、公民権運動の先行的事例は数多くあるということを認めつつも、しばしば非歴史的な（つまり、時の流れのなかでの変化に鈍感な）議論に陥ってしまう「長い公民権運動論」には批判的な態度をとる。ホルトによれば、一部のエリートが抗議を単発的に行うのではなく、持続的な大衆動員があったところに、モントゴメリー・バス・ボイコット運動に始まりセルマ闘争で頂点を迎える公民権運動の歴史的な独自性があった。大衆が運動を続けるには、それを支える「客観的条件」が必要であり、戦後の持続的な経済成長がその条件を整えた。運動の激震地をみれば、その実、モントゴメリー・バス・ボイコット運動にせよ、一九六〇年のシットインの波にせよ、これらの運動が起きた場所は、すべて南部のなかでも経済的発展の真只中にあり、「新南部」と呼ばれていたブームタウンであった。このような経済環境では、個人的な支配・従属的な関係に代わり、法的な契約関係が重要視され、それが白人至上主義が黒人の人格を支配するジム・クロウ制度を秘かに侵蝕していた。こうして運動に好意的な「インフラストラクチャー」が生まれていたのである。[9]

だが、ノース・カロライナ州モンローはそのような都市ではなかった。かつての鉄道駅の街は大恐慌期以来ずっと疲弊し続け、地域の白人は、ジム・クロウ時代の白人至上主義を疑いもせず、その後も長きにわたって黒人たちの叛乱を支援するリベラルな白人の声はほぼなきに等しかった。[10] しかし、鉄道産業に従事する「比較的恵まれた」家庭に育ったことで、契約関係のなか生まれた新たな人種関係の感覚を幼いウィリアムスは伝えられ、未来に対する別の展望を得ることになっていたであろう。シェアクロッパー家族のように白人の有力者や地主へつねに卑屈に従わねばならないことは、ウィリアムス家の生活世界にはなかったのである。さらにはまた、一九三〇年代のニューディール政策、第二次世界大戦がウィリアムスの生涯に大きな影響を与えていたのである。

一九四一年、一六歳になったウィリアムスは、ニューディール政策の一環として青年の教育を行っていた全国青年局運営の職能訓練校に入学し、工作機械技師《マシーン・ツール・メカニクス》のトレーニングを受けた。しかし、その技術を活かす職場がモンロー近郊にはなく、兄を頼ってデトロイトに移住した。就業した先は、フォード社のリヴァー・ルージュ工場だった。[11]

第一章では戦時のデトロイトにおける人種の歴史を公民権ユニオニズム興隆の観点から論じた。この歴史の背景には、しかし、ソジャーナ・トゥルース住宅をめぐる問題等、日増しに高まる人種間対立と、それに伴う激動があったことを忘れてはならない。モンローから出てきたばかりの黒人青年ウィリアムが飛び込んでいったのはこの激動だった。ウィリアムスの兄が住んでいたコナント・ガーデン地区は、ウィリアムス当人が回顧しているところによると、「ブルジョア的で洒落た［中略］ミドルクラスの黒人コミュニティ」だった。しかし、デトロイト都市圏に移住してくる黒人は、白人の人種的な敵愾心からすでに黒人が住んでいた地域以外のところに住むことができず、その環境は日増しに悪化していった。一九四三年六月二〇日のデトロイト暴動当日、ウィリアムスは、兄夫婦とともに乗っていた車を白人たちに包囲される恐怖を経験する。このときの経験は文字どおりトラウマとなってウィリアムスを苦しめ、白人と並んで仕事をする工場での勤務にも休みがちになり、ついにはデトロイトを去ることになった。戦時労働需要の高まりもあってカリフォルニア州ポートシカゴにある海軍兵器廠で機械工の職をすぐに得られたのだが、そこでも問題は職場の人種間対立であった。大統領行政命令八八〇二号が軍需産業での黒人の雇用をかつてない力で後押しする一方で、全米各地の生産現場では白人の反感が著しく高まることになったのである。カリフォルニアの人種関係も良好とはとても言い難く(一九四三年は、四七の都市で二四二件の黒人と白人の暴力的衝突が起きていた年である)、ウィリアムスは故郷に一度戻る決断をする。[12] ジム・クロウは南部の外にも存在し、白人至上主義者はそれを守るのに必死だったのだ。

ただし、このときまでにウィリアムスは、故郷のモンローでは見かけることがなかった人びとに出会い、親交を温め始めていた。左翼運動に親しいラディカルなユニオニストたちである。ウィリアムス自身が語るところによると、当時のかれは「政治自体には関心がな」かった。二大政党の理解も素朴であり、南部で育ったために白人至上主義者が多い当時の民主党に反撥を感じていて、デトロイトで行った初めての有権者登録では共和党員として登録していたくらいである。しかし、労働運動との触れあいは、かれの政治の地平を確実に広げていた。左翼系ユニオニストが唱える「平等の理念、ある人間が他者を搾取できる権利を否定することや、金銭を溜め込むことは許されない、財産を溜め込むことも許されない、それらは集合的に所有されるべきであるという考え」は、かれにとって「素晴らしい響きをもっていた[13]」。

ここで重要なのは、このようなウィリアムスの「政治教育」が、大学や図書館での思弁的な営為としてではなく、公民権ユニオニズムの時代の工場を舞台にした実践的なものであったことである。かれは政治的イデオロギーの観点からのみで左翼思想に惹かれたわけではないし、その後も既成政党の一員になることはなかった。それでも「レイシズムを一掃しようと望んでいる者」は、ウィリアムスにとって「大切な友人」だった。このような親交を通じて共産党機関誌の『デイリー・ワーカー』を愛読し始め、労働組合左派主催の集会にも出席するようになっていった。人種差別への考え方においては、左翼のアクティヴィストたちは「ずっと進歩している」と感じていたからだ[14]。このような左翼運動との関係は、その後にウィリアムスが運動の現場で行う決定に大きな影響を与えることになる。

こうしてウィリアムスはそれまでのかれとは別人になっていた。南部であれ北部であれ、ジム・クロウが求める規範に従順に従うことは不可能になっていたのである。やがて両親は叛抗的になった息子の安全を危惧するようになり、ウィリアムスは心配する親のためにふたたび生まれ故郷を後にしてニューヨークに向かい、ハーレムに居を定めた。その三カ月後、召集令状が届き、一九四五年七月一二日に海兵隊に入隊することになったのである。

だがいったん入隊すると、次は軍隊での生活がかれを苦しめ始めた。アメリカの市民生活と同様、軍隊にも人種隔離があったからだ(アメリカ軍での隔離が撤廃されるのは一九四八年であり、それは冷戦下に公民権政策を進めるトルーマンが大統領令で実現させた)。白人将校の横柄な態度には我慢ならず、また日本兵への敵愾心を煽る戦時広報はレイシズムの発露として映った。アメリカの戦争動機はウィリアムスの腑には落ちず、自由を説かれれば説かれるほど、理想と現実の矛盾がかれを苦しめた。そして、「どんな白人であれ、わたしに向かって権威を振り回すことはさせない」と心に決めることになった。この決意は、当然、白人の上官への叛抗的な態度になって現れ、ウィリアムスは何度も譴責《けんせき》を受けることになる。[15]

ところで、第一章で詳述したように、当時は、黒人自由闘争が、国外でナチズム、国内での白人至上主義打倒を目指すダブルVをスローガンに「愛国的」な転回を始めていた時期に当たる。自由を説くアメリカの欺瞞に我慢ならなくなっていたウィリアムスは、当時の黒人エリートたちとは違う方向、つまり、冷戦公民権へとつながる動きとは反対の方向をみていたのだ。

一九四六年一一月、徴兵期間を終えたウィリアムスはモンローに戻った。一方、このときすでに〈連邦捜査局(FBI)〉はかれを監視下に置き、「「人種差別を原因とした」論争を数々引き起こしてきた」要注意人物としてしっかりと記録に残していたのである。[16]

全国黒人向上協会(NAACP)ユニオン郡支部の再編と武装の開始

一九四六年五月三一日、モンローの街で、黒人のシェアクロッパー、ベニー・モンゴメリーが地主をナイフで殺害した。モンゴメリーには死刑が宣告され、早くも翌年三月には刑が執行された。これだけだと、残酷な謂いになるが、当時の南部ではありふれた話だった。ところが、その後の展開が、モンローの黒人、さらには黒人自由闘争に重要な教訓を残すことになる。

モンゴメリーは第二次大戦に従軍した退役軍人だった。それゆえ、かれの棺は、軍の慣わしにしたがって星条旗で覆われることになった。これに激昂したのがモンロー近辺で活動していたKKKである。――黒人に名誉の礼は相応しくなく、星条旗を外したあとでなければ棺の運搬は許さないと脅迫してきたのである。黒人の理髪店経営者ブッカー・T・ペリーがこのことを聞き知ると、モンゴメリーの棺、そしてかれの名誉を守るための準備が始まった。こうして、葬儀場に車列を組んでやってきたKKK団員たちは、総勢四〇名からなる黒人退役軍人たちの自警団を目撃することになる。自警団員たちは、ペリーの号令一下、兵士の規律でライフルを水平に構えたのである。虚を突かれたKKKはその場を立ち去っていった。黒人の側に被害はなにもなかった。ウィリアムスは、このときの自警団の一員だった。かれが記憶しているところによると、この事件の後、モンローの黒人コミュニティでは武器の備蓄が始まった。[17]

この事例のように、当時の南部で退役軍人が黒人の社会運動の先頭に立つことは珍しくなかった。「自由」のために戦争に従軍したかれらにとって南部の現実はもはや受け容れ難かったからだ。またモンローと同じく、これらの運動の多くが、白人至上主義者の暴力に備えて武装した警護のなかで行われていた。つまり、公民権運動のなかで非暴力が殊更大きく唱道される以前には、黒人の運動に銃が持ち込まれることに対してとりわけて大きな問題は感じられてなく、人種主義暴力が蔓延する環境のなかでむしろそれは当然のことと考えられていたのである。[18]

そのようなモンローの黒人の運動の中心には、全国黒人向上協会(NAACP)ユニオン郡支部があった。同支部は公民権ユニオニズムと愛国心が黒人の運動を鼓舞していた戦時期に創設され、一九四六年には一六三名のメンバーを数えるまでになっていた。ところがしかし、公立学校の人種隔離を違憲としたブラウン判決の直後に「大規模な叛抗《マッシヴ・レジスタンス》」が始まると、モンローの黒人自由闘争も守勢に立たされることになった。マッシヴ・レジスタンスそのものは連邦政府の権限拡大に反対するものであり、暴力行使を訴えるものではない。しかし、地域の実力者による政府への抵抗の勧めは、人種主義暴力を暗々裡に唆《そそのか》すものであった。かくしてピードモント台地では、一九五六年末ごろになると、再興したKKKが勢いを得て、一万人前後が参加する大集会を連続して開催するまでに成長したのである。

だが、KKKの集会よりも、現実的に恐ろしいのは日常生活が脅かされることである。白人至上主義集団の活性化の傍らで、モンローの日刊紙には、NAACP会員の教員解雇を求める投書が掲載されるようになり、誰もが知り合いの小さな街のこと、会員は大きな恐怖を感じるようになっていった。NAACPの会員であることはミドルクラスの証だったのだが、その代償が高くなってきたのだ。こうして、一九五七年、会員の数はわずか六名にまで激減し、もはや支部を維持するのが難しくなっていった。そこで公民権運動に関わり続けるのはもはや無理だと判断した四名が退会を決断し、それと同時に新参者のウィリアムスを会長に選出した。以前からの会員でそのまま活動を続けたのは医師のアルバート・ペリーだけとなった。[19]

だが、奇しくも、これが支部の蘇生につながっていった。ミドルクラスの会員の退会に伴ってメンバーシップが変化、かえって活動は活発になっていったのである。ウィリアムス自身、退役後にいくつかの大学に少しだけ通った経験があるだけで、雑用の臨時雇いを転々とする日々を送っていて、ミドルクラスのNAACPの古参の会員——ウィリアムスはかれらのことを「ブルジョア」と呼んでいる——とはぎこちない関係が続いていた。比較的経済的には恵まれていたとはいえ、エリートに相応しい学識を欠く労働者にほかならなかったのだ。エリートがいなくなったいま、ウィリアムスには親しい者たちに頼るよりほかの手立てがなく、モンゴメリー葬儀の際の自警団の中核メンバーを中心に支部の立て直しに入った。プール・バーや酒場、美容院や理髪店などで活発なリクルート活動を行った結果、人種隔離された社会のなかで黒人を主な顧客としている自営業者や、仕事が終わると酒場に通うのが慣わしの労働者たちが支部の活動を担うようになり、やがて家事労働者の女性の会員も増加していった。こうしてNAACPユニオン郡支部は、階級的・ジェンダー的相貌を変えることで復活し、その活動が全米の注目を集める一九六一年ともなると、支部会員は三〇〇名に達することになる。このような支部の変貌をウィリアムスはこう述懐する。——「わたしたちの目に止まったのは「最悪の集団」でした。かれらかのじょらは虐げられ、酷使され、監獄に放り込まれた経験がありました。かれらかのじょらをリクルートするのは比較的簡単でした。なぜなら、痛みと苦しみの経験があったからです」[20]。

第二章で詳述したとおり、エラ・ベイカーは、黒人の圧倒的多数が労働者階級である限り、この階層の多くが運動に関与してその方針を決定していかなければ、強力な運動は形成されないと考えていた。人知れず陰で活動し、出版物もほとんどないベイカーの運動理念をウィリアムスが学んでいた可能性は低い。だが、ふたりの運動方針はまちがいなく共振していた。——ミドルクラスのリスペクタビリティを尊ぶ運動の在り方に限界をみていたのだ。

かくして再編されたNAACPユニオン郡支部が取り組んだ最初の問題が、市営プールの人種隔離撤廃だった。一九五七年夏、黒人少年が池で溺死した。黒人には市営プールが使用できず、危険な池で遊ぶことを強いられていたからこそ起きた悲劇、つまりジム・クロウによる一種の「殺人事件」である。それでも、ウィリアムスらが求めたのは、人種隔離の撤廃ではなく、週一日だけ黒人が使用する日にして欲しいという恐ろしく控えめなことだった。しかし、市当局はこの要求すら拒絶した。しかも、拒絶の理由としてかれに告げられたこととは、黒人が使ったプールの水は感染症の恐れがあるので、全部抜いて入れ替えなくてはならず、そのコストと時間が問題だという屈辱的な内容だった。そこで、ウィリアムスとペリーは、プールの前でピケを張る抗議活動を開始した。学生たちのシットインが始まる三年前のことである。このような「過激」な抗議は、当然、地域の白人至上主義者を刺激し、ウィリアムスやペリーの自宅には度重なり脅迫の電話がかかるようになった。そこでNAACPユニオン郡支部は最悪に備えて準備に入った。およそ六〇名からなる自警団を結成したのだ[21]。

ところで、一九世紀後半から二〇世紀の初頭までの南部で荒れ狂った残虐な黒人のリンチには、事前に新聞などで広報されて行われる「祝祭的」な性格があった。この当時、モンローの近辺で繰り広げられていたKKKの集会にはこのような時代の名残がまだ強く、家族総出で参加する娯楽でもあった。そのような「祭り」のあと、KKK団員たちは、しばしば家族全員で車に乗り込み、クラクションを鳴らしながら黒人の住宅地を通り抜けていた。人種的優越性を「祝福」していたのだ。

しかし、一九五七年一〇月五日、そのような祭り騒ぎも突如として終わりを迎えることになる。この日の夜、集会を終えたKKKの車列がいつものようにモンローの黒人住宅地ニュータウンに入ると、ウィリアムスが組織していた自警団が一斉射撃を浴びせたのである。驚いたクランズマンたちは一斉に逃げ散った。ＫＫＫは、このことを警察に通報しなかった。なぜならば、黒人から反撃されたこと自体が恥辱であり、白人の至上性を揺さぶることだったからだ[22]。

すると今度は弾圧の手法がより「合法的」なものへと変わっていった。白人女性に違法な堕胎手術を行ったとして、ペリーが告発されたのである。証拠は白人の被害女性の証言だけであり、傍証も物的証拠もなかったのだが、ペリーには懲役五年の実刑判決が言い渡されたのだった。

ここで人種はジェンダーと交差する。重要なことに、有罪が確定するまでのあいだ、ＮＡＡＣＰの州本部も全国本部もこの係争にはまったく関与しようとしなかった。なぜならば、ペリーの嫌疑にはあまりにもセンシティヴな問題があると考えたからだ。――黒人男性が白人女性の身体に触れたとされた点だ。「性的なニュアンス」のある問題において白人の偏見――性欲がコントロールできない黒人というレイシスト妄想――はあまりにも強く、陪審裁判での勝利は難しいと黒人エリートは判断し、ペリーを見棄てたのである[23]。

では、なぜ、ウィリアムスではなくまずペリーが最初の標的になったのだろうか。ここでは人種は階級と交差する。黒人エリートと白人との階級的な暗々裡の合意をペリーが破ったからである。刑務所に収監される直前、ペリーはこう述べている。

いちど腹を決め、自分の方が正しいと感じられるならば、私は銃を握って離しません。かれらはわたしがそのような人間だと分かったのです。そしてわたしのようなプロフェッショナルな仕事に就いている者がそう振る舞うのをかれらは嫌悪したのです。というのも、黒人のプロフェッショナルにかれらが期待していることは、かれらの思うままに黒人を操縦するということなのですから。だからわたしが最も嫌われることになったのです。[24]

三　武装自衛論とラディカルたちの想像力

冷戦公民権の外側へ――人種・階級・性

右にみたように、NAACPユニオン郡支部が武装していく過程には、マッシヴ・レジスタンスの興隆、ローカルな公民権運動の階級的再編、レイシズムが重い意味を加えた性など、さまざまな問題が複雑に交差していた。そしてこれらの問題は、一九五八年に起きたきわめて奇妙な事件でも、引き続き複雑に絡みあって黒人自由闘争の歴史をつくりあげていく。

ペリーの有罪が確定して一週間後の一九五八年一〇月二八日、黒人少年ふたりが警察から「拘束」されるという事件が起きた。この日、七歳のハノーヴァー・トンプソンと九歳のデイヴィッド・シンプソンが同年代の白人と一緒に遊んでいたときのこと、ひとりの白人少女が「ままごと」をしようともちかけてきた。トンプソンの母親はこの少女の家でメイドをしていた時期があり、黒人少年と白人少女は以前から知り合いだった。そこで少女は顔馴染みのトンプソンを夫役に選んだ。少女は、ママがパパにするようにトンプソンの頬にキスをした。家に帰って少女は一日の出来事を母親に無邪気に話した。母親はこれに驚愕し、バスルームで少女の唇を必死に洗浄した。このことを聞き知った白人男性たちは、少年に「おしおき」をするために集合し始めた。ミシシッピ州サンフラワー郡で一四歳の黒人少年エメット・ティルが白人女性に馴れ馴れしく振る舞ったとしてリンチ殺害されるという事件が起きたのはわずか三年前、子どもたちの行為はアメリカ南部の人種規範に堂々と挑戦してしまったのだ。[25]

騒ぎを聞き知ったモンロー市当局は、批判的な関心を集めてしまうティル事件の再現を防ごうと先に動いた。市長は、まず少年の家に警察を急行させて白人暴徒を説得する一方、ウィリアムスに電話を入れて事態収拾への協力を求めた。しかし、その内容は秘かに少年ふたりをモンローから連れ去って欲しい、すなわち逃げてくれということであり、これを屈辱的と感じたウィリアムスは提案を拒絶、逆にNAACPユニオン郡支部の武装自警団を少年たちの家の警備に当たらせる決断をした。こうして人種間の緊張は一気に高まったのだが、そうこうするうちに警察が少年ふたりを発見して拘束、当局の説明によると「保護観察下においた」。当局の最優先課題は事態の一刻も早い収拾にあり、一一月三日に行われた少年裁判は少年に弁護士がつかないままで即決され、二一歳まで少年院に収監するという判決が下された。罪科は少女に対する性的虐待である(なお少女は自分からキスをしたと無邪気に話し続けていた)。

他方、ウィリアムスは、この事件発生の直後にはすでに、NAACPのノースカロライナ州本部長ケリー・アレグザンダーに連絡を入れて支援を求めていた。しかし、州本部はなにも行わなかった。NAACP全国本部がコミットを始めるのはさらに遅く、それは同年の大晦日のことだった。[26]では、公民権団体がジム・クロウに攻勢をかけていたと考えられる時期に、どうしてNAACPの上層部はモンロー郡の黒人少年を見棄てるような動きをしたのだろうか。その理由は性と階級にあった。詳しくみてみよう。

州本部長アレグザンダーとモンローのアクティヴィストのあいだには一定の距離があった。アレグザンダーは、葬祭業で財を成し、州内の黒人のなかで最も富裕な者のひとりになった人物であり、リベラルな白人と広く知遇を得ていた。他方、ウィリアムスの妻メイベルは、かれを評して、「わたしたちなどどうでもいい人間だと考え」ていて、労働者が多いユニオン郡支部のことに「構っている時間はないと振る舞っていた」と述べている。わけても、以前にかれがモンローを訪れたとき、自分よりもウィリアムスの存在感の方が大きかったということで「かれのエゴはとりわけて傷ついてしまって」いた。また、少年ふたりには万引きなどで補導歴があり、トンプソンの母のイヴリンにはほかに三名、シンプソンの母にもほかに四名の子どもがいて、両名とも離婚していた。ふたりのシングルマザーはともに家事労働者で収入は週給一八ドル程度しかなく、家計の維持には要扶養児童家族扶助の手当が必要だった。そのようなふたりに子どもの冤罪を晴らすための活動がのしかかることとなり、さらに事態を悪くすることに、かのじょらの活動が市当局の怒りに触れ、福祉手当が止められることも十分考えられた。このような境遇は大きなシンパシーを喚起することもあるだろう。しかし、黒人エリートには、かかる家庭に対してむしろ厳しい態度をとる者がいたのだ。たとえば、NAACP本部の執行代表ロイ・ウィルキンスは、「どうして福祉に世話になっている人間のクズをわれわれが代弁しなくちゃいかんのだ」と内々に述べていたという。[27] このような黒人指導層の在り方に対して、一九六一年より六八年までSNCCの執行代表を務めるジェイムズ・フォアマンはこう述べている。

黒人の指導者階層を形成している者の多くが、トンプソンやシンプソンのような家庭に対して不安とともに恥辱を感じていた。白人至上主義を喧伝する者たちが、このような家庭を人種生来の劣等性の実例だとして引き合いに出すからだ。このことで黒人のエスタブリッシュメントは防御的になる。結局のところ、かれらは教育を受け洗練された人間である。このようなリーダーたちも、大多数のアメリカ黒人が人間としての可能性を発展させる機会に恵まれていなかったことを理解してはいる。それでもしかし、この階層のほとんどの人間は、仲間の黒人男性が殺人を犯し、強盗や窃盗を行ったことを知ると、恥辱で身がすくむ思いをせざるを得ないのだ。[28]

エリートの黒人指導層は、まずは貧困のなかに自分の似姿をみた。そして、リスペクタビリティを欠く者たちがその品性ゆえに苦しむならば、それは仕方がない、そう考えなければ自分たちの場が維持できない、と考えたのである。

かくしてNAACPユニオン郡支部は孤立無援の状態に置かれてしまった。そこでかれらかのじょらは公民権運動勢力の外に支援を求める決断をする。公民権ユニオニズムが冷戦公民権へと転轍《てんてつ》する前の盟友《アライ》、左翼運動との共闘を選択するのだ。

少年院に送られたハノーヴァー・トンプソンには年齢の離れた姉がいた。その姉、メアリー・ルーは、当時ニューヨークのブルックリンに住んでいて、地域の黒人政治家のラリー・J・フォスターに弟のことを相談した。フォスターが一連の事件のことを『ニューヨーク・ポスト』紙の記者に伝えると、同紙は、一一月三日、紙面トップでこの件を報じた。こうして事件に北部での関心が集まり始めると、黒人の弁護士で社会主義労働者党（SWP）の活動家であり、一九四七年の「和解の旅路」、つまり最初のフリーダム・ライドに参加した経験のあるコンラッド・リンがウィリアムスにコンタクトをとってきた。こうして、NAACP州本部も全国本部もモンローの件を見棄てるなか、その後の一九六三年には連邦下院非米活動委員会に召喚されることになる「極左」の黒人弁護士のリンがこのケースを執り仕切ることになった。[29]

ところで、リンが所属していたSWPは、トロツキストの政治団体として一九三八年に共産党から独立することで結党された政党である。当初の党公式のレイシズムに関わる理解は、硬直したマルクス主義主流の理解を超えるものではなかった——人種間対立とは階級対立が一時的に逸脱して現れた不幸な現象であるとみなし、労働者が適切な「階級意識」をもちさえすれば、その問題は消えると考えていたのである。しかし、一九四〇年代後半より、C・L・R・ジェイムズら黒人知識人が党に加わり、階級と人種が交差するところで運動の方針を模索するようになっていった。[30]そして一九五〇年代中ごろより公民権運動が活発になると、「ミドルクラス的」なNAACPを内から変える途を模索するようになっていった。その矢先に起きたのがモンローの「キス事件」だったのである。

このSWPと黒人自由闘争の関係は、北部都市デトロイトの黒人自由闘争を検討する終章でふたたび考察する。さしあたってここでは、黒人自由闘争は南部と北部で別の運動を形成していたのではなく、緊密な対話を行っていたということを確認するに留めておく。

さて、一一月四日、モンローに到着したリンがすぐに察したのは、この問題の核心は法律の問題ではないということだった。法廷で白人に対する尋問が許可されないなど、法手続き上の問題はあまりにも多かったのだが、それが当時の南部の法廷では「現実」であり、ここで「正論」を述べたところで事態が打開される可能性はなかった。連邦最高裁まで係争が届けば勝利するのは確実だが、それでは時間と費用があまりにもかかりすぎる、そのころには少年は少年でなくなる、そう判断したのだ。

そこでかれとウィリアムスは、早期の事態の打開を目指して、世論を喚起するという手法に打って出た。ここで活きたのが左翼運動の周辺で広く活動してきたリンの人脈だった。まずは知り合いのジャーナリストへ情報を流してみると、『ネイション』誌などの影響力の大きな論壇誌がこの事件を大きく取り上げることになった。少年がままごとをしたことで裁かれたという話はあまりにも突飛であり、その「ニュースバリュー」も高かったからだ。これをきっかけに海外からも関心が集まるようになり、一二月一六日、購読者数一五〇万の『ロンドン・ニュース・クロニクル』紙が、同紙の記者が極秘に面談室にカメラを持ち込んで盗撮した、ふたりの少年が刑務所で母親と抱き合う写真とともに、トップ記事で大々的に報じることになった。ほどなくパリ、ローマ、ウィーンなどの都市でも抗議運動が始まり、ロッテルダムでの抗議デモではアメリカ大使館が投石される事態となった。「キス事件」は、冷戦下の一九五〇年代、自由主義国の盟主たるアメリカの急所を突いたのだ。

このような国際的圧力の高まりのなか、事態は意外にもあっさりと終わりを迎えることになった。一九五九年二月、少年の釈放を求めてヨーロッパで集められた一万五〇〇〇筆の署名が元大統領夫人のエレノア・ローズヴェルトに届けられた。ローズヴェルトがこの署名の束をアイゼンハワー大統領に手渡すと、南部の穏健な民主党政治家として鳴らしていて、六〇年の大統領選挙では副大統領職への野心もあったノースカロライナ州知事のルーサー・H・ホッジズが事態収集に向けて本腰を入れ始めた。こうして二月一三日、なんの事情説明もなしに、ふたりの少年は突如として家に戻ってきた。説明がなかったのは、白人至上主義者を刺激して事態が紛糾することを避けたかったからである。[31]

暴力には暴力を

右のような経緯を経て黒人少年とその家族は苦境を脱した。しかし、このときまでにウィリアムスは、さまざまな場面で公民権運動エリートと対立する途を選ぶことになっていた。ウィリアムスの特異な方針と戦略が一定の成功を収めていたことで、公民権運動のエリート指導層にとって厄介な存在《トラブルメーカー》になっていたのだ。そのようなウィリアムスの活動のなかでも、最も大きな論争を惹起することになるのが、「武装」の提案だった。これまでも簡単に説明したように、非暴力主義が公民権運動で徹底されていたことなどなく、アクティヴィストたちは武器を携行しているのが常だった。――アニストンの病院で窮地に陥ったフリーダム・ライダーを救ったのはショットガンを抱えた黒人牧師である。しかし、一九五九年、ウィリアムスの「武装」をめぐる立場は、かれがこれを公然と主張したことによって、黒人自由闘争の「正統」をめぐる大論争が運動内で展開されることになっていく。

これまでも白人至上主義の暴力的残虐性については詳しく説明してきた。だが、ウィリアムスの武装自衛論は、あまりにも酷い暴力ならば反撃も許されるといった素朴な「情」に還元されるものではない。ここに関わる問題はもっと大きく複雑であるからだ。かれの武装自衛論には、人種・階級・性が折り重なったところで生まれたものであり、そのことによってかれは、マルコムXの言葉を借りると「数年ほど時代の先を生き」ることになる。

かれが公然と武装自衛を唱道するに至ったことには、時期を接して立て続けに起きた三つの事件が関係しており、すべての件でふたたび性と階級が濃い影を落としていた。ひとつは、癲癇性の障碍を患っていた二一歳の黒人男性ジェイムズ・モブリーが、鋤の使い方をめぐって白人女性と些細な口論になった際、発作が起きたために思わず女性の手首を握ってしまったという「事件」である。驚くことに、この「身体的接触」でモブリーは性的暴行の罪で訴えられ、白人だけの陪審員は有罪の評決を下して、懲役五年の実刑が言い渡された。一方で、ホテルの清掃員の仕事をしていた黒人女性が、寛いでいる時間を妨害されたと怒った白人男性から蹴られて階段から転げ落ち、重傷を負った事件があった。この件では無罪の評決が下りた。黒人男性は触れただけで懲役、白人男性は蹴り倒しても無罪とされたのだ。[32]

そして、一九五九年五月六日、妊娠八カ月の黒人女性が白人男性ルイス・メドリンから性的暴行を受けた事件が、最終的にウィリアムスに「暴力を語らせる」ことになる。このケースでは、被害女性が逃げ込んだ家に住む白人女性が犯行の目撃者として名乗りをあげていたし、犯行現場で使われた凶器の物的証拠もあった。証拠を基準に考えると被告が圧倒的に不利なかたちで迎えた公判の最終弁論で、被告弁護人は、陪審員に向かって傍聴席にいたメドリンの妻を見るようにまずは促した。そして、「この白人女性は汚れなき命の花、神が創り給うた素晴らしき傑作です。それなのにかれ［被疑者男性］は、この美しき花、神の最高の贈り物を放りだして」と言ったところで、被害者の黒人女性を指さして「あんなのを選んだ、そんなことを信じるのですか」と訴えたのである。[33]

陪審員は白人のみ、評決は無罪だった。被害女性はその場で泣き崩れ、傍聴席にいた黒人女性たちはウィリアムスの無力さを責め立てた。すると、かれが言うには、これで「感情を堰き止めていた門が開いた」[34]のだった。裁判所に詰めかけていた記者たちにこう述べたのだ。

必要であるならば、人を殺すことを恐れてはなりません。わたしたちに不正義を行う人たちを法廷が裁けないなら、わたしたち自身で罰を与えるしかありません。これから先は、このような人間［暴力的な白人］をすぐさまその場で裁くことになるでしょう。裁判所の決定が暴力への道を開いたのです。わたしたちは法に頼ることができません。現在の体制のもとに正義はないのです。［中略］南部でのリンチを止める意思は連邦政府にはなく、裁判所が合法的にわたしたちをリンチしている始末ですから、リンチを止めるのはリンチでしかないのならば、そうする覚悟がなければいけません。暴力には暴力で応じなければならないのです[35]

この発言に対するNAACP本部の動きは速かった。第一報が報じられた直後の翌日一〇時、ウィルキンスはウィリアムスに直接電話を入れて報道の内容を問い質した。ウィリアムスは、組織としてのNAACPを代表して述べたつもりはなく、個人的見解を語ったものであるとまず自分の立場を明確にし、その個人的な見解であってもモンローの黒人の大多数は同じ意見だと説明した。そこでウィルキンスは、一般の人びとが組織の見解と個人のそれを峻別するのは難しく、責任ある地位の者の発言には節度が必要だと述べたのだが、ウィリアムスに自分の発言を撤回したり謝罪したりする意思はなかった。そこでウィルキンスは即決した。ウィリアムスを六カ月の会員資格停止に処したのである。[36]

その後、ウィリアムスの最終的な処分は、同年夏に開催されるNAACP大会で決定する運びとなった。興味深いことに、大会でウィリアムスを弁護した者のひとりに黒人女性のパウリ・マレイがいた。第二章で簡単に紹介したが、一九三〇年代よりエラ・ベイカーと共に活動していた人物である。かのじょは、残念ながら暴力はアメリカでは「ごくありふれたもの」であり、ウィリアムスが問題となった発言を行う直前には、ミシシッピ州での黒人男性のリンチ殺害事件（マック・パーカー事件）など、数々の「挑撥」があったのだから、この文脈を抜きに判断するべきではなく、不幸にも感情的になってしまったケースだとして同情的に理解されるべきだという立場に立ったのである。他方、これと同じころ、エラ・ベイカーは、アラバマ州バーミングハムで行った講演で、黒人の運動指導層に変化の兆しがあるとし、ウィリアムスの発言をその代表例として好意的に紹介していた。自分の身を守ることは黒人にとっては自らの生存が関わる問題であり、暴力に対して自衛措置を講じることの是非は公民権運動が方針として論じるに相応しいことではない、それは身体に対する個人の権利であるというのがベイカーの立場だった。ベイカーのシンパシーはウィリアムスにあった。既存の黒人エリート層とは異なった行動様式をもつ人物の登場がNAACPの変化を促すことをむしろ期待していたのである。[37]

それでも、NAACP大会で勝利を収めたのは、大組織運営に長《た》けたウィルキンスだった。ウィリアムス支持の声は次第にかき消され、かれの除名を求める理事会の提案は参加会員七八一名の全会一致で支持されたのである。

ウィリアムスが公民権運動の主流から追放されたことは、公民権運動公認の戦術が非暴力となったことを意味する。——それまでの黒人自由闘争で白人至上主義者の暴力に「暴力で応じていた」事例は頻繁にあったにもかかわらず。公民権運動といえば即座に非暴力主義と関連づけられるのは、なにも記憶が事実から勝手に乖離していったからではない。それは運動主体側が意図的につくりあげたイメージでもあったのだ。黒人は暴力の被害者でなければならなかったのだ。こうして公民権運動は戦術的柔軟性を自ら手放し、一九六〇年代が始まる時にはすでに、非暴力主義は教条的なまでに墨守されるものになった。

これからおよそ二五年後、このときのウィルキンスの行為について、SNCCのフォアマンはこう振り返ることになる。

ウィルキンスは、エスタブリッシュメントの支持でもち上げられ、合衆国政府の立場を擁護することにいつのときも献身的だった。そのかれが万全の配慮をしてウィリアムスの反対勢力を集めたとしてもなんら不思議ではない。かれは「暴力は暴力で応じなければならない」という恐ろしい言葉だけを聞き、これに先行して述べられていた「現在の体制のもとに正義はない」という箇所は無視したのだ。[38]

このSNCCのリーダーが理解するウィリアムス追放に関する見解は、政府の利害と黒人エリートの利害を一方の側、その反対の側には一般の黒人を措くという点において、先に紹介したマルコムXのウィリアムス評と酷似している。

じっさいのところ、ウィルキンスとウィリアムスを隔てていたのは、暴力そのものに対する態度の相違ではない。なぜならウィルキンス自身も、防御的な暴力を否定しているわけではなかったからだ。さらにまた、マーティン・ルーサー・キングに至っても、ウィリアムスを論争相手に想定して執筆した記事で、驚くことにこう述べていたのだった。「ニグロが自己防衛のために威力(force)を行使したとしても支持を失うことはない――かかる威力行使に反映されている勇気と自尊心によって、むしろ支持を得るかもしれない」[39]。勇気と自尊心、それは、ペリー葬儀の際にKKKに対して黒人復員兵のライフル隊が見せたものにほかならない。

このように、防御的／自衛的な暴力に関して、それを是とするゆるやかなコンセンサスが公民権運動の指導層にあったとするならば、かれらはウィリアムスのなにに反撥したのだろうか。ここで示唆的なのがフォアマンの回顧である。つまり、「現在の体制のもとに正義はない」と体制批判を堂々と行うウィリアムスの姿勢こそが問題であり、政治的な立場の相違を単純な暴力の是非の問題に意図的にすり替えたのである。愛国主義的な公民権指導層にとっては、政府、さらには「アメリカ」に対する立ち位置が最大の問題だったのだ。

攻囲される非暴力、ブラック・パワーへの道

その後、ウィリアムスは、NAACPという大きな支えを失う一方、左翼的傾向をもつ黒人知識人とますます親交を深め、一九六〇年には、アメリカ政府の猛反撥を十分に予期しつつも、大胆に革命下のキューバを訪問する。これと同時に雑誌『クルセイダー』の発行を開始し、武装自衛に関する自らの立場を熱心に説き続けて、その後もかれの活動に関心をもつ人びとが人知れず増えていった。

そのような者のなかにはフリーダム・ライドに参加した黒人学生たちがいた。そこで、かれらは、公民権運動の戦術として有効なのは暴力か非暴力か、それを運動の現場で確認することを目的に、一九六一年八月、モンローへ赴き、南軍兵の記念碑が立つ郡裁判所の前で不当な裁判と人種隔離に抗議してピケを張った。

これより二カ月前のこと、ウィリアムスらは、学校が夏休みに入ったのを受けて、ふたたびプールの人種統合を求める運動を再開していた。ウィリアムスがNAACPを除名になって以後も、白人至上主義者の暴力はもちろん衰えを知らず、ウィリアムスは何度も命を狙われる経験をしていた。したがって、ライダーたちは、人種間の緊張が高まっていたモンローに飛び込んでいったのである。

こうして、八月二七日、約三〇名程度を集めたライダーたちの抗議集会は、約五〇〇〇名の暴徒の大群に包囲される事態となった。フリーダム・ライド流の非暴力は、白人至上主義者に対して相変わらずなんの力もなかった。さらに、州際間バスの抗議活動のときとはまったく異なり、ピードモント台地の小さな街に、事態を注視する連邦司法省長官の「目」はなかったのである。

そこで動いたのがモンローの黒人たちの自警団であり、ダウンタウンで起きているライダーたちの窮地を聞き知るとすぐさま現場に向かった。ところが、自警団員の多くはライダーたちを救出する前に逮捕されてしまった。――これより少し前のこと、黒人の武装集団の登場に危機感をもった市当局が、デモの参加者は武器を携行してはならないという条例を制定していたのである。この後ライダーたちは、現場の混乱に乗じてなんとかモンローの黒人街ニュータウンに逃げ込むことに成功したのだが、陽が落ちると同時に地域の緊張は異常に高まっていった。こうして残りの自警団員は暴徒の襲撃に備えて厳重な警戒態勢に入った。

そこに地域のＫＫＫ幹部であった老人が妻と一緒にニュータウンに入り込んだ。それが意図的な「侵入」だったのか、それとも道に迷ったのかは、かれらの証言が何度も変わり定かではない。また、このときの黒人の行動について、それが、さらに緊張が高まるのを防ぐためにかれらを「保護」しようとしたものだったのか、それとも「侵入」に怒って「拘束」しようとしたものだったのかも、はっきりとは分からない。はっきりとしていることは、この夜、ウィリアムスが老夫妻誘拐の嫌疑で指名手配されたということである。

興味深いことに、ＦＢＩによるウィリアムスの手配書に綴られていたのは、かれが象徴する脅威であった。――「四五口径のピストルと大量の武器を所持し」、「精神分裂病の傾向があり、暴力を教唆して威嚇」したと注意書きが付されていたのである(なお、当時のウィリアムスがなんらかの精神疾患を患っていたという確たる事実はない)[40]。こうしてＦＢＩから「極度に危険なニグロ」と称されることになった「お尋ね者」を救い出すために動いたのが、左翼知識人であった。左翼運動家の人脈を通じてかれは地下に潜伏し、カナダを経由して最終的にはキューバへ逃亡したのである[41]。人種、ジェンダー、そして暴力と、冷戦公民権の規範に逆らい続けたウィリアムスは、ついに冷戦の壁の向こう側へと飛び出していったのだ。それは自由主義の盟主たるアメリカの大失態であった。

キューバに着いたウィリアムスは、亡命者としてカストロ政権の庇護をうけ、キューバ国営放送で「ラジオ・フリー・デキシー」と題した番組を制作し、自らの声で武装抵抗を呼びかけ続けた。冷戦下の東側プロパガンダを行っていた放送局の電波はカナダ国境に接したデトロイトにも届き、全米中の黒人青年たちに大きな影響を与え続けた。この世代がブラック・パワー運動を担う者たちになる（終章参照[42]）。

ウィリアムスが武装自衛を訴えるに至るまでに、さまざまな経験がかれの考えや行動に影響を与えてきた。マレイがかれを弁護して述べたように、ウィリアムスの発言そのものは感情的なものだったかもしれない。しかし、かれが組織した自警団は、退役軍人を集めて高い規律をもち、武器の調達や整備から訓練、そしてパトロールの方法など、高度に組織化されていて、単なる感情のみで生まれて維持されたわけではなかった。よって、かれの主張は、殴られたから殴り返すという直情性から語られるべきものではないのである。

ロバート・F・ウィリアムスに対する連邦捜査局の指名手配書

それはまた人種・階級・性が交差《インターセクション》する場で発せられた声だった。アメリカ社会でのリスペクタビリティはすべての者に平等に開かれているわけではなく、アメリカ社会がレイシズムによって支えられている以上、リスペクタビリティ自体を問い質せという声であったのだ。

ところで、アメリカ現代史に馴染みのある者のなかには、キス事件をめぐる一連の流れから一九三一年にアラバマ州で起きた黒人男性九名がレイプの冤罪に問われたケース、スコッツボロ事件を連想した者もいるだろう。この事件でも、NAACPは「浮浪者」の黒人青年の支援に躊躇《ちゅうちょ》し、被疑者の弁護に飛び込んだのはアメリカ共産党だった。ここでスコッツボロ事件を詳述する紙幅はないが、本書の主題に即して、次のことを確認しておきたい。

一九三〇年代の黒人自由闘争は、左翼運動や労働運動と緊密な対話を行っていたところに特徴がある。このときに諸々の運動を結びつけたのが公民権ユニオニズムである。この公民権ユニオニズムは、左翼思想の影響を受けて反植民地運動とも連携し、広範な土台と長い運動の射程をもっていた。[43] ところが、戦後の冷戦の高まりのなか、公民権運動と労働運動は双方とも左派を追放する途を選び、公民権運動は冷戦公民権という路線へ運動の方向を切り換えていった。それは、政治体制の優劣を競う冷戦下、アメリカの「体制批判」は共産主義の行為とみなされる社会において、「アメリカ」に向ける批判を丸ごと「封じ込める」ことで「共産党のシンパ」であると攻撃されることを未然に制することであり、公民権運動からはアメリカの体制批判も、さらには左翼運動と親しい者も消えることになったのである。

このような黒人自由闘争の流れのなかに改めてウィリアムスの抵抗運動を置き直してみると、それはこのような比喩で捉えられるであろう。ウィリアムスは、かつて黒人自由闘争のなかに存在していたが冷戦公民権によって閉じられた回路に、高圧の電流を瞬間的に流した。この回路をふたたび通電させるのが、六〇年代中ごろのマルコムXやSNCC、BPPの黒人青年たちであり、それはやがてブラック・パワー運動として強烈な光を放つことになる。次章以後で検討するのがこのブラック・パワー運動の軌跡である。

第五章
北部の黒人自由闘争とマルコムX

はじめに

前章では、ロバート・F・ウィリアムスの活動を追うことで、公民権運動のなかからブラック・パワー運動へと向かう道が切り開かれる模様をみてきた。本章からはじっさいにその道を歩んでいくのであるが、それに先立って、いくつかの補足的な事実を加えながらこれまでの議論を確認しておこう。というのも、「公民権運動の正史」のイメージはあまりにも強力だからだ。

まず、非暴力の運動の盛期にあっても、公民権運動は決してポピュラーではなく、人種関係の変革には強力な抵抗があったことを改めて踏まえておきたい。フリーダム・ライド流の直接行動が「過激」だとみなされていたのは第三章で述べたとおりだが、キングが「わたしには夢がある」の演説を行った、有名な一九六三年ワシントン大行進のときでも、行進を支持すると答えた者の率は、この行進がもつイメージからすると信じられないほど低かった。――二三%である。加えてまた、白人のバックラッシュは南部に特徴的な現象でもなかった。公民権法案の審議の最中である一九六四年二月のニューヨーク市民を対象にした世論調査では、公民権運動は行き過ぎであると答えた者はすでに過半数の五四%に達していた。公民権法が可決されるのは同年七月のことだが、この法案を後押しする世論の高まりなどなかったのだ。くわえてまた、本章での議論にとって重要なことに、人種隔離の存在が確認されていた同市の公立学校の隔離撤廃を促進することに対しては、驚くことに、白人の八〇%がすでに反対の意思を表明していたのだ。[1] 端的にいって、リベラルなアメリカが公民権運動を熱く支持したという史実は存在しないのである。

本書は第二章以後もっぱら南部の運動について論じてきたが、この章では考察の焦点を北部都市に移す。人種が問題になる話では、北部と南部は異質であるとみなされることが多い。しかし、本書はそのような二元論には立たない。「公民権運動の正史」では、北部のリベラルな白人は、ジム・クロウ打倒を目指す南部公民権運動の貴重な支援者であり、「アメリカ」は一九六五年のワッツ暴動後に初めて北部にも存在していたレイシズムに気づくとされている。だが、北部のリベラルたちが人種問題に対峙することを迫られたのは、一九六〇年半ばが初めてではなかった。北部のリベラルは、自分たちの足許で黒人たちが大きな抗議の声をあげている模様をじつははっきりとみていたのである。それでもしかし、人種が強い影響をもつ政治体制においては、事実的なものであれ、道義的なものであれ、人種が関わるとなると、目の前にある事実と一致しない「現実」が「公的に承認」されたものになる。そのような「公的な承認」にあたって威力をもつのは、正常な認識を打ち消す「白人の認識論上の権威」である。それは、実質として事実承認を無知の状態に返すことであり、このような認識に働きかける力を、政治哲学者のチャールズ・ミルズは、「無知の認識論《エピステモロジー》」と呼ぶ。[2] 本章でみるように、この「無知のエピステモロジー」が支えるレイシズムこそ、戦後に成長した黒人たちの関心がマルコムXへ集まっていったことの太い伏線を成す。

本章の後半部分では、マルコムXが歩んだ軌跡を歴史的な文脈に置いて、かれが黒人自由闘争のなかに登場したことの意義を探る。マルコムXは、オラクルであるかように言葉を操るカリスマ的魅力をもち、もっぱら「無学」の黒人から絶大なる支持を得たとしばしば考えられている。[3] 本書は、しかし、このことを一定の事実と認めながらも、マルコムXの熱心な支持層がもっぱら「無学」であったという解釈はとらない。なぜならば、黒人学生や知識人の好意的関心をかれが集めていた事実があるからである。では、どうして、前科のある「ハスラー」に、黒人学生や知識人は魅せられたのだろうか？　本章はこの謎に迫る。

一　ニューヨークのアクティヴィズム

北部都市の人種隔離――レイシズムか、それとも自然な結果か？

公立学校における人種隔離に対して違憲判決を下したブラウン判決（一九五四年）が直接の対象としたのは、主にはかつて奴隷制度があった南部地域であった。しかし、同判決の影響は、決して南部に留まるものではなく、全米中で黒人の政治活動を鼓舞することになった。ニューヨークもそのような場所のひとつであり、その運動の先頭に立っていたのが、ブラウン判決の最高裁審理の過程で有名な「人形実験」を行い、人種隔離教育が黒人の学童に劣等感を植え付けて心理的なダメージを与えていることを立証した心理学者のケネス・クラークだった。

クラークが問題にしていたことは、相互に関連して負のスパイラルを描く以下のような状況だった。ニューヨークで黒人が多い地域に立地している学校の校舎のほとんどは築五〇年以上が経過して老朽化したものであり、第二次世界大戦中の軍需景気で黒人の人口が急増しても、児童・生徒はそこに押し込まれるだけだった。ニューヨーク州は、旧奴隷州とは反対に人種隔離教育を州法で禁止していたのだが、学校区の境界が人種別に分断された住宅の境界をなぞっていたために、結果として分離して不平等な学校が現れることになった。このような「黒人学校」に勤めることを教員は忌避することが多く、自然と教育の質は低下していった。さらに、教員が不足しているうえに児童生徒数が多いという二重苦に直面した学校では、午前と午後に通学時間を分ける二交代制のカリキュラムが組まれ、これがさらに教育の質を引き下げ、有能な教員はよりいっそう着任を敬遠するようになった。

　教育委員会にこのような状況の改善を求めるクラークらの活動は、ブラウン判決以前にすでに始まっていたのだが、そこで大きな壁となったのが、人種隔離に法律が関与していなく、問題が「自然な結果」と捉えられていることであった。教育委員会は、クラークが指摘する問題に差別という悪意があることをまずは否定し、さらにはかれが左翼系の教員組合と親しい関係にあったことを「スキャンダル」にする「攻撃」に打って出て、問題の焦点をずらそうとしたのである。ところがブラウン判決の審議過程で示したクラークの識見が高く評価されるようになると、教育委員会はかれの指摘を門前払いし続けることができなくなっていった。そこで、外郭団体の〈公教育協会(Public Education Association)〉に実態調査を依頼し、その報告書内容にしたがって改革案を策定する〈インターグループ委員会(Intergroup Committee)〉を設置したのである。[4]

　このインターグループ委員会に参加した黒人のなかには、クラークのほか、第二章で詳述したエラ・ベイカーがいた。地域統括本部長を務めた全国黒人向上協会(NAACP)から退職した後、養育を引き受けた姪の育児に専念するはずだったのだが、その育児の過程で初等教育の問題に否応なく直面することになり、ふたたびアクティヴィストとしての手腕を活かすようになっていたのである(マーティン・ルーサー・キングが創設した南部キリスト教指導者会議（ＳＣＬＣ）の幹部になるのは、この直後のことである）[5]。こうして教育委員会は予想外の「強敵」を相手にすることになったのである。

進歩的であることを自認するニューヨークの教育委員会にとっては、自らの足許に存在する人種隔離を南部のものと類似していると論じられること自体が不快なことだった。教育委員会委員長のウィリアム・ジャンセンに至っては、インターグループ委員会が「隔離（segregation）」という言葉を使用したことを「不幸な出来事」として遺憾の意を表し、今後は「隔離」に代わって「分離（separation）」という表現を使えと指示したほどだった。かれの理解では、公立学校の人種隔離は、「自由」な住宅市場がそうなっていることの単なる反映にほかならなかった。この「自由な市場」の働きの結果として現れる隔離とは、故意によるものではないがゆえに、「人種的な不均衡（racial imbalance）」と呼ぶことこそが適した表現だったのだ[6]。

教育委員会にとっては、学業成績に関わる問題も、自由な社会と平等な機会が現実としても存在していることが大前提だった。学業に遅れがあったとしても、それは、劣悪な教育環境が原因なのではなく、黒人の「文化的に剝奪された」家庭環境が原因であり、学校教育では対処不可能だとみなされていた。このような説明はまた、北部の白人のあいだで当時すでに広まっていた見解をなぞるものであった。たとえば、黒人が通うことになるかもしれない学校の白人の父母のなかには、「ジャングルのような家庭を掃除してください、そうすれば教室がジャングルのように混乱することもありません。ほかの学校に通うだけでは、子どもたちの素性は変わりません」と述べる者がいたのである[7]。

つまり、当時の南部が一九世紀以来の生物論的なレイシズムを露骨にみせつけながら教育上の人種隔離を行っていたのとは異なり、北部では、文化論的な言語を用いて「隔離」の実態が説明されていたのである。じつのところ、児童・生徒の人種構成別に「黒人校」と「白人校」を分類して格差の実態を調査することについても、当初教育委員会は乗り気でなかった。生物論的な思考は拒絶すべきである、ならば、人種に基づいた調査は、人種を基準に思考するという点において、レイシズムに接近するに等しい行為である、とみなしていたからだった。ニューヨークは政策論に人種が入っていない、ならば、人種差別などあるはずがない、それが北部リベラルの論理だったのである（終章で検討するが、このような理解は、教育家に特有のものではなく、当時のリベラルな政治勢力の中核であった労働組合主流も同様な考えをもっていた）。当時を振り返ってベイカーは「［ニューヨークの人びとは］対策をとらねばならない理由はないと考えていました。だからまずは問題の存在を認知してもらわなければならなかったのです」と述べている。[8]「無知のエピステモロジー」が、北部の人種問題を「みえなく」させていたのだった。

一方、ベテランのアクティヴィストであるベイカーは、委員会のそのまた下に委員会を重ね、最終的には外郭団体に問題解決を委ねる方法にそもそも疑念をもっていた。このような複雑な政策決定プロセスの目的は責任の在り処を曖昧にして批判をかわすことにあり、ベイカーら黒人市民を委員会へ参加させたのも、検討プロセスに名ばかりの参加をさせることで教育委員会の無作為を隠蔽するための「アリバイ工作」だとみたのだ。そして、じっさいに公教育協会は現状を肯定する最終報告書を提出することになった。人種統合の実現を目的に学校区の境界を引き直すことは、自由な不動産市場に起因する難しい問題をさらに拗《こじ》らせることになり、問題解決の責任は教育行政の埒外にあるとしたのである。それでもベイカー参加の小委員会は、学校区の線引きと教員の配属方針の抜本的改変を求める報告書を提出し、最後の抵抗を行ったのだが、教育委員会はその受け取りを拒否した。[9] ベイカーの予感は当たったのだ。

ハーレム・ナインの闘争

ところでベイカーは、黒人とプエルトリコ系の市民の団体、〈教育差別に反対して行動する親たち(Parents in Action Against Education Discrimination)〉という組織の幹部を務めていた。「無骨な人も含む大衆」こそが変革を担うと考えていたベイカーにとって(第二章参照)、委員会というある種の「賢人会議」を通じて問題解決を図るエリート的手法はもとより疑わしいものであった。そこで、一九五七年秋、〈教育差別に反対して行動する親たち〉は、学校区制の見直しを通じた学級の生徒数過多の解消、二交代制のカリキュラムの廃止を求めて、五〇〇名の市民たちからなるピケを市庁舎の前で張ることになる。[10]

本書の関心にとってここで重要なのは、このキャンペーンのタイミングである。北部でも、一九五〇年代末にしてすでに、南部の運動の支援ではなく、自らの足許の人種隔離の撤廃を目的に直接行動が始まっていたのだ。しかも、運動も問題もその存在は、じつは広く市民にみえる形になっていたのである。そして、ニューヨークの市庁舎でピケが張られていたまさにそのとき、アメリカは南部で起きた「リトルロック危機」の只中にあった。一九五七年九月二〇日の『ニューヨーク・タイムズ』紙の一面には、このリトルロックでの展開とニューヨーク市庁舎のピケの模様とが、文字どおり並んで掲載されていた。[11] 同じ公教育と「隔離」が関わるものであるが、そこには奇妙なコントラストと皮肉があった。隔離撤廃にじっさいに動いていたのは、南部リトルロックの教育委員会の方だったのだ。人種問題の存在は、リトルロックでははっきりと認められていても、ニューヨークではそうではなかった。人種隔離を命じた法律が不在のニューヨークでは、人種が教育と関わっているということを、アクティヴィストたちがまず立証しなくてはならなかったのだ。

このようなアクティヴィズムに加わり、やがてラディカルな黒人の運動の結節点に立つことになるのが黒人女性のメエ・マロリーである。マロリー自身が語るところでは、自分の子どもが通う学校を訪れた際に、六〇〇名の生徒に対してトイレが二カ所しかないことに愕然とした。さらには、キッチン・シンクの下に何本のパイプがあるかを調べなさいという課題を出す教育の在り方に疑問をもち、じっさいに息子が通う中学校に赴いて校長に直談判したこともあった。黒人の知性をみくびっているように思えたのだ。「この子は白痴ではありません、いったいなんのためシンクの下のパイプの数を確かめなきゃいけないのですか?」とかのじょが抗議すると、「ではお聞きしますが、いったいどうしてあなたは、ご自身の子どもが配管工にはならないと分かるのですか」と逆に問い返されたという。ベイカーの〈教育差別に反対して行動する親たち〉の独自調査は、黒人が多い学校での進学率の低さを指摘していたのだが、マロリーの経験は、低進学率の理由は教員の黒人に対する低い期待値、すなわちレイシズムにあることを示していた。教育委員会との交渉が次第にヒートアップしていった一九五七年、公聴会に出席したマロリーは、娘が通っているニューヨークの高校は「わたしが「一九三〇年代に」通った、ジョージア州メイコンのヘイゼル・ストリート学校と同じく人種隔離《ジム・クロウ》されている」と大声で非難して、教育委員会から煩《うるさ》がられると同時に、ひときわ目立つ存在になっていった。教育委員会の見解がどうであれ、かのじょにとって南部と北部の「隔離」に大きな相違はなかったのだ。[12]

マロリーら黒人の保護者たちは、前年の市庁舎前でのピケの後、〈中学校調整委員会〉という組織を別に結成し、その後も緊密な連絡を取り続けていた（そこにはまた、南部に赴く直前のエラ・ベイカーもいた）。ピケから約一年が経った一九五八年秋になっても、教育委員会との度重なる協議はなんの具体的な成果も上げていなかった。そこで、マロリーを含む保護者たち九名は、子どもを学校から引き揚げさせる「授業ボイコット」に踏み切った。運動がこのような局面を迎えたとき、南部と北部に類似性をみていたのはマロリーだけでなかった。というのも、このハーレムの黒人九名は、リトルロックに擬して、ハーレム・ナインと呼ばれたのである。そして「会議に会議、また会議と、なんの結果も出ていません。ならば、たとえ最高裁に行かねばならないとしても、最後まで闘うしかないでしょう」と、このハーレム・ナインは、授業ボイコットを始めると同時にニューヨーク市教育委員会を提訴し、事態の突破口を開こうとしたのだった。[13]

一九五八年一二月に下されたニューヨーク地裁の判決は、まず、ブラウン判決を踏襲して、人種によって分離された教育が平等な教育機会を否定するものであるという原則を確認した。そして、現状の人種別に「分離」された状態が、なんらかの悪意を原因とするものなのかどうかについては判断を回避しながらも、原因がどうであれ、教育委員会には「事実上の隔離(de facto segregation)」に対して対策を講じる責任があるという判断を下した。つまり、人種隔離という「結果」の存在を重視することで、人種差別の存在を間接的に認めたのだ。

ハーレム・ナインのボイコットとその訴訟は、人種差別の存在を認めさせることで一定の勝利を挙げた。しかし、それでも、教育委員会が隔離撤廃に向けた具体的な解決策を検討することはなく、その後の状況はむしろ悪化していった。なぜならば、「事実上の隔離」という規定が意図的な人種差別の不在を前提としており、責任を問われた行政側にはいくらでも逃げ込める道があったからである。行政に悪意がないのならば、その責任の追及は生温《ぬる》くならざるを得ない。

この「事実上の隔離」は、じつに漠然としていて捉えどころのないものであった。これについて、ハーレム・ナインの顧問弁護士を務めたポール・ズーバーは、次のような興味深い見解を語っている。

事実上の人種隔離という表現は、一九五四年の歴史的な最高裁判決［ブラウン判決］以前には聞いたことがありませんでした。判決によって憲法の定めているところが明らかになると、立法行為を通じた人種隔離は非合法となり、合衆国憲法に違反していることが立証されました。そうなったからには、北部では、北部流の人種隔離を継続するための屁理屈が必要になったのです。[14]

こうして巧妙な仕掛けと論理で「合法的な隔離」が現れることになったのだ。ズーバーによると、「南部では、偏見の強い者たちは［KKKのように］白のシーツを被っていますが、ここ［北部］ではブルックス・ブラザーズのスーツを着ている」のだった。[15]

二　黒人ラディカルの世界とマルコムX

黒人ラディカルのコミュニティ

本章のここまでの記述のどこがマルコムXと関わりがあるのだろうと疑問に思われている読者がいるかもしれないが、いましばらく、かれが黒人自由闘争のシーンに現れるのを待ってほしい。というのも、歴史のなかのブラック・パワーは現在一般化しているイメージとは大きく異なったものであり、ブラック・パワーが辿った道もまた、一般に想定されているものとは異なるからである。ハーレムの小学校の黒人父母の話は、怒りのメッセンジャーとしてのマルコムの姿とは人種以外に一致するところがないようにも思える。しかし、これがつながるところにこそ、一九六六年にブラック・パワー運動の名を得る黒人自由闘争の歴史の醍醐味が存在するのである。

さて、ハーレム・ナインのなかでも、激烈で大胆な性格のもち主として知られ、その実質的な「リーダー」だったマロリーについては、長く継続的に特定組織への関与をもつ人物ではなかったために、現在もまだ分からないことが多い。しかし、ここでかのじょの興味深い半生をひととおり素描しておこう。

マロリーは、一九二七年六月、ジョージア州メイコンで生まれた。相手が白人であろうとも平気で「口答え」をするなど、幼いころからジム・クロウ制度への叛抗心が強く、メエの母は、ひとつにはそのような娘の身を案じ、さらにはまた、ほかの多くの南部の黒人と同じく、北部都市での職の機会に惹かれて、一九三九年にニューヨークへ移住した。やがて叛抗的なマロリーの気質は職場で発揮されることになり、一九五〇年代初頭、労働環境の改善や賃上げ、黒人の平等権などを話題にするようになった。すると、周囲の者たちはかのじょをコミュニストと呼ぶようになったという。面白いことに、これがきっかけでつむじ曲がり《マーヴェリック》なかのじょは共産党の活動に接近することを選択した。「良いことを為そうと思っているのがコミュニストであって、それでもコミュニストを刑務所にぶち込みたいと思っている人がたくさんいる。だとしたらわたしはむしろそのコミュニストと呼ばれている人たちを探し出してみるべきじゃないか」と思ったらしい。こうして共産党の一員となるも、今度は同党のなかに存在する人種差別が気になり始めた。コミュニストの「路線」では、人種問題は階級問題の次だったのだ。そこで次には、ブラック・ナショナリスト団体に接近するが、今度は今度で、ナショナリストたちは「勇ましいことは言うが、なんにもしない。そのうえなんの解決策ももっていないのに、女を軽蔑している」と分かり、その後も数々の団体への出入りを繰り返していた。〈教育差別に反対して行動する親たち〉の運動に加わったのはそのようなときのことである。[16]

　同組織の教育委員会を相手取った裁判が結審した一九五九年の夏、マロリーは、NAACP全国大会の模様をラジオ中継で耳にすることになった。このときラジオから流れてきたのは、ロバート・F・ウィリアムスの声だった。ウィリアムスの問責が審議されていたのである。マロリーは、自己弁護するウィリアムスが銃を持ってでも母、妻、娘を守れと呼びかけるのを聴いた。こうして、コミュニストにもブラック・ナショナリストにも心底から賛同できなかったマロリーは、次の活動の場をノースカロライナ州モンローの武装抵抗運動にみつけたのだった。

　ウィリアムスのジェンダー観は、男性が「弱き性」である女性の保護者であることを前提にする限りにおいて、当時のジェンダー規範そのものを問い質すものではない。むしろ、規範的な男性性から黒人が除外されていることへの反動から生まれた「有害な男性性《トキシック・マスキュリニティ》」も、そこにははっきりとみられる。[17] しかし、公民権運動の黒人男性エスタブリッシュメントから拒絶されて孤立の度合いを深めるウィリアムスの活動は、階級とジェンダーの交差点《インターセクション》で変化していった。まずは雑誌『クルセイダー』の刊行を始めて支部財政の立て直しを図ったのだが、同誌の財務・編集担当には黒人女性のアザリー・ジョンソンが就任することになった。さらには〈救済と啓蒙のためのクルセイダーズ協会〉を新たに創設して貧困家庭の救済を地域活動の中心に据える新方針をとった。この貧困はジェンダー化されていた——シングルマザーの家庭が圧倒的に多かったのだ（なお機関誌の創刊、さらに「福祉」への関心は、その後のブラック・パンサー党（BPP）の活動を先取りするものである）。もっともそれは、NAACP幹部などの当時の公民権運動主流がイメージするリスペクタブルな運動の在り方とは、さらにまた遠ざかることでもあった。

　このように、黒人女性の主体性とリーダシップが発揮される場があり、ジェンダー化された経済問題に正面から取り組み始めていたモンローの黒人自由闘争に、マロリーはさらに惹きつけられていった。そこで、作家のジュリアン・メイフィールドや弁護士のコンラッド・リンらとともに、〈南部救済調整委員会〉という組織をハーレムで結成してウィリアムスの運動を支援する運動を開始し、やがてかのじょらは、モンローの黒人たちが発刊していた雑誌にちなんで、〈クルセイダー・ファミリー〉の異名で知られるようになっていった。一九六一年夏、このようなマロリーの名が全米に知れ渡ることになる。白人夫妻誘拐を幇助したとして、ロバート・F・ウィリアムスと共に指名手配されたのだ。

ウィリアムスがキューバに政治亡命したことについては前章で触れたとおりである。マロリーは、いったんは「地下に潜伏」するも逮捕され、誘拐事件の首謀者だと判断されて有罪判決を受けることになった。だが、陪審員選抜に人種差別があったということが控訴審で認められて無罪放免となり、その後も長くニューヨークの急進的なブラック・ナショナリストの周辺で活動を続けることになる。[18]

これがマロリーの半生であるが、ここで話をふたたび一九六〇年代初頭のハーレムに戻そう。当時、マロリーは、ブラック・ナショナリストの活動や集会に広く活発に参加していた。その多くは人知れず行われていた小さなものだったが、なかには全世界に知られた事例もある。一九六一年二月一六日、国連アメリカ大使アドレイ・スティーヴンソンが安全保障理事会で演説した際、コンゴのパトリス・ルムンバ首相殺害にアメリカが関与していたことに抗議の意を表すために、約六〇名の黒人男女が理事会室のギャラリーに陣取って演説を妨害、警備員と激突した事件がそれである。日刊紙のなかにはこれを「暴動」と表現し、民主的な国際会議の議場が暴力によって蹂躙された「国民的恥辱」とみなしたところもあった。また、『ニューヨーク・タイムズ』紙などは、冷戦下の妄信から、この「暴動」をコミュニストによる陰謀だとみなしていた。しかし事実はまったく違っていた。[19]詳しくみよう。

この抗議の中心にいたのは、ハーレムを拠点とするブラック・ナショナリストや、急進化する公民権運動と独立が相継ぐ「アフリカ」に希望の光をみたアーティストたちだった——後にアミリ・バラカを名乗りブラック・アーツ・ムーヴメントの中心人物となる詩人リロイ・ジョーンズ、作家のマヤ・アンジェロウ、そしてメイフィールド等々。当時の録画映像をみると、金切り声で叫び声を上げる黒人女性がいるが、それは、ジャズ・ドラマー、マックス・ローチのプロテストアルバム『ウィ・

インシスト』に参加し、黒人の苦しみを表現するために嗚咽と叫びを繰り返す「絶唱」を披露したアビー・リンカンである（ローチ自身もこの抗議に参加している）。この集団のなかでひときわ激しく動き回り、堅いヒールのついた靴を手に握りしめ警備員を何度も殴打する女性がいる。メエ・マロリーだ。

　ウィリアムスはこの国連抗議の前日にニューヨークで演説を行っており、国連抗議に参加した者の多くがこのときのウィリアムスの演説を聞いた者たちだった。[20] 六〇年代初頭、黒人自由闘争は、非暴力主義を行動原理とする冷戦公民権的なものを主流としていたが、その傍らでは、これとは別の「意識」がはっきりと生まれていた。このような「意識」が切り結ぶ場所に立っていたのがロバート・F・ウィリアムスだったのだ。

　このような黒人のムードを敏感に感じ取っていたのが黒人作家のジェイムズ・ボールドウィンである。「国連暴動」に参加した者たちの気持ちがかれにはよく分かると言う。かれもそこにいるつもりだったからだ。北部は南部の出来事に憤りの言葉を発するが、それはもとより自分の善性をアピールしたいがためであり、そのような北部を黒人がみる度に、かれらの内面には絶望から生まれる痛みと怒りが拡がる。南部での騒乱は「外部からの煽動」に、北部の場合は「コミュニストの煽動」に帰すアメリカは、このどちらともほんとうの黒人をみようとしていないという点――ヒルがいう「無知のエピステモロジー」――で一致している。黒人たちはもうこのことに我慢がならなくなっている。ストリートではこう囁《ささや》かれている――アメリカ社会に統合《インテグレート》するのはいいとしても、燃えている家に入れてもらい《インテグレーテッド》たいのか、もう分からなくなってきた。このような黒人社会のムードをしっかりと捉えているムーヴメントがアメリカにはふたつある。そのひとつが黒人学生たちの公民権運動であり、もうひとつが「ブラック・ムスリム」の運動である。黒人学生たちの重要性は完全なる解放を求めて譲らないところにあり、「ブラック・ムスリム」の強みは、黒人が人として生きる可能性はこの国にはないという「真実」を誰に憚ることなく断言する点にある、と。[21]

この国連抗議の数日後、マヤ・アンジェロウは、自分たちの行動への賛同を得ようと、当時急速に影響力を増していた人物に会いにいった。その人物がマルコムXである。

国連本部での「暴動」の直後、国連大使スティーヴンソンは、抗議をコミュニストの陰謀に帰するのが無理だと分かると、次はそれを「ブラック・ムスリム」の画策にしようとしていた。アンジェロウたちは、そのような権力側からの主張を逆手にとって、むしろマルコムXの協力を獲得することで、自らの主張により多くの人びとの関心を集めようと思ったのである。だがしかし、マルコムXは、「プラカードを持って議場で抗議することでは何事も達成されないし、白人の悪魔がまた別のアフリカ人リーダーを殺害することを防げるものでもない」として、かのじょたちの要請を拒否した。アンジェロウは「敗北感の霧」に包まれることになってしまった。[22] この両者は、一九六四年、ガーナの首都アクラで再会することになるが、そのときまでにマルコムXはまったく異なる人物へ変貌を遂げることになる。

ネイション・オヴ・イスラーム(NOI)の空間

当時のマルコムXは、ボールドウィンが黒人社会のムードをしっかりと捉えていると評価した宗教団体、NOIのなかで最も知られていた聖職者《ミニスター》だった。そのNOIの信徒が多かったのは主に北部や西部の黒人ゲトーだった。ここに拡がるレイシズムは、先にニューヨークの事例を通じて確かめたとおり、暴力的な南部の白人至上主義とは質を異にするものであり、「無知のエピステモロジー」がレイシズムの存在を否認するところにひとつの特徴があった。

レイシズムの存在を否認し、その犠牲者に対して自由な社会の落伍者の烙印を押す世界は、暴力性がひとつの特徴となっているジム・クロウ下のそれに勝るとも劣らず、生きるのに決して楽なところではない。レイシズムがないならば、自分以外に誰を責められようか。このような環境が、黒人のなかに、自己否定という静かだが強烈な憎悪を育む。そしてかかる憎悪は翻ってさらにまた黒人の存在を丸ごと貶めていく。ジム・クロウのないレイシズムは切なくも残酷だ。それは黒人の魂を着実に蝕むのである。

こうした「無知のエピステモロジー」が支えるレイシズムの否認に抵抗するにあたって、数々の調査データでレイシズムの存在を証し、白人を説得しようとするのがクラークらの方法であり、それはブラウン判決を勝ち取るなどの一定の成果をあげていた。また、「リスペクタブルな市民」であることを示すことでアメリカ社会への統合《インテグレーション》を目指す公民権運動も、このような社会に対する抵抗のひとつの手段であった。このようなアプローチは、「真の黒人」の姿が分かれば、アメリカ社会には黒人を迎え入れる準備があるという信憑によって支えられていた。

ＮＯＩは右のような公民権運動主流とは違う方法をとった。アメリカ社会を健全なものとみなし、レイシズムをその一時的な逸脱であるとする考え方自体を否定したのである。アメリカとは悪魔が支配する地獄にほかならなかったのだ。

このような宗教観を支えたのが、NOIの中心的教義、「ヤクブの神話」であった。それはこう伝える。原初の人類には黒人しかいなかった。六六〇〇年前に生まれたヤクブという人物は、パトモス島に自分を慕う人間を引き連れて移住し、交配を通じて肌を白くする実験を開始した。こうして六〇〇年ほど実験が行われると、白い肌で青い目をした悪魔が生まれた。この白い悪魔たちは、その後の二〇〇〇年のあいだ、ヨーロッパの洞窟で文明なき生活を送っていたのだが、白い悪魔の指導者、モーセに率いられて洞窟から外へと出ていった。野蛮な種族である白い悪魔たちは、冷酷で詐術に長け、世界を支配するに至った。その後、アラーの神は、白い悪魔から人類を解放するために代々の「メッセンジャー」を通じて人びとに働きかけた。現在のメッセンジャーは、NOIの最高指導者であるイライジャ・ムハマドである。来るべき審判の日には、アラーが原始唯一の人類である黒人をその正当な場に戻す。それまでのあいだ、「北米の荒野」、すなわちアメリカにいる黒人に必要なことは、金色に輝く愛と慈悲心に充ちていた黒人の真のアイデンティティを回復しておくことだ、メッセンジャーに従え。[23]

この「ヤクブの神話」は、旧約聖書やクルアーンを引用しながら語られてはいるが、イスラームの教義とはほとんど関係がない。多くの批判を受けてきたように、そこには本質主義的な(逆の)レイシズムが忍び込んでいる。しかし、そのような「異端的」な性格よりも重要なのは、この「神話」が、既存の秩序の健全性を正面から否定し、黒人たちに精神的再生を促していた点にある。

一九三〇年代から四〇年代にかけて、黒人自由闘争は、アメリカン・リベラリズムを言祝《ことほ》ぐ冷戦公民権的な方向へ大きく舵を切っていた。一九五〇年代に入ると、この運動は直接行動を主要な戦術として選び取り、一九六〇年に学生非暴力調整委員会（ＳＮＣＣ）が結成されると、政治思想的には引き続き冷戦公民権の枠組みのなかにありながらも、黒人自由闘争は急進化の度合いを早めていった。本書で繰り返し指摘してきたが、この急進的な運動は南部だけで展開されていたわけではない。一九六三年、アラバマ州バーミングハムでキングが非暴力直接行動の大キャンペーンを行い、それが白人至上主義者と地元官憲が結びついた激しい暴力的弾圧を誘発させると、（すでに存在していた）北部の闘争もより激しくなっていったのである。

ＮＯＩの興隆はこの文脈のなかで理解しなければならない。それは、冷戦公民権的な条件の下でリスペクタビリティを尊ぶ運動が日増しに戦闘的《ミリタント》になっていく傍らで勢力を増していた精神的実践、黒人自由闘争のオルタナティヴだったのだ。このことに関わり、ＮＯＩの存在の意味を、歴史学者のペニー・ヴォン＝エッシェンはこう述べている。

マルコムＸなどのブラック・ナショナリストがＮＯＩに惹きつけられていったのは、アフリカに対する高い意識が本質的なところで影響したからではなく、二つの主に仕えることはできないと主張することで、アメリカへ忠誠を誓うことを拒絶したからだった。それゆえ、アメリカ外交に対する批判が、かつての幅広い支持を失い、主流の政治から消えたあとの［冷戦の］時代にあって、ＮＯＩは、反米的な言葉で冷戦体制批判ができるひとつの空間となったのだ。当時にあってそれは、一般にはあり得ないことであった。[24]

一九五〇年代後半より、NOI信徒の直截な物言いに惹きつけられる黒人の知識層が増えていく傾向があったのだが、それはNOIが、ある意味での政治的で思想的な「自由」を保障していたからだ。このことをボールドウィンは「真実」を述べるNOIの強みと語ったのである。

このNOI成長の中心にいたのがマルコムXだった。一九五二年から五三年にかけて、NOIの宗徒の数は全米でわずか一〇〇〇名足らずであり、ニューヨークでは数十名を数えるだけだった。しかし、一九五四年にマルコムXがNOIの聖職者に正式に叙任されたのをひとつの契機に、その数は急速に増加していった。わけても、ボストン、フィラデルフィア、ワシントンDC、コネティカット州ハートフォードの寺院は、ほとんど宗徒がいない状態から全米中を活発に行脚《あんぎゃ》するマルコムXが築き上げたものであり、一九六一年になると、その宗徒数は全米で公称一七万五〇〇〇人に達するほどになっていた。このマルコムXを評してブラック・パワー運動史研究者のペニール・ジョセフは、黒人自由闘争の歴史のなかで最も卓越した「コミュニティ・オーガナイザー」のひとりであると述べている。[25]

マルコムXの変貌と黒人自由闘争の転換点

本書では、エラ・ベイカーやロバート・F・ウィリアムスなど、日本で馴染みのない人物については、その来歴について比較的詳細に述べたが、マルコムXの場合、その必要性はあまり高くないであろう。むしろ、すでにある一定のイメージに対して本書がどのような立ち位置にあるのかが重要である。

マルコムXのイメージをつくりあげるにあたってきわめて強い影響力をもったのが『マルコムX自伝』(以下『自伝』)である。同書を読んだことのある者ならば、先にマロリーが教育の質について校長に迫ったエピソードを紹介した際に、この『自伝』の一節(もしくは、よりポピュラーなところで、『自伝』に基づいて製作された、スパイク・リー監督の映画『マルコムX』の一シーン)を思い浮かべたかも知れない。弁護士になることを夢みていた利口な少年、マルコムが、黒人だからという理由で大工になることを奨められたというエピソードが描かれている箇所だ。[26]

このように、『自伝』には、当時の黒人たちの「共通の経験」が多くちりばめられており、かれらは、同書に描かれているマルコムXの生涯のなかに自分の似姿をみた。この点において、同書の「文学的な価値」にはきわめて優れたところがある。だがしかし、一人称で語る「自伝」の形式をとっているとはいえ、基本的にそれは作家のアレックス・ヘイリーがマルコムXの口述から編み上げたものであり、突然訪れた非業《ひごう》の死によって、マルコムX当人が最終稿を確認することはなかった。それゆえに、その史料として活用には慎重でなくてはならない。

『自伝』が感動的に描写しているのが、マルコムXのムハマドとの訣別である。この過程を通じて、逆人種主義の煽動者にして暴力の唱道者と恐れられた黒人の男は、「真のイスラーム」に初めて出会ってその普遍的価値を知り、「ヤクブの神話」の本質主義を乗り越え、アメリカの黒人の問題をグローバルな視座で新たに捉え直す「人権運動家」へ急成長していった。奇妙なのは、このマルコムXの覚醒が、一九六四年四月、NOIからの脱退を表明したあとのメッカ巡礼とアフリカ訪問の際に突如として起きたと『自伝』が伝えていることである。ヘイリーは、マルコムXを声の主とする一人称で、マルコムXが巡礼から帰国した直後の空港で語ったとされる内容をこう綴っている。

> 巡礼で視野が拡がりました。新たな洞察を得ることができたのです。聖地メッカの二週間の滞在で、アメリカに生きて三九年のあいだに見たことがなかったものを見たのです。すべての人種が目に入ってきました。青い目をしたブロンドの人から黒い肌のアフリカ人まで、すべての色が真の兄弟愛《ブラザーフッド》のなかにいたのです。ひとつになっていたのです。ひとつになって生きていたのです。ひとつになって祈っていたのです。そこには人種隔離論者も、リベラルもいません。かれらには、このような言葉など意味をなさないはずです。過去のわたしは、すべての白人を一括して告発していました。もうそのような罪は犯しません。白人のなかにはほんとうに誠実である人がいること、これが分かったのです。黒人男性に対して兄弟愛を示すことができる人間がいると分かったのです。真のイスラームに出会って、黒人が白人を全面的に告発することは、白人が黒人をそうするのと同じくらいまちがっていると分かったのです。そうです、この国を破滅の道へと導くレイシズムの猛威を抑え込むのを助けようとするアメリカ白人がいることを確信するようになったのです。[27]［傍点、原典イタリック］

「目覚め」に素直に従い、過去の過ちを認めて大胆に変われる者に人はしばしば心を打たれる。しかし、このとき訪れたマルコムXの変化をもっぱら個人的で精神的な言語で捉えようとしたとき、それは、波瀾万丈の生涯を送った男の汗と涙の物語、じつに陳腐な人生譚に回収される危険性を孕む。

その一方、歴史のなかのマルコムＸがもっていた優れて政治的意味はみえなくなってしまう。

じつはマルコムＸには、一九五九年七月に、ムハマドの巡礼準備のためにＮＯＩの特使として中東を訪問し、じっさいにメッカ巡礼に参加した経験があった。この過去を鑑みるならば、六四年に「真のブラザーフッド」に突如気づいたとするのは、あまりにも不自然である。ならば、それはいかなる意味をもつだろうか。「カルト」の指導者の呪縛にあったから、五九年のときには「真の兄弟愛」はみえなかったのだろうか。そうかもしれないが、本書は、当時のより広い歴史のなかにマルコムＸの足跡を置き直すことで、黒人自由闘争のなかでかれがもった重要性が際立つ、より「自然な解釈」を提示したい。

ムハマドは、宗教的な迫害を恐れて政治と深く関わることを忌避していた。じっさいにかれは、第二次世界大戦中、「有色人」の帝国である大日本帝国へのシンパシーをもち、信条を理由に応召しなかったために、選抜徴兵法違反で実刑に服した経験をもっていた。ムハマドが厳しく処罰されたことにはまた別の理由があった。ＮＯＩは発足当初より公安機関の監視下にあったのだ。つまり、ムハマドの政治的弾圧への恐れにははっきりとした根拠があったのだ。マルコムＸもこの事情はもちろん熟知しており、ルムンバ殺害に抗議するマロリーらに賛同をしなかったのも、ムハマドの不興を買うのを恐れたからだった。[28]

それでもしかし、マルコムＸがマルコムＸであったのは、強い政治性の所以である。たとえば、一九五五年、つまりハーレムに聖職者として赴任してほんの一年しか経っていなかった時期のこと、ニューヨークで催された街頭集会に参加したマルコムＸは、インドネシアのバンドンで開催された第一回アジア・アフリカ会議が米ソ冷戦の構図に小さな風穴を開けて「第三世界」の興隆を印象づけたことに鼓舞され、アメリカ黒人の指導者を集めたアメリカ版の「バンドン会議」をハーレムで開催することを提唱していた。[29]

またすでにこのころよりマルコムXは、国連を訪れていたアラブやアフリカの指導者たちと親交を温めていたことで知られていた。加えて、一九五八年、かれは、ニューヨークを訪れたロバート・F・ウィリアムスと会っていた。これをきっかけにふたりは親交を温め、その後のウィリアムスはほかでもないマルコムX所管の第七寺院でしばしば演説を行っていた。そして、一九六〇年、国連本部を訪れたフィデル・カストロがダウンタウンのホテルの人種差別に抗議するためにハーレムのホテルにキューバ国連代表団を率いて宿泊して国務省を驚かせたとき、マルコムXは、ウィリアムスと共にカストロとの会合の場をもっていたのである。[30]ヴォン＝エッシェンがＮＯＩを評して述べた「冷戦体制批判を反米的な言葉でできるひとつの空間」とは比喩や抽象ではない。それは、マルコムXの周辺に実在していたのである。

他方、血縁の親族からなるムハマドの側近は、マルコムXの布教活動が大きな成果を挙げた途端、かれの台頭をＮＯＩにおける自分たちの地位に対する脅威と感じ始めていた。つまり、ＮＯＩが成長し始めるや否や、マルコムXは、政治行動をしようがしまいが、権力闘争の渦中に身を置いてしまっていたのである。やがてマルコムXがＮＯＩのナンバー2とみなされるようになると、この対立はさらに悪化し、かれの記事は、ＮＯＩの機関誌『ムハマド・スピークス』から消えていくことになる。宗教色の強かった同誌に社会批評を加えることで、販売部数を急増させたのはマルコムXの実績にほかならなかったのにもかかわらず。[31]

こうしてNOI内で孤立したマルコムXの言動は、これ以後、左翼系の媒体を通じて広められていった(不思議なことに、この左翼運動とマルコムXの関係は、マルコムX関連の書籍の多くが左翼組織関連の出版社から出ているのにもかかわらず、日本ではまったく気づかれていない)。わけても早くからかれの活動に着目していたのが社会主義労働者党(SWP)の活動家で白人のジョージ・ブライトマンである。前章で詳述したように、孤立したウィリアムス支援に真っ先に乗り出した組織がSWPだった。「黒人問題」を基軸にSWPが勢力拡大を企図する一方、ブライトマンが編集長を務めていた雑誌『ミリタント』は、メインストリームの媒体がNOIの逆レイシズムと分離主義をこぞって酷評するなか、マルコムXを好意的に紹介していた点で際立っていた。

ブライトマンは、一九三〇年代の人民戦線の時代にSWPで活動を始めていた人物である。その後、マッカーシズムの嵐のなかで党が壊滅的な打撃を受けると、一九五三年より、ラディカルな労働運動が生き残っていたデトロイトに活動の拠点を移した。デトロイトでの党員数は一〇名以下に落ち込み、党の存続そのものが危機的状況であったのだが、『ミリタント』誌の発刊を始めると同時に、「フライデー・ナイト・フォーラム」という勉強会を開催することで地道に党勢の回復を図ろうとしていた。この勉強会に集っていたのが、アメリカ黒人のジェイムズと中国系アメリカ人のグレイス・リーのボッグス夫妻であり、両者はマルクス主義の観点から独自の人種問題批評を行っていたことで知られていた。冷戦下にあってはボッグスらの影響力は決して大きくはなかったのだが、一九六〇年代に入り公民権運動が急進化すると、かのじょらデトロイトのラディカルたちへの関心も高まり、同市の黒人の運動では欠かすことのできない存在となっていく(終章参照)[32]。

このデトロイトの黒人自由闘争にとって、南部でバーミングハム闘争のあった一九六三年は、一大転機となった年だった。同年五月、住宅や教育の人種隔離、雇用差別等々、北部都市で多様な姿をとるレイシズムに抗議すると同時に、南部の公民権運動を支援するために行われた「デトロイト自由への行進」には、アラバマ州からマーティン・ルーサー・キングも駆けつけ、この三カ月後に実施されるワシントン大行進にも匹敵するおよそ一〇万人を超える大群衆が集まった。その後、この行進の指導層は、その成功の余波を駆って、キングのSCLCを模した組織、〈北部黒人指導者会議〉を創設する動きに出るのだが、指導層のひとりで牧師のC・L・フランクリンがブラック・ナショナリストを排除する方針を出すと、行進指導者のなかで急進派の代表だったボッグス夫妻、そして同地で強い影響力をもっていたブラック・ナショナリストで牧師のアルバート・クラーグは、〈先進的指導者グループ(GOAL)〉を結成し、同地における左派とブラック・ナショナリストを糾合してフランクリンら主流に対抗する動きに出た。

同年一一月一〇日、このGOALは、「グラスルーツ指導者カンファレンス」と称する大会を開催する。そして、この大会の基調講演者として演壇に立った人物がマルコムXにほかならない。このときのマルコムXの演説は、その後「グラスルーツへのメッセージ」と題されて出版、黒人自由闘争に巨大な影響を与えて、現在ではアメリカ黒人史の「古典的テクスト」のひとつになっている[33]。

マルコムXはこの演説である種の階級分析を行う――既存の指導層を奴隷主の邸宅で白人主人に恭《うやうや》しく傅《かしず》く「ハウス・ニグロ」と呼び、自らの立場は白人主人の屋敷が火で燃えたら喜ぶ「フィールド・ニグロ」に置く。そして、急進化する黒人自由闘争とアフリカ大陸での独立闘争は、アメリカ独立革命、フランス革命、ロシア革命に並ぶとする世界史的な理解を提示し、アメリカ黒人にケニアのマウマウのように蜂起することを求める。つまり、この演説ではかれの演説の定番だった教父ムハマドへの賛辞が姿を消し、それと入れ替わりに反植民地主義を大きく掲げる政治性が際立っていたのだ。これこそ、黒人ラディカルたちがマルコムXに期待した姿だった。これをみてクラーグは「マルコムはムハマドと袂を分かつつもりだぞ」とグレイス・リー・ボッグスに語ったという。[34]

マルコムXがケネディ暗殺を「自業自得」と称して舌禍を起こし、喪中の国民感情に逆らったとしてNOIから謹慎処分を受けるのは、この約二週間後のことである。かれはこのとき、ケネディが暴力を放置しているから、暴力が巡りに巡って自分に返ってきた、それは「ニワトリがローストされるために戻ってきたようなこと」(「自業自得」に相当する英語慣用表現)であり、「わたしは田舎育ちですから、そのようなことで悲しんだりしません」ときついジョークを述べて、聴衆を笑わせたという。しかし、この発言の重要なポイントは、もちろんお笑いのセンスではない。

マルコムXは、このとき、「アメリカの暴力」の犠牲者の例としてふたりの人物をあげている。ひとりが、白人至上主義者の手で殺害された南部ミシシッピ州NAACPのリーダー、メドガー・エヴァースである。そしてもうひとりがコンゴのパトリス・ルムンバだった。[35]つまり、マヤ・アンジェロウらの期待を一度は裏切ったマルコムXが「自由」に語っていたのだ。南部公民権運動に触れてそのまま国境を飛び越えていく短い発言はまた、冷戦公民権の桎梏《しっこく》をも軽妙かつ大胆に抜け出すものだったのである。

マルコムXはムハマドを父であるかのように慕っていたと言われている。それゆえ、謹慎処分後の両者の対立は、しばしば、父と息子のオイディプス的な心理闘争とみなされることが多い。しかし、右に述べたように、マルコムXの軌跡を歴史的な文脈のなかに置けば、これとは違った解釈が成り立つ。マルコムXのNOI脱退は、「第三世界」が興隆する世界をしっかりとみつめながら、黒人自由闘争のなかでのラディカルな政治の復活を示すモーメントだった。そして、この直後のメッカ巡礼での覚醒は、苦しい「父殺し」を成就したことを伝えつつ、新たに生まれ変わった存在として黒人自由闘争の真っ只中に自らを定位させる言説上の戦略だったのだ。だからこそ、それは一九六四年に起きなくてはならなかったのである。

　こうしてラディカルな政治の真ん中へ飛び込んでいったマルコムXは、NOIとの関係を清算すると、アフリカの新興独立国歴訪へと旅立っていった。そのなかのひとつガーナでは、アンジェロウやメイフィールドら旧知の黒人知識人と再会を果たした（メイフィールドもまたロバート・F・ウィリアムスの白人誘拐幇助の件で指名手配されており、このときはガーナに「政治亡命」していた）。そこにはまた、若き自由の闘士《フリーダム・ファイターズ》がいた。——一九六四年の民主党大会でアメリカ政治に絶望することになったSNCCの学生たちである（この民主党大会については次章で詳述する）[36]。

　中東・アフリカ訪問から帰国した最晩年のマルコムXには黒人自由闘争の将来について数々の腹案があっただろう。しかし、かれには時間が残っていなかった。一九六五年二月二一日、ハーレムのオーデュボン・ボールルームで開催された集会で、NOIの信者の手によってかれの命は絶たれる。この集会は結成されたばかりの〈アフロアメリカン統一機構〉の行動計画をマルコムXが発表する場とし

1964年3月，NOIと訣別したマルコムXは，公民権運動との共闘も可能であるとして本格的な政治活動に乗りだし，公民権法案審議を傍聴するために首都ワシントンにいたキングを訪ねた．ここには非暴力と暴力の二分法では捉えられない黒人自由闘争の姿がある

て企画され、そこには公立学校の人種統合を求める運動の指導者として新たに頭角を現していたミルトン・ガラミソンが参加することになっていた。人種統合、それは、NOIが無意味であると嘲笑していた公民権運動の目標である。なお、マルコムXがガラミソンに協力の意思があると伝えていたのは一九六三年のことであり、それはムハマドとの対立の表面化に先立つことであった。

このようなマルコムXの動きに期待を高まらせて集会に参加していた黒人女性がいた。メエ・マロリーである。暗殺を目撃したマロリーはこう述べた。「引き金を引いたのは黒い手《ブラック・ハンド》だった、しかし、背後には白い脳《ホワイト・ブレーン》があった」[37]。

本章は、北部都市ニューヨークにおける黒人の抗議運動を紹介しつつ、まずはハーレムに生まれていたラディカルな黒人たちのコミュニティの存在を確認し、「第三世界」の勃興を受けて冷戦公民権の前提が大きく揺さぶられていた事情を背景に、最晩年のマルコムXの立ち位置を歴史の文脈のなかに置きなおした。こうして明らかになったことは、黒人自由闘争のなかに起きていた変化を鋭く察知し、優れたオーガナイザーであり熱心なアクティヴィストとして闘争自体を編み変え、三九年の短い人生を苛烈なまでのシリアスさで駆け抜けたひとりのアメリカ黒人、それがマルコムXだったということである。

優れて一九六〇年代的な政治的磁場で生きたマルコムXの姿は、アクティヴィストやアーティスト、そして知識人や研究者を今日も魅惑し続けている。しかし、歴史的な考察はたんにヒーローを言祝いで終わるわけにはいかない。というのも、かれが歩いた道には、すでに歴史的な痕跡があったのだ。つまり、それは、マルコムXが切り拓いた道ではないのである。それは、広範な労働大衆を動員することに成功していた人民戦線期の公民権ユニオニズムが指し示していた道であったのだ。この道は、冷戦下のリベラリズム、そして冷戦公民権が閉ざしたのだが、それでも完全になくなっていたわけではなかった。

だが、マルコムXらが歩むにつれて、このいったん閉ざされた道がふたたび大きく開くことになった。ここに新世代の黒人たちが「ブラック・パワー」（ストークリー・カーマイケル）、「すべての権力を人民に」（BPP）と呼号しながらなだれ込んでいくことになる。第六章並びに第七章で検討するのが、これら青年黒人ラディカルたちの動きである。

第六章 ストークリー・カーマイケルとブラック・パワーの興隆

はじめに

本章はブラック・パワー運動が立ち上がるモーメントを検討する。その焦点となるのが、学生非暴力調整委員会（SNCC）のアクティヴィストであり、ブラック・パワーというスローガンの提唱者であるストークリー・カーマイケルの歩みである。このカーマイケルについて、ブラック・パワー運動の研究の第一人者であるペニール・ジョセフは、マルコムXや愛国心との関連で以下のように評している。

［カーマイケルの］主張はこうだった――世界中にいる黒人たちは、自分たちの祖国《ホームランド》を忌むべきものだと考えたがために、パワフルな集合的なアイデンティティを打ち立てることに失敗した人びとたちである、と。こう述べることで、マルコムXが再興した、ラディカルな汎アフリカ主義の政治的取り組みを引き継いで成就させる人物として自らを位置づけたのである。[1]

本書もこれと同じ理解に立つものであるが、この章ではカーマイケルの足跡を幼いころにまで遡り丁寧に辿ってみたい。というのも、ブラック・パワー運動の実態と同じく、歴史のなかのカーマイケルの姿は、日本ではほとんど知られていないからだ。それは「ブラック・パワー」の高い認知度と強烈なコントラストを成し、この認知的なギャップこそが、黒人自由闘争が「公民権運動の正史」の枠組みから逃れられない原因のひとつになっている。「ブラック・パワー」は非暴力の公民権運動の鏡像でしかないのだ。そのなかでカーマイケルの評価は、マルコムXやブラック・パンサー党(BPP)、ブラック・パワー運動そのものと同じく、毀誉褒貶がとても激しいものになっている。ある者はかれに妥協知らずの自由の闘士《フリーダム・ファイターズ》の姿をみる。また別の者は、分断的で暴力的な言辞を弄して白人の反撥を誘発した目立ちたがり屋の厄介者《トラブルメーカー》であると断罪する。

一九七〇年代初頭のカーマイケルが白人との共闘を拒否し、黒人の分離主義を提唱したのは歴史的な事実である。だが、カーマイケルは、幼いころより「多人種的」な環境で育った、非暴力主義の「申し子」であった。そのような人物が「ブラック・パワー」を叫んだ。それはどうしてであろうか。公民権運動がブラック・パワー運動へと変貌を遂げることになったのはなぜだろうか。そして、このことが黒人自由闘争にもつ意味とはなんであろうか。本章はこれら一連の疑問に答えることを試みる。

一　カーマイケルの来歴

トリニダード・トバゴからニューヨークへ

一九四一年六月二九日、カリブ海のイギリス領植民地、トリニダード・トバゴの港市ポート・オヴ・スペインで、ストークリー・カーマイケルは生まれた。父のアドルファスは英領バルバドスに祖先をもち、母のメイベルは、パナマ地峡のアメリカ管理地区からの移住者だった。つまり、カーマイケルは、アメリカとイギリスの帝国がその内部にもつアフリカン・ディアスポラのなかで生を受けたのである。

一九四四年、母のメイベルが仕事を求めてニューヨークへ移住し、その二年後には父のアドルファスもかのじょの後を追い、幼いストークリーは、姉のウミルタと妹のリネットとともに、祖母と母の姉妹によって育てられた。一九五二年、親代わりだった祖母が死去すると、一一歳になった少年カーマイケルは両親がいるニューヨークのブロンクスに移り、ジム・クロウに出会うことになった。一九五〇年代半ばのニューヨークの公教育と人種隔離教育の問題について前章で論じたが、カーマイケルが記憶しているところによると、黒人が多数派の学校に通う同級生たちが「愚か者」に思えたらしい。トリニダードのパブリック・スクールに比して、ブロンクスの「黒人校」の教育の質は劣っていたのだ。[2]

このように、カーマイケルの来歴は、いわゆるアフリカ系アメリカ人とは異なる。ニューヨーク市では、一九二〇年代よりカリブ海の英領植民地からの移住者が大きなプレゼンスを示し始めていた。黒人がマイノリティであり、「白」と「黒」とのあいだに厳密な境界線があるアメリカ合衆国の人種関係と比較して、カリブ海域の植民地では「白人」が圧倒的な少数派であることが影響して、アフリカにルーツをもつ者たちもある一定の社会的地位を享受しており、そのことがまたかれらかのじょらが物事をみる展望に影響を与えていた。カリブ海にルーツをもつ者たちは、上昇志向も自己主張も比較的強いとみなされ、称賛と嘲笑が混ざりながらしばしば「黒いユダヤ人」とも呼ばれていたのである。[3] カーマイケルはこのようなカリブ海からの移住民たちのひとりであり、トリニダードで過ごしたストークリーの幼年期の経験は、アメリカ合衆国の人種関係をみる独特の視点をかれに与えることになる。

左翼運動と黒人自由闘争の交差点で

少年カーマイケルは、黒人が多数の中学校で生徒会の副会長に選出されるなど、人望と才覚を発揮、一九五六年秋、ブロンクス・サイエンス高校(Bronx High School of Science)に進学することになった。同校は、五名のノーベル物理学賞受賞者を輩出した実績をもつ全米屈指の進学校であった。そのなかで、かれは自らの人種ゆえに目立つ存在だった。すでに黒人の人口の急上昇をみていたブロンクスにあっても、カーマイケル自身の記憶によると、約二〇〇〇名の生徒のうち黒人はわずか六〇名程度だったという。[4]

この高校での経験が少年ストークリーにとって大きな転機となった。クラス名簿での順番が隣あっていたことと、アメリカの男子にしては珍しく英領トリニダード出身のストークリーと同じくサッカーが好きだったということで、ある白人少年とストークリーは親しい関係になった。しかも、その少年の父親は、一九三〇年代中ごろにアメリカ共産党幹事長を務めていたユージン・デニスであり、戦後に冷戦が始まると、赤狩りの時代を象徴する治安立法である外国人登録法で逮捕訴追されたことのある左翼運動の大物だった。また、体制順応主義《コンフォーミズム》が色濃かったとされている五〇年代にあって、凡庸さより卓越性を重視する同校の教育環境は、多感な高校生を集めて自由な学問空間を作り出し、正課カリキュラムの外で生徒たちが自発的に行う政治談義はきわめて活発だった。ストークリーは、左翼思想に関心のある白人少年とともに、ある種のチーム――「コキスタ」と自称していた――をつくり、自分たちの未来や政治、そして、高校生男子らしく、気になる女子のことについて語り合っていたという。このように、ストークリーの思春期の特徴は、白人たち、左翼の運動や思想に関心をもつ者たちとの親交があったところにある。[5] それは、当時の黒人にとっては例外的な経験だった。

こうして政治意識を高くしたストークリーが強い関心を示したのが、ハーレムの一二五丁目で雄弁を揮うストリートコーナーの弁士たちである。一九二〇年代のエラ・ベイカーがそうであったように、この市井の雄弁家たちの演説を通じて黒人の闘争の歴史とブラック・ナショナリズムの世界観を知り、マルコムXらが黒人大衆に目覚めよと説くのを耳にして、冷戦公民権とは異なる社会観に触れあったのだ。そこで展開されていた議論は「周囲の社会のどこにもない情報や物の見方」だった。クワメ・ンクルマ、セク・トゥーレなど、その後のカーマイケルに大きな影響を与える反植民地闘争の指導者たちの名は、メインストリームのメディアや学校の授業ではなく、ハーレムのストリートで学び、「荒れ狂う革命の大嵐」がやがて来ると、青年ストークリーは強く感じるようになっていった。[6]

青年ストークリーに強烈な影響を残した人物が、人種平等会議（CORE）の「和解の旅路」に参加し、エラ・ベイカーとともに南部の運動を支援、マーティン・ルーサー・キングに非暴力主義を教授する等々、本書でも度々登場してきた平和主義者《パシフィスト》のバイヤード・ラスティンである。

この青年ストークリーとラスティンとの出会いの経緯はまた、転換期にある黒人自由闘争が人知れず結んでいた左翼運動との関係を垣間見させるものである。ストークリーは高校生にしてすでに地域の左翼が主催する小さな会合に参加を重ねていた。しかし、左翼の会合で黒人に出会う機会は少なく、どことなく居心地の悪さを感じていた。そのようなある集会でのこと、バリトンのよく通る声がかれの耳に入ってきた。声のもち主は、直接行動の戦略的意義を説得的に説明しながら、その日の議論を堂々と支配していた。カーマイケルが友人にその声のもち主の名を訊くと、「なんだ、知らないのか、社会主義者のバイヤード・ラスティンだよ」という答えが返ってきた。こうして、日陰の存在ながら黒人自由闘争に巨大な影響をもつ人物を、カーマイケルは、白人の左翼青年を通じて知るに至ったのである。

それでいてなお、「ラスティンの雄弁術、ディベートのスキル、戦略的分析の巧みさ、聴衆を捉えてゆとりある身のこなしのすべてが強い印象を残した」が、「強いインスピレーションを受けたのはかれの黒さ《ブラックネス》」であった。つまり、ラスティンに惹かれた最大の理由はかれの「人種」だったのだ。[7]

進学先の決定が迫った一九六〇年春、ストークリーは、コミュニストの級友の誘いで、下院非米活動委員会の活動に対する抗議集会に参加するためにワシントンDCを初めて訪れた。連邦議会議事堂に近づいても、抗議参加者のなかで黒人は稀であり、どことなく落ち着かないかれの目にとまったのが、ハワード大学の非暴力アクショングループ（NAG）、すなわちSNCC結成時の議論をリードした学生組織だった。この経験のあと、ストークリーはNAGの学生たちと親交を深め、首都に隣接するヴァージニア州で、人種隔離に抗議するシットインに参加するようになっていった。進学を待つ高校三年の学制年度の終わりの夏に起きた、直接行動の初体験である。これら一連の経験でストークリーはハワード大学を進学先に選ぶ。[8]

二　闘争最前線の非暴力直接行動

ハワード大学と非暴力アクショングループ（NAG）

第二章で簡単に触れたように、NAGはSNCCのなかでひとつの派閥を形成していたグループであり、キング牧師のようにキリスト教福音主義から強く影響されていたナッシュヴィルのグループとは異なり、非暴力の倫理的な側面よりも、当時の反植民地主義・独立闘争に強く感化されていた者たちの集団であった。ハワード大学がアフリカやカリブ海諸国の外交関係者が多いワシントンDCにあるということもあり（外国人留学生のためのレセプションが外交官を交えて行われることもしばしばあった）、NAGでのディスカッションはつねに国際的視点が加味されていたという。興味深いことに、トリニダード生まれのカーマイケルが入学直後に案内されたのは、外国人留学生向けのオリエンテーションだった。[9]

公民権運動における非暴力主義においては、それを生活のすべてを律する信条として捉えるか、政治闘争のいち手段として考えるかで対立があった。しかし、この相違は戦略上の根本的対立を描くものではなく、ある種の傾向性として、運動のなか、さらにはアクティヴィスト個人のなかに同時に存在しているものであり、両者のあいだに明確な線を無理に引くと、かえって公民権運動のダイナミクスを誤って理解してしまう。これを前提に敢えて述べると、ハワードの学生たちは、ナッシュヴィルの学生たちのことを「正義感でイカレている」とみなす向きがあった。[10] ハワードの学生たちは、厚い宗教心を淵源とする非暴力主義に、宗教的信条が得てして向かってしまう独善に近いものをみていたのだ。わけてもカーマイケルははっきりとこう感じていた。

> 本当のところを言うと、わたしが非暴力の精神的な福音主義に嵌《は》まったことなど一度もない。レイシストの凶悪犯を道義的にそして精神的に更生させることがわたしの責務であると考えたこともない。行動さえ変えてくれればいい、これで終わり、以上。道徳的説得、法的規制、さらには実力の行使であれなんだっていい、［白人の］行動変容さえ起きれば十分、そう考えていた。[11]

それでもなお、当時のカーマイケルを魅了したのは、人種隔離撤廃の要求は白人に媚びるだけで時間の無駄だと運動に水を差すブラック・ナショナリストたちよりも、ラスティン流の非暴力と直接行動のプログラムだった。このような非暴力の運動には変革を実現する具体的な戦略があると感じていたのだ。その後、かれはキングからさらに直接こう学ぶ——非暴力直接行動には高い規律が必要であり、それは受動的に暴力を甘受することではない。それは「不当な外的力で自分が支配されるのを拒否し」て、「自己を定義する力をふたたびわがものにすること」[12]である［傍点筆者］。つまり、非暴力主義がカーマイケルにとって魅力的だったのは、それが、黒人に自己定義の力を回復させるからであり、なおかつ効果的な社会の変革の戦略であったからだ。この点に非暴力の魅力をみていた者は、おそらくカーマイケルだけではない。

ハワード大学のキャンパスのなかで、ＮＡＧの学生たちに思想上の大きな影響を与えていたのが、黒人文学者のスターリング・ブラウンだった。カーマイケルは、人知れず行われた多様な抵抗で守り抜かれた黒人の民衆文化の価値を重んじるかれの研究から、「心理的文化的な自律性《オートノミー》」を保つことの意義、「外から強要されることなく言い訳なしで自分自身を定義することの価値」を学んだという。ここからアメリカの人種的規範に疑問をもち、「リスペクタビリティの政治」に異議申し立てを行うまでの距離は近かった。この翌年、NAGの女性メンバー(当時のカーマイケルのガールフレンドだった)が、髪をナチュラルに伸ばして「アフロヘア」にした。当時においてそれは、黒人大学の名門、ハワードの学生らしからぬ逸脱行為であり、寮母を激怒させたという。「アフロヘア」は、単なる流行ではなく、人種的な規範を大きく揺さぶる文化政治的叛抗の開始宣言だったのだ。[13] 時代は人知れず動き始めており、その後、このようなNAGメンバーの感性と傾向、自己定義のパワーの希求は、ブラック・パワー運動で大きく開花することになる。

「わたしはアメリカを疑う!」——公民権運動の転回点

それでも六〇年代初頭の時点にあって、抗議運動に従事する黒人学生の典型的なスタイルは、男子は襟付きシャツにネクタイとスーツ、女子はワンピースというのが典型的であった。シットインなど、抗議の現場での時間が長期になる場合には、大学の課題を行うために教科書を持参していることも少なくはなかった。つまり、当時の社会規範にきわめて従順に応じていたのである。このような黒人学生たちの歩みを検討してみえることは、「アメリカ」に信を置いていた者たちが、次第に大きな疑問を抱え始め、やがては「アメリカ」の再定義を行って抜本的な変革を要求していくようになる模様である。

それは黒人自由闘争の真ん中で起きていたことだった。社会運動の歴史のなかで重要なのは、名指しで指摘できる立法や制度改革のみならず、不定形な規範や社会、さらには人びとが無意識に前提としていた(アルチュセール的な意味での)イデオロギーや、グラムシ的な意味での文化的ヘゲモニーにいかなる変化が起きたかである。これからみるように、ブラック・パワー運動の最大の痕跡は、実のところ、この後者の場面において生じていたのだった。

カーマイケルが本格的に公民権運動に関わり始めたのは、一九六一年のフリーダム・ライドである。NAGのメンバーたちは、このキャンペーンの開始に先立ち、COREのワシントン支部から運動の詳細に関する説明を受けた。興味深いことに、当初のかれらのなかには、この運動に対して否定的な意見をもつ者が多かった。きわめて冷静に、また論理的にこう考えたのだ。

この非暴力のプロジェクトは、道義的にも政治的にもとても怪しい前提と論理に支えられているのではないか。もし南部の官憲にもわずかな良心があったとしよう。すると、かれらは、アクティヴィストを静かに拘束して州外に送り返すだろう。フリーダム・ライドに関心は集まらず、運動は失敗する。世論の関心は、ライダーたちが暴力的弾圧を受けた場合にのみ集まる。だとすれば、残虐行為をじつは期待していることを意味する。人が傷つくことを成功とみなす運動に正当性はあるのか。運動の成否は「敵」がとりわけて愚かな行動をするということにかかってしまうのだが、それが道義的にも戦略的にも正しいのか、と。カーマイケルが回顧しているところによると、説明を聞いた後、NAGの面々はかかる運動の倫理哲学的問題に直面し、じっと黙って考え込んでしまったという。[14]

じつのところ、南部の非暴力の運動を通じて、黒人学生たちはこのような葛藤をずっと抱え込んでいた。人間の基本的善性を前提とする非暴力の運動がアメリカ社会の暴力的な現実に突き当たったとき、暗々裡の前提が露わになった。前提の崩壊の後、すなわち自らが信じた「善」や「義」が消え去った後に、改めてアメリカ社会と自己の再定義が迫られ、かくして生まれた新たな自己が新たなアメリカ社会のヴィジョンを創造していくプロセスがそこで始まっていた。この意味において、南部公民権運動の非暴力主義はナイーヴなものではなかった。それは、アメリカ社会への、そして自己への深くて強い問いかけがつくりだす弁証法と表裏一体の関係だったのである。

また、かれらかのじょらは思弁的であると同時にきわめて行動的でもあった。フリーダム・ライドの開始はとにもかくにも行動が始まったことを意味し、NAGのメンバーのなかから第一陣のフリーダム・ライドに参加を決意する者が現れると、大学のラウンジにあるテレビには、ほんの少し前まで近くにいた友人が暴行されるシーンが映し出された。こうして「問題は抽象論ではなくなった」[15]。放っておくわけにはいかない、そうNAGの学生たちは覚悟を決めたのだ。

カーマイケルは、駅舎での人種隔離の撤廃を目指すキャンペーンの第二陣に参加するために、大学の試験が終わった六月七日にワシントンを発った。試験を最後まで受けたのは、政治活動をしても四年で卒業すると父と約束していたからである。翌日、ミシシッピ州ジャクソンの白人用待合室を使用して逮捕され、最初はハインズ郡刑務所、さらにこの一週間後にはパーチマン州立刑務所に収監されることになった。

パーチマン刑務所は、ミシシッピの流域で生まれたデルタ・ブルースの名曲「パーチマン・ファーム・ブルース」(ブッカ・ホワイトがオリジナルで、エリック・クラプトンもカバーしている)の舞台にもなっていることでも知られており、農園での刑罰労働が奴隷制時代を思い起こさせ、黒人にとって恥辱と恐怖の象徴でもあった。ところが、次々にミシシッピにやってくるフリーダム・ライダーたちを収監するようになると、ライダーたちがその意味を変えていった。カーマイケルによると、「そこで、わたしたちは、熟練したアクティヴィスト、革命家を自任する者たち、牧師、大学教員と一緒になり、刑罰を受けている時間が丸ごと、社会闘争を学ぶ講義、倫理について語る演習、ある種の大学になった」のだった。かれの独房の隣人は、アクティヴィストとして四半世紀の経験をもつCOREの執行代表ジェイムズ・ファーマーだった。こうして、大学一年次の期末試験が終わってわずか二週間後、刑務所のなかで黒人自由闘争の主要なリーダーたちと直接の知り合いになり、二〇歳の誕生日を迎えたのである。[16]

このフリーダム・ライドの運動を通じて、カーマイケルたちは、ひとつの重要な政治的教訓を得ていた。それは、道義的な要請には連邦政府は応じようとしないし、そうしても遅いということである。第三章で検討したように、白人至上主義者が大きな実権を握る南部の政治を変化させるにあたって、連邦政府はきわめて重要な役目を果たしていた。しかし、「進歩的」な北部のリベラルたちであっても、保守派の意向を簡単に無視するわけにはいかなかった。暴力を振るわないということを条件にアクティヴィストたちの逮捕を許すというフリーダム・ライドに対する連邦司法省の妥協的な方針は、この政治的事情の映し絵だった。なぜ、自分たちは刑務所にいるのか、そう問うたとき、連邦政府もジム・クロウ南部の共犯者だからだと結論を出すのは簡単だった。道徳的説得は無駄かもしれない、カーマイケルは(すでに)そう感じていたのだった。[17]

一九六一年秋から翌年春にかけて、カーマイケルは、ハワード大学に戻って勉学を継続するとともに、近郊の街やハイウェイでの人種隔離撤廃の運動に間歇的に参加していた。後述する〈ラウンズ郡自由組織(LCFO)〉を結成する一九六五年まで、運動のなかでも目立った存在ではなく、全国紙でかれの行動が大きく報道された事例もない。SNCCのアクティヴィストのなかで当時大きな注目を集めていたのは、ミシシッピ州での有権者登録運動を率いていたボブ・モーゼスだった(第三章参照)。他方、カーマイケルといえば、大学で勉学に励みながらモーゼスの「活躍」を読み、「援軍に駆けつけるべきかどうか」と自問を繰り返す日々を送っていた。そしてついに一九六二年夏、モーゼスの活動に「加勢」する決意をする。こうしてミシシッピ州グリーンウッドに活動の拠点を得て、カーマイケルの人生は大きく変わり、二年後に大学を卒業すると、SNCCの専従活動家になった[18]。

当時のミシシッピ州の運動が直面していた問題のひとつは移り気な世論であった。「公民権運動の正史」は、あたかも非暴力の運動が人種問題に対するアメリカ人の識見をつねに高めていったかのように歴史を綴る。端的にいって、そのような事実はない。レイシストの暴力が全米の関心を呼ぶことで運動が前に進むことがあっても、その関心は決して長続きせず、白人至上主義者の組織化された激しい抵抗を前に連邦政府に大胆な行動を期待することは難しかった。キング牧師のような全国的指導者が運動を率いる場合、メディアの関心は集まりやすい。しかし、名の知られていないアクティヴィストたちは人知れず死の危険性とずっと隣りあわせに生きていた。このような、アメリカ社会の無関心、優柔不断な連邦政府、そして日常的な人種主義的暴力の只中で、ミシシッピのアクティヴィストたちが思いついたのが、ミシシッピ夏期計画、通称「フリーダム・サマー」である。

一九六三年一一月末、ハワード大学で開催されたSNCC幹部会で、モーゼスがフリーダム・サマーのあらましを提案した。激しい抵抗に遭うなかで停滞を余儀なくされていた有権者登録運動を一気に前へ進める、それにあたって北部の白人学生に運動への参加を呼びかける、と。

これは一九六二年より続く運動のひとつの戦略的到達点であり、単なる「(白人学生の)善意への訴え」ではなかった。第三章で述べたように、フリーダム・ライド運動の際の白人至上主義者の暴力を目の当たりにしたロバート・F・ケネディ司法長官は、ストリートでの抗議運動ではなく有権者登録運動を運動の焦点にするように公民権団体に迫り、リベラルな財団に支援を求めて有権者登録運動に資金を拠出させていた。これを受けて、ミシシッピ州では、SNCC、COREと全国黒人向上協会(NAACP)が、財団からの資金の受け皿として、〈連合組織評議会(COFO)〉を結成することになった。それはまた、白人至上主義テロが猖獗《しょうけつ》を極めるミシシッピ州で公民権運動の統一戦線を維持する試みでもあった。かかる組織的枠組みが必要とされたのは、SNCCとCOREの直接行動主義団体が、しばしば法廷を主戦場とみるNAACPの反対意見――直接行動は法廷闘争よりも犠牲と無駄が多いと考えていた――を押しきる形で運動を展開し、これらの諸団体は水面下で対立を繰り返していたからだった。[19]

そのCOFOは、一九六三年の州知事選挙にあたり、有権者登録を拒絶された黒人たちが投票できる投票会を実施した。イェール大学の白人学生の支援を受けて実施されたこの「模擬選挙」は、法制度上の拘束力がないにもかかわらず、八万人が票を投じるという反響を呼び、黒人市民の政治参加の意欲の大きさを強く示した。そこで、COFOは、一九六四年大統領選挙と連邦議会議員選挙に際して、〈ミシシッピ・フリーダム民主党（ＭＦＤＰ）〉という地域政党を結成し、民主党の党規約にしたがって選挙を実施、八月に開催される民主党大会で白人至上主義者が黒人を排除しているミシシッピ州民主党の代議員資格を奪取するという計画を立てた。鍵となるのは、北部のリベラルな民主党代議員からの支持である。この目論見のなかで白人ボランティアの大量動員は、運動のロジスティックスを支えるという実務的な関心から提案されたというよりもむしろ、リベラルな世論を喚起して政治家に圧力を加えるための方策だったのだ。

他方でしかし、多数の白人が運動に参加することには、きわめて大きな問題が潜んでいた。公民権運動は、なにはともあれ、黒人が主導してきた運動であった。そこに白人が加わると、運動のリーダーシップを誰が担うのかについて人種が色濃く影響を与えることになるし、社会運動の経験のない一般学生の参加は現場を混乱させることが予想された。しかし、孤立したミシシッピの運動にほかの活路がみつかり難かったことと、さらにはまたＳＮＣＣが目指すのは「人種なしの社会 raceless society」であるという「普遍的理想主義」が議論で勝り、フリーダム・サマーの実施が決まったのだった。[20]

だが、運動の過程で「普遍的理想主義」は大きな後退を迫られる。しかし、それは、ＮＡＧのメンバーがフリーダム・ライド開始時に気づいていた、非暴力の運動に内在する論理をそのまま突き詰めた結果でもあり、見方を変えれば、悪い予感が的中したことも意味していた。具体的に起きたのはこういうことだ。

フリーダム・サマーは、六月二一日、ＣＯＲＥの白人アクティヴィストのマイケル・シュワーナー、白人ボランティアのアンドリュー・グッドマン、地元の黒人でフリーダム・ライド経験者のジェイムズ・チェイニーの三名が行方不明になるという事件から始まった。カーマイケルらSNCCのアクティヴィストは、行方不明の報が届いた当日に、事件現場のネショバ郡に入り、現地での捜索に参加するが、早くもこの三日後には、自動車の小さな整備不良を口実に警察から捜索を受け、公民権運動関連の書類を見つけられて逮捕拘禁されてしまった。公民権団体の必死の介入、さらには高まるミシシッピへの関心があって翌日に釈放されるが、かれらの生命が危険に晒されていたのは確かであろう。[21]というのも、行方不明の三名は、地元の警察から拘束されたあとにKKKに引き渡され、KKKの手で殺害されていたのだから。

他方、リンドン・ジョンソン大統領は、近隣の海軍航空隊の水兵数百名を捜査に投入し、この事件に大きな関心を示した。八月四日に農場横の盛り土のなかから三名の遺体が発見されるのであるが、大捜査の過程では、驚いたことに、ほかにも八名の遺体が発見されることになった。しかも八名全員が黒人だった。ここで、アクティヴィストにはひとつの疑念が浮かんだ。連邦政府が慌てて動いたのは、行方不明者に白人が含まれていたからではないか、と。これ以前にも、ミシシッピ州では黒人の市民が殺害される事件が起きていたのだが、それが大きな関心を呼ぶことはなかったのである。[22]

フリーダム・ライド運動開始の前、NAGの黒人青年たちが、非暴力直接行動を支える残酷で危険な論理に気づいていたことは前に説明したとおりである。フリーダム・サマーも基本的には同じ論理のもとで実行された。その論理を敢えて直截に表現すればこうなる——沸き立つ世論が運動を前に進める、愚かなレイシストに愚かに振る舞わせろ、市民を殺させろ、黒人の殺害が無視されるなら、白人を殺させろ。この運動戦略は残酷なまでに「正しい」ものだったのだ。

このような犠牲を払いつつも、それが真の変革につながるには、「善良なる世論」が政治に反映されなくてはならない。冷戦公民権はこう考える。レイシズムは、アメリカ社会や文化を構造的に規定する問題ではなく、健全な政体に時折現れる病理である。「病理」は治療が可能だ。ミシシッピでの出来事は深刻な「病理」の顕れである。だとすれば、アクティヴィストの遺体が発見されたわずか二〇日後に始まる民主党全国大会でMFDPが代議権を得られるかどうかは、アメリカン・リベラリズムとその民主的制度に体制的優越性があるか否かの試金石となるであろう。

こうして民主党大会でのMFDPの処遇に対する期待は高まっていった。この点において、世論喚起を目指したCOFOの戦略はまたしても奏功したのだった。わけても大きな関心を集めたのが、MFDP党員のファニー・ルー・ヘイマーが全国民主党資格審査委員会で行った証言だった。ヘイマーは、二〇人兄弟姉妹の末っ子として極貧のシェアクロッパーの家庭で育った。六歳のころから野良での仕事につき、学校には一二歳までしか通えなかった。ところで、SNCCのミシシッピでの活動は、エラ・ベイカーがモーゼスに勧めたことをそもそもの端緒としていた。ヘイマーのような女性たちこそ、ベイカーが、黒人自由闘争が働きかけなければならないと思っていた人たち――無骨な大衆――だった。ミシシッピの運動、それは、若きベイカーが描いた運動の未来図を実行に移したものだったのだ。一九六二年、ヘイマーはSNCCが有権者登録運動を開始するとすぐそのキャンペーンに参加し、翌年にはSNCCの専従活動家になった。かのじょの活動を知った地主はヘイマーを追い出し、逃げ込んだ先の仮の住み処は銃撃された。さらに、有権者登録を行った帰りの道では、逮捕拘禁されて激しい暴行を受けることになった。[23] 一九六四年の民主党大会にMFDP代議員として臨んだかのじょは、このような経験を、全国にテレビ中継されている代議員資格審査委員会の証言台から、南部黒人特有の強いアクセントがある口調で生々しく語った。そして、「アメリカ」に向かって、演説の最後をこう結んだのだった。

フリーダム民主党に議席がいますぐ与えられないなら、わたしはアメリカを疑う。これがアメリカなんですか。自由の大地、勇者の故郷、でも、わたしたちゃ、毎日のように命を脅されているから、電話の受話器を外して寝なくちゃいけないんだし、それもこれも、このアメリカで人間としてまっとうな暮らしをしたいだけでこうなったんだよ。聴いてくれてありがとうよ。[24]

NAACP執行代表のロイ・ウィルキンスが貧困な黒人女性に見下すような態度で接していたことは第四章で説明したとおりである。そのようなウィルキンスは、文法的に正則の英語を話せないヘイマーのことを「愚か者」と呼んで憚らなかったし、大統領選挙の年の国民的儀式のひとつである二大政党の党大会で証言台に立つことも当然快くは思っていなかった。加えてまた、副大統領候補への指名が有力視されていたヒューバート・ハンフリーに至っては、大会に先立って、「字が読めない女性が大会のフロアに立つことを大統領は許可しないでしょう」とまで述べていた。[25] つまり、民主党大会で起きていたこととは、たんに権利を剝奪された者たちがその回復を請願したということに留まらず、リスペクタビリティを欠くヘイマーの存在、かのじょの声が、公民権運動とアメリカン・リベラリズムの前提を根底から大きく揺さぶるという事態だったのだ。だからこそ、かのじょは、「アメリカを疑う」と批判せねばならなかったのである。
もちろんジョンソン政権にそのような声に耳を貸す意思はなく、リベラルなアメリカの体面を保ちつつ、南部民主党の離反を避ける政治的決着を目指していった。そこで、ミシシッピ州の民主党員を代表して党大会で諸々の活動に従事する代議員としての資格はそのままにし、MFDPには無任所の二議席（議事に参加できるが投票権はなしとするもの）を与えるという「妥協案」を提示したのである。そのうえ、その二議席も全国民主党が任命するものとし、MFDPの意思をほぼ完全に無視したのであった。それでもウィルキンスら公民権運動エスタブリッシュメントのリーダーたちは、妥協案を一定の前進と捉えた。なにはともあれ、全国民主党から黒人の声が認知されることが重要だと考えたのだ。そこで、MFDPが妥協案を受け容れなかった場合、将来の裁判での支援も行わないという脅しまでかけてMFDPの代表団を説得しようとした。しかし、MFDP代表団は、一定の妥協は必要だと認めつつも、無任所の代議員を誰にするかの最終的決定権を資格審査委員会がもっているということに猛反撥した。MFDPの政治的判断能力を疑い、民主主義の理念を問う大きな声を抑え込もうとする意図は明々白々だったからだ。[26]
このような民主党指導者層と公民権運動エスタブリッシュメントと黒人エリートの動きに対して、ヘイマーは、「たかが二議席のためにこんなところまで来たんじゃねえんだよ」と、これもまた特有のアクセントで自らの姿勢を明らかにし、最終的にMFDPは妥協案を拒否した。[27] 前線のアクティヴィストは、エリートの指示に従わなかったのだ。
このときの一連の出来事について、当時のSNCC議長ジョン・ルイスはこう述懐している。

わたしがみてきたところでは、このときこそが公民権運動の転回点でした。［中略］このときまで数年にわたって、挫折、失望、乗り越えられない障壁に何度も繰り返して直面してきましたが、体制《システム》は機能する、システムは耳を傾けてくれる、システムは反応してくれるという信憑がまだ打ち勝っていました。このとき初めて、わたしたちはそのシステムの中枢にまでやってきました。決められたルールに従ってプレイし、やるべきだとされていることは全部行い、求められているとおりのことをしっかりと行って、入口の扉のところまで辿り着いた、すると、目の前でその扉はぴしゃりと閉められたのです。[28]

これは、信条としての非暴力主義を信奉していたＳＮＣＣナッシュヴィルグループのリーダーの言である。

一方、非暴力をひとつの政治戦略とみなしていたカーマイケルもまた、ＭＦＤＰ代議団を支えるアクティヴィストのひとりとしてこの一部始終を目撃していた。その後、作家のロバート・ペン・ウォーレンにかれはこう述べている。「妥協案だとすれば、［ＭＦＤＰには］なにか得るものがあってしかるべきでした。しかしかれらかのじょらにきちんと意見が求められることはありませんでした。民主党はこう言っていたんですよ、「おい、これでも喰らえ、お前らにくれてやれるものはこれくらいなものだ」と」[29]。その後、カーマイケルは、一九六四年の民主党全国大会からおよそ四〇年の長い時が経った後に当時のことを振り返り、「民主党指導層が行った政治的誤算のなかでも最も愚かなもの」だと評することになる。[30] そう感じたのはカーマイケルだけではない。この党大会での経験が、黒人のアクティヴィストたちがアメリカの「システム」への信頼を失い、別の路線を追求していくひとつの大きな理由になった。歴史研究者のトマス・ホルトによると、この党大会で民主党を政治的基軸とする「公民権連合に亀裂が入り、その後長いあいだ払拭されることのない不信と疑念がその亀裂から拡がっていった」のだ。[31] これから二年後、SNCCは、アラバマ州ラウンズ郡で運動の成果を挙げていたカーマイケルを議長に選出し、一九六四年のMFDPとはまったく異なった戦略をとることになるのである。

三 「われわれはブラック・パワーを要求する」

ラウンズ郡自由組織（LCFO）

MFDPの挑戦が敗北に終わった翌年には、しかし、「システム」が変化の可能性をみせた瞬間があった。マーティン・ルーサー・キングの南部キリスト教指導者会議（SCLC）は、アラバマ州セルマで、一九世紀末以後実質的に剝奪されていた投票権の保護を連邦政府に求める運動を行った。統制された非暴力のデモ隊を激しく弾圧するアラバマ州兵の姿にふたたび大きな関心が集まり、投票権法案は異例の早さで可決をみることになった。[32]

ところがしかし、ジョンソン大統領が投票権法に署名した日からわずか五日後の八月一一日、ロサンゼルスの黒人ゲトー、ワッツで、警察官による黒人青年への尋問を契機に黒人市民と警官との大規模な衝突が起きた。その後六日間にわたって騒擾《そうじょう》が続いた結果、死者は三四名、逮捕者約四〇〇〇名にのぼる惨事となった[33]。これ以後、黒人自由闘争は都市の大規模騒擾が濃く暗い影を落とすなかで展開していくことになるのだが、「ブラック・パワー」が運動のスローガンとなったのは、このような時代においてであった。その後、急進的なアクティヴィストたちが「暴動」を「叛乱」と規定したことで、かれらかのじょらが「暴動」を指導して叛乱を教唆しているかのような印象を与え、「ブラック・パワー」と暴力との連関は強まっていった(なお、当時の暴力的な秩序の崩壊をどう語るかについては、終章で詳述する)。しかし、本来、このスローガンと「暴動」とあいだに関係はない。カーマイケルといえば、別のところで別種の暴力に直面していたのである。

ワッツの「叛乱」の炎が燃えているまさにそのとき、カーマイケルはアラバマ州ラウンズ郡にいた。LCFOの運動を支援するためである。

八月一〇日、投票権法制定を受けて、有権者登録を監督する目的で連邦政府の職員がラウンズ郡にも派遣された。一四日、同地の黒人市民は有権者登録を推進するための大規模な集会を開催するが、白人至上主義者から銃で襲撃を受けることになった。ロサンゼルスの騒擾が収まった八月二〇日、今度はカーマイケル本人が狙撃の標的となり、仲間のアクティヴィストで神学を学んでいた白人学生ジョナサン・ダニエルズが死亡することになった。凶弾に斃れたダニエルズがラウンズ郡で活動することを許したのはカーマイケルだった。ダニエルズの死にかれは徹底的に打ちひしがれてしまったという[34]。このとき全米の関心は都市の黒人ゲトーの「暴動」に移っていたのだが、公民権運動を襲う白人至上主義者の「暴力」は一向に衰えを知らず、公民権立法はなんの抑止力もなかったのである。

このころよりカーマイケルらを中心に公民権運動は白人を運動から排除する傾向を強めていく。黒人による白人の排除は、組織内で無意識のうちに白人が尊大な態度をとる等々、今日の表現でいえばマイクロ・アグレッションの積み重なりや、指導権を白人が握ることへの反撥など、人種的偏見に黒人が(過剰に)反感をもったから、つまり、黒人による白人への「敵意」が原因であるともっぱら理解されている。しかし、身体と生命を「取引材料」にする非暴力の残酷さに前線のアクティヴィストたちが耐えられなくなったのもいまひとつの理由だった。黒人を助ける白人に白人至上主義者は殊更激しく怒る、ならば、黒人コミュニティにわざわざやって来て危険を冒すよりも、白人たちに働きかけてくれ、その方が安全だ、という意味もあったのである[35]。

MFDPに対する白人リベラルの「裏切り」と猖獗を極める白人至上主義のテロに直面するなかで展開されたのがLCFOの活動であり、そこでは過去の運動の教訓を踏まえて新たな路線が打ち出されていった。民主党を変革させようとしても無駄である。また、グッドマン、ブラウン、ダニエルズの身に起きたことを考えるならば、白人と共闘するのは不必要に暴力を呼び込むことであり、黒人のあいだの連帯を殺ぐ働きももつ。ならば、黒人の独立政党を結成し、人口の多数が黒人である地域のローカルな権力を奪取するのが先決である。黒人人口が地域人口の過半数を占める地域は多くある。たとえば人口の八〇%が黒人であるラウンズ郡はこの戦略の格好の舞台である。もう暴力・非暴力は議論しない、撃たれたら撃ち返すのが当たり前だからだ。このように考えたカーマイケルたちは、一九六五年三月ごろから組織化活動を開始した。当初、誰ひとりとして有権者登録している黒人がいなかった同郡での活動は、白人至上主義者の暴力的弾圧が頻発するなかで進行しつつも、投票権法施行後に連邦司法省の登録官が到着すると、その活動はいっそうの勢いを得ていった。こうして、一〇月には地域の四〇%の黒人が有権者登録運動に応じ、一九六六年の夏には三九〇〇名が登録を済ませることになったのである。

このLCFOのシンボル・マークが黒豹、ブラック・パンサーである。[36] このシンボル・マークの意味について、LCFOから保安官に立候補していたジョン・ハレットはこう説明する。

> 黒豹は、攻撃を受けると、いったんはコーナーまで引き下がる。だが、生死を賭けた闘いになると、そこから猛烈な反撃を加え始めるんだ。ニグロのわれわれはもう十分攻撃に耐えてきた。いまこそ飛び出して反撃を始めるときなんだ。[37]

1967年3月，ラウンズ郡で活動していたころのカーマイケル

こうして「ブラック・パンサー党」が反撃に出た。翌年に行われた地方選挙に、地域の治安行政の長である保安官や公選職である教育委員会委員に党の独自候補を立てたのである。

このような黒人の政治行動に、白人至上主義者だけでなく、白人リベラルも驚いた。黒人アクティヴィストに裏切られたと感じ、LCFO、すなわちブラック・パンサー党の動きを過激だと感じたのだ。じっさいのところ、ブラック・パンサー党が否定したのは白人が組織のなかでリーダーシップを握って当然であると思い込んで「偉そうに振る舞う」ことであり、協力自体はおおいに歓迎していたのだが、その点が伝えられることは少なく、『ニューヨーク・タイムズ』紙などの主流メディアは、当初よりブラック・パンサー党のことを「黒人政党」と呼び習わした。[38] このように、「ブラック・パンサーは分離主義である」という認識は、かれらかのじょらのじっさいの活動とは関係なしに、その後も長いあいだ広く一般に根づいていき、次章で検討する、カリフォルニア州オークランドで結成された〈自衛のためのブラック・パンサー党〉(LCFOとは別組織)のイメージをも決定していくことになる。

黒人が多数派を占める地域人口の人種別構成を考えるならば、ラウンズ郡のブラック・パンサー党候補の勝利の可能性は低くなかった。しかしだからこそ、白人至上主義者たちの妨害——投票所の予告なしの移転、露骨な投票妨害や脅迫等々——も激しく、さらにはかつての白人リベラルたちの同情的関心もまったくなかった。結果としてLCFOの挑戦は、所期の目標を果たすことができずに終わった。[39] だがしかし、同じシンボルマークを使った政治組織が全米各地で結成されるなど、黒人の独立した政治行動は急速に拡がっていくことになった。こうして、LCFOは、連邦政府を動かそうとすることよりも、二大政党から独立した黒人の政治行動でローカルな実権を奪取しようとする新たな動きの嚆矢《こうし》となったのである。

ブラック・パワー宣言

右にみたように、ブラック・パンサー党は、武装や独立政治行動といった、それまでの公民権運動とは異なる政治的実践を開始し、即時の成果をあげることには失敗したものの、一九六四年の民主党大会でアメリカ政治の「現実」に幻滅した者たちを勇気づけることとなった。こうしてカーマイケルは新世代の黒人アクティヴィストとして注目を浴びるようになり、白人至上主義者の暴力的な抵抗を前に公民権運動が新たな途を探っている只中で「ブラック・パワー」のスローガンを黒人自由闘争のなかに導入することになる。

一九六六年七月、ミシシッピ大学に黒人として初めて入学したジェイムズ・メレディスは、投票権法制定後の南部での有権者登録を促進するために、テネシー州メンフィスからミシシッピ州ジャクソンに向けて、たった独りの行進を開始した。かれは、しかし、ミシシッピ州境を越えたところで、白人至上主義者から狙撃されて重傷を負うことになった。公民権運動指導層は、この行進がレイシストの暴力によって阻まれることの象徴的な意味――運動の敗北――を懸念し、行進継続の是非について議論することになった。そこでカーマイケルは、これ以後の行進は黒人のものであることを強調すること、そして武装自警団を帯同することのふたつを提案した。この提案にウィルキンスら運動穏健派主流の幹部は猛烈に反撥し、カーマイケルとの激論の末、行進から引き上げることを公表する。本書を通じてみてきたように、これまでも公民権運動は、水面下で数々の対立を繰り返して展開してきた。だが、このときの対立は運動の内実に詳しくない者にも知られ、「公民権運動の分裂」が広く喧伝されることになった。

その後、行進は、暑い夏の太陽が照りつけるなか、ミシシッピ州を南下していった。やがて、一行は、一九六二年よりカーマイケルらSNCCの運動の拠点であったグリーンウッドに到着した。行進参加者たちは公立学校のグラウンドで野営する予定にしていたのだが、当日になって市当局が許可を取り消し、強制排除にやってきた警官隊と行進参加者たちのあいだで衝突が起きてしまった。カーマイケルは、その騒動のなかで逮捕され、保釈されて裁判所から出てくると、そこに集まった群衆を前にこうアジった。

これで俺が逮捕されたのは二七回目だ。もうムショになんか行くものか！　あいつら白人が俺たちを鞭打つのを止めさせる唯一の方法とは乗っ取ることだ。俺たちはもう六年も自由を求めて声をあげてきた。でも、なにひとつ得ちゃいない。いま俺たちが声をあげなくちゃならないこと、それはブラック・パワーだ。

この直後、カーマイケルと行動を共にしていた黒人青年でＳＮＣＣアクティヴィストのウィリー・リックスが演壇に飛び上がり、群衆を前にこう問いかけた。「お前らはなにが欲しい？」。集まった人びとは即座に応えた。「ブラック・パワー！」。ふたたびかれは問いかけた。「なにが欲しい？」。応える声は大きくなる。「ブラック・パワー！」。「なにが欲しい？」「ブラック・パワー！」……。群衆が即座に応じることができたのは、このコール・アンド・レスポンスの「パンチライン」を、現地に先遣隊として入っていたリックスが黒人住民たちとリハーサルしていたからだった。[40]

事前の練習があっても、そのことを知る者は少ない。それゆえなおさら、「ブラック・パワー！」と連呼する黒人の群衆の姿は衝撃的だった。このセンセーショナルなシーンが報道されると、メディアの関心はカーマイケルに一気に集中することになった。[41] カーマイケル当人の思想上の師は非暴力運動の戦略家ラスティンであっても、都市での騒擾が頻発するなか、多くの人びとが長身で痩せたかれの体軀に亡きマルコムXの似姿をみた。トリニダードで身につけた英国風の語彙、ハーレムのストリートコーナーで習った雄弁術、そして南部公民権運動の前線で学んだアクセントなど、ブラック・ディアスポラの政治世界から生まれた言語を巧妙に織り交ぜたかれの演説スタイルもまた人びとを魅了した。この「カリスマ」の登場によって、SNCCの活動は、新聞の詳細なリポートに出てくることから、紙面トップで報じられることへと変わった。カーマイケルは「時代の寵児」になったのだ。

しかし、かれの影響力は長くは続かなかった。エラ・ベイカーの組織論を尊び、「名もなき人びと」「歌で讃えられることのないヒーローやヒロイン」の日常に政治性をみるSNCC主流にとって、「時代の寵児」の存在は厄介であり、やがてSNCCのメンバーのなかにはかれを「スターマイケル」と揶揄する者も現れるようになった。カーマイケルの歯に衣着せぬ言動は「炎上」を繰り返し、連邦捜査局(FBI)や地方警察が監視を強化するなか、SNCCの活動は混乱する一方になった。こうして、一九六七年一月、カーマイケルは運動の停滞と混乱の責任をとって、SNCC議長職を退く意向を発表する。その後もかれはメディアからの関心を集め、黒人自由闘争のなかで大きな影響力をもち続けるが、肝心の組織的な基盤が消えてしまうことになった。このころより急進化する黒人自由闘争の主導権はオークランドのブラック・パンサー党に移っていった(次章でこの間の動きを詳しく検討するが、アラバマ州ラウンズ郡のブラック・パンサー党とは別組織であるという点を改めてここで押さえておく)。こうしてカーマイケルが黒人自由闘争のセンターステージで浴びたスポットライトが消えていくと、かれの生活では「プライベートなこと」が比重を増していった。一九六八年三月、南アフリカ共和国のシンガー、ミリアム・マケバと結婚、いわゆる「セレブリティ」の仲間入りをすると、この直後よりギニアへの移住を検討し始めた。そして、同年秋にアメリカを発つと、アメリカの黒人自由闘争における直接の影響力を失っていったのである。[42]

キングなど公民権運動のリーダーは、「ブラック・パワー」のスローガンに、進歩の遅さに対する黒人の絶望をみた。これまでも学生の急進派とは対立することが多かったウィルキンスは、ＮＡＡＣＰ年次大会の基調演説で、「ブラック・パワー」を「逆立ちしたミシシッピ、逆立ちしたヒトラーで逆立ちしたＫＫＫ」と喩えて、「逆差別主義」だと断罪し、ＳＮＣＣと距離をとる姿勢を明確にした。[43] このようなキングやウィルキンスの見立ては、その後のブラック・パワーの解釈に決定的な影響を与えることになる。

黒人自由闘争のなかのブラック・パワー

「ブラック・パワー」のスローガンが生まれた瞬間の演説現場に立ち帰るならば、それはまずはなにより激昂した怒りの表明であったのは確かであろう。また、不用意に激しい言辞を重ねる傾向があったカーマイケルが論争の火に油を注ぎ、その暴力性を強調してしまったのも事実である。しかし、「ブラック・パワー」をこのように捉えてしまうと、それは単なる暴力的なバズワードに過ぎないものになってしまう。もちろん、それは、この言葉がもった多様な意義を矮小化することにほかならない。以下では、一九六六年から六七年のカーマイケルの言動を中心に、その文脈化を試みる。ブラック・パワー宣言以後のカーマイケルの言動は、そのスタイルの意図を理解することが重要である。メディアの関心を集めることを目的に過激な発言を繰り返しているだけのようにみえても、かれの姿勢には一貫性があるし、それを適切な歴史の文脈のなかで解釈すれば、「ブラック・パワー」がなにに動かされ、またそれがなにを動かしたのかもよりはっきりとみえてくる。

カーマイケルは、いくら激しい批判に晒されようとも、自らの発言を丁寧に説明しようとしなかった。「ブラック・パワー」を暴力への呼びかけと断じる解釈については、黒人性《ブラックネス》に暴力性を重ねてみるレイシズムを察知し、「レイシストを相手に礼節を教える役目」を担うのを拒絶し、白人が「成長」するのを「待つ」こともしなかった。たとえば、カリフォルニア州立大学バークレー校で行った、ほとんどが白人の学生を前にした演説でかれはこう述べている。

> 現在、われわれは、この国で、心理的な闘争のなかを生きています。それは、白人の認可なしで、自分たちが望む言葉で自分を語る権利を黒人が有するか否かが関わった闘争なのです。われわれは「ブラック・パワー」と主張し続けます。［中略］われわれは、白人が「ブラック・パワー」を認めてくれるのを待とうとは思いません。待つことはもううんざりです。黒人が動こうとするときは決まっていつでも、その行動をとる前に自らの立場を言い訳することを強要されてきました。いまや立場の釈明を求められているのは白人です。[44]［傍点筆者］

事実の定義は権力作用のひとつであり、白人が押しつける定義に従わねばならない謂れはない。

「言い訳」の拒絶、それは人種の権力関係を編み変える行為そのものであり、白人との対話の拒否とも捉えられたとしても、もはや譲ることができないひとつの言論上の戦略である。カーマイケルはそう考えるようになった(この姿勢は、「言い訳せずにブラックだ(Unapologetically Black)」というスローガンとなって二一世紀のブラック・ライヴズ・マター運動のなかで再興することになる)。一九六三年公民権法制定を後押ししたバーミングハム闘争の際に「われわれは待つことはできない」と語って激烈な直接行動を擁護したのはキングであったが、そのキングの近くで非暴力の運動に従事していたカーマイケルが辿り着いたのは、かかる権力の非対称性の現象学だったのだ。

このように権力の関係性をみるカーマイケルにとっては、非暴力を唯一無二の指針とする公民権運動こそが黒人大衆のフラストレーションの原因となっているように映った。リスペクタブルな市民が平手打ちをされるたびに黒人大衆は怒りを募らせてきた。それでも公民権運動指導層は、アメリカ社会への統合を求めて、黒人大衆よりも白人に語りかけ、白人の許しを待つことしかしなかった。公民権運動最大の成果とされる一九六四年公民権法は社会階梯を順調にあがれる資質をすでにもつ者のためにアメリカ社会の扉を少しだけ開かせただけであり、黒人の大衆はその外に取り残されたままになった。ある黒人市民はカーマイケルにこう言ったという。「(ノーベル平和賞を受賞した黒人の外交官で政治学博士)ラルフ・バンチのお腹を満腹にしている食べ物はわたしには届きもしません[45]」。

黒人の社会は特異なものではなく、むしろアメリカ社会の縮図である。アメリカで生きる黒人は、肌の色で、貧困で、教養を欠くことで、特異なスピーチのスタイルで、さまざまな恥辱を植えつけられて、自分に力があることさえ信じられなくなっている。政治の世界にいるのは、白人の政治家か、キングのような穏健でリスペクタブルな黒人で、「ファニー・ルー・ヘイマーではない」。だからこそ、「MFDPの挑戦でかのじょの存在を打ち出すのが重要だった」。だが、民主党大会の茶番が示したように、アメリカ社会は、包摂的であるように装いながら排除を行う。「この社会のすべての制度の歴史が示していることとは、社会を序列化し構造化するにあたって、ニグロのコミュニティを従属して抑圧された地位に留めておくことが大きな関心事である」ということであり、「白人至上主義の人種主義的想定は社会の奥底まで浸透していて、その社会の機能全体に影響を及ぼしている」のである。

かかる理解は、冷戦公民権が想定したアメリカ社会像とはまったく異質のものであった。かくしてカーマイケルは晩年のマルコムXに急接近し、こう述べる。「アメリカのニグロ・コミュニティは、白人の帝国主義と植民地主義的搾取の犠牲者である」[46]。

マルコムXがアメリカ帝国主義を批判するとき、そこで参照されたのは、もっぱら「アフリカ」だった。カーマイケルが注目を集め始めた時代、アメリカ帝国主義から侵略を受けている場所のシンボルは「ベトナム」に変わっていた。SNCCは、主だった公民権団体のなかで最も早く(一九六六年一月)ベトナム反戦に踏み切った団体であり、ブラック・パワー宣言の二日後、全国ネットのテレビ討論番組に初めて出演したカーマイケルは、いち早く徴兵拒否を宣言した。当時のアメリカの世論は戦争支持が優勢であり、カーマイケルのこのような姿勢は驚きと嘆きでもって受け止められた。だが、これより約一〇カ月後、モハメド・アリが徴兵を拒否し、「お前の望むような人間になれと俺がお前からどうしていわれなきゃいけねえんだ」と述べて、黒人男性の自己規定権を主張しながら叛逆の大きな声をあげる。「アメリカ」に対して黒人が自らの立ち位置を釈明する必要はない、そういう姿勢をはっきりととったのだ。さらに、一九六七年四月、ベトナム反戦の動きにはキングが加わり、アメリカを「史上最悪の暴力商人」と痛罵することになる。黒人自由闘争がベトナム反戦運動と共闘する方向をとり始めたことについて、カーマイケルらブラック・パワーを求め始めた「過激」な黒人ラディカルたちが与えた影響を否定することはできない。[47]

ブラック・パワー運動は、その言葉の表面的な暴力的ニュアンスを切り取られて、非暴力の公民権運動と必ず対比されてきた。だが、平たく言って、その対比は根本的にまちがっている。もし、ブラック・パワー運動と対比すべきなにかがあるとすれば、それは、戦後直後から一九六〇年代半ばまでの公民権運動を傾向づけした冷戦公民権とリスペクタビリティの政治である。公民権運動とブラック・パワー運動は、ときにそれは協和音を響かせ、また別のときには不協和音を響かせる、黒人自由闘争というひとつ大きな闘争のなかのふたつの調性《トーナリティ》なのである。

歴史研究者のキャロル・アンダーソンは、黒人がほんのわずかの進歩を獲得するたびに、猛烈な「反攻《バックラッシュ》」が起き、「黒人の怒り」よりも「白人の怒り」の方がアメリカの歴史の帰趨に決定的な重要性をもってきたと論じている。本書も繰り返し確認してきたように、白人のいわゆる「バックラッシュ」は黒人の急進化にはっきりと先行していた。[48] 黒人自由闘争が対峙したのは、かくも強力な「白人の怒り」であった。

その「白人の怒り」には政治的な力と意味を与えられ、黒人が「怒り」を表現しようものならば、すぐさま犯罪化される。このような政治的な環境のなか、冷戦公民権の戦略はきわめて現実主義的な権力政治を下敷きにしたものだった——国際関係を俯瞰しながら、自由主義の盟主の急所を突き、国際世論を梃子《てこ》に前進を図ろうとしたのだから。他方、非暴力主義は、キリスト者の愛を強調することで、リアルな権力《パワー》の関係のなかで動いているはずの公民権運動をみえ難くさせる役目も果たしてしまった。権力の動きがみえないなかでは、「ブラック・パワー」の声は、いかにも粗野で、いかにも乱暴に響いたのだ。それでもしかし、「アメリカ」にふたたび光を当てるためにはふたつの言葉がどうしても必要だった——それが「ブラック」であり「パワー」だったのだ。

ここまで述べたところでブラック・パワー運動を定義してみよう。——それは、リスペクタビリティをめぐる階級闘争と文化闘争、そして冷戦下で展開された反植民地主義運動とが重なり合う場で生まれた黒さ《ブラックネス》を紐帯にする黒人自由闘争の一局面であり、公民権運動とともにアメリカ政治や社会を根底から再定義することを促した運動である。一九六〇年代のいわゆるカウンターカルチャーの興隆も、公民権運動がブラック・パワー運動へと転轍《てんてつ》しなければ起こりえなかったはずである。次章で検討するのは、カウンターカルチャーを含め、アメリカの社会と文化に大きな影響を残したカリフォルニア州オークランドのブラック・パンサー党である。

第七章
ブラック・パンサー党と黒人ラディカルたちのイマジネーション

はじめに

マルコムXらが弁論をたたかわせていた一二五丁目の交差点からわずか一ブロック南にあり、かつて若きエラ・ベイカーが勤務したニューヨーク市立図書館の分館、ショーンバーグ・センターは、「ブラック・パワー宣言」から半世紀が経った二〇一六年に、この運動に関する特別展を開催した。そのパンフレットはこう述べている。

ブラック・パワーの概念は、一九六六年六月、ストークリー・カーマイケルと、学生非暴力調整委員会〔SNCC〕でのかれの同僚、ウィリー・リックスによって提唱された。ブラック・パワーはこれに先行するほかのイデオロギーとは異なり、多様な形態と思想的内容をもつ多彩な運動となって黒人の意識とアイデンティティに新しい形態を与え、アメリカの現状にいまも影響を与え続けている。〔中略〕この運動は厳密には一〇年程度持続したにすぎない。しかし、アイデンティティ・政治・文化・芸術・教育の問題に関して、先行するほかのどの運動よりも増して巨大なインパクトを残している。〔中略〕それゆえ、二〇世紀と二一世紀のアフリカン・アメリカンの歴史、つまりのところ今日のアメリカ社会を理解しようとすれば、ブラック・パワー運動の深み、幅、遺産と欠点を理解することが必須である。[1]

ブラック・パワー運動については、もっと多くのことが語られ、さらに深い検証がなされなくてはならない。

そのような検証にあたって重要なポイントのひとつは、黒人ラディカルたちのときとして激越な主張を当時の文脈のなかに置くことである。本章の前半では、基礎的な事実を紹介するために、広く検討されているブラック・パワー運動関連の史料の引用を少々長めに行うが、読者のなかにはブラック・パワー論者の過激な言辞に強い当惑を憶える者もいるかもしれない。だが、かかる過激さを今日の見方で文字どおり受け取ってはならない。なぜならば、そのレトリックは、当時のアメリカ社会のダイナミクスのなかで、今日とは違った意味と効果をもっていたからである。

ブラック・パワー運動は、右に紹介したパンフレットにあるように、教育の領域でも大きな影響を残しているのだが、その事実は、この運動を暴力的なものと捉える視角からはみえてこない。そこで本章の後半は、ブラック・パワー運動が遺したインパクトのなかでも最も深淵な意味をもつと考えられている大学の教育カリキュラム改革を求める動きの代表的事例、一九六八年秋、〈サンフランシスコ・ステイト・カレッジ(SFSC)〉の〈黒人学生組合(BSU)〉の闘争を検討する。この闘争は、近隣のオークランドに本部を構えるブラック・パンサー党(BPP)も加勢して展開され、翌年三月に大学理事会が黒人研究学科の創設を約束することで、その目的を達成した。現在、アメリカの多くの大学で同様の教育研究部局があるが、その多くが、ブラック・パワー運動の一部をなす同様の要求から生まれたものである。[2]

一　カーマイケルの理論と実践

アメリカニズムを超えて――モラルからパワーへ

黒人自由闘争のスローガンとしてのブラック・パワーが大きなセンセーションとなった原因のひとつは、この言葉の根本的に曖昧な定義にあった。人びとは自分の好きなように解釈したのである。そこに、前章で述べたとおり、カーマイケルがブラック・パワーの真意を説明しようとしなかったことも相俟って、このショッキングなスローガンは、さまざまに受け取られながら、猛烈な速さで「拡散」していった。

ある者は、これを復讐的暴力への呼びかけと受け取った。このスローガンが発せられたのが逮捕に抗議する群衆の前での怒りに任せたアジテーションであった以上、そのような暗示を否定することは難しい。だが、同時にまた別の者は、このスローガンを人種的な矜持をもてという黒人への訴えと受け取った。だが、人種的な誇りの強調は、かつてのガーヴィ主義がそうであったように、黒人がアメリカ社会から身を離すべきという「分離主義」に容易に結びつくし、「白人」を責めたてる「逆人種主義」とも解釈されかねない。

ブラック・パワーを否定的に受け取ったのはなにも白人に限られなかった。前章で紹介したように、黒人エスタブリッシュメントの代表である全国黒人向上協会（NAACP）の執行代表ロイ・ウィルキンスは、同年のNAACP大会における基調演説で、ブラック・パワーとは黒人の死《ブラック・デス》へ向かうブラック・レイシズムで黒人至上主義、逆立ちしたヒトラー主義で、危険な分離主義的ブラック・ナショナリズムだと断罪していたのである。[3]

カーマイケルは、このような批判の高まりを受けて、メディア向けの記者会見を行うのではなく、政治学者のチャールズ・ハミルトンと共同で『ブラック・パワー――解放の政治学』を発表して、このスローガンの意図の明確化を試みた。かれらによると、ブラック・パワーとは次のような意味であった。

団結せよ、己のヘリテージを認識せよ、コミュニティ感覚を育てよという、この国の黒人に対する呼びかけである。己の目標を定義し、己が属する組織の指導権を握り、その団体を維持し続けろという、黒人への呼びかけである。レイシストの制度と価値観を否定せよという呼びかけである。

ブラック・パワーの概念はひとつの基本的な前提に依拠している――ある集団は、オープンな社会に参画する前に、まずは隊伍を固めなくてはならない。私たちが言いたいのは、多元的社会で強い立場から効果的な交渉能力を発揮しようとすれば、その前に集団的に団結することが不可欠であるということである。[4]

こう述べたかれらがその例としてあげるのが、イタリア系やユダヤ系などの「移民」が、エスニシティ内の団結を強化することでまずはローカルな政治的な権力を握り、その後にアメリカ社会へと同化していった歴史的経緯だった。かれらにしてみれば、アメリカという「メルティング・ポット」は存在していなかった。[5] アメリカ社会は無色ではない。ならば、黒くあれ、というのがかれらの主張だったのだ。

このようなアメリカ社会批判は今日からするとむしろ「自明」のことを指摘しているように思える。だとすれば、そのような感覚こそ、ブラック・パワー運動がもたらした変化にほかならない。

本書第三章は、戦後のリベラルな人種問題理解に大きな影響を与えたものとして、ミュルダールの議論を紹介した。かれにとって「黒人」とは「肌の色が黒いだけのアメリカ人」にほかならず、黒人に特有の歴史や文化、経験は存在していなかった。「メルティング・ポット」がじっさいに存在していると想定するならば、主流の文化に融けきれない「黒人文化」とは、「病理的なもの」にほかならなかったのだ。そのようなかれが描く人種問題の解決とは、自由と民主主義の「アメリカ的信条」を貫徹させることを通じて、人種主義の道義的ディレンマを克服した白人が黒人をアメリカ社会に迎え入れることで達成されるものであり、かかる問題解決の構図のなかで黒人は、主流文化に吸収されていくだけのもの、あくまでも受動的な役割しかもたないものだった。カーマイケルらはこのような問題理解の枠組みを土台もろとも破壊する。かれはミュルダールの議論と冷戦公民権的な戦略を念頭にはっきりとこう述べている。

> アメリカ的信条とアメリカでの実践のあいだに葛藤があると信じている者もいる。この信条は、完全な平等とは言わずとも少なくとも平等な機会と自由、そして正義に重きを置くものであるとみなされている。だがもちろん事実が示していることといえば、平等、自由、正義とは、原意的

には黒人にも該当するとは思われていなかった単なる言葉に過ぎないということである。合衆国憲法第一条がそもそも［下院議員の議員数を算定するにあたって］黒人を人間の五分の三と規定しているではないか。人びとは、仕事、家庭、子どものことで日常的な決定を現実に行い、この利益優先の物質主義的な社会のなかで、信条について思いをめぐらす時間などほとんどない。「仕事をめぐる競争が激しくなっている」「財産価値が下がる」「娘がニグロと結婚する」など煽られたときに、信条について考える者などいない。「アメリカのディレンマ」、モラル上の不安など存在せず、黒人はこのようなディレンマの存在を前提にした決定など行うべきではない。そのような思い込みになんらかの価値があるとすれば、人びとに恥ずかしい思いをさせ、国際的な圧力をつくりだし、教育するためにだけである。[6]

前章でみたように、ミシシッピ・フリーダム民主党（ＭＦＤＰ）の苦い経験で、カーマイケルら黒人青年は、「リベラルな善意」を信用するのはまちがいであり、良心への訴えかけだけでは現状の変革はできないと考え始めていた。一九六六年五月、テネシー州のキングストン・スプリングスで合宿研修会を開催したＳＮＣＣは、民主党のリベラル派を通じて前進を図ろうとしていたこれまでの方針を大転換し、第三政党の結成を今後の運動の方針として決定した。というのも、カーマイケルによれば、「ニグロに民主党［の活動］に参加せよと言うのは、一九三〇年代にユダヤ人にナチ党に参加せよと言うがごときふざけたこと」なのであった。また、「われわれが黒人であるがゆえに、われわれは抑圧されているのであり、ならば、われわれが捕らえられている罠から抜け出すために、われわれはその黒《ブラックネス》さを使ってやる」、そう考えたのだ。[7]

こうして、マーティン・ルーサー・キングが、「アメリカ人の良心」に訴えて、アラバマ州セルマから州都モントゴメリーまで投票権法の制定を求める大行進を行うころまでには、SNCCの指導層は従来の戦略を「無駄な犠牲を払うもの」として捉えるようになっていった。「公民権運動の正史」は、セルマの大行進を一九六三年のワシントン大行進に並ぶ公民権運動のクライマックスとして言祝ぐ。しかし、水面下での公民権団体の確執はすでに深く、SNCCは行進への参加は拒んで、行進が進む沿道周辺での有権者登録運動に精力を傾注したのだった。カーマイケルらはこう考えた。有権者登録を行い、既存の政治家に「ノー」ということは、「実存主義者が語るところの現存の感覚」をもたらすものであり、「現実に生命を取り戻す」ことである、と。デモ行進は無駄だ、権力掌握を目指した票こそが「効果的な交渉能力」の基礎になる、そう考えたのだ。[8]

前章で述べたラウンズ郡自由組織（LCFO）の活動はこのような実践理論に支えられた政治表現だった。その活動は、分離主義的（ブラック）ナショナリズムではなく、アメリカ政治の「現実」に即した黒人たちのラディカルな反応であり適応だったのだ。

制度的レイシズム

カーマイケルとハミルトンの『ブラック・パワー――解放の政治学』での議論のなかで、その後のアメリカにおけるレイシズムに関わる議論にきわめて重要な意味をもつことになるのが、南部型のジム・クロウが消えたアメリカ社会を分析するなかでかれらが辿りついた、レイシズムの新たな捉え方、制度的レイシズム(institutional racism)である。一九六四年公民権法が人種に基づいた公共空間での隔離と雇用差別を違法とし、続いて一九六五年の投票権法が連邦司法省に投票権保護の権限を与えると、黒人自由闘争はこれまでとは根本的に違う新たな局面に突入した。南部で広くみられた制定法による人種差別がなくなり、人種差別を論じるには、差別の存在そのものをまずは立証しなくてはならなくなったのである。

本書第一章は、「公民権運動の正史」を批判しつつ、一九五〇年代の南部ではなく、それより前の北部都市デトロイトでの出来事から黒人自由闘争の語りを始めた。デトロイトの事情がまざまざと示しているように、北部都市であっても、人種間対立は熾烈をきわめていた。ところが、北部の白人世論は、自分たちの空間に人種差別的な構造が埋め込まれているということを認めようとはしなかった。この事情は第五章のニューヨークの事例を通じて詳《つまび》らかに確認したことであるが、そのほかにも、たとえば、奴隷制があった時代には逃亡奴隷が最初に目指す大都市のひとつフィラデルフィアで発刊されていた週刊誌『サタデー・イヴニング・ポスト』は、ブラック・パワーのスローガンが流行し始めたばかりの一九六六年九月に、早くもこのような大胆な論説を掲載していた。

現実を直視しよう、われわれみなが結局のところミシシッピ州民のようなものなのだ。われわれはニグロ問題など存在してはいないとたいていまず熱烈に信じているし、問題の存在を否定するのが不可能ならば、無視すればいいと考えている。適切な学校教育、職、住宅等々、アメリカの体制《システム》が保証する最低限の権利を保証せよという喚《わめ》き声に直面すると、気乗りがしないながらも、

> 昔からある悪を正すためと思えばこそ、できる限りのことをするだろう。その支援の手は、いやいやながら、恩着せがましく差し出されるものであるかもしれない。だが、そんな支援ならば要らないと拒絶する者がいるとすれば、それは現時点で得られる最大限の利益を捨て去っているのだ。われわれが保証できることは最小限の権利だけである。差別や不公正はいまも存在しているし、これからもそうであろうが、このような問題は最小限の権利を超えたところにある。そこはまた、愚鈍である権利、偏見をもつ権利、過ちを犯す権利、自分が思っているほどの能力はなく意地が悪い人間である権利、つまり、われわれみんながもつ基本権である、自分自身である権利の領域に属するものなのだ。そのマジョリティの権利が脅かされるならば、われわれみなに破滅的な結果がもたらされようとも、マジョリティはそれ相応の反応をするだろう。［傍点筆者］

この論説が発表された時期を考えれば、「喚き声」を挙げている者たちと表現されたことが大胆さを増した黒人自由闘争、その後にブラック・パワー運動という名を得る動きであることは言を俟《ま》たない。差別や不公正があるのは当たり前のことであり、なにを泣き言ばかり言っているのだ、黒人の要求にはもううんざりだ、良かれと思ってやっていることまで否定されるならば、こっちにも考え方がある、というわけだ。だが、本書が繰り返し指摘してきたように、いわゆる白人のバックラッシュは黒人の急進化に先立つ現象であった（第一章のソジャーナ・トゥルース暴動を思い起こしてほしい）。もちろん白人リベラル派はバックラッシュと呼ばれる現象を否定的にみていたのだが、一九六〇年代も後半期になると、そのような姿勢にも変化が現れていた。この意味において、そして白人の変化への抵抗が先立つという順序においてのみ、黒人自由闘争の急進化は「アメリカの保守化」に与《くみ》する形になっていたのである。「自分自身である」権利をマジョリティのみに留保することでこれを特権化し、マイノリティの黒人が「自分自身である」権利――黒くある権利――を否定することが恥じ入ることなく行われ始めていたのだ。[9] では、リスペクタビリティを尊ぶ非暴力の運動が続いていたら事態は変わったのだろうか？

カーマイケルとハミルトンの企ては、このような思潮を前にして、目の前に存在し続けるレイシズムを改めて理論化することにあった。かれらはまずレイシズムを広く定義することから議論を起こす――レイシズムとは、「ひとつの人種集団を従属させ、その集団への支配権を維持する目的で人種を考慮した予防的決定や政策」のことである。そして、このレイシズムには、外からみても分かる明示的なものと、一見したところそうとは分からない陰密なものがあった。このレイシズムは、

> 緊密に関係したふたつの形をとる。個人の白人が個人の黒人に対して行うことと、白人コミュニティ全体が黒人コミュニティに対して行うことがそうである。このうち前者をわれわれは個人的レイシズムと呼び、後者を制度的レイシズムと呼ぶ。個人的レイシズムは、殺人、傷害、所有物の暴力的な破壊を引き起こすあからさまな行為を指す。この類型のレイシズムは、テレビカメラで録画され得るし、その行為の過程をしばしば観察することができる。これに対して第二の類型は、より隠微なものであり、ずっと目立たないものであり、その行為を行っている特定の個人を同定し難いものであるが、それでも人間の命《ヒューマン・ライフ》や生活にとって破壊的な力をもっていることに大き

な違いはない。[10]

そして、より厄介なことに、かれらが言うには、制度的レイシズムは「エスタブリッシュされて、リスペクタブルな力」から発していた。かれらはじっさいに目撃した事例から、この制度的レイシズムが動く具体例をこう説明する。

白人のテロリストが黒人教会を爆破して、五人の黒人の子どもを殺害した場合、それは個人的レイシズムの顕れであり、この社会のほとんどの階層の人びとから広く非難されることになった。しかし、このケースが起きたのと同じ街、アラバマ州バーミングハムで、適切な食事が摂れていない、適切な住まいがない、適切な医療を受けられていないために毎年五〇〇名の黒人の幼児が死に、黒人コミュニティの貧困とその住民に対する差別的扱いが原因で、さらに数千人の黒人の生活が破壊され、肉体的に、心理的に、そして知的にひどい障碍を負った場合には、制度的レイシズムの問題なのである。黒人家族が白人の住宅地に引っ越して投石され、家が放火され、地域から追い出された場合、その黒人は個人的レイシズムの赤裸々な行為の犠牲者であり、多くの人びとが、少なくとも言葉だけでは非難の声をあげるだろう。だが、スラム街にある崩れかけた安アパートに黒人を閉じ込め、搾取的な悪徳家主、商人、高利貸し、差別的な不動産エージェントの餌食にさせているのは、制度的レイシズムなのだ。そして、社会は、この後者の場合は知らぬ顔を通して、意味のある対策をなにひとつ行う力をもっていない。[11]

では、どうして社会は制度的レイシズムに無関心なのかと言うと、「リスペクタブル」なひとりの人間は、個人的レイシズムの場合には、その責任から免れることができる。とにもかくにも教会を爆破したわけではない個人は、黒人の家に石を投げたりもしないだろう。しかし、これと同じ人間が、レイシスト的な政策を永続化させる制度を維持しようとしている政治家やその制度を支持し続けているのだ。それゆえ、特定の社会を特徴づけしているのは、赤裸々なレイシスト個人の行為ではなく、制度的レイシズムなのであり、それは、陰密な、個々人のレイシスト的姿勢によって支えられているのである。[12]

平たく言って、制度的レイシズムが問題なのは、鉄パイプやショットガンを持ったKKKの姿がみえないからこそより問題なのだ。ゲトーに黒人を押し込める社会経済制度が一般の市民の無関心――『サタデー・イヴニング・ポスト』のより明示的な言葉を借りれば「愚鈍である権利」――によって支えられているがゆえに、投石を行う白人暴徒よりも、より厄介な問題なのである。制度的レイシズムは、優位な地位にある人間の価値観が日常的な社会慣行を通じて差別的に働くからこそ、公民権法制定以後のアメリカで、黒人にとってより御しがたい「壁」となっていたのだ(それは今日も変わらない)。

この制度的レイシズムのもと、黒人は植民地化された主体となっていた。その模様をカーマイケルとハミルトンは、自由主義の盟主たるアメリカを植民地権力とみなし、ミュルダール流の人種問題理解をはっきりと否定して次のように規定する。

> この国の黒人は植民地を形成し、黒人を解放することは植民地権力の利益にはならないがゆえに、「アメリカのディレンマ」といったものは存在していない。法律によれば、黒人はアメリカ市民であり、大部分のところ、ほかの市民と同じ法的権利をもっている。しかし、白人社会との関係でみれば、黒人は、コロニアルな主体である。それゆえ、制度的レイシズムにはいまひとつ別の名が与えられる。コロニアリズムである。[13]〔傍点筆者〕

このように、かれらの立論に特徴的なのは、アメリカにおける制度的レイシズムをコロニアリズムと同じ作用をもつものとみなしているところにある。そして、この制度的レイシズムを穿つには黒人が主体性を取り戻して団結することが必要不可欠であると考えたのである。その後、黒人の政治力をローカルな場で結集すること、そしてアメリカのレイシズムをコロニアリズムの一形態とみなすことは、さまざまな編曲を施され、その後のアメリカの黒人ゲトーで響き渡ることになっていく。

二　ブラック・パンサー党の登場

黒人の抵抗思想の変化と反植民地主義闘争

このようにカーマイケルがブラック・パワーを定義したとしても、いちどスローガンとして広まったものを改めて制御することは不可能だった。カーマイケルは、かれが意図しない形でこの言葉を使う者の行為の責任まで負わされることになってしまったのである。およそ一〇年後、かれは「SNCCはブラック・パワーのために活動したのだが、ブラック・パワーがSNCCを潰した」と述懐することになる。[14]

カーマイケルが次第に黒人自由闘争での影響力を失っていく模様は前章で述べたとおりである。もとよりカーマイケルらSNCCアクティヴィストの強みは、深南部の運動でのオーガナイザーとしての能力にあった。だが、一九六五年にロサンゼルスのワッツ地区で大規模な「暴動」が起きると、黒人自由闘争の「主戦場」は、南部のジム・クロウから、貧困や失業等々、北部都市で集中的にみられた問題へと移り、南部の外の都市に足場をもたないSNCCの活動は滞りをみせるようになっていた。こうしてSNCCと入れ替わるようにブラック・パワー運動の中心に位置するようになったのがBPPである。

カーマイケルがエスニック集団の集団的政治力の行使をアメリカへの統合のひとつの踏み石とみていたことはすでに確認したとおりである。このような、アメリカ社会へマイノリティが統合されるにあたって、マイノリティ側の努力を重要視する思考にはある一定の保守性がある。アメリカ黒人の歴史に即して言えば、それは、ジム・クロウが確立した時代に黒人の自助を説いたブッカー・T・ワシントンの思想に近似している。[15]

だが、黒人の抵抗思想やその実践を、保守／リベラル／ラディカルと安易に類型化すると、個人的で制度的なレイシズムへの対抗のなかで形成されたかれらかのじょらの思考や戦略を誤って捉えることになる。一見して保守的な思想は、ラディカルな呼びかけへと簡単にギアを入れ替えるのである。たとえば、一九二〇年代、ワシントンの思想に強く影響を受けるも、危険なブラック・ナショナリストとみなされた人物がいた。「力強いわれらの同胞人種よ、立ち上がれ！ Up! You Mighty Race！」と、アフリカと新世界に拡がる「黒人世界」に呼びかけたマーカス・ガーヴィがその代表例である。黒人の自助を訴える「保守的」な思想は、白人との協力を殊更重視せず、「統合」を最終的な目的として措定しないという点において、ブラック・ナショナリズムへと容易に接続され得るのだ。そのガーヴィは、戦後に成長するアフリカ植民地の独立闘争のリーダーたちに巨大な影響を与えることになるのであるが、一九六〇年代になると、アフリカ独立と新興国家建設が惹起した夢がアメリカの黒人自由闘争を動かし始めていた[16]。そして、黒人自由闘争は、「第三世界」で武力による植民地支配への激しい抵抗が繰り広げられ、アメリカの都市でも「暴動」が頻発するなか、また別の局面へと入っていった。ここに登場したのがＢＰＰである。

ブラック・パンサー党「一〇箇条の綱領」

アメリカの黒人に対する抑圧をコロニアリズムのひとつの形態としてみなす考え方は、ガーヴィやＷ・Ｅ・Ｂ・デュボイスをはじめ、黒人の思想のなかでは古くから存在しているものである。しかし、このコロニアリズム／レイシズムの理解が狭い知識人サークルのあいだでの議論だったのに対して、六〇年代のそれは質的に大きく異なる特徴をもっていた。ストリートの片隅で語られるものへと変化して、かつてないポピュラリティを得るようになったのだ。このような変化に当たって巨大な影響力をもったのが、もちろんストリートコーナーの雄弁家であったマルコムXだった。その後の一九六六年一〇月、「マルコムXの怒れる息子たち」を自称する黒人青年たちが動き始めた。――カリフォルニア州オークランドでBPPが結成され、カーマイケル流のブラック・パワーにあった保守性を「黒人ゲトーの自決権」と変奏し、時代の寵児となっていったのである。

ここでBPPの来歴やその活動の詳細を論じるまえに、この「党」の特徴について簡単に断っておこう。BPPは政党を名乗ってはいるものの、選挙政治に関わった事例はむしろ同党の活動の例外にあたる。非常に簡素な行動規範を除くと組織ガヴァナンスに関わる内規をもたず、党の文書記録は少ない。それゆえ、一九七一年前後の組織の最盛期には数多くの黒人が党員を自称し、また他称されていたが、そのような人物が党とじっさいに関係があったか否かを文書に基づいて検証することはおそろしく困難である。これがBPPに関わる歴史的検証をきわめて困難な作業にしている。それでもしかし、同党の活動が与えた「影響」に関心を絞り込むのならば、BPPを織り込んだ一九六〇年代後半のアメリカの歴史を描き上げることは十分に可能である。[17]

BPPは当初〈自衛のためのブラック・パンサー党(Black Panther Party for Self-Defense)〉を正式名称とし、オークランドにあるメリット・カレッジの学生ヒューイ・ニュートンと同市の福祉機関の職員であったボビー・シールが、すぐ後に検討する「一〇箇条の綱領」を書き上げることで誕生した。ニュートンとシールが初めて出会ったのは、〈革命的行動運動(RAM)〉の活動を通じてだった。RAMとは、左翼政党が主催したキューバ訪問事業に参加経験のあるアーニー・アレンを中心に、ロバート・

F・ウィリアムスとマルコムXの思想を学ぶために黒人青年たちが結成していた組織のことである。このRAMが主宰していた学習会を通じて、かれらは、武装自衛という非暴力に代わる運動の戦略の意義と必要性、そしてアメリカのレイシズムを反帝国主義闘争の視点から捉えるということを学んだ。しかし、RAMの活動が学習会を中心とする「知的傾向」をもっていたことに限界を感じ始め、メンバーのことを「肘掛けイスに腰掛けた革命家（arm-chair revolutionary）」と揶揄し始めた。そのようなときのこと、ニュートンは、一九六五年の騒擾で荒廃したロサンゼルスのワッツ地区で、LCFOが使っていた黒豹のロゴが描かれた車両に武装して乗り込んだSNCCのメンバーたちが、暴力的な警察を監視するために地区をパトロールしているということを、SNCCの機関誌『ザ・ムーヴメント』で読んだ[18]。これに強くインスパイアされてBPPが結党されるに至ったのである。

ニュートンとシールは、「ブラック・パワー」の意味を周囲に解釈されるままにしたカーマイケルやSNCCとは対照的に、結党後すぐに「一〇箇条の政策綱領」を策定して党のアクションプランを示した。それは以下のようなものである。

一．われわれは自由を要求する。われわれは、われらの〈ブラック・コミュニティ〉の運命を決定するを要求する。

二．われわれは、われら人民の完全雇用を要求する。

三．われわれは、資本主義者によるわれら〈ブラック・コミュニティ〉の収奪を終わらせることを要求する。

四．われわれは、人間の住み処として相応しい住居を要求する。

五．われわれは、この頽廃的なアメリカ社会の真の性格をわれら人民にはっきりと伝える教育を要求する。われわれは、われらの真の歴史と、現下の社会においてわれわれが担うべき役割を教える教育を要求する。

六．われわれは、黒人男性を軍役から免除することを要求する。

七．われわれは、〈警官暴力《ポリス・ブルータリティ》〉と黒人の〈殺害〉の即時停止を要求する。

八．われわれは、連邦、州、軍、そして市の監獄や刑務施設に収監されている黒人人民の解放を要求する。

九．われわれは、合衆国憲法の規定にしたがって、黒人人民が裁判を受けるときには、同じ地位に属する仲間、もしくは〈ブラック・コミュニティ〉の人民から選抜された陪審員によって裁かれることを要求する。

一〇．われわれは、土地、食料、住居、教育、衣服、正義、平和を要求する。[19]［〈　〉内、原典では頭文字大文字］

ところで、この綱領がつくられてから六〇年後、ブラック・フェミニズムとブラック・ラディカリズムを先頭で牽引し、自らBPPの活動に短期間ではあるが従事したことのあるアンジェラ・デイヴィスは、この「一〇箇条の綱領」が二一世紀の今日も失っていない魅力を高く評価する。かのじょが経験したところによると、ブラック・パワー運動とは、当時の公民権運動の限界と捉えられていたことに対するひとつの反応だった。公民権運動は「既存の社会のなかでの法的権利の獲得を目指すこと」に執心したのだが、ブラック・パワー運動は「職、住宅、ヘルスケア、教育等々」の「内実がある権利を要求するために、社会構造そのものに挑みかかった」。黒人自由闘争の歩みをこのように捉えるかのじょは、ブラック・パワー運動に、一九世紀の奴隷制廃止論者《アボリショニスト》の似姿をみた。「最も先端的なアボリショニストは、奴隷制は奴隷制を廃止するだけでは終わらない、発展を遂げる新たなデモクラシーのなかに元奴隷を組み入れる制度を構築しなくてはならないと考えた」。多くの歴史研究者が指摘しているように、奴隷制によって生産される産品の重要性を考慮するならば、南北戦争開戦の時点で奴隷が全面的に解放されることはほとんど予想できていなかった。そのようななかにあって、アボリショニストたちは、壮大なスケールでの奴隷解放を過激に夢想して実現させた。包括的で急進的な「一〇箇条の綱領」は、そのようなアボリショニストよろしく、不可能を可能にする行動を書き上げていた。[20] 右のとおり、ＢＰＰの一〇箇条の綱領は非現実的で過激である。だが、デイヴィスにとっては、そのラディカルなイマジネーションこそが重要なのである。

　デイヴィスが述べているように、この綱領の現代的な意味はまちがいなく大きい。――たとえば、最もわかりやすいところで、第八条などは今日のブラック・ライヴズ・マター運動が掲げるアジェンダのひとつである。黒人自由闘争はここで一足跳びにブラック・ライヴズ・マター運動へと進むのだが、そのように歩を速めるまえに、ＢＰＰの「一〇箇条」がもった意義は当時の文脈のなかでまずは理解されなくてはならない。なぜならば、そのような慎重な検討を通じてこそ、黒人自由闘争の歴史が現代にもつ意味はより克明になるからである。

話を六〇年代に戻そう。公民権運動が南部で明らかにしたことは、アメリカのレイシズムの残忍さであった。フリーダム・ライドの際に運動参加者を襲う白人暴徒たち(一九六一年)、ミシシッピ大学に黒人が入学した際にキャンパス内外で狼藉のかぎりを尽くした白人暴徒たち(一九六二年)、バーミングハム闘争での放水と黒人教会爆破(一九六三年)、ミシシッピ・フリーダム・サマーでの三人の公民権運動家殺害(一九六四年)、セルマ闘争の際に容赦なくデモ参加者に棍棒を奮うアラバマ州兵(一九六五年)と、公民権運動は、人命を伴う大きな犠牲を払いながら、善と悪の衝突という道徳劇を、テレビ映像を通して鮮明に演じ上げ、レイシズムの凶暴さを公衆の面前で明らかにした。これに加えて六〇年代も半ばを過ぎると、ベトナムでのアメリカ軍の蛮行も家庭へ直接伝えられるようになっていた。

この当時にはまた、全国的な公民権運動のリーダーシップに大きな変化が起きていた。一九六七年四月四日、キングは、ベトナム戦争反対の姿勢を一段と鮮明にする演説を行った。それまでのかれは平和主義《パシフィズム》に依り立つ温和な反戦の立場をとっていたのだが、このときの論理展開は違った。アメリカの好戦的な外交姿勢は貧困の問題を蔑ろにし、収奪的で物質主義的な資本主義の擁護を最優先するものであるとして政策批判を行い、ベトナム民衆の希望は共産主義体制の樹立ではなく植民地からの独立であると述べて反資本主義・反植民地主義の観点から痛烈な批判論理を押し出したのだった。公民権運動主流派――すなわちブラック・パワー批判派――はこのようなキングの動向に猛烈に反撥した。こうしてキングは、ラディカル化を主流派から批判され、他方でブラック・パワーを唱道するラディカルたちから非暴力主義を批判され、一九六七年も中ごろになると、「キングの時代は終わった」とすら囁かれていた。[21] つまり、BPPが登場したとき、黒人リーダーシップにはある種の空白状態が存在していたのである。

ブラック・パンサーのドラマツルギー

このような事態の変転のなか、BPPの一見したところ過激な主張は、青年たちはもとより、急進化したキングの動きにシンパシーを寄せる者の耳にも突き刺さった。こうして、「一〇箇条の政策綱領」は、単なるスローガンだったブラック・パワーに、簡明な行動指針を与えることになった。そこに冷戦公民権の姿は跡形もなくなっていたのである。

このBPPの活動のなかで衆目の関心を最も強く集めたのは、「自決権」のための「コミュニティ・パトロール」つまり武装した党員が警官の行動を監視する自警活動であった。この当時になると、南ベトナム解放戦線の戦いに黒人ラディカルたちは強く鼓舞され、自らの闘争の目的を「ゲトーの自決権」の獲得に置くようになっていた。そのようなかれらにとって黒人ゲトーの監視を行い、しばしば過剰な暴力を行使する警察は、南ベトナムに展開する米軍と同じく、植民地主義的な「占領軍」であった。このような理論に支えられ、そしてまた（銃を目視できることが銃の使用の「抑止力」になるという発想で）公共の場で銃を携行する際には隠し持ってはならないとするカリフォルニア州法を利用し、この活動はまずオークランドの黒人ゲトーで（BPP党員に尾行される白人警官以外には知られることなく）地味にスタートした。

しかし、きわめてスタイリスティックな姿で、ドラマティックに動くことが、BPPのひとつの特色である。一九六七年二月、BPPとRAMは、マルコムXの二周忌に併せた集会をサンフランシスコで計画し、夫人のベティ・シャバーズを招待した。ニュートンとシールは、シャバーズがかのじょの夫と同じく刺客に襲われることを危惧すると同時に、警察が警護に動かないことを予測して、サンフランシスコ国際空港に、黒のベレー帽、黒革のジャケット、青色のシャツ、そしてショットガンを携行した男性党員七名と共に現れ、ニューヨークから到着したシャバーズのエスコートを始めた。シャバーズは、黒人作家エルドリッジ・クリーヴァーとの座談会の収録のために、サンフランシスコ市内の新左翼系出版社ランパーツに行くことになっていたのだが、その行程も九名の武装BPP党員が警護を担当した(クリーヴァーの来歴については次節で詳述する)。事務所前にはシャバーズの来訪を待っていた記者が集まっており、かのじょに発言を求めてアグレッシヴに動いた白人記者とニュートンのあいだで諍いが起きた。これを制止しようと動いた警官隊とニュートンとのあいだでも小競り合いが起き、現場を目撃したクリーヴァーによると、ピストルのホルスターを外した警官に向かってニュートンは「上等じゃないか、丸々肥えたレイシストの豚野郎、撃ちたいなら撃てよ、撃ってみろ、臆病者の犬」と啖呵《たんか》を切ってショットガンを構えると、事態がエスカレートすることを避けた警官隊は不承不承ながらその場から去って行った。[22] この光景に強い感銘を受けたクリーヴァーは、この後、BPPに「広報担当」として参加し、ニュートンら若き黒人ラディカルと新左翼の白人とのあいだの橋渡し役となっていく(なお、その後、パンサー党員は警察を「豚」と呼ぶことを慣例とした。そのことは、度重なる警官暴力《ポリス・ブルータリティ》の被害者となってきた経験が黒人の心のなかに刻み込んだ恐怖心を消し去ることに寄与した一方、警察のなかでパンサー党員への敵意を醸成させ、同党に対する激しい弾圧を促すことに結果した)。

槍とショットガンを手に「非西洋的」な椅子に座るヒューイ・ニュートン．この姿は，赤と黒のチェ・ゲバラのポートレートと並び，カウンター・カルチャーのアイコンとなった

このように突如として現れた武装黒人青年を前に、後の大統領、ロナルド・レーガン州知事に代表される同州の保守派政治家たちの動きは早かった。凄惨な銃乱射事件が何度繰り返されても異常なまでに銃規制に後ろ向きな今日の「保守派」の姿とは裏腹に、公共の場での銃の携行を原則的に禁止する法案を上程し、州議会は議論もそこそこに急遽可決したのである(ムルフォード法)。なお、オークランド北西部の郊外の街、ピードモント選出の共和党州議会議員ドナルド・ムルフォードを中心とした銃規制を推進した政治勢力は、個人の財産権の不可侵性と契約の自由を根拠に、不動産取引における人種差別を禁止した州条例を廃止する住民投票を提案して立法化に成功させた者たちとほぼ同じであった。BPPは、すなわち、一九六四年のバリー・ゴールドウォーターの大統領選敗北後、新たな装いで隊伍を再編した保守主義、その後のネオ・リベラルたち――独特の論理で制度的レイシズムを自由な市場の名の下に擁護・放置する人びと――に挑みかかることになっていたのである。[23]

　このような州議会の動きに対してBPPは、ふたたびかれらが得意とする劇場めいた白昼の政治行動で応じる。一九六七年五月二日、ショットガンと弾丸ベルトで重武装した党員を州都サクラメントに送り込み、レーガン知事が会見のために議事堂周辺の庭に現れる瞬間を狙ってテレビカメラの前に立ち、「行政指令書第一号(Executive Mandate No. 1)」と名づけた声明を読み上げたのである。それは次のように呼びかけていた。

ブラック・パンサー党は、アメリカ人一般と、とりわけ黒人に対して、レイシストのカリフォルニア州議会の動向に強い注意を払うことを呼びかける。この議会は、国中のレイシスト警官たちが、黒人人民へのテロ行為、残虐行為、弾圧行為を過激化しているまさにそのときに、黒人を武装解除し、力のない存在に留めておく法案を討議しているのだ。この国の歴史の原点にある黒人人民の奴隷化、それに引き続くアメリカン・インディアンに対するジェノサイドと保留地への監禁、夥《おびただ》しい数の黒人男女が犠牲になった残虐なリンチ、ヒロシマ・ナガサキへの原爆投下、そして現在行われているベトナムでの卑劣な虐殺、これらすべてのことが、アメリカのレイシスト権力構造は有色の人びとに対してはひとつの種類の政策しかもち合わせていないことの証明である。それは、弾圧、ジェノサイド、テロ、そして政治的で軍事的な抑圧なのだ。［中略］だからこそ、自衛のためのブラック・パンサー党は、黒人人民に呼びかける。手遅れになる前に武装せよ。[24]

影の内閣を組織していたBPPでは、ニュートンが防衛大臣、シールが中央委員会議長の任についていた。「行政指令書」という声明の呼び名はこのような活動に由来する。良きにつけ悪しきにつけ、このようなセンセーショナルな「パフォーマンス」の効果は絶大だった。これまでサンフランシスコ都市圏だけで知られていた同党の名はいちやく全米中に知れ渡ることになったのだ。その後もシアトリカルな活動スタイルはＢＰＰの魅力のひとつとなっていく。

これから五カ月後の一九六七年一〇月二八日未明、ニュートンは警官と口論になって相手を射殺してしまう。諍いのなかで自らも負傷したニュートンが病院に運ばれたとき、かれが拘束衣を着せられて担架に縛り付けられていた写真が報道されると、警察への反感が高まっていった。――鎖で繋がれた黒人男性の姿が奴隷制のイメージを喚起したのだ。ＢＰＰは、この事件を警官が計画した政治的弾圧だと捉え、「不当拘禁されている政治犯」たるニュートンの釈放を求める運動、「フリー・ヒューイ集会」を展開し、これを党の最優先の活動とした。ブラック・パンサーのトレードマークとなった黒のベレー帽、ジャケットとパンツの「ユニフォーム」で整然と並び、「フリー・ヒューイ！」、そして「革命のときがきた！　ブタを殺れ！　Revolution has come! Off the pig!」と連呼する党員の姿はまた、センセーショナルでスタイリッシュな点で映像にも映えた。こうして、ＢＰＰは、さまざまなところで大論争を呼び起こしつつも、新左翼《ニュー・レフト》の白人からも広範な支持を受け、これまでの公民権団体とはまったく異なった新世代の武闘派集団として全米に名を轟かせることになっていったのである[25]。

三　黒人ラディカル統一戦線の模索

ＳＮＣＣとＢＰＰ

ＢＰＰが文字どおり劇的な形で黒人自由闘争に登場してくる一方、これまでラディカルな黒人青年の運動を先頭で牽引していたSNCCでは、「ブラック・パワー」が引き起こした激しい論争のなかで権力闘争が勃発していた。一九六七年五月、カーマイケルは、一連の不用意な発言の責任を問われて議長の職から解かれ、その後任には温和な人格と目されていたH・ラップ・ブラウンが就いた。しかし、ブラウンは、七月にデトロイトで「暴動」が起きていた最中に、メリーランド州ケンブリッジで「アメリカが変わらないなら、焼きつくせ」と述べて白人所有の商店の襲撃を示唆し、叛乱教唆の罪で連邦捜査局（FBI）から追われることになる。その後もカーマイケルよりもさらに戦闘的《ミリタント》な発言を繰り返し、SNCCに対する公衆の反撥をまねき、公民権運動内での孤立はむしろ深まっていった（当時のデトロイトについては次章で詳述する）[26]。

他方でBPPでは、じっさいの組織化や組織運営に不慣れな者が多く、大学や高校での顔見知りを超えたネットワークやリソースをもち合わせていなかった。カリフォルニア州議会での抗議の際の党員はわずか一〇名程度であり、恐ろしい速度で拡大する党勢に適切な対処をすることができなかった。そこで、ニュートンは、公民権諸団体のなかでも最もレイシストの暴力が激しかった場所で活動してきたSNCCには「最も規律のとれた指導層」がいると考え、組織運営の支援を求めて接近を図っていく。また、SNCCの幹部のなかにも、BPPをライバルとみるよりも、共闘可能な唯一の組織と考える者がいた。たとえば、企画委員長のクリーヴランド・セラーズは、BPPには「ゲトーにいるミリタントな黒人、つまり、これまでSNCCが親密な関係を築くのに失敗してきた集団の耳目を集める」能力があると捉え、「機能停止状態に陥ったSNCCがふたたび息を吹き返す」ためには、「BPP＝SNCC同盟」が必要だと考えていた[27]。こうして、BPPとSNCCは統一戦線を形成する方向へと動き始めていった。

ところがしかし、このような目論見は最初から大きく躓《つまず》くことになった。当初ブラック・ナショナリストの闘士《ミリタント》と目されていたBPPは、「フリー・ヒューイ集会」以後、アメリカ共産党をはじめとする左翼運動との連携を強めて、組織的な性格をシフトさせていったのである。というのも、BPPにとって喫緊の課題となったのは、警官殺害容疑で起訴されたニュートンの弁護活動であり、法廷活動でのリソースとスキルがあり、BPPが頼ることができるのはしっかりとした組織をもっている左翼団体やそのメンバーたちだったからだ。かくして、下院非米活動委員会から喚問されたことのあるマルクス主義者であり、全国弁護士組合サンフランシスコ支部会長のチャールズ・ギャリーがニュートンの弁護を担当することになった。このような左翼との連携の橋渡し役となったのが、時代の寵児となっていたエルドリッジ・クリーヴァーである。クリーヴァーは、強姦と殺人未遂の罪で服役しているときに、新左翼の雑誌『ランパーツ』に寄稿を始め、一九六六年の釈放後すぐに同誌の編集スタッフとなっていた。ネイション・オヴ・イスラーム（NOI）との邂逅や獄中での知的成長など、亡きマルコムXを思わせるかれの経歴に魅力を憶える白人の知識層は多く、一九六八年二月、かれの既刊のエッセイを集めた『氷の上の魂』が刊行されると、それは瞬く間にベストセラーとなった。クリーヴァーがBPPのイベントに現れ始めたのはこのころである。こうしてBPPの「フリー・ヒューイ集会」には、新旧の左翼団体に所属する白人の活動家が多く関わるようになっていった。当時の左翼の運動の焦点はもちろんベトナム反戦である。BPPもベトナム反戦活動にも強くコミットするようになると同時に、ムルフォード法の制定によって「コミュニティ・パトロール」ができなくなると、同党の相貌は大きく変化したのである。

このような流れがＢＰＰとＳＮＣＣの共闘に影響を与えることになる。一九六八年二月一七日、ＢＰＰとＳＮＣＣは、そのほかのミリタントな黒人団体、さらには白人学生を中心としたニュー・レフト組織〈民主社会のための学生たち（ＳＤＳ）〉と共催で、オークランド・オーディトリアムで五〇〇〇名を集めた大集会を開催した。この大会でＢＰＰはＳＮＣＣとの合併予定があることを発表し、大会のクライマックスにはカーマイケルが演壇に立った。ところが、このころになるとカーマイケルは、人種統合を否定し、人種の自決を重んじるあまりに分離主義《セパラティスト》的な方向へ傾斜していた。かれによれば、共産主義も社会主義もレイシズムには対処できず、黒人には「われわれの黒人性《ブラックネス》に語りかけるアフリカのイデオロギーが必要」であり、それは「左右ではなく、黒《ブラック》であるかどうかの問題」だった。このようなかれの問題の定式化に、会場にいた左翼活動家が強い当惑と怒りの感情を憶えたのはもちろんのことである。[28]

「公民権運動の正史」で理解されているブラック・パワー運動のイメージでは、ブラック・パワー運動とは、アメリカ社会への統合を目指す公民権運動とは反対を向いた動きであり、黒人分離主義やブラック・ナショナリズムを標榜したと描かれている。歴史のなかのブラック・パワー運動はもちろんこれとは異なり、喫緊の問題に対処するなかでその路線はさまざまに分岐し、人種、階級、政治イデオロギーなどがいくつも交差する複雑な模様を描いていた。「公民権運動の正史」の強い影響力を考えるならば、このことは何度強調しても強調し過ぎることはないであろう。

そのなかにあってＢＰＰの際立った特徴は、ほかのマイノリティ集団、さらには新旧を問わず白人左翼との連携を追求していた点にあった。六〇年代後半は、ブラック・パワーに触発され、ラティーノがブラウン・パワー、アメリカ先住民がレッド・パワーを主張した時代でもあった。また、BPP結党当初から日系アメリカ人二世のリチャード・アオキが党活動に深く関与しており、活動のなかに最初に銃を持ち込んだのも、また「パトロール隊」に基礎的な武術のトレーニングを行ったのもかれだった。「黄色い脅威《イエロー・ペリル》はブラック・パワーを支持する」と記されたプラカードをBPPの集会で掲げるかれらの姿は当時の模様を伝える映像ではお馴染みの光景だった。[29] BPPの政策綱領には人種／エスニシティを入れ替えるだけで転用可能な可塑性があり、それが同様の抑圧の歴史と経験をもつ有色のマイノリティにとって大きなインスピレーションの源となったのである。

また、同党はブラック・ナショナリスト組織ですらない。ニュートンは、「黒人文化」や「アフリカ文化」を強調するだけで変革が実現できるということを嘲笑し、そのような立場を「ポークチョップ・ナショナリズム」と侮蔑的に呼んでいた。それは政治的抑圧に対する反動にすぎず、抑圧への抵抗の論理を欠いているものだったのである。[30] このようなBPPの政治的な立場は、その後に文化ナショナリストのロン・カレンガが率いる組織、〈US《アス》〉のメンバーとの抗争にも至ったことから当時にあっては広く知られていた。[31] BPP、さらにはブラック・パワー運動全般を分離主義的なブラック・ナショナリストとする批判は、ブラック・パワーに批判的な保守派や、ロイ・ウィルキンスなど、当時の主流の公民権指導層の偏頗《へんぱ》な見解を無批判になぞっているに過ぎず、むしろ運動への無理解を示すものであると言わざるをえない。BPPと黒人分離主義とはむしろ相容れない。それゆえ、ブラック・ナショナリズムに傾斜していたカーマイケルと意を違えることになるのはある意味では当然のことであった。

ＳＮＣＣ研究の大家であるクレイボーン・カーソンによると、ＢＰＰもまた、ＳＮＣＣの組織的性格を誤解していた。カリスマ的なリーダーを中心にトップ・ダウン型の組織構造をもつＢＰＰは、ＳＮＣＣとの共闘にあたって重要なのはトップリーダー同士の合意だと思い込んでいた。そこで交渉を取りつける相手として選ばれたのがカーマイケルであった。ところが、ＳＮＣＣが中核となって結成されたＭＦＤＰがトップダウン的に示された妥協案を拒否したことに象徴的に示されているとおり、ＳＮＣＣは集団内のコンセンサスをなによりも重視する組織であった。それゆえ、カーマイケルの言動に反撥を憶える幹部も多く、ＳＮＣＣの中央委員会は合併に総論として賛成してはいたが、それをいかに実施するかについての議論は一向に深まらなかった。むしろ両組織が接触するにつれて、カーマイケルですらも、ＢＰＰの好戦的な態度は自ら進んで窮地に追い込んでいるに等しいと捉え始めていたし、ハワード大学で学び学究的な面があったかれにとって、わけても獄中で学び直観で動くクリーヴァーとの距離は遠かった。このようなＳＮＣＣの動向にＢＰＰ幹部たちも苛立ちを憶え、両者の相互不信感は次第に高まっていった。[32]

このような事態の進展を巧妙に利用したのがＦＢＩであった。ＦＢＩが非暴力の公民権運動家すらも国家転覆を目論む破壊組織の一員だと考え、反体制派反撃防諜作戦（ＣＯＩＮＴＥＬＰＲＯ《コインテルプロ》）と称する非合法の諜報／活動妨害作戦の対象にしていたことは、（レオナルド・ディカプリオ主演『Ｊ・エドガー』などの）ハリウッド映画の題材にもなって、現在では広く知られた事実である。ＳＮＣＣとＢＰＰとの関係がぎくしゃくし始めた一九六八年三月、ＣＯＩＮＴＥＬＰＲＯは、「ミリタントなブラック・ナショナリスト運動に衝撃を与えて団結させることができるメサイアの出現の防止」を優先的な作戦とし、黒人ラディカルが連携することの抑止に全力を傾注したのである[33]。

かつては傍観、今度は弾圧と連邦政府の黒人自由闘争への態度が変化するなか、六〇年代の時代を画する大事件が起きた。四月四日、清掃労働者のストライキを支援してメンフィスにいたマーティン・ルーサー・キングが暗殺されたのである。この翌日カーマイケルは『ワシントンポスト』をはじめとする新聞記者を前にこう述べた。

白いアメリカは、昨夜キング博士を殺害するという最悪のミスを犯しました。キング博士を殺すことで、道理のある希望を殺したのです。昨夜、キング博士を殺したとき、われわれの人種のなかで、年長世代も、ミリタントも、革命家も、黒人大衆もみんなが耳を貸すたったひとりの人間を殺したのです。時として黒人の動きにキング博士が同意しなかったときもありますが、かれらはそれでもキング博士の言うことには耳を傾けていました。白いアメリカは黒人に宣戦布告をしたのです。アフリカから最初の黒人を拉致して連れてきたときもそうしました。黒人は辛抱強く、今日も抵抗を続けていますが、いよいよ最終的決戦がやってきました。それは明らかです。火を見るより明らかです。黒人はこれに生き残る方法をみつけなくてはなりません。生存できる唯一の方法、それは銃を取ることです。白いアメリカは銃を持っているからこそ、われわれを抑えつけることができるのですから[34]。

この発言の前半部分と後半部分のトーンは違う。じっさいにキングは、そのほかの公民権運動指導層とは異なり、ブラック・パワーを唱える青年ラディカルを一概に否定しようとはせず、その建設的な批判者であろうとしてきた。[35] そのような黒人の運動の橋架け人がいなくなったということを前半部分は的確に指摘している。他方、後半は復讐的暴力の煽動である。キング暗殺のあと、首都ワシントンをはじめ全米の多くの都市で「暴動」が起き、一九六八年は戦後のアメリカの歴史で最も暴力的な年であったとその後も記憶されることになる。そのようななかでメディアが関心をもったのは、もちろん、この後半部分であり、当時の報道にはカーマイケルのこの発言――「白いアメリカは黒人に宣戦布告をした」――が必ず含まれることになった。[36] こうして黒人ラディカリズムと暴力の結びつきは強められていったのである。

一九六八年四月、キング暗殺とその後の「暴動」で、黒人自由闘争は方向感覚を失ってしまった。SNCCとBPPの壊滅を最優先課題としたFBIのCOINTELPROは、この状況を巧妙に利用していく。黒人団体に潜入活動家を送り込み、誹謗中傷の噂を流して運動関係者同士の不信感を煽って「内ゲバ」を教唆するその作戦は見事に奏功し、SNCCとBPPの関係は悪化の一途を辿っていった。そして、一九六八年七月、アメリカのレイシズムを世界に向かって糾弾するため、国際連合本部で行われる予定であったSNCCとBPPの合同記者会見が、その直前の準備会合での非難の応酬が原因で中止になると、SNCCはBPPとの絶縁を決定し、ブラック・パワー運動の統一戦線形成は実現をみることなく終わったのであった。[37]

サンフランシスコ・ステイト・カレッジ・ストライキとブラック・スタディーズ

一九六七年一〇月、『ニューヨーク・タイムズ』紙は、八年間公民権運動をリードしてきたSNCCがひどい混乱状態にあってもはや組織として機能しておらず、黒人の運動のペースセッターはBPPになっていると報じた[38]。だが、FBIや地方警察による弾圧が強まるなか、BPPの組織的な実情も厳しかった。ニュートンがいまだ保釈されないなか、一九六八年二月二五日、強制捜査の際に警官に非協力的だったとしてシールも逮捕された。その後も党員への監視と微罪による逮捕や起訴は続き、さらにはキング暗殺直後の混乱のなか、BPPが本部を構えるウェスト・オークランドで、クリーヴァーら八名のBPP党員が警官隊と一時間半にわたって銃を撃ち合う事件が起きた。この結果、一七歳の黒人少年ボビー・ハットンが死亡、脚に銃弾を受けたクリーヴァーは、警察から殺害されるのを恐れ、自分が「丸腰」であるのを示すためにわざわざ全裸になって投降した(その後、保釈されて公判を待つあいだに、キューバ、そしてアルジェリアに「亡命」することになる)[39]。加えてまた、八月にシカゴで開催された民主党全国大会は新左翼・反戦団体、さらにはBPPなどの黒人ラディカルの大規模な抗議運動の標的となり、抗議者と市警が激しく衝突を繰り返すなかでシールはふたたび逮捕されて、白人新左翼アクティヴィスト七名と並んで共謀罪で起訴された。早期に保釈された白人ラディカルを脇目に、シールの留置は長く続いた[40]。つまり、一九六八年の大半、ニュートン、シール、クリーヴァーの幹部三名が全員、実質として党運営に関われなくなっていたのである。

だが、こうしてメディア映えするマッチョな男性リーダーたちが「不在」となると、同党の日常的な活動が変わっていった。かれらに代わって党運営を統轄することになった黒人女性イレイン・ブラウンのリーダーシップの下、初期の自警組織としての勇ましい活動はめっきりと影を潜め、無料の朝食サービス、託児所の開設や無料医療クリニックの運営など、黒人ゲトーというローカルな場での教育福祉の向上へと焦点を移していったのである。こうして対決からケアへと党活動の軸が大きく動いたのだが、「黒人ゲトーの自決」という目標から大きくぶれたわけではなく、かれらかのじょらにとってはこの二つの活動領域はきわめて論理的に接続されていた。ブラウンによると、それは、最晩年のキングの貧困問題への取り組みを補完する「サヴァイヴァル・プログラム」だったのだ。[41]

カーマイケルの宣戦布告発言やクリーヴァーと警官隊との銃撃戦など、当時の黒人ラディカルたちの行動には好戦的なものが多い。だが、本書が繰り返し述べているように、黒人ラディカルたちの言動は黒人の動きを先制的に抑え込んできた白人の暴力的抵抗との弁証法の産物であり、黒人の誇りを強調する勇ましい大言壮語だけがブラック・パワー運動の本質ではない。ベイエリア地区のラディカルたちの動きのなかで、それをみていこう。

一九六八年秋以後、黒人ラディカルたちの教育福祉への関心は、ブラック・スタディーズの実施を求める黒人学生たちの動きと連携していった。一九六八年といえば、チェコスロヴァキアやフランス、そして日本でも大衆を動員した大規模な政治活動があった現代史のなかの画期のひとつであり、アメリカも史上最大規模の大学紛争を目撃することになった。その多くは、コロンビア大学の事例を筆頭にベトナム反戦に関わるものであったのだが、この大争点に隠れて、実に三分の一のケースでブラック・スタディーズの創設が要求に掲げられていた。[42] そのような事例のひとつが、SFSCでのエスニック・スタディーズ学院創設の実現を果たすことになる学生ストである。

この紛争は、SFSCの学部学生向けのチュートリアル・プログラムの責任者で英語教員のジョージ・マレイとカリフォルニア州立大学理事会との対立から始まった。マレイは、一九六八年四月よりBPPの「教育相」の任にあり、同年夏、キューバがアメリカの主導の米州機構に対抗して組織していた地域同盟〈アジア、アフリカ、ラテン・アメリカ人民連帯機構（OSPAAL）〉の大会にBPP代表団の一員として参加した。このときにマレイが行った演説には、「ベトナムのゲリラが米兵ひとりを殺すたびに、アメリカで自由のために闘っている者たちの敵がひとり少なくなる」と述べる等々、過激なアメリカ批判が含まれていた。[43] このような「反米的」な活動に理事会の保守派理事は激怒し、九月二六日、八対五の評決でかれの解職を求めることになった。

このことが同大学の黒人学生の自治組合であるBSUを刺激した。ニュートンが投獄されてからちょうど一年目にあたる一〇月二八日、BSUは、BPP党員とともに大学カフェテリアを占拠、すでに運営されていた小規模のブラック・スタディーズ・プログラムを正規の学部へ格上げすることを要求してストを呼びかけたのである。

ブラック・スタディーズ・プログラムは、これより前の一九六八年春に専修課程のひとつとして創設が決定されたものであり、黒人で社会学者のネイサン・ヘアが教務面の調整を担当することになっていた。ヘアは、一九六一年より首都ワシントンのHBCU、ハワード大学で教鞭を執っていた経歴をもつ。黒人学生に人種的団結と政治行動の重要性を説く授業は学生のあいだでの人気も高く、かれを慕っていた当時の教え子のひとりにカーマイケルがいた。一九六〇年代中ごろ、公民権法がジム・クロウを違法化し、政府が人種統合を法の形式上は後押しするようになると、ハワード大学のような特定の人種を対象とした大学の存在が疑問視されるようになった。もはや人種差別はないのに、黒人だけの大学に価値があるのか、というわけである。そこでハワード大学の総長は、一九七〇年までに学生の六〇%を白人にする計画を発表することになった。ヘアがこれを大学新聞で大々的に批判すると、大学はかれとの契約を見直すことを選び、一九六六年九月に解雇されることになった[44]。一連の出来事が起きたのは一九六六年夏、ブラック・パワーが黒人自由闘争の新たなスローガンとなった時期である。

この当時はまた、ハーヴァード大学やイェール大学などでも、黒人の歴史や社会について学ぶプログラムが軒並み実施され始めていた時期にあたる。このようなプログラムは、人種間の和解のために必要な知識を養うことを教育上の目的としたものであったが、それと同時にまた、既存の教育は黒人が直面する現実的な要請になんら応えるものではないという認識と、その認識に基づいた黒人からの強い要求がプログラムの実現にあたって大きな役割を果たしていた。たとえば、当時の黒人学生は、このような経験を語っている。音楽理論に関心のある黒人学生が、チャーリー・パーカーやジョン・コルトレーンらの正統性をめぐって教員と口論になった。その学生は単位を落とした。音楽の授業で正統とされるのは、ベートーベン、モーツァルト、ストラヴィンスキーであるからだ。また別の学生は、マルクス主義と疎外というレポート課題で、こう記さざるを得なかった。「一度もその社会の一部になったことがない社会で(黒人が)疎外されることはあり得ない[45]」。

このような現状への対応としてヘアが構想したブラック・スタディーズは、既存の学問は従順な人間を育てることにしかならず、レイシズムが蔓延するアメリカ社会で黒人がしっかりと機能するには、黒人に特有の歴史や価値観を教えなくてはならない、という観点に下支えされていた。また、かかる教育を実践するには「集団的なコミュニティの関与」が必要であると考え、黒人コミュニティの要請に応えることを教育の主眼のひとつに掲げた。このような教育を行うのに相応しい教員は、かれの想定ではもっぱら黒人であった。というのも、「白人は黒人の歴史を教える資質をもっていない、なぜならその歴史を理解できない」からである。[46]

ヘアの考えは、今日からみると本質主義的であり、また確かに分離主義的である。だが、ブラック・スタディーズを要求する大学紛争に特徴的なことは、このような主張であっても、BPPの活動と同じく、ほかの集団、わけても有色のマイノリティとの連携や共闘をアプリオリに排除していなかった点にある。じっさいにヘアの構想が議論を引き起こすとすぐに、アジア系とラティーノの学生はヘアの構想支持の立場を鮮明にし、BSUとともに〈第三世界解放戦線〉(TWLF)という連合組織を結成した。組織名は大仰だが、その目的は、ヘアのマスタープラン——つまり、大学内のカリキュラム再編でその責任者だった人物が策定した提案——を支持するという、穏健なものだった。学生らの言動を過激にみせるのも、また学生たちが大仰な組織名でその望みを語るのも、黒人自由闘争がブラック・パワー運動へ転轍を終えた一九六〇年代後半特有の現象であった。これよりしばらく前、黒人自由闘争は、冷戦公民権の桎梏のなかで、アメリカ社会がリスペクタブルとみなすものを無批判に理想とし、SFSCの黒人学生などは、黒人の将来を担う者として「リスペクタビリティの政治」の最先端に立っていた。黒人で社会学者のE・フランクリン・フレイジアが、白人に憧れる黒人大学の「ブルジョア的」な傾向を嘆いたのは、ほんのわずか約一〇年前のことだった。[47] 黒人自由闘争も黒人学生の日常も大きく変貌を遂げていたのだ。

マレイ解雇に端を発するBSUのストの呼びかけに、TWLFはすぐに応じた。その後、白人学生を中心とする新左翼SDSも合流して、マレイの再雇用とヘアの正教授への昇進、ブラック・スタディーズの学部への格上げ、五〇名の教員からなるエスニック・スタディーズ学院の創設、学院のカリキュラムや財政支援を統括する部局運営の意思決定に学生が参画できる権利、有色の学生の増加などを要求し、一一月六日、いよいよ学生たちはストに突入していった。[48]

その後の展開は単なる大学紛争とは異なる様相を呈した。たいていの大学紛争は、学生と、大学の経営や運営に関わる政治家や理事会、そして大学の教育研究を統括する学長と教授会の三者のあいだで駆け引きが繰り広げられるものである。だが、この紛争でスト学生たちにはベイエリアの黒人、アジア系、メキシコ系のコミュニティの加勢があったのだ。一一月一二日に警官隊が占拠学生の強制排除に動員され、抵抗する多数の学生たちとのあいだで最初の衝突が起きた。この直後、さらなる暴力的な衝突を避け、地域とスト学生とのあいだを遮断して冷却期間と交渉のための時間をつくるために、学長の決定で大学が封鎖されることになった。これをレーガン知事は「安易な解決策」とみなし、大学の正常な授業を再開させるためならば、連邦軍の派遣を要請する決意があることを表明する。つまり知事は力で抑え込むことを提案したのである。この間、教授会が仲裁に入り、教員と学生との対話集会を開催するが、州法上の決定権限をもたない教授会にできることは学生を説き伏せることでしかなく、対話が進むことはなかった。するとやがて、教員のなかには授業を休講とすることでスト学生へのシンパシーを表す者やピケに参加する者も現れ始めた。二二日、ふたたび警官隊とスト学生のあいだで緊張が高まり、警官隊が発砲する事件が起きると、その四日後に学長は辞任を発表し、臨時学長の職には日系アメリカ人の言語学者サミュエル・ハヤカワが就いた。

ハヤカワは、着任直後に、授業を行わない教員とスト学生は即刻処分するという方針を発表、むしろ前任者よりも強硬な手段を講じるが、これがむしろストの規模を拡大させていった。このころまでに学生ストは、地域の黒人コミュニティのなかで支持を集め始め、ブラック・パワーには猛烈に反対していたNAACP支部さえも支持の輪に加わったのである。一二月三日、TWLFが開催した集会は、当時はサンフランシスコ市議会議員であったウィリー・ブラウン、同じくオークランド市議会議員のロン・デラムス(その後、両者ともそれぞれの自治体初の黒人市長となる)らも参加するなかで開催され、大学本部へ向かったデモ隊と警官とのあいだで衝突が起きた結果、三二名の逮捕者を出す事態になった。

それでもストへの支持は勢いを得ていく。翌年一月二三日に開催された集会には学生以外の者も集めて参加者は約一〇〇〇名に達した。この日、参加者たちは「すべての権力を人民に!」というBPPの合言葉を連呼しながら行進を始め、警官がこれを制止しようとしたところでまたしても大規模な衝突となり、四三五名の大量の逮捕者が出る事態となった。それでもまたストへの支持は衰えることなく、スト参加学生の意思の堅固さと地域住民からの大きな支持を前にして、三月二〇日、ハヤカワは、ブラック・スタディーズ、エイジアン・アメリカン・スタディーズ、ラティーノ・スタディーズからなるエスニック・スタディーズ学院の創設を発表するに至ったのである。

右に述べたように、TWLFの要求のなかには、学院運営へ学生の参画があった。当時の多くの大学紛争でみられた学生自治権の拡大要求の一事例であるが、これを大学当局が受け容れることはなかった。しかし、当時の大学紛争が往々にしてほとんどのラディカルな目標を達成できなかったのに対し、ＳＦＳＣやそのほかの大学でのブラック・スタディーズを要求する紛争は、少なくとも具体的で持続的な成果を上げることに成功していたのである。[49] これからおよそ半世紀以上が経った二〇二〇年代、フロリダ州知事のロン・デサンティスをはじめ、アメリカの保守派は、アフリカン・アメリカン・スタディーズやエスニック・スタディーズを反米的歴史観の温床として批判し、猛烈な攻勢をかけている。この当時の大学における変化が、それまでのアメリカを根底から変える礎《いしずえ》になったということを見事に理解しているからにほかならない。

黒人ゲトーの自決権

「公民権運動の正史」は、公民権運動は、キングが暗殺されて混乱が拡がり、「法と秩序」を訴えたリチャード・ニクソンが大統領に当選した一九六八年に終焉したと描く。だが、ＳＦＳＣのストが始まったのは、ニクソンの大統領選挙勝利が決まった翌日のことだった。そして、黒人ラディカルたちの動きを少しだけ解像度を上げてみれば、その活動は低調になったわけでも、人種／エスニシティのあいだの確執を深めさせたわけでもなかった。そして、一九六八年後半から翌年にかけて、ＢＰＰは、かつてのミリタントなイメージを殺ぎつつ、その党勢の最盛期を迎えることになる。ＢＰＰシカゴ支部の支部長で全国副議長のフレッド・ハンプトンは、白人貧困層を含め、多様な人種とエスニシティがひとつの政治連合をつくりあげることに成功し、それを「虹の連合」と呼んでいた。[50]

六〇年代後半、ブラック・パワー運動は、植民地独立闘争の影響をもはや隠しもせず、「黒人ゲトーの自決権」というスローガンのもと、活動の空間も目標もローカルな場に絞り込んでいった。これはそれ以前の黒人自由闘争が連邦政府を動かすことをひとつの目的と考えていたことと好対照をなす。多様なブラック・パワー運動に通底する特徴が、ローカルな問題とグローバルなそれとに関連性をみるという点であり、内国植民地論がグローバルとローカルを結ぶ触媒となった。このような思想に照らし出されたとき、敵意を露わにした暴力的な警官は、多くの黒人ラディカルたちには「占領軍兵士」と映った。また、「白人」に特殊な価値観を基準としていた大学は「白人による洗脳工場」にほかならなくなった。それは、ポストコロニアルな時代の幕開けにおけるアナクロニズムであり、アフリカン・アメリカン・スタディーズ開設の要求は、その後のいわゆる「アイデンティティ・ポリティックス」の発露であるというよりも、脱植民地化が進む世界のなかで教育をアップデートするものであったのだ。このような支配からの解放一般をかれらは「自決権」と表現したのである。そして、南部北部を問わず、住居空間が人種隔離されていた状況、つまり制度的レイシズムが生み出す黒人ゲトーの存在が、このような思考と抵抗の様式を生み出していたのだ。

ブラック・パワーのスローガンが高い人気を得た理由のひとつにその意味の曖昧さがあるならば、正確な定義づけはほぼ不可能である。だが、運動の多彩さのなかにあっても既存のアメリカ社会のなかへ、ただたんに統合されることを疑問視し、アメリカ社会の規範を批判するという点ではある程度の共通性があった。それゆえ、ブラック・パワーを掲げた黒人ラディカルたちは、ミュルダール的な「黒人問題」への解決策を「統合主義(integrationism)」だとして口を揃えて批判したのだった。統合主義は、「アメリカ的信条」がアメリカ社会に現存すると考え、アメリカの体制にレイシズムが織り込まれているとも、またそのレイシズムと植民地主義とに関係があるとも想定していなかった。黒人ラディカルたちはそれを正面から批判したのである。

このような歴史的な流れを踏まえると、ブラック・パワー運動が黒人自由闘争のなかで起こした最大の変化とは、冷戦公民権的な運動からの急速で激しい離脱であると指摘できよう。この時代の黒人ラディカルたちは、「アメリカ」という「近代のプロジェクト」が前提としていた、リベラルな西洋普遍主義の排他的規範性を激しい言葉で暴露し、まずは集団的特殊性に拘り、その後にそれぞれの集団を結ぶなにかを想像/創造しようとしていたのだ。「「アメリカのディレンマ」といったものは存在していない」と喝破するカーマイケルの制度的レイシズム論がその批判の枠組みを提示していたならば、「黒人ゲトーの自決権」というBPPの要求は、アジア・アフリカの脱植民地化の動きとの国際的連帯を示して、黒人を脱植民地化が進む時代の変化の主体であり客体であると規定し直した。そして、ブラック・スタディーズの要求は、教育という「ローカルな場」で「自決権」を要求するひとつの形であったのである。

ブラック・パワー・ラディカルたちの運動は、極度に悪魔化されるか、戯画化されるかの傾向を強く帯び、否定的に捉えられる傾向がいまも根強い。今日の保守派は「寛容すぎる社会」のあり方を批判する際に、こぞって六〇年代の「行き過ぎ」を例に挙げる。だが、この時代の変化がほんとうに「行き過ぎ」であったのかどうかは、ブラック・パワーの影に実体を与えて、今一度詳しく検討されるべきである。

その実体がより鮮明にみえてくるのがローカルな政治の空間である。というのも、ブラック・パワー運動の先頭に立った者たちの主眼は「自決権」にあったからだ。本書の締め括りとなる次章では、このローカルな黒人自由闘争の変貌をふたたびデトロイトにみていく。

終章　灰燼のなかで
——デトロイト黒人ラディカルの闘争

はじめに

本書の大きな目的は、公民権運動とブラック・パワー運動の歴史を二元論的理解の枠組みから解放し、このふたつの運動が織り上げるアメリカ黒人の歩みを黒人自由闘争の歴史として新たに綴ることにあった。過激な言辞を弄しているだけでなんら具体的なプログラムをもっていないようにしばしば映るブラック・パワー運動は、ローカルな場においてこそ、その後も長く続く影響力を残すことになる。たとえば、黒人の詩人アミリ・バラカ（リロイ・ジョーンズ）がニュージャージー州ニューワークを拠点として行った文芸運動、一九六七年のクリーヴランドとゲアリーに始まる黒人市長誕生に向けた選挙政治、さらには前章で検討したカリフォルニア州オークランドのブラック・パンサー党（ＢＰＰ）の活動やブラック・スタディーズの推進等々、多様な運動がそれぞれの地域で大きな刻印を残している。[1] ブラック・パワー運動研究者のペニール・ジョセフが述べているように、「革命を求めるラディカルなレトリックはローカルなレベルで政治的プラグマティズムと混ざり合い、静逸な局面を迎えたブラック・パワーが姿を現した」のである。[2] ブラック・パワー運動の興隆後、黒人の運動はマーティン・ルーサー・キングが運動をリードしていたころの勢いを失って衰退していったという認識——黒人の運動の下り坂勾配論（declensionism）——が捉え損なっているのが、黒人自由闘争のこの局面である。この局面はまた、それ以前の黒人自由闘争が、全米で広く認知されたリスペクタブルな男性を中心に、ジム・クロウ体制打倒を当面の具体的目標として、連邦政府へ働きかけるナショナルな運動であるがゆえに、大きな物語として語ることが容易なのと対照的に、ひとつの物語に編み上げるのが難しいものでもあった。

本書の構えはその困難さに立ち向かう。それゆえ、本書の検討は大恐慌期の北部産業都市デトロイトを冒頭に置いた。本書を締め括るにあたり、焦点をふたたびデトロイトに定める。ローカルな運動の現場をみると、黒人自由闘争が実現したアメリカ社会の変化の具体像が姿を現す。その像は「公民権運動の正史」とは異なった像を結ぶであろう。

一　都市暴動／叛乱の遠近法

「暴動」の推移

一九六七年七月二三日、日曜日の午前三時四五分、デトロイト市警の警官三名が、一二番街にあったナイト・クラブ――それは営業が許可されている時間外にも安価で酒類を提供する安酒場で、「ブラインド・ピッグ」と総称して呼び習わされていた――の捜査に入った。このような予告なしの捜査は、この日の捜査班の一員によると、「ガサ入れに慣れている地域ではルーティン」のようなものであり、この捜査も何事もなく終わるはずだった。しかし、この夜には、ベトナム復員兵のためのパーティが開かれていたために、普段よりも多い八五名の客が集っていて、警官は予想外の客の多さに直面しつつも、客全員を逮捕することにした。その結果、逮捕者を警察車両に乗せるのに一時間あまりを要してしまい、酒場の周囲にはおよそ二〇〇名の人びとが集まることとなった。そうこうするうちに黒人の客が荒々しく扱われている模様に群衆からの抗議の声があがり始め、午前五時には投石が始まった。[3] 住民は日常的な警察の行為にほんとうのところうんざりしていたのだ。この約三時間後、周囲の建物に火が放たれ、群衆を制御できなくなった市警はミシガン州警察に支援要請を発出することになった。[4]「暴動」が始まったのである。

午後一時ごろ、掠奪と放火が急増、暴力的事件は当初の北西部の黒人ゲトーの境界を超えて、市の東側にあるまた別のより古い黒人ゲトー――一九四三年の「暴動」の中心地――にも拡がっていった。このような事態の展開を受けて、デトロイトの大部分を含む連邦下院第一区(当時)から一九六五年に黒人として初めて議員に選出されていたジョン・コニャーズはすぐさま現場に急行し、停車した車に登って拡声器で呼びかけ、群衆を宥《なだ》めようとした。だが、逆に群衆から罵声を浴びせられて投石されることになった。かれのほかにも地域の黒人の有力者たちは事態を鎮めようと必死に動いたのだが、黒人大衆は耳を貸そうとしなかった。[5] これまで白人社会とのパイプ役を果たしてきていた黒人エリートが無力であったことは、その後の市の再建にあたって後述するように大きな影響を与えることになる。

こうして群衆が制止できなくなると、市長のジェローム・キャヴァナフは州兵の派遣要請に踏み切り、午後九時五分、ジョージ・ロムニー州知事が非常事態宣言を発令することになった。このときまでにストリートに繰り出していた群衆の数はおよそ二〇〇〇名に達していた。[6]

アメリカ東部時間地区の最北西部に位置するデトロイトの夏の夜は遅く始まる。それでも午後一〇時が近くなると夏の陽光は周囲から消え、暗がりのなかに約三〇〇〇名の州兵が展開することになった。これがかえって事態を悪化させてしまう。群衆制御の訓練をわずかしか受けたことがない若い白人の武装部隊——かかる訓練は州兵のトレーニングプログラム二八〇時間のうちの六時間しかなく、デトロイトに展開した合計八〇〇〇名の州兵のなかで黒人はわずか四二名だった——は、微かな音にも激しく動揺して過剰に反応したのだ。ある州兵が語ったところでは、「動くもので、黒人であればなんでも撃った」のである。[7] 地方新聞の『デトロイト・フリー・プレス』紙によると、暴力事件の過半数が警察や州兵の無差別発砲を原因としていた。わけても治安回復にあたって大きな障害となったのが、自らの姿が「スナイパー」に晒されてしまうことを恐れた州兵と市警が街灯を破壊したことであった。灯りが消えたなか、部隊の秩序ある展開が困難になったのだ。『フリー・プレス』の記者が目撃したところでは、夜間にヘッドライトをつけて走行していたら、州兵が発砲してきた。なぜならば、ライトがかれらを照らしてしまったからだ。だが、無灯火で走っていると、それはそれでまた撃たれることになった。なぜならば、掠奪品を運んでいると思われたからだ。スピードを上げて走り抜けると、逃げ回っていると思われた。ゆっくりと走行していると、今度は掠奪できるところを物色していると思われた。つまり、なにをしても撃たれる危険に身をさらすことになったのだ（なお、このときの『フリー・プレス』の調査報道は、その迅速で徹底した報道が評価され、同年のピュリツァー賞のローカルニュース部門賞を受けた）。[8] また、州兵に市警と州交通警察からなる混成部隊の指揮系統は混乱し、互いが互いを撃ち合う事態も散見され、火災の消火活動を行っていた消防士が州兵から銃撃されるという事件も起きた。また、地元のニュースラジオ局ＷＸＹＺの報道記者によると、二〇〇名の州兵と市警の混成部隊による激しい無差別砲火は「ベトナムをピクニックのようにみせ」ていた。[9] なかには、タバコに火を点けるためのライターの火を発砲に伴う発火と州兵部隊が誤解し、集中放火を浴びせた結果、周辺にいた四歳の黒人少女が死亡したというケースもあった。

日付が変わった深夜、掠奪や放火はさらに激しくなっていった。その後に判明したところによると、混乱に乗じて過剰な暴力を振るう警官がいたのはもちろんのこと、掠奪犯が持ち運んでいた商品をさらに警官が「掠奪」したケースも報告され、事態は「相乗り暴動」の様相も呈していた。このような騒動のなか、黒人史やブラック・ナショナリズム関係の書籍を集め、地域の黒人知識層の社交場になっていた書店は警官隊によって火を放たれた。事態は警察による「報復戦」にもなっていったのである。[10]

秩序の完全な崩壊を目の当たりにしたキャヴァナフは、午前二時、騒乱がダウンタウンに及ぶことを危惧して、ビジネス活動の自粛を要請した。[11] そのあいだも掠奪や放火は激化する一方であり、死者の数は同日だけで一七名に達した。正午には約五〇〇〇名の州兵が新たに投入され、三六〇名の州交通警察隊、四四〇〇名の市警警官を合わせ、デトロイト市域に展開する人員の総数はおよそ一万四〇〇〇名にのぼった。[12] 現場の状況の視察のために飛行機で上空を飛んだキャヴァナフは、州兵の戦車が火災の痕が拡がるストリートをゆっくりと進む模様を見て、第二次世界大戦に従軍したときのことを思い出した。そこは「空襲の後のロンドン」のようだったのである。[13]

この状況下でミシガン州警察の幹部のひとりは、「暴動は職業的煽動家によって仕掛けられていたと信ずるに足る情報を得ている」と証拠を明かすことなく会見で語り、「人種暴動」の恐怖は増幅されていった。かかる恐怖がまた市域に展開するもっぱら白人の部隊の過剰な反応を誘発していったのである（なお、陰謀の存在は事後に市警が否定している）[14]。

事態がこうなるまでに当局の対応は後手にまわり続けた。じつは、一二番街での最初の事件が起きた翌日の二四日午後二時ごろ、キャヴァナフとロムニーは、連邦軍派遣の要請を検討し始めていた。しかし、翌年の大統領選挙の有力候補と目されていた共和党知事にとって、民主党のリンドン・ジョンソン大統領に支援を請うことは政治的に大きな痛手を負うことを意味し、ホワイトハウスを不用意に信用するわけにはいかなかった。ロムニーが抱いていた不信は、連邦軍派遣の要請についてラムゼイ・クラーク連邦司法省長官と交わした会話のなかでさらに増幅されることになる。要請には書面が必要なのか、また、要請での文言は「推奨する（recommend）」か、それとも「要請する（request）」か、手続き上の仔細についてクラークの説明が何度も変わったのである。さらに、クラークが事態を「叛乱（insurrection）」の状態にあると宣することをロムニーに迫ったことで、連邦制度のなかで治安維持の責任を第一に負う知事は窮地に陥った。——クラークの言うとおりにすると、自分が無能な政治家であることを認めるだけでなく、損壊した動産・不動産に対する保険の支払いが不可能になり、有産者の反感を買うことは必至だったのだ。

そこでロムニーは民主党のホワイトハウスを直接批判する動きに出た。クラークの行動を「法的ではなく政治的」であると記者会見の場で公然と非難し、午後八時五五分に行われた司法省との電話会談でも事態を叛乱とみなすことをふたたび拒否したのである。そこでクラークが、これでは連邦政府は動けないと伝えると、約一時間後に再開された電話会談でロムニーは一定の譲歩を示して「現在進行している掠奪、砲火、銃撃を抑え込むことに対する合理的疑念が生じている」と語ったのだが、あくまでも「叛乱」という表現の使用は拒み続けた。このときすでに最初の会談から七時間が経過していた。ホワイトハウスにとっては不満足なものであっても、大規模な秩序の崩壊を放置し続けるわけにはいかず、結局、この「要請」でもって、連邦軍派遣の準備が始まった。[15]

じつのところ、ホワイトハウスは事態を傍観していたわけではなかった。むしろ強い関心をもって推移を観察し、慎重に行動を起こしていたのである。というのも、ベトナム反戦の声が大きくなり始めているなか、「黒人の母親と子どもを連邦軍の兵士が殺す」画像が流れるのをジョンソンはとりわけて恐れていたからだ。もしこのような事態が起きてしまうなら、ミシガン州当局に向けられるはずの批判と敵意が連邦政府へ向かい始めるだろうし、ジョンソン自身、ロムニーの連邦軍派遣要請の真の意図はむしろここにあると考えていた。そこで、じっさいの軍の展開に先立って、国防次官を退任したばかりのサイラス・ヴァンスを特使とし、フリーダム・ライドやバーミングハム闘争など、南部の公民権運動の最前線で連邦司法省の連絡係の役目を担い、公民権アクティヴィストからの信頼が厚いジョン・ドーア公民権委員会委員長と、全国黒人向上協会（ＮＡＡＣＰ）執行代表の弟で連邦地方関係局長のロジャー・ウィルキンスからなる代表団をデトロイトへ急派、ロムニーの動向を含めた現場の情報が直接ホワイトハウスに入る手筈をまずは整えた。また派遣軍の選定にあたっても、白人の武装軍団が鎮圧に動員されたという印象を避けるために、「ニグロができる限り多い」部隊を確保するように陸軍長官に命じていた。そのうえ、連邦軍部隊の指揮官については、マッカーサー型の「英雄」は不必要とし、官僚主義的に冷静な行動が期待できる将官を探したのだった。[16]

こうして派遣部隊に選ばれたのが陸軍第一八空挺軍団だった。軍団指揮官のジョン・Ｌ・スロックモートン陸軍大将には人種主義暴力と直接対峙した経験があった。一九六一年、ジェイムズ・メレディスがミシシッピ大学に黒人として初めて入学したとき、これに反撥する白人至上主義者が大学街に集結、暴力で黒人の入学を阻止しようとしたことがあった。そのときに現地に派遣された連邦軍師団の司令官だったのである。この軍団はまた、リトルロック高校危機の際に黒人生徒を護衛した第一〇一空挺師団も配下に抱えていた。加えてまた、特使のヴァンスにはこの第一八空挺軍団と行動を共にした経験があった。一九六五年にドミニカ共和国に侵攻したときの派遣部隊のひとつが同軍団だったのだが、このときに大統領全権として現地に赴いたのがヴァンスだったのである。つまり、ジョンソン政権は用意周到に文官・武官のベストメンバーを組んだのだ。[17]

その第一八軍団四七〇〇名は、二四日午後二時、デトロイト市郊外にあるセルフリッジ空軍基地に向かい、先に現地入りしていたヴァンスからの指示を待った。ヴァンスはふたたびロムニーと「叛乱」と呼びうる事態の有無をめぐって衝突し、現状を確かめるために自ら騒乱の視察に向かった。奇しくもこのとき、掠奪も放火も小休止の状態となっていて、思ったよりも静かな光景を目撃したヴァンスは、「事態は沈静化している」とホワイトハウスに伝えた。ヴァンスもジョンソンも、連邦政府がコミットすることは最後まで避けたかったのである。だが暴力事件が夕刻よりふたたび増加し始め、夜の暗闇のなかでの事態の悪化が懸念され始めた。こうして夕暮れが近づいた午後九時、連邦軍の市域での展開が開始、その二時間後には軍団のすべてが投入されることになった。これを受けてジョンソンは、「連邦軍の兵士が女と子どもを撃ち殺し始めるまであと数分か」と漏らしたという。このような嘆きは日付が変わるころに始まった大統領会見に毒気となって吐き出されることになる。連邦軍の介入が苦渋の選択であったことを示すため、わずか八分間の会見中に六回も「ロムニー知事が状況をコントロールできなかった」と語ったのだ。もちろんロムニーはこれに激怒した。[18] デトロイトが燃え、パニックを起こした武装部隊を恐れて黒人市民が身を潜めるなか、大統領と知事は政治のゲームに興じていたのだ。

連邦軍展開後、治安は急速に回復していく。市域に入った連邦軍は、慌てて「応戦」してしまった州兵とは異なり、スナイパー一〇〇名を取り逃がす方が、無実の市民ひとりを殺すよりも望ましいと考え、上官の許可なしに反撃してはならないという方針を徹底させていた。「週末の兵士」である州兵と職業軍人の動きは大きく異なり、二九日までに州兵が発砲した銃弾の数が一五万五五七六発に達したのに対し、連邦軍のそれはわずか二〇二発に留まった。こうして事態は沈静化に向かい、二五日早朝、キャヴァナフ市長とヴァンスが合同記者会見を開いて同日の市内のビジネスの平常化を宣言、夜になると「張りつめたなかにも静寂」が回復されるに至ったのである。[19]

こうして一二番街で投石が始まってから五日目の二七日木曜日、総勢一万八〇〇〇名に達した治安部隊のうち、まずは州警察がデトロイトでの配備を解かれた。三一日には夜間外出禁止命令が解除され、八月二日には連邦軍も帰路についた。この四日後、最後の州兵が発ち、デトロイトは平時に戻っていった。[20]

この一週間後、地方新聞『デトロイト・ニュース』紙の「暴動」報道特集号が一二番街の空撮写真を掲載した。写真に映ったストリートの周辺には瓦礫が散乱し、路面には大きな文字が描かれていた――BLACK POWER と。[21]

「デトロイト」の遠近法

一九六五年のロサンゼルスの「ワッツ暴動」を嚆矢に、六〇年代後半のアメリカは、「長く暑い夏《ロング・ホット・サマー》」になると黒人ゲトーでは度重なり「暴動」が起きた。そのような時代にあっても、デトロイトの被害はあらゆる面でほかを凌駕していた――逮捕者総数七二三一名、死者四三名を数え、被害総額は四五〇〇万ドルに達したのである。一九六七年だけでも一五〇件を数えた「都市暴動」のなかで、ジョンソン大統領が回顧録で触れているのはデトロイトのケースだけである。[22]

その後デトロイトは衰退の一途を辿った。いまでは製造業関連の仕事が流出して、錆《ラスト》のついた廃工場が連なる北部・中西部は、皮肉を込めて「ラストベルト」としばしば呼ばれる。この「ラストベルト」を象徴する都市がデトロイトである。第二次世界大戦の「民主主義の兵器廠」から仕事が消えていくと、それと同時に富も失われていった。産業のグローバル化の進展のなかにあっても研究開発職は郊外に残り、その豊かな郊外と錆びついたインナーシティが成すコントラストは、そのまま白人と黒人の生活圏の違いも示している。一九八〇年にミシガン州における人種別の所得中央値の差はインフレ調整を済ませた値で八三〇七ドルであったのだが、二〇〇〇年にはその約二倍半の二万七八四ドルに達した。デトロイトの税収も激減し、二〇一三年、二〇億ドルの巨大な負債を抱えて破産宣告することになった。現在はダウンタウンの不動産開発を中心に「復興」が進行中ではあるものの、人口の「一％程度の富裕層」が潤っているだけであるとの批判は止まない。[23]

このような「デトロイト悲史」の語りのなかで、一九六七年の「人種暴動」は、七〇年代の「白人《ホワイト》の脱出《フライト》」の原因になったとされ、衰退への下り坂の始まりに置かれるのが常である。だが実態はもっと複雑だった。

まず「暴動」は、それがいかにも起きそうな街で起きたわけではなかった。一九六〇年代初頭、自動車会社の「ビッグ・スリー」が本拠を構えるデトロイトは「アメリカの世紀」を駆け抜ける超大国の経済的成長を牽引し、東京とオリンピックの開催地を競うなど、全米でも最も活力のある都市だった。また、市長のキャヴァナフは当時まだ若さ溢れる三九歳であり、アイルランド系であるということも影響して夭逝したジョン・F・ケネディとイメージ的に重なり、将来の大統領候補と目されて注目を集めていた。一九六四年、ジョンソンが「貧困との戦争」を宣言すると、デトロイトは、ほかの都市の先陣を切って九五〇万ドルの予算を獲得し、「貧困撲滅総合行動計画」と総称されるプログラムを開始していた。「長く暑い夏」の「暴動」が頻発するなか、ワシントンで「貧困との戦争」を統括していた経済機会均等局のコミュニティ行動計画局次長は、「騒動(disorder)を回避できる都市があるとすれば、それはデトロイトです、同市はわが国で最もすぐれた貧困対策事業を行っています」と述べていた。デトロイトは、人種間関係の面でも「モデル・シティ」として広く認知されていたのだった[24]。

この「モデル・シティ」からは、当時のアメリカを象徴する魅惑的なサウンドが次から次へと生まれていた。黒人の音楽プロデューサー、ベリー・ゴーディ・ジュニアが経営するレコード会社、モータウンの本社スタジオがあったのだ。軽快なアップビートのリズムが特徴的なサウンドは、前へ前へと進む公民権運動のビートを刻む「サウンド・トラック」だった。しかし、そのモータウンのスタジオからわずか一マイルほどしか離れていないところにある安酒場が「暴動」の「震源地」となったのだ。つまり、「暴動」が起きたのは、デトロイトの人種差別が殊更激しいからでも、黒人全般が「貧困に喘」いていたからでもなかったのだ。[25]

一九六〇年代後半に黒人ゲトーで起きていた大規模な秩序の混乱は「暴動」と表現されるのがつねである。また、それは「人種暴動」や「黒人暴動」と呼ばれることもある。だが六七年七月末の「長く暑い夏」にじっさいに起きていたこともまた、かかる表現が暗示するものとは異なっていた。

たとえば、ミシガン州公民権委員会は事態を「暴動(riot)」ではなく「市民的騒擾(civil disturbance)」と呼ぶようにメディアに促していたし、治安が回復した後も、ロムニーとキャヴァナフは白人の住宅地が襲撃の標的として選び出された事例がないことを指摘し、それが「人種暴動」であるとは考えなかった。[26] また、当時のNAACPデトロイト支部執行代表アーサー・ジョンソンが四〇年後に当時を回顧したところによると、白人と黒人が殴りあった一九四三年の暴動(第一章参照)は「人種暴動」であっても、一九六七年のそれは異なるとみているし、六七年当時にあっても、たとえば『フリー・プレス』紙の記者、ジョージ・ウォーカーは、「白人がニグロと抗争した事例」はほとんど目撃されておらず、広く行われた掠奪も「ニグロと白人が一緒に行った」ものであり、「これは「人種暴動」とは違う」と報じていたのである。[27]

暴力による治安の混乱をどのように定義するのかは、ロムニーとホワイトハウスの対立が端的に示しているように、重い政治的意味をもつ行為である。「暴動」や「暴徒」という言葉は一連の行為の無目的さと犯罪性を強く暗示する。他方、右にみたように、一九六〇年代の「長く暑い夏」に起きた一連の「暴動」はかかる印象とは異なっていた。このような感覚を的確に捉えた人物にモータウンを代表するアーティスト、マーヴィン・ゲイがいる。一九七一年、技術的に可能になったばかりのマルチトラック技術を駆使し、この数年間感じてきたことをサウンドと和声に巧みに織り重ねながら、暴力の痕跡が周囲に生々しく残るデトロイトのスタジオでこう歌った。——「いったいなにが起きているのだ What's Goin' On?」[28]。

暴動の解釈学

じつは、専門的研究者／一般の市民／アクティヴィストを問わず、当時の少なからぬ人びとが、六〇年代後半の「都市暴動」を「抗議」のひとつの表現形態であると考えていた。その議論を検討しよう。

「貧困との戦争」を統括する連邦政府の行政機関、経済機会平等局の調査員T・M・トムリンソンとカリフォルニア大学ロサンゼルス校の政治心理学者デイヴィッド・O・シアーズは、ロサンゼルスのワッツ地区での世論調査を実施し、同地で起きた一九六五年の「暴動」のことを「ニグロの抗議」であるとみなす者の率が地域の住民の六二％に達していたことを明らかにした。事件を同様に解釈する白人はわずか一三％のみ、これに対して五八％が「単なる暴動」であると断じていたことと比較するならば、黒人にとって「暴動」には特別の意味があったのは明白だった[29]。

ではデトロイトはどうであろうか。『フリー・プレス』紙は、連邦軍が撤収し始めた三日後の八月五日から一週間、公民権団体〈アーバン・リーグ〉のデトロイト支部、ミシガン大学、ウェイン・ステイト大学の社会科学者の協力を得て、同市に住む一五歳以上の黒人四三七名に対して世論調査を行った。その結果報告「一二番街の向こう側で――一九六七年暴動を経てのデトロイト・ニグロの見解」（以下、「フリー・プレス報告」と略す）によると、「暴動」の原因はなんであったのかという質問に対し、回答者のわずか八％のみが安酒場の摘発という直接的契機を挙げ、これを大きく上回る圧倒的多数の八六％が社会経済的な権利剥奪状況や人種差別を指摘していた。人種差別の具体的事例として挙げられたのは、率の高い順から、警官暴力《ポリス・ブルータリティ》（五七％）、近隣の過密状況（五五％）、劣悪な住宅環境（五四％）、就業機会の不足（四五％）、貧困（四四％）と続く。つまり、黒人住民は、黒人ゲトーに特徴的な構造的状況に問題をみていたのである。[30]

ワッツの人びとと同様にデトロイトの黒人もまた、一九六七年七月に起きたことを単なる暴力的な事件だとは考えていなかった。「暴動を始めた人びとの最も重要な目的」に「自分たちのニーズに関心を集めるため」と答えた者の率が五三％に達していたのである。[31]さらにはまた、一九六七年八月にジョンソン大統領が設置を命じた〈都市騒擾に関する大統領諮問委員会（通称カーナー委員会）〉の調査の一環として行われた、社会科学者のアンガス・キャンベルとハワード・シューマンによる全米一五都市を対象とした大規模調査も、黒人回答者のうち男性の五七％、女性の五九％が、「暴動」を「主に不公平な条件に対する抗議である」と考えていたのだった。[32]

このような感覚は、暴力や犯罪を批判する一方で、その再来を期待するという一見したところ矛盾した心情を生み出していた。フリー・プレス報告では、暴力に訴えることでより多くを得られると答えた者は回答者全体の四分の一のみであり、さらにはそう答えた者の約七五％が「暴動」には参加しなかったと回答していた。つまり回答者の大半は暴力を肯定的にみていたわけではない。だが、将来同様の「暴動」が起こりえるか否かを問うと、回答者全体の八四%が起こり得ると考えていた。暴力は否定しつつも、暴力で秩序が混乱することに期待にも似た感情をもっていたのだ。フリー・プレス報告は、その感情を「悔恨と期待の奇妙な混合物」と呼ぶ[33]。この「奇妙な混合物」から滲み出た感情は、ローカル・ラジオ局WXYZのインタビューに答えて語られた黒人市民の体験談にもはっきりと現れていた。

人びとは苦々しい思いばかりしているのです。白人はいつも欺きます。雨が降っていたある日、ワイアンドット［デトロイト北東部郊外の白人住宅地］のガソリンスタンドでタイヤを交換してもらおうとしたことがあったのですが、そこのヤツはやってくれようとしなかったのです。一二ドルも払えというのです。なぜならわたしがニグロだからです。こんなこと［暴動］は良くないことです。でもそれが起こることをずっと期待していました[34]。

こうして「暴動」のなかでゲトーの住人はなにかから解き放たれた感覚をもつことになった。黒人の心理学者、アルヴィン・F・プーサンによると、暴動の現場にあったのはプライドだった。「そこにはある種の解放感があり、まるでフェスティヴァルであるかのように、緊張感が突如として解き放たれ、自分の手で自らを自由にした感覚があった」のだ。また別の白人の心理学者はこう述べていた――「暴動」とは、単なる「レイシズムの犠牲者、つまり歴史における客体から主人《マスター》へニグロが変貌を遂げたこと」を示していた。[35] 混乱のなかでじっさいに起きていたことはヘーゲル流の主と奴の弁証法だったのである。

では、このような感情はどれだけ共有されていたのであろうか。また、暴動にはどれだけ広範な「参加」があったのだろうか。

このような議論の「叩き台」となったのが、ワッツでの「暴動」の直後に民主党のカリフォルニア州知事が任命し、ジョン・A・マッコーンが委員長を務めた〈ロサンゼルスの暴動に関する知事委員会（通称マッコーン委員会）〉が一九六五年一二月に提出した報告書（以下、「マッコーン報告」と略す）のなかで述べられていた見解である。

マッコーン報告は、「暴動」の参加者について、現代的都市生活に不慣れな移住者《マイグラント》たちであり、社会関係も希薄で教育水準も低い「落ちこぼれ（riffraff《リフラフ》）」であったと指弾し、多くて地域住民の二％程度だと結論していた。重要なことに、同委員会は、この「リフラフ」の問題の原因を社会構造やレイシズムではなく、社会適応の途中にいる青少年に特有の個人的規律問題とみなしていた。曰く、都市の中核部《アーバン・コア》の子どもたちは不安定な家族で育ったがゆえに躾《しつけ》も行き届かず、義務教育を中途退学することを自ら選んで、安定した職に就けずに貧困に陥る、その過程で上昇志向を失い、逸脱行為に走る。この「怠惰で混乱した失敗のスパイラル」の行き着く果てが「暴動」だった。かかる認識を下敷きに、マッコーン委員会は、教育と就業の面での支援政策のさらなる推進と同時に、犯罪抑止のための警察活動の強化を提言した。さらに加えて、黒人の「自助努力に向けた決意がなくては、ほかの人びとがなにを行おうとも、それは失敗するに決まっている」と結論したのである。つまり、規律の強化と自助努力こそが「暴動」の最善の抑止策であると考えたのであった。[36]

この報告は、その後に公民権アクティヴィストや研究者たちから盛んに批判されることになる。そして、その論争は「暴動」の本質に関わるより大きな問題へと接続されていく。

批判者たちは、実証の基礎的手続きの問題をまず指摘した――委員会は「暴動」に参加した人びとの調査を行っておらず、ロサンゼルス市警署長のウィリアム・パーカーをはじめとする「法の執行機関」が抱いていた印象をそのまま受け売りしていたのだった。そして批判者たち自身の調査と照らし合わせたうえで、「暴動」の参加者のプロフィールは同委員会の指摘したものとは異なり、その住民参加の割合も、地域住民のおよそ一五％に達する大規模なものであったと反論した。デトロイトの様相もこれと大きな違いはない。カーナー委員会の調査によると、一五歳以上の地域住民のおよそ一一％がなんらかの形で「暴動に参加」していたのだ。また、フリー・プレス報告は、「暴動」の参加者と非参加者の学歴に差異はなかったこと――高校退学者も大卒もともに一八％――を指摘し、参加者の四八％はデトロイト生まれの者であったと指摘した。[37] このような一連の調査を参考に、社会学者のジョン・フィーギンとハーラン・ハーンは、「暴れた人びとのなかには一般住民の広範な層が含まれており、犯罪者やティーンエージャー、過激な人物だけがそうしたわけでない」と結論する。[38] つまり、リフラフ論が描く「暴徒」は「暴動」の多数派ではなかったのである。

じつのところ、マッコーン報告が問題の多い内容を堂々と結論としたことには、この当時のアメリカ社会のより大きな問題が潜んでいた。マッコーン報告が発表されるおよそ一年前のこと、政治学者のダニエル・パトリック・モイニハンは、黒人の家族と貧困の問題を調査した報告書「ニグロの家族

――国民一体となった行動の呼びかけ」を労働省次官の立場で作成した。同報告の目的は、ジョンソン政権の「貧困との戦争」のために労働省が行った調査をまとめ、リベラルな政策を支える根拠を示すことにあった。ところがしかし、報告の内容が報道機関に漏れると、公民権アクティヴィストからの激しい批判に晒されることになった。というのも、モイニハンの報告には、奴隷制が黒人男性の権威を破壊したために黒人家族は母系となったとし、その母系家族が男性に家長としての責務を教えるのに失敗したことに黒人男性の失業の原因を求め、黒人に多い母子家庭を「病的」と規定する箇所があったからである。つまり、レイシズムへの必死の抵抗のなかで生まれた「母系社会」が批判の対象となっており、さらには政治経済の構造的な原因よりも黒人男性の意思や黒人社会の文化的実践が「貧困の文化」の一類型と捉えられていたところに、批判者たちはレイシズムとセクシズムの双方が潜んでいる様をみたのだ。「被害者叩き(victim blaming)」という今日では一般に使われる表現が人口に膾炙《かいしゃ》し始めたのはこの大論争のなかのことである。[39]なお、この論争に関わって、社会学者のダグラス・S・マセイとロバート・J・サンプソンは、モイニハンの意図は黒人青年のための雇用の創出、職業訓練、福祉労働教育政策の充実を通じて社会の構造を変化させることにあったのであり、多くの批判は、報告全体の意図や前後の文脈を無視していたと述べている。また、かれらによると、リベラルな善意が激しい非難にさらされたことで、人種と性が関わるセンシティヴな問題に立ち入ることが忌避されるようになってしまい、貧困に関わる研究が停滞するようになってしまった。こうして生まれた言論上の空白に、貧困の原因を自己責任や生得の性格に帰する保守主義説明が学術的見解を装って入り込んでいったのである。[40]

マセイらの主張は福祉が関わる政治を検討するにあたって貴重な歴史的視座を提供するものである。しかし、本書にはこの論争に深く立ち入る用意も紙幅もない。そこで議論を本書の主題に関わるところに絞って述べるならば、モイニハンに「善意」があったとしても、多分にミスリードなその行論が与えた影響は甚大なものであったと言わねばならない。というのも、マッコーン委員会のリフラフ論もまた、母子家庭が多い黒人家庭の「機能不全」や「貧困の文化」を問題視していた点で、大論争の渦中にあったモイニハン報告と似た論理をとっていたのである。この意味において、それは当時のリベラルな言説とその社会観を反映したものだったのだ。モイニハンが「病理の絡まり(a tangle of pathology)」と述べたところを、マッコーン委員会は「病気の症候(a symptom of a sickness)」と呼ぶ。かれらにとって、「病」の治療は可能だった。なぜならば、アメリカの政体は本来ならば健全であるからだ。レイシズムは「アメリカ」の抜本的変革なしに葬り去ることができるものだったのだ。

このような都市暴動の解釈を支えていたのが、本書で詳しく論じてきた「冷戦公民権」のイデオロギーである。本書第五章はニューヨーク市の学校隔離の問題を取り上げた。じつに興味深いことに、マッコーン報告も、南部以外の地域における人種隔離について、隔離があるがゆえに黒人の成績が悪化したのではなく、黒人の素行や成績が悪いから隔離が進行したと考えていた――エラ・ベイカーらから告発を受けたニューヨーク市教育委員会の態度と同じである。[41] このように考えれば、ジョン・A・マッコーンがアメリカ中央情報局(CIA)の元長官だったことは単なる偶然とは思えなくなってくる。文字どおり冷戦の最前線で戦う機関を率いた者にとっては、「アメリカの世紀」の只中にあって、「自由な体制」には優越性こそあれ、本質的欠陥があるはずなどなかったのだ。

このようなマッコーン委員会の政治・思想的な傾向を当時にあってすでに看破していた人物にバイヤード・ラスティンがいた。――第六章で紹介したように、キングに非暴力を教示し、ストークリー・カーマイケルの知的成長に大きな影響を与えた人物である。かれにとって委員会の結論は原因と結果を逆立ちさせたものにほかならなかった。慢性的な失業状態に黒人が「足を踏み外して落ち込んだ」と委員会は論じる。だが、ラスティンの目には「突き落とされている」と映った。また、掠奪に関わった人びとは遵法意識を欠く者たちではなく、「権利を剝奪された人びとたち」であった。こう述べる論拠としてラスティンが紹介するのが、掠奪したソファを運んでいた黒人が赤信号で立ち止まっていたという、一見したところ愚行にもみえる奇妙な現象である。掠奪者は必死に目の前の機会――それがどのようなものであろうとも――に飛びつき、その後は日常に戻った、だから赤信号で止まったのだ。白人社会はかれらかのじょら黒人たちの声を聞いていなかった。ラスティンにとって、「準備ができていない」のは黒人ではなかった。むしろ「都市」こそが「黒人の命・生活《ブラック・ライフ》」が求めることに応じようとしていなかった」のだ。

どうしてこのようなことになったのか。ラスティンはこうみる。――一九六四年公民権法と一九六五年投票権法が人種差別的なシステムを完全に破壊したと前提するがゆえに、黒人が身を置いている現実がみえなくなってしまったのである。じつにラスティンはマッコーン報告とモイニハン報告に共通点をみる。両報告とも「洗練された哀れみ深さ」で語ってはいるものの、「典型的な白人の黒人に対するステレオタイプ」と「時代遅れで無意味な常套句」を述べているに過ぎなかった。そこに不覚にも姿を顕したのは、ジム・クロウがなくても存在しているレイシズムであり、「変革へ向けた政治的意思を欠くリベラル・コンセンサス」だったのである。[42]

このように判断するラスティンの最も激しい批判は、マッコーン委員会が黒人自由闘争の意義を完全に否定しているところに向けられた。委員会報告は、日常的で合法的な警察の行動——ワッツの事例では飲酒運転の摘発——が大規模な暴力を引き出したことの原因を、「法への不服従が日常的に唱導され、暴力が処罰されていないこと」に求めていた。ここで付言しておくと、「法への不服従への唱導」とは、悪しき法に従うことを拒絶する市民的不服従を実践した公民権運動のことを、他方で「暴力」とは「いかなる手段をもってしても」「焼け、ベイビー、焼き尽くせ」とアジテーションを行っていたブラック・パワー運動のことを仄めかした表現である。つまり「暴動」の責任は黒人自由闘争にあると暗示していたのだ。だが、ラスティンにとっては、非暴力不服従の原理やブラック・パワー主義者たちの言動よりも、ミシシッピやアラバマで相継いだ公民権アクティヴィストの殺害の方がより大きな暴力であり、委員会の見解は、「曖昧に語りながら黒人の苦しみを狡猾にも誤り伝える」ものにほかならなかったのだ。[43]

だが、多くの白人にとってマッコーン報告の見解の方が通りがよかった。本書第五章では、劣悪な住宅や教育環境の原因にレイシズムがあるという黒人アクティヴィストの議論を白人のリベラルなエリートが受け容れようとしなかったことを検討した。一九六〇年代の「暴動」では、目のまえで起きた暴力の原因を、「リフラフ」に加えて、外部の煽動者《アウトサイド・アジテーター》や犯罪者、さらにはブラック・ナショナリストやコミュニストなど、悪しき意図をもった個人の行動に帰する傾向が濃厚であった。両者には共通点がある。——「無知のエピステモロジー」が「人種」を隠したのである。こうして制度的で構造的なレイシズムの存在が追い払われたあとには陰謀論が入り込んだ。ミシガン州警察幹部が陰謀論を唱えていたことはすでにみてきたとおりである。その後かかる陰謀論はカーナー委員会や連邦捜査局（FBI）などから度重なり否定されていたにもかかわらず、『ニューズウィーク』誌の調査によると、白人の七一％が暴動は「組織化されていた」とし、その組織化の背後にはコミュニストやブラック・ナショナリストがいると考えていたのだった。[44]

黒人たちの声は、このような「白人世論」の動向を踏まえて文脈化されなければならない。無計画の暴力に意図や目的があったとする黒人大衆の見解は、「無知のエピステモロジー」と「政治的意思を欠くリベラル・コンセンサス」に抗って形づくられたと考えるのが妥当だからである。シアーズとトムリンソンのワッツでの調査では、「「暴動」は黒人の運動を助けると思いますか、それとも妨害すると思いますか」という問いに対し、およそ地区住民の四分の一に当たる二四％だけが「助ける」と答えていた。これから二年後のデトロイトでは、類似の質問に「助ける」と答えた黒人市民の率が六二％に達する。[45]

ここでもまたラスティンが紹介している事例が興味深い。「暴動」直後のワッツで、「俺たちが勝ったんだ」と語っていた黒人青年がいたという。地域が焼失してどうして勝利だと言えるのかと問うラスティンに、青年はこう答えた。――「全世界の注目を集めることができたから、俺たちは勝ったんだ。警察署長がここに来たことなんてこれまで一度もなかった。市長は山の手《アップタウン》にいて動かない。でもそんなかれらをここに来させることができたんじゃないか」。この声に耳を傾けるラスティンにとって「ワッツ暴動」と呼ばれたものは「暴動」ではなかった。それは、「リベラル・コンセンサスを体現したマッコーン委員会がほとんど理解しようともしなかった現実《リアリティ》に対する「ワッツ宣言」だったのだ。[46] また、フリー・プレス報告も、「暴徒」を誤解する世論を批判してこう述べていた。

> では、暴徒とはなんであろうか。驚いたことに、かれらはニグロ・コミュニティのほかの人びとと大きく違うことはない。違いがあるとすれば、それは、暴徒にならなかった人間よりも伝統的なアメリカ的価値観にむしろより強く傾倒している点にある。であるならば、暴徒についてはこのようなことが言えるであろう。暴徒とは、自分を取り囲む社会に対して感じていた怒りを理由に、自らの境遇に対する責任逃れをしようとしない人びとなのだ。自分が不利な立場にあるということはなんとか克服できると信じているのである。暴動を起こすことはそのひとつの方法である。もしくは、いまだに黒人を差別する社会のなかでは、不利な立場を克服するのが難しいということに対する抗議なのであろう。[47]〔傍点筆者〕

その後の一九六八年三月、マーティン・ルーサー・キングがデトロイトを訪れた。高校を会場に行われた講演で、かれは「暴動」のことを「耳を傾けてもらえなかった人びとの声」であると述べた。キングがブラック・パワーと大文字で記されたデトロイトのストリートにみたのは、この「耳を傾けてもらえなかった人びと」にほかならず、「暴力を煽動するブラック・パワー主義者の群れ」ではなかったのだ。かかる見立てが非暴力の闘士たちから示されていたこと、ここに黒人自由闘争のダイナミズムがあった。

この講演からわずか二〇日後、キングは白人至上主義者の凶弾に斃れてしまう。[48] この直後、全米で約一七〇の都市で黒人たちが蜂起し、首都ワシントンでの炎はホワイトハウスのわずか数ブロック先にまで迫った。[49]

では、一九六〇年代の「長く暑い夏」の「暴動」とはなんであろうか。それは、リベラルな無関心を告発し、冷戦公民権の暗黙の前提――レイシズムは本来ならば健全なアメリカの「政体」にときおり現れる「病理」であるとする想定――を激しく揺さぶる抗議の叫びだったのだ。

ここまで本書がこの時代の集合的暴力を「暴動」と煩瑣なまでにカッコづけで表記してきた理由はここにある。一九六七年七月二三日からの出来事を「大叛乱（Great Rebellion）」と呼ぶ者はデトロイトではいまでも多い。[50]

二　デトロイト黒人ラディカルと黒人自由闘争

ボッグス夫妻の来歴と黒人自由闘争、左翼運動、労働運動

ところで、マルコムXの政治的で人種的な覚醒にきっかけを与えたネイション・オヴ・イスラーム（NOI）は、そもそもデトロイトで誕生したアメリカ黒人の宗教的な実践である。このことに象徴的に示されているように、デトロイトの黒人は、一九六七年の大叛乱に至るリベラルな無関心を座してみていたわけでは決してなく、南部の展開に強い刺激を受けながら、統一自動車労働組合（UAW）とNAACPに代表されるリベラルな指導者たちへの挑戦を強めていっていた。本章では、緩やかに結

びあったこの批判勢力のことをデトロイト黒人ラディカルと呼ぶ。一九六七年の大叛乱が既存の黒人指導者たちの威信を失墜させると、この黒人ラディカルがいよいよ黒人自由闘争の先頭に立つ。その模様を大叛乱から少し時代を遡って検討してみよう。

第一章でみたように、労働運動のなかで地歩を得た黒人ユニオニストは、黒人の声を組合活動に反映させるために、一九四〇年代初頭より、UAWの国際執行委員会の委員の一定の数を黒人にすることを求め始めた。しかし、ウォルター・リューサー率いる右派は、この要求を組合活動に人種隔離をもち込むものだと論難し、戦後に反共の動きが強まると同時に組合内での支配権を確立すると、黒人ユニオニストたちは労働運動の周縁に追いやられて弱体化していった。その後リューサーは、民主党を機軸とするリベラル連合を支える労働界の実力者として強力な影響力をもつに至る。第六章で検討したミシシッピ・フリーダム民主党(MFDP)に煮え湯を飲ますような提案を行った人物のひとりがじつはリューサーだった。[51] デトロイト黒人ラディカルは、この冷戦下のリベラルな権力に対峙するなかで、人知れず独自の政治空間をつくりあげていった。

このデトロイト黒人ラディカルの中心にいたのが、ジェイムズとグレイス・リーのボッグス夫妻である。本書第五章でかのじょはすでに登場している。――マルコムXがNOIとの訣別を暗示した集会を主催した人物のひとりがかのじょであった。おそらくグレイス・リー・ボッグスほど、一般的なブラック・パワーのイメージを攪乱する者はいない。

グレイス・リー・ボッグスは、一九一五年、ロード・アイランド州プロヴィデンスの中国人移民の家庭に、グレイス・リー・チン(以下、グレイス・リーと略す)として生まれた。幼いころから学業に秀で、一七歳で名門女子大学のバーナード・カレッジに進学してリベラル・アーツを学び、ブリンマー・カレッジでプラグマティズムの研究に従事して一九四〇年に博士号を取得した。しかし中国系移民の女性が哲学の研究職を得るのは難しく、シカゴ大学の図書館の司書として働き始めることになった。シカゴ大学は黒人ゲトー、サウスサイドの真ん中にある。この環境が手伝って、かのじょはある日、労働者党(平和主義者《パシフィスト》のA・J・マスティらが結成した左翼政党)が創設した〈サウスサイド・テナント協会〉が主催する集会に偶然参加することになった。家賃未払い者の強制立ち退きを阻止することを目的とした同様の組織は、当時全米の多くの都市で共産党などの左翼政党と黒人が共闘するかたちで盛んに活動し、左翼運動が黒人コミュニティに浸透していくきっかけになっていた。[52]

この運動での経験がかのじょの「目を大きく開かせる」ことになった。「生まれて初めて近隣の黒人たちと話をして、人びとの生活のなかで人種隔離や人種差別がもつ意味が分かり、どのようにデモや集会を組織すればよいのかを学び始めた」のだ。[53] その後のかのじょは、A・フィリップ・ランドルフのワシントン大行進運動(MOWM)に参加し、黒人自由闘争に本格的に身を投じていくことになる。[54]

第一章でも詳述したランドルフの運動は、黒人大衆の力を結集し政治的圧力を与え続けることに特徴があった。軍需産業における雇用差別撤廃というMOWMの当初の目的は大統領令八八〇二号の発布でもっていちおうは果たされたのだが、その政策課題の実現は大統領令によって設立された公正雇用機会均等委員会に委ねられることになった。そこでランドルフは、同委員会に黒人世論の圧力を加えることを目的に、MOWMを恒久的な組織として残すことを決定する。そのMOWMは、一九四一年六月、ニューヨークやシカゴで一万人を超える大規模な集会を開催し、NAACPに並ぶ大きな公民権勢力に成長していった。

だが、異人種間協力を旨としていたNAACPとは異なり、MOWMが前面に打ち出したのは黒人のプライドだった。「奴隷根性」を投げ棄て、自らのイニシアティヴで行動し、自分の命運は自分の手に握ろう、すべてを決するは協力者の白人ではなく、黒人自身である、黒人の団結こそがアメリカ政治を動かす鍵である、そうランドルフは訴え、MOWMへの参加資格を黒人に限定したのだ。[55]

人種的矜持の強調は、四半世紀後のブラック・パワー運動がそうであるように、つねに「逆レイシズム」の批判を呼び込む。このときもNAACPをはじめとする公民権団体は、白人の反撥を恐れて黒人だけの組織であるMOWMとの共闘に逡巡するようになっていった。そこでランドルフが積極的な同盟を結ぼうとしたのが労働者党などの非共産党系の左翼政治組織だった。つまり、グレイス・リーは、黒人自由闘争が左翼運動と交差する場でMOWMと出会ったのだ。興味深いことに、中国系アメリカ人であるグレイス・リーは、「ただパワーのみが政策の選定と実施に影響を及ぼし得る」と、そして「パワーのみが、特定の目的のために連帯した大衆、組織化された大衆がもつ行動原理である」と語る黒人のランドルフに強い感銘を受けていた。『経済哲学草稿』の英語版翻訳を刊行するなど、マルクスの学徒でもあるグレイス・リーは、約半世紀後に当時を振り返り、黒人が産業労働者として存在感を強めたことの歴史的意義を以下のように述べることになる。

黒人たちは農村地区から都市へと移動し、新たに門戸を開いた工場での仕事に就いた。南部の黒人にとって、北部の都市は「約束の地」になり、アメリカ史上最大規模の人口移動を促すことになった。四〇〇年の歴史で初めて、黒人男性は定期的に支払われる給料を貰って家に帰ることができはじめ、世帯主として自らをみることができるようになった。男性だけでなく黒人女性もまた、家を買って子どもを大学に送れる程度には実入りのある仕事に就けるようになった。一九六〇年代になると、今度はこの子どもたちが、学生非暴力調整委員会を結成して、公民権運動の成功を引き受けるようになるのである[56]。

こうして黒人自由闘争に惹かれていくグレイス・リーに大きな知的刺激を与えたのが(カーマイケルと同じく)英領トリニダード・トバゴ出身で、二〇世紀を代表する黒人の運動の理論家でトロツキストのC・L・R・ジェイムズであった。当時アメリカで活動していたジェイムズは、労働者党のジョンソン＝フォレスト派の中心的存在であった(官憲による弾圧を避けるため、当時の左翼アクティヴィストはペンネームを使用することが一般的であり、ジェイムズのペンネームがJ・R・ジョンソンだった)。ジョンソン＝フォレスト派は、奴隷叛乱に革命精神をみるジェイムズの思想と歴史観に牽引され、官僚主義と共存する労働組合に対する一般《ランク・アンド・ファイル》の労働者の反撥を重視していた。また、本章のこれまでの議論にとって重要なことに、当時にしてすでに、第二次世界大戦時に頻発していた「人種暴動」を、世界史的階級闘争における意義を直観した黒人たちの叛乱と捉え返していたのである[57]。

このようなジェイムズの理論の先見性は今日でこそ歴史研究者の関心を広く集めている。しかし、当時にあっては、左翼主流の路線と相容れないものだった。労働者党幹部はそれをロマン主義的理想主義、単なる空虚な論理として真剣に取り合おうとはしなかったのである。この路線対立が原因となり、ジョンソン＝フォレスト派は労働者党から社会主義労働者党（ＳＷＰ）に移るのだが、ヨーロッパの労働運動の動向と社会主義革命の本質をめぐる論争に明け暮れイデオロギー対立で混乱する左翼運動全般に対して、次第に苛立ちを憶えるようになった。そこで、かのじょらかれらは、運動の現場に身を置くことを選択する。一九五一年、左翼知識人が集まるニューヨークのローワー・イーストサイドを去り、ＵＡＷ非主流派を軸に独立した労働運動が根強く残っているデトロイトへ拠点を移し、左翼理論のための雑誌『コレスポンデンス』の刊行と、一般労働者と、学生、女性、黒人が共に学ぶ〈第三層スクール（Third Layer School）〉の運営を始めたのである。[58]

この翌年の秋、グレイス・リーは、第三層スクールを通じて自動車工のジェイムズ・ボッグスと出会った。これ以後、素朴な人柄と直観的洞察力に優れる黒人労働者、ジェイムズ・ボッグスと共に活動することが増え、デトロイトのローカルな運動の現場に根を張っていった。[59]

ジェイムズ・ボッグスは、アラバマ州マリオン・ジャンクションで一九一九年に生まれた。一九三七年、高校卒業後すぐにＧＭのシヴォレー工場で働いていた叔父を頼ってデトロイトに赴くも、大恐慌の最中にあって簡単に仕事を得ることはできなかった。これを変えたのが戦時好景気の到来とＭＯＷＭの運動であり、軍需産業での人種差別が禁止されると、職業訓練校で一八カ月の鋳型工の研修を終えていたボッグスは、クライスラーの工場に職を得た。時は左派と右派がＵＡＷ内の指導権をめぐって対立を繰り返しているときだった。派閥抗争激化のなかで組合員のリクルートも活発であり、ほどなくして左派のユニオニストとして労働運動にコミットすることになった。[60]

一九四六年、ＵＡＷの内部機関として設立されていた公正慣行局（ＦＰＤ）が常設機関になった。ジエイムズはここに活動の場をみいだす。同局は、右派の覇権確立までの短いあいだ、黒人ユニオニストの集結点になり、公民権ユニオニズムに繋留されたかれらの活動は、雇用や労働条件だけでなく、レイシズムが関わる問題一般へと拡がっていった。ミシガン州平等施設法が制定され、公共の場での人種差別が禁止されると、ＦＰＤの黒人ユニオニストを中心に、デトロイトのダウンタウンのレストランやホテルなどで、シットインなどの直接行動による抗議活動が始まったのである。このころの運動を振り返り、当時のＦＰＤの局長であり、ＮＡＡＣＰデトロイト支部のアクティヴィスト、アーネスト・ディラードは、自慢げにこう述べる。「これは一九四九年のことだから、われわれはキングより先を歩んでいた[61]」。

なお、第一章でみたように、このような狭義の組合の管轄の外にある「政治」との関与は、リューサー派が最も忌み嫌ったものであった。つまり、その後のリューサー派の覇権の確立は、かれら黒人ユニオニストの活動を抑制することにもつながっていったのだ。こうして、かれらの闘争の空間はもっぱらＵＡＷの組合政治の外に飛び出していくことになる。

デトロイト黒人ラディカルとブラック・パワー

一九五五年一二月五日、多くの人びとが注目するなか、ＵＡＷが参画する産業別組織会議（ＣＩＯ）は保守的な〈アメリカ労働総同盟〉との合併に調印し、戦闘的な労働運動の時代が完全に幕を降ろした。これと同じ日、南部アラバマ州でモントゴメリー・バス・ボイコット運動が静かに始まった。法廷闘争を中心に動いていた黒人自由闘争に大衆による直接行動の局面が訪れたのだ。デトロイトの黒人もこの南部の新展開から強く刺激されて動き始める。かねてより大衆の自発的「叛乱」に歴史的意義をみていたグレイス・リーは、このような黒人自由闘争の変化を察知し、『コレスポンデンス』誌の誌面は芽吹きの季節を迎えた南部の黒人大衆の闘争のニュースで埋められるようになっていったのだった。[62]

じつのところ、デトロイトの輝きを象徴していたキャヴァナフの市長当選は、黒人市民の支持がひとつの大きな力となって成し遂げられた。南部モントゴメリーのバスで人種隔離が撤廃された翌年、デトロイトでは、UAWの黒人ユニオニストであるロバート・バトルやホレス・シェフィールドらによって、〈黒人労働者指導者会議(TULC)〉が結成された。その名が示すように、それはバス・ボイコット運動の余波を駆ってキングが南部キリスト教指導者会議(SCLC)を結成したことに直接刺激を受けた動きだった。バトルもシェフィールドも、リヴァー・ルージュ工場ストライキのときより黒人労働者のリーダー的存在であり、戦後もリューサー派の一員として活動を続けてきた穏健な黒人ユニオニストである。それゆえ、TULCの結成が「分派活動」を嫌悪するリューサーの意向に逆らうことであるのは十分承知のことだった。

TULCは一九六一年の市長選挙で早速その政治的な力を発揮した。現職市長ルイス・ミリアーニは、黒人コミュニティをターゲットにした犯罪取締りを強化し、黒人市民の広範な層から強い反撥を受けていた。市長選が始まると、当時はほとんど知られていなかった若い弁護士のキャヴァナフが警官暴力への対応を約束、TULCは、現職支持を決定していたUAW幹部の意向に逆らって、キャヴァナフの支援活動を開始した。この動きに、NAACPなどの公民権団体も加勢した結果、市長選に勝ったのは、黒人有権者の八割以上から支持を受けたキャヴァナフだった。ジェフリーズ放逐に失敗した一九四五年の市長選とは異なり、「黒人の力《ブラック・パワー》」は無視できなくなっていたのである。これ以後、TULCやNAACPなどの穏健な黒人指導者たちの主流は、キャヴァナフ市政の一端を担い始めるようになる。デトロイトが「モデル・シティ」と呼ばれたことの背景には、デトロイトが人種間協調をそれなりに達成していたという側面があったのだった[63]。

それはまた、デトロイトの人口構成の変化の皮肉な政治的表現でもあった。一九五〇年に一五四万五〇〇〇人を数えた白人の人口は、その後の一〇年間で三六万二〇〇〇人も減少していた。他方で黒人の人口は、これと同じ時期に一八万一〇〇〇人の増加を記録、市の総人口に占める黒人の比率は三割に達しようとしていた。こうして選挙戦が拮抗すると、黒人の集団票がキャスティングボートを握るに至っていたのである。

ここで黒人自由闘争の歴史にとってきわめて重要な点を確認しておく。──一九六七年の大叛乱の前に、いわゆる「白人の脱出《ホワイト・フライト》」はすでに本格化していたのである。それはまた仕事と富が都市から流出していたことも意味した。都市史研究の泰斗トマス・スグルーが明らかにしているように、一九五〇年代に入ると、地域の経済成長の「エンジン」であった自動車産業はデトロイト市の外への工場移転を加速させ、一九四七年から一九六三年までに一三万四〇〇〇もの製造業の職がデトロイトから消えていた。一九七〇年代以後に大きな問題になる産業の空洞化は戦後直後からすでに本格化していたのである。この経済変動の打撃を最も大きく被ったのが、雇用が不安定な非熟練工が多く、解雇などについて先に雇用されていた者の地位が優先される権利(先任権)も弱く、労働組合のなかでも立場が弱い黒人労働者であることは言を俟たない。[64]

　このような政治経済の変化を背景に、デトロイトの黒人自由闘争は急進化の度合いを強めていく。その動きの中心に立つ人物が、先述のボッグス夫妻に加え、中央会衆派教会の牧師アルバート・クラーグである。宗教界におけるクラーグの活動は、キングと同じく社会福音主義から強い影響を受け、社会問題への強いコミットメントに特徴があった。だが、人種間の協調を尊んできたキングとは異なり、かれの活動の力点は黒人の主体性と人種的矜恃の涵養にあった。市長選で「黒人の力」が発揮されると、隔週刊誌『イラストレイテッド・ニュース』を創刊、警官による黒人売春婦殺害の問題など、リスペクタビリティに拘る黒人エリートがなかなか近づこうとしない問題を積極的に取り上げると同時に既存のリーダーシップへの激烈な批判を展開し始めた。そのようなクラーグは、一九六二年、ボッグス夫妻、社会主義労働者党の活動家で弁護士のミルトン・ヘンリー、ウェイン・ステイト大学の黒人学生の組織ＵＨＵＲＵ《ユフルー》（スワヒリ語が語源で、「自由」や「国民の独立」を意味する）と共同で、黒人だけで構成される団体、先進的指導者グループ（ＧＯＡＬ）を結成して非主流派の黒人ラディカルを糾合する動きに出た。このＧＯＡＬの面々は、既存の黒人指導者たちが近づこうともしなかった、マルコムＸの弟でデトロイトのＮＯＩ寺院の聖職者《ミニスター》であるウィルフレッドＸとも活動をともにし、地道に存在感を強めていったのである。[65]

　こうして一九六三年、「自由への行進」と題された大規模なデモ行進がデトロイトで実施されると、それは同市に本格的な「運動の季節」がやってきたことを告げる一大転機となった。同年春、全米中の関心がアラバマ州バーミングハムに集まった。キングのＳＣＬＣが小学生まで動員した大規模なデモを敢行、バーミングハム市警がすさまじい暴力で非暴力のデモ隊を弾圧すると、全米各地で南部公民権運動支援の動きが本格化していった。デトロイトでは、TULCがほかの組織の先陣を切って動き、首都ワシントンで大規模な抗議集会を実施すると言い始めた。MOWMの先例に倣ったのである。しかし、提案具体化の動きは一向に進まず、NAACPが独自に企画した抗議集会が二〇〇名程度の参加で終わる低調ぶりを示すと、クラーグは、公民権運動主流派批判の調子を一層あげてこう言い放った。

> デトロイトNAACPは、この支部の根本的弱点を露わにした。［中略］もう現実を直視した方がよい。NAACPには大衆にアピールする力がない。ニグロはもはやNAACPのリーダーシップを信頼していない。NAACPは、幾たびも、ニグロ・コミュニティにとって死活的な問題への取り組みをごまかしで済まし、意思決定を回避し続けてきた。労働組合と民主党の奴隷であることは明白である。白人の「リベラルたち」を味方につけることに時間を使い過ぎているのだ。[66]［傍点筆者］

こうして主導権争いが激しくなるなかで当面のリーダーとなったのが、かねてよりキングと親しく、バーミングハム闘争支援の要請を直接受けていたC・L・フランクリンだった。――ニュー・ベテル・バプテスト教会の牧師で、稀代のソウル・シンガー、アレサ・フランクリンの父である。

かれが呼びかけた五月一〇日の会合は、GOALも積極的に動員に乗り出し、八〇〇名を集める成功に終わった。この集会の盛況を受けてフランクリンは、既存の団体の連合組織、〈デトロイト人権評議会(DCHR)〉を結成、大胆にも一〇万人の参加を目標としたデモを提唱した。だが新興のDCHRは大規模デモの実務を担えるアクティヴィストを欠き、加盟組織のなかで存在感を増していったのが、MOWMのベテランであるグレイス・リー・ボッグスの周りに集った人びとやクラーグの中央会衆派教会の門徒など、「実働部隊」を多く抱えるGOALだった。

このような動きを受けて、TULCやNAACPは、ゴスペル・シンガーとして活動して私生活が派手であり、歌唱団を率いてのツアーのためにデトロイトを留守にすることの多かったフランクリンの指導者としての資質を問い始めた。また、同地の黒人教会最大の組織でもある〈バプテスト牧師会議〉は、DCHRにおけるGOALの存在が白人の聖職者やビジネス界、労働組合の協力を妨げているとし、行進への「不干渉」を発表することになった。[67]

かかる混乱を受けて、ミシガン州選出の連邦下院議員で黒人のチャールズ・ディッグスは、黒人指導者たちに対し「隊伍を固める」ことを求めた。かれの見立てによると、バーミングハム闘争の後、公民権問題に関して「全国的な変化」が生じていた。「民主党が[公民権]問題に対して十分な配慮をしてくれるとニグロが考えていた時代は終わった」のであり、大政党が完全に信頼できないならば、来るべき運動は「戦闘的《ミリタント》でなければならず、いまミリタントと思える以上にミリタントにならねばならず、かつてないほどミリタント」にならなくてはならないのであった。[68]

この混乱は、最終的にキング当人がフランクリンを支持することで解決し、NAACPやTULCも「自由への行進」への参加を決定するに至る。ところが、リューサーやキャヴァナフら白人リベラルを行進に参加させ人種横断的性格を強調しようとする既存の指導者たちと、黒人主導であることに意義をみるＧＯＡＬの対立は続き、結局、白人の参加は認めるものの意思決定に関与させないという合意がなされることで、なんとか「隊伍」を維持することができたのだった。[69]

かくして実行に移された「自由への行進」は、ＤＣＨＲの目標を上回る成功になる。デトロイト・ニュース紙によると、「巨大なダムが決壊したかのように」、大群衆が目抜き通りウッドワード・アヴェニュー――一九四三年の暴動の中心地――を埋め尽くすことになった。至るところでデモ行進が行われていた公民権運動の時代にあって、この行進の白眉の特徴は、それが「黒人のもの」だったことにあった。――この行進は「ユニークである」、「この種のデモとしては最大であり、しかもニグロによって発案され、計画が練られ、実施されたのだ。南部、そして北部の人種隔離に強く抗議するために」と述べたのは、公民権団体のなかでも最も穏健なアーバン・リーグのデトロイト支部長である。[70]

この成功を受けてＧＯＡＬはＤＣＨＲを飛び出し、〈北部グラスルーツ指導者会議〉という組織を立ち上げて、既存の公民権団体に替わる統一組織結成に乗り出した。その力点はもちろん黒人の主体性と矜持である。そして、同組織の結成集会に招聘され、その政治的言動が注目を集めたのがマルコムＸだったのだ。――黒人自由闘争を第三世界のグローバルな闘争のなかに位置づけ、自らが政治的行動へ乗りだす意欲を表明

「自由への行進」への参加を呼びかける『イラストレイテッド・ニュース』誌の表紙．キングが招聘されていることを知らせると同時に，黒人だけの隊列が描かれている

したのである（第五章参照）。

この集会ではまた、翌年の選挙に向けて第三政党〈フリーダム・ナウ党（ＦＮＰ）〉を支援することを決定した。その後ミシガン州のＦＮＰは、知事候補にクラーグを擁立し、州の公選職すべてに統一候補名簿を作成することができる同党内最大の州組織に成長していった（なお、グレイス・リー・ボッグスは、かのじょの学識が活かせる教育関連の公選職――ウェイン・ステイト大学の理事――に立候補した）[71]。

このように独自の道をいくクラーグには、既存の公民権運動指導者たちの問題認識は誤謬に満ちているとと映っていた。かれの理解はこうであった。――ＮＡＡＣＰは人種問題を法的問題として、さらにキングに代表される南部公民権運動は道義的問題として捉えている。これらの法的で道義的な人種関係論的アプローチは、白人の頑迷な抵抗によって完全に破綻してしまった。アメリカの人種問題は権力論の立場から考えねばならず、人種問題に対処できる手段は黒人の「政治的パワー」の行使しかない[72]。

ところで、ＦＮＰそのものは、デトロイトで「自由の行進」が行われ、八月のワシントン大行進に向けて黒人コミュニティが沸き立っていた一九六三年六月に結成されていた。結党の中心になったウィリアム・ウォーシーとコンラッド・リンは、左翼知識人とともに活動していたハーレムの黒人知識人サークルの一員だった（リンは、本章第四章で述べたロバート・Ｆ・ウィリアムスの弁護士を務め、ウォーシーはかれのキューバへの亡命を手助けしていた）。かれらの動きはまた、左翼思想のみならず、アフリカの植民地独立によって高まった「第三世界意識」からも強い影響を受けていた。黒人の政党であるＦＮＰが人種間の融和を象徴することになったワシントン大行進で配布したパンフレットは大胆にもこう断言していたのである。――「アフリカの同胞は自由を勝ち得る方法を示した。その第一の手段――黒人だけの政治行動である。これは自助努力であり、人種主義ではない」[73]。

ところが、第三世界の革命と社会主義革命というふたつのヴィジョンを懐胎するFNPは、「人種か階級か」という、左翼運動にとって積年の問題に苦しめられることになった。白人左翼知識人やアクティヴィストたちは階級的視点を強調し、組織内の少数派であろうとも、自らの指導的立場を譲ろうとしなかったのである。だがここでも独自の動きを強めていた黒人ラディカルたちの声が勝った。FNPは、「参加者や協力者の肌の色は問わない」としながらも、公職への立候補者は黒人に限定するとし、黒人によるリーダーシップと決定権を重視する方針を選択したのであった[74]。ブラック・パワーのスローガンが誕生する二年前のことである。

もちろんこのようなFNPの動きは激しい批判に晒された。NAACPのロイ・ウィルキンスは、人種に基づく政党というアイデア自体が「古い世界」に属する時代遅れのものであると批判し、『ニューヨーク・タイムズ』紙などの主要日刊新聞に至っては、「逆人種主義」の政党であると断罪したのだ[75]。他方、ジェイムズ・ボッグスが、左翼政党の「指導」を拒絶して次のように語った率直な言葉には、「黒人」とは、一見したところ強い人種意識に裏付けされた本質主義的カテゴリーにみえながらも、基本的にはむしろ社会的に決定されるものであり、「人種」と「人種間対立」を再生産する社会にこそ批判が向けられるべきであるという認識がはっきりと示されていた。

もし政党が政党で存在するために、白人ラディカルが党にいなくちゃいけないと、当の白人たちが言っているとすれば、そんな党の存在には絶対に反対だ。そもそも党のなかにいる特権なんかかれらにはない。ここでわれわれはある選択をしなくちゃいけない。それは[ブラック・]ムスリムを仲間に加えるか、それとも少しばかり白人を党内に入れる代わりにムスリムを追い出すかだ。このふたつを一緒にすることはできないだろう。特に南部の状況を考えれば分かることだが、政治的パワーを決定できるのが白人である場合に、黒人の政治的パワーの概念的に追い求めることなどできはしない。わたしの妻のグレイスのことを考えてみて欲しい。かのじょが黒人の政党なんかと関わり合いをもっているのは、白人たちがかのじょにニグロのレッテルを貼っているからだ[76]。

つまり、デトロイト黒人ラディカルやFNPが格闘していたのは「政治的パワー」が白人に独占されている現実のもとで、いかに黒人の自律性を確保するのかという問題であり、その運動の担い手は純粋にイデオロギー的な「アカ」でも本質主義的な「ブラック」でもなかった。それは社会権力的に規定される黒人性《ブラックネス》に力の淵源をみる試みであり、かれらの運動を排他的人種主義だとする見解は、むしろ、この運動が掲げる「黒人」というサインを本質主義的に誤訳した後に成立していたのである。

一方、このような運動を当時のアメリカ社会全般の動向のなかで考えてみると、リベラルな政治が危機を深めていた模様がはっきりとみえてくる。このときの危機深化の中心にいたのがアラバマ州知事ジョージ・ウォレスであった。一九六四年大統領選挙には白人至上主義の「大規模な叛抗《マッシヴ・レジスタンス》」のシンボルになったウォレスが出馬していた。当初は泡沫候補と目されるものの、かれへの支持は南部に限定されることなく、北部のウィスコンシン州の予備選挙で二五%、インディアナ州では三四%を獲得する大旋風を起こしていた。ウォレスに集まる北部での支持は、ケネディ政権の保健教育福祉省長官であり、連邦上院議員エイブラハム・リビコフ(民主党・コネティカット州選出)が語ったように、「来る二〇年は公民権の領域における争乱の年になり」、南部のものとされていた人種問題が「主には北部都市の問題に変化していく」ことを示していた。つまり、北部の保守主義と南部の人種主義が連携していく兆候が顕れていたのである。[77]

この事情を改めてデトロイトのローカルな文脈でみてみよう。この北部産業都市での「白人の《ホワイト・》反攻《バックラッシュ》」は、住宅賃貸販売における人種差別禁止を目的とした条例への反撥を契機として運動を形成し始めた。このような動きは、一九六三年に入ると、不動産処分の「自由」を保障する条例を住民提案で制定することを目的に組織化されるようになっていった。そして、一九六四年六月、連邦議会で公民権法審議が佳境を迎えていたのを傍らに、デトロイトでは財産権の名の下に住宅の人種隔離を守ろうとする住民提案が一三万七六七一票対一一万四七四三票で可決されるに至ったのである。[78]つまり、ソジャーナ・トゥルース暴動があった一九四二年と変わりなく、人種隔離は日々その存在感を強めるデトロイトのリアリティであり、むしろ人種統合こそ、実現から遠い非現実的な理想にほかならなかったのである。アメリカ社会が人種によってすでに分離している状態を直視しろというクラーグの主張は、かかる白人至上主義者と保守派に攻囲された状況を見据えたきわめて「プラグマティック」な呼びかけでもあったのだ。

だがその呼びかけに応じる向きは大きくはなかった。一九六四年一一月の選挙でクラーグは、同州の黒人人口の五分の一にあたる約一〇万票の獲得を見込んでいた。だが結果は四七六七票を獲得したに過ぎず、ＦＮＰの選挙戦は惨敗に終わったのである。[79] しかしながら、黒人による自律した政治行動を重んじる動きは、その後もデトロイト黒人ラディカルの活動の中心であり続けていく。

　ブラック・パワーのスローガンが人口に膾炙し始めた夏が終わった一九六六年年一〇月、クラーグ、ボッグス夫妻らは、都市再開発事業の住民の声を反映させることを主な運動目標に活動していた〈ウエスト・セントラル協会（ＷＣＯ）〉のリーダー、ロレンゾ（レニー）・フリーマンとともに、〈インナーシティ組織化委員会（ＩＣＯＣ）〉を結成、クラーグを会長に既存の黒人＝労働運動連合に批判的な勢力を総結集することを目的に活動を開始した。このＩＣＯＣに集った黒人ラディカルの運動の特徴は、これまでのデトロイト黒人ラディカルの路線を踏襲して、人種統合よりも「（黒人の）自決権の行使」を重視するところにあった。それはまた、黒人ゲトーを「アメリカに存在する第三世界」であると考え、「黒人」たちが選挙政治を通じて市政府の権力を奪取して「自決権」を行使し、その都市を「橋頭堡」に「革命」の実現を目指すことを提唱していたボッグス夫妻の理論を実践へと展開する組織的な母体でもあった。[80]

　ところでＷＣＯは、もとはといえばシカゴの労働運動家ソール・アリンスキーのコミュニティ組織（その後に若きバラク・オバマも従事する市民活動）がモデルであり、人種を異にする者たちの連携を特徴とする組織であった。ところが、一九六六年以後、ＷＣＯ内部で黒人と白人の優先課題の相違――たとえば白人住民にとって警官暴力は大きな問題ではない――が組織の結束を乱すことが増えるにつれ、フリーマンは徐々にＷＣＯの人種横断性に疑問を感じるようになっていた。全国レベルではブラック・パワーのスローガンに対する既存の黒人指導者たちからの批判が強まるなか、デトロイトのラディカルの行動は、むしろブラック・パワーへの傾斜を強めていたのである。デトロイト大叛乱が起きたのはこの翌年のことだった。[81]

三　リベラリズムと黒人ラディカリズム

すでにみたように、デトロイト大叛乱は、黒人コミュニティの代弁者を自任してきた既存の黒人指導者の威信を失墜させることになった。ＴＵＬＣのシェフィールドは労働問題・人種問題の双方においてキャヴァナフの「最も強力なアドヴァイザー」のひとりとして市政に深く関与していたし、黒人で牧師のヒューバート・ロックは、警官暴力への対応の一環として警察署長補佐に抜擢され、一九六七年春には警察と黒人コミュニティの関係は「［一九六一年当時のような］爆発寸前の状態ではなくなった」と語っていた。大叛乱はこのような黒人リーダーシップを混乱に陥れた。それは大統領特使ヴァンスの目にも明らかだった。連邦軍展開に際して、それがさらなる流血に至るとして反対する者たちと治安維持のために即刻の展開を求める者たちとが激しく対立し、意見の一致はみられなかったのである。[82]

デトロイト再建の計画は、この黒人指導者たちの模様を踏まえて進められていった。治安が回復の兆しをみせた七月二七日、ロムニーとキャヴァナフは、地域最大のデパートの社主で、慈善事業に積極的だったジョセフ・Ｌ・ハドソンにデトロイト再建のための市民委員会結成をもちかけた。開催された集会には、招集が決まってからわずかの時間しかなかったにもかかわらず、デトロイトの政界・実業界・宗教界ならびに市民団体から総勢約一六〇名が参加、デトロイト市民の強い関心が示されることになった。この集会は官民合同で再建事業を執り仕切る組織、〈ニュー・デトロイト委員会（NDC）〉の創設を決定し、ハドソンを中心に常任理事会の人選が始まることになった[83]。

このころキャヴァナフの側近は、市が直面する政治社会的状況の特徴を以下のような五つの点に整理していた。まず、住宅問題を焦点に結成されていた白人の自警組織〈ブレイクスルー〉の活動に代表されるバックラッシュの動きが郊外で活発化していること。対して市内では「ニグロの戦闘派《ミリタント》」の支持が高まっていること。「ニグロ・ミドルクラスの伝統的指導者たちは「アンダークラス」をコントロールすることに失敗したこと」。「ニグロ＝労働者＝リベラルな白人有権者の伝統的な連合は激しい挑戦に晒されていること」[84]。そして、クラーグやボッグスらのミリタントの指導者たちにしても、階級的にはミドルクラスの出自であること。黒人ラディカルの階級的出自に着目したのは、おそらくは対話の可能性と価値があると考えたからであろう。

かかる現状把握を踏まえてキャヴァナフは、「すべての声に耳を傾け、あらゆる意見を交換する」ためには、ミリタントの協力が不可欠だと結論した。ハドソンもまたミリタント抜擢の必要性に同意し、クラーグに加えて、WCOのフリーマン、そして当時まだ一九歳の青年で、学生非暴力調整委員会（SNCC）を支援するために組織された組織である〈北部学生運動〉のデトロイト支部長であったアルヴィン・ハリソンらの三名をNDCの常任理事に任用したのであった。それは、ニューヨーク・タイムズ紙の表現を借りると、「権力構造が新興のブラック・ナショナリスト集団と協動すること」を意味したのである。[85]

一方、黒人コミュニティでは、一刻も早い市民生活の復興と改善を優先する考えが「自決権」の主張と結びつくようになっていた。その代表的事例が『ミシガン・クロニクル』紙の動向である。同紙は黒人が経営する総合紙であり、黒人の社交界の動向や黒人が多く通う高校のスポーツから公民権運動関係の出来事など幅広い話題を取りあげていることが特徴であり、きわだった政治的傾向性はもっていなかった。しかし、大叛乱後、その論調が変わる。たとえば、最後の連邦軍部隊がデトロイトを去って一〇日後に掲載された社説は、現下の状況で黒人に必要なこととは、「質の高い教育、きちんとした住宅、働きがいがあり人間らしい仕事」にほかならず、人種統合はとりたてて重要な目標ではないと論じ、さらに八月末になると、「コミュニティが悪化することを許容した事態への回帰」がなされないようにゲトーの住民に「自決権」を与えることが再建にとって必須だと、黒人ラディカルの大義を掲げたのだった。[86]

このような状況の変化を感じ取ったクラーグらは、黒人の広範な参加を促し、再建事業へかれらのじょらを政治的に動員するために、ふたたび既存の黒人組織を束ねた新たな連盟団体の結成に乗りだして〈自決のための連盟(ＦＳＤ)〉を結成、ここに黒人ラディカルの「統一戦線」が張られるに至った。[87]他方、既存の黒人指導者たちは、バプテスト教会牧師のロイ・アレンを長に、〈デトロイト組織評議会(ＤＣＯ)〉を結成、ＦＳＤが復興再建プログラムを独占することに反対する動きに出た。そして、ＮＤＣに対し、ＦＳＤと比して自らの優越性を、過去にも市政の一端を担ってきた経歴、白人にも参加を促す人種間協調、そして「責任あるリーダーシップ」と「権力との柔軟な交渉可能性」にあ

大叛乱から40年後の中央会衆派教会．同教会は，大叛乱の直後に，ブラック・ナショナリズムを前面に押し出し，祭壇の内陣に巨大な黒人の聖母像を掲げ，「汎アフリカン・オーソドックス教会ブラック・マドンナ寺院」と名称変更をした．なお，いまは緑が拡がっている寺院周辺の道路は，大叛乱の前には住宅と商店が建ち並ぶゲトーの中心街のひとつだった

るとアピールしたのである。にもかかわらず、NDCが二〇万ドルの資金を提供するプログラムの受託をめぐる議論と交渉は、白人リベラルの支持でFSDの有利に進んでいった。するとDCOは態度を一転し、NDCの「パターナリズム」の激しい批判に打って出た。――NDCは「金《かね》と同時に自らの意図を押しつける権限があると思い込んでいる」と批判し、さらには、必要であればNDC関係者の事業に対するボイコットも辞さないと態度を一転させたのである。[88]

これでNDCは容易に果たせない重責を負うことになった。白人が圧倒的多数派のNDCが、黒人の正統な代弁者を決定しなくてはならなくなったのである。そこでNDCはFSDとDCOのどちらが真に広範な支持を集めているのかを確かめるために、数々の黒人の団体に両団体に対する意見を求めたのだが、どちらの組織を支持するのかに関して明確な意見表明を行ったのはTULCと上流階層の黒人の社交団体〈コティヨン・クラブ〉だけ（双方ともDCO支持）に留まり、所属組織・団体の意向ではなく個人の心情としてFSDの支持を表明する者が多く現れるなど、結果は曖昧で混乱したものになった。こうして、二〇万ドルの予算をDCOとFSDで折半し、それぞれが重複しない領域で活動するという妥協案でもってNDCは事態を収拾しようとしたのである。[89]

ＦＳＤはこの決定に猛反撥した。資金提供を受け容れないことを加盟組織代表者の集会の満場一致の意見で決定したのである。わけてもクラーグらは、ＤＣＯとの資金折半の取り決めよりも、プログラムの進捗と予算執行状況に関する「説明責任《アカウンタビリティ》」をＮＤＣに対して負わされることに、そして資金の政治的目的での使用を禁止する付帯条件が加わっていることに、むしろ猛然と反撥した。「紐つきの資金」はかれらが最も重要だと考える自決権に抵触すると考えたからだ。資金提供を受けつつも説明責任を負わないとするＦＳＤの主張は理不尽にも思える。しかし、ＦＳＤにしてみれば、責任を負うべきは、資金提供者たちよりもまずはなによりも黒人ゲトーの住民に対してだったのだ。[90]

そもそも白人のリベラルな実力者たちの最大の懸念は「暴動」の再発にあった。黒人ラディカルに急接近したのは、黒人ゲトーの組織化されていない群衆が再度破滅的暴力を行使してしまうことを恐れたからである。それは、ラディカルが主張する「自決権」を尊重することを意味したわけではなかったのだ。

ところでヒューバート・ハンフリー副大統領は、大叛乱の終息がみえ始めた一九六七年八月二日に早くもデトロイトを訪問し、キャヴァナフ、ロムニー、ハドソンと会談をもっていた。ハンフリーも穏健な黒人指導者からは「黒人の声」を聞くことはできないという意見を共有し、「長く暑い夏」の「暴動」で混乱したアメリカ再建のためには「新たなマーシャル・プラン」が必要であるという認識に立っていた。このとき、黒人ゲトーを「低開発国」に擬《なぞら》えるかれの思考は、それを「アメリカ国内の植民地」とみなす黒人ラディカルとじつに奇妙に重なりあっていた。[91]ところがしかし、その援助を冷戦になぞらえて「マーシャル・プラン」だと述べるハンフリーと、「第三世界意識」に目覚めた黒人ラディカルとのあいだには架橋不可能な懸隔が存在したのだ。冷戦公民権の時代は終わっていたのである。

ＦＳＤの「白人の権力機構」との協働はこうして終わりを迎えた。だがラディカルたちの闘争がこれで終わったわけではない。その政治的な意思は次は自動車工場の現場でもはっきりと表現されることになる。

ＦＳＤが融資を拒否してからおよそ三カ月後の五月二日、クライスラー傘下のダッジ自動車工場で生産のスピードアップに抗議するストが発生した。それはＵＡＷが承認していない「山猫《ワイルドキャット》スト」であり、組合幹部は、これを次の労使交渉の際に障害になると考えて苛烈に抑え込み、ストの指導者を解雇や停職などの処分に付した。デトロイトの自動車工場の生産現場はつねに人種と階級がはっきりと交差するところである。このときもそうであり、処罰された労働者の七名全員が黒人だったのだ。そこでかれらは〈ダッジ革命的労働組合運動（ＤＲＵＭ）〉を結成し、ＵＡＷに対する反撃にでた。当然ＤＲＵＭは黒人を主体とする「組合」となる。処罰後の動きが早かったのは、ＤＲＵＭの指導者に黒人自由闘争の長い経験があったからだ――一九六〇年代初頭よりボッグスやクラーグと活動を共にしていた黒人学生たち、ＵＨＵＲＵの中核的メンバーたちだったのだ。ＵＨＵＲＵを通じてアフリカの脱植民地化や左翼急進主義を学んできたかれらは、自らの闘争を労働運動のなかでのブラック・パワーを求めるものとして位置づけて、しっかりとその立場を理論武装していたのである。また、ＤＲＵＭという組織名には、単なる略称でない象徴的な意味もあった。ＤＲＵＭ、すなわちドラムとは、叛乱を教唆するという理由で、奴隷制の下では禁止されていた打楽器の名だったのだ。[92]

ＤＲＵＭの批判の矛先は、白人至上主義者や保守主義者だけでなく、黒人自由闘争のリベラルな盟友であるＵＡＷの白人幹部にも向けられた。また、さらに注目すべきことは、かれらの要求と訴えのグローバルな拡がりにあった。黒人労働者の支払う組合費は別会計の基金とし、黒人コミュニティの自決権の促進のために役立てること、南アフリカのクライスラー工場の黒人労働者に白人と同等の賃金を払うことなど、ローカルな問題はグローバルな視点と接し、インドネシアのゴム工場、ボリビアの鉱山労働者、ビアフラの油田労働者から、ミシシッピ・デルタの農民やクライスラー社長邸やホワイトハウスの家事労働者まで、抑圧された有色の人びとのグローバルな組織化を黒人労働者に対して訴えていたのである[93]。

このような主張を左翼冒険主義に傾斜したブラック・パワー活動家の大言壮語として片づけてしまうならば、黒人自由闘争が刻んだ歴史が歪む。重要なのはかかる主張の実現可能性ではない。愛国的なアメリカ人として抗議の声をあげていた一九四〇年代の公民権運動と異なり、六〇年代後半の黒人の運動は、自らを第三世界の労働者として定位させるまでに大きく変貌を遂げていたのだ。ブラック・パワーの時代の黒人たちの植民地主義やリベラリズムの批判は、このような黒人の自己規定の変化や、それに伴う人種意識の高まりを反映したものだったのである。

その後、ＤＲＵＭの主張に共鳴する黒人労働者の抗議活動はデトロイト都市圏の自動車工場に急拡大し、各工場に誕生していた同種のラディカルな黒人労働者の組合を統合して〈革命的黒人労働者連盟〉（ＬＲＢＷ）が結成されるに至った。ＵＡＷに敢然と逆らい始めた黒人労働者たちにとっての組合幹部は、白人だけが住むのを許された郊外で豪邸に住まう「労働貴族」にほかならなかった。

他方、UAWにしてみれば、黒人ラディカルの主張は黒人の人種的利害だけを関心事としている排他的なものであり、逆立ちした人種差別であった。きわめて興味深いことに、それはまた、共産主義的なものでもあった。都市では「暴動」が頻発、ストリートでのベトナム反戦運動は激化、大学ではニュー・レフトの苛烈な抗議が続くなかにあって、LRBWの活動は、「コミュニストに教唆されたブラック・パワー運動が、［「人種暴動」のときに行った］掠奪と放火から、大学キャンパスでの叛乱を煽り、黒人労働者を革命的行為に引き込もうとする方法へシフト転換した」のを示すものだったのだ。[94]この共産主義的なるものと対比しながら、UAWは自らのリベラルな心情をこう語る。

UAWは、その歴史の最初から、人種、信条、肌の色に拠らず、すべての人びとの平等な権利のために闘ってきました。［中略］正義と道徳の問題として、肌の色ではなく、個人の人格によってすべての人びとが判断されるべきです。われらUAWは［人種問題解決のために］分離した答えはないと信じています。白人の答えもなければ、黒人の答えもありません。答えはひとつだけ、人間性を共有する者には共通のひとつの答えがあるだけ、そう信じているのです。[95]

普遍主義的リベラリズムの正義が人種的な正義足り得るかをUAWが疑うことはなかったのだ。このUAWの声明は、二〇一四年に「ブラック・ライヴズ・マター」の声があがったとき、「主張すべきはオール・ライヴズ・マターであって、ブラックと述べるのは逆の差別だ」と説き、この新たな運動を否定した人びとの声と半世紀の時を経て奇妙に共鳴している。[96]

ＵＡＷは「アメリカの世紀」におけるリベラルな勢力の代表である。だが、二〇一〇年代のブラック・ライヴズ・マター運動興隆以後のアメリカでは、これと似た立場の人びとはもっぱら「保守」と呼ばれる。ここに、ブラック・パワー運動がなにを問いかけ、なにを変えた／変えられなかったのかが象徴的かつ凝集的に示されている。

エピローグ――二一世紀の黒人自由闘争へ

ブラック・パワー運動に関わる最も大きな問題は、この運動が突如として現れたと理解されているところにある。だが、本書が強調してきたように、六〇年代後半にブラック・パワー運動の名を得るラディカルな黒人の運動は、以前よりずっと人種統合を求めるリベラルな公民権運動と共存してきた。この公民権運動の傍らに存在していたオルタナティヴの運動の歴史は、白人至上主義者の攻勢に対してのみならず、リベラルな無関心に対しての抵抗によっても彩られていた。黒人の経験からみると、普遍的リベラリズムの正義は、特に第五章で詳述したように、抑圧的幻想にほかならなかった。黒人たちのブラック・パワーの咆哮は、この幻想からの目覚めを意味したのである。

それは一方において、リベラル派の足場を掬《すく》い、保守派の台頭を助けたかもしれない。この点において、本書はブラック・パワー運動の無謬性を唱えるものではない。だが、この運動を、分断を煽った過激で暴力的なものだと断じるのはあまりにも表面的である。本書を通じて確認してきたように、いわゆる「白人の反攻《ホワイト・バックラッシュ》」は歴史的には誤称である。黒人自由闘争が急進化する以前から、白人の変化への抵抗は、ときに白人至上主義者による暴力を伴いつつ激越なものであった。ブラック・パワーとはこのような白人の抵抗に対する黒人の反応であって、ブラック・パワーがバックラッシュを誘発したのではないのである。権利の回復や生活の改善に向けてほんの少しだけ歩みを進めただけで、黒人自由闘争は先に大きく攻め込まれていたのだ。

だが、六〇年代が後半に入ると、ブラック・パワーの咆哮は圧《お》し殺すことが不可能になっていった。こうして黒人自由闘争は次の局面へ大きく動いていくことになったのである。

このブラック・パワーの時代の黒人自由闘争は、公民権運動ほど具体的な成果をあげていないようにみえる。「公民権運動の正史」がわたしたちに伝えるのは、かつて奴隷とされていた黒人が自由を勝ち得ていくという物語だ。一九六四年公民権法、一九六五年投票権法は、アメリカ史を画する変化をもたらし、公民権運動はたしかに大きな勝利を収めたかにみえる。しかし、はたしてほんとうにそうであろうか。

「公民権運動の正史」が描く大きな物語とはまったく異なる黒人の歴史の筋立てを考えた人物のひとりに社会学者のロイック・ヴァカンがいる。二〇〇二年に雑誌『ニュー・レフト・レヴュー』に寄せられたかれの論文は、多くのアメリカ黒人史が下敷きにしている「奴隷制から自由へ」というシェーマを否定し、ジム・クロウ制度の崩壊と都市ゲトーの叛乱の後に黒人たちが辿り着いたのは「自由」ではなく、「大量投獄(mass incarceration)」であったとするきわめて刺激的な議論を展開した。

ヴァカンによると、一九七〇年代以後、黒人男性は犯罪性と連想して考えられる傾向が強まり、かかるイメージが人種的思考を「再活性化」していった。その結果、受刑者人口は、それまで継続して減少していた傾向を一九七五年に逆転させ、二〇〇〇年には、四半世紀前の四倍に当たる二〇〇万人という規模に達した。これに併せて受刑者人口の「色」も劇的に変わった。かつては受刑者の七割が白人であったのだが、一九八八年に過半数を下回ると、入れ替わりに黒人などの有色のマイノリティが多数派を形成するようになっていったのである。受刑歴はまた投票権を制限する根拠となり、一九九七年の時点で、黒人男性の六人にひとりが犯罪歴ゆえに投票権を剥奪されている状態となり、「投票場への実体的なアクセス権をアフリカ系アメリカ人が公民権運動の結果として獲得してからわずか三五年後、［中略］この権利は法規に則った処分でまたもや取りあげられてしまった」のだ。[97]

このように、一九七〇年代に始まる刑罰の厳格化は人種と深い関係にある。たとえば、警察の重装備化・軍隊化は、そもそも六〇年代の都市叛乱への対応として進められたものだった。これまで本書で述べてきたことと深い関連のある事例を簡単に紹介しておくと、SWATという略称で広く知られている、警察の特殊機動部隊班の最初の「実戦展開」は、犯罪組織やテロ組織対応ではなく、ブラック・パンサー党ロサンゼルス支部の強制捜査だった。[98] 同党の政治活動一般が犯罪化《クリミナライズ》されたのだ。いったんクリミナリゼーションが始まると政治的弾圧は容易になる。

さらにまた、本章でみてきたデトロイトでは、「法と秩序」の名の下に、STRESSと略して称される新しい取締《ポリーシング》りが開始された。STRESSとは、「窃盗を防ぎ、安全なストリートで楽しもう(Stop the Robberies, Enjoy Safe Streets)」という警察の標語の頭文字を取ったものであり、多数の警官がおとりとなってストリートに展開、窃盗や非合法薬物取引などに誘う罠を仕掛け、それに引っかかった市民を次々に逮捕していった。かかる「積極的《アグレッシヴ》」な「捜査」は市民との暴力的な衝突につながることも多く、一九七一年だけで一二人、その翌年になると四〇人の市民が警官によって殺害されることになった。

重要なことに、かかる取締り方法は、警察力による犯罪捜査の前提を根底から変えていった。犯罪の摘発は、既遂の行為に対してなされるのが通例である。しかし、STRESSの潜伏捜査官は、犯罪者と思しき人物に目星をつけて、かれ・かのじょを挑撥する。法律的にはグレーな行為かもしれないが、そうすることで先制的に犯罪が防止でき、「安全なストリートを取り戻す」ことができる、それがSTRESSの前提となった考えだった。容易に推測できるように、目星をつけられやすい人物は黒人であることが多く、潜伏捜査官の大多数が投入されたのは、一九六七年の大叛乱の地域、黒人ゲトーだった。つまり、黒人が住む空間全体がクリミナライズされることになったのだ。

もちろんかかる警察の行動を黒人のアクティヴィストたちは「テロ支配」だと批判の声を大きくしたが、警察公安委員長のジョン・ニコルスは、ニクソン大統領が「声なき多数派」と呼んだ保守的市民を自分も代弁しているのであり、黒人の批判は「声の大きなマイノリティ」のものだとして取りあおうとしなかった。連邦議会も保守派議員を中心にデトロイトで起きていることに好意的な関心を示し、かくして、STRESS流の犯罪先制抑止策はアメリカ全体に拡がっていったのである。[99]

アメリカ型刑罰国家の興隆の歴史、さらにはそれに抗する黒人自由闘争の歴史について、これ以上詳述する紙幅は本書には残っていない。[100] 本書はすでに一九三〇年代のデトロイトからすでに長い道のりを歩いてきた。そこで、二〇世紀の黒人自由闘争と現代のそれ、そして刑罰国家への抵抗が交差《インターセクション》する場に立つひとりのアクティヴィストの来歴を簡単に紹介することで本書全体のエピローグとし、ジョージ・フロイド殺害事件から始めた本書を締め括ってみたい。その人物とはアンジェラ・デイヴィスである。

アンジェラ・デイヴィスは、一九四四年一月二六日に、アラバマ州バーミングハムで生まれた。幼いころより知的好奇心が旺盛であり、南部の工業都市はかのじょにとって狭く感じられた。そこで高校二年のとき、奨学金を得て、ニューヨークのグリニッジ・ヴィレッジにある高校へ転校することになった。上昇志向の強いリスペクタブルな若者、将来の黒人エリートの候補生だったのである。[101]

しかし、かのじょを際立たせていたのは左翼思想や運動との近い距離だった。母のサリー・ベル・デイヴィスは、公民権ユニオニズムが黒人自由闘争を活気づけていた一九三〇年代に、全国ニグロ会議（ＮＮＣ）（第一章参照）に参加していた黒人青年たちが結成した組織、〈南部ニグロ青年会議（ＳＮＹＣ）〉の幹部であり、冷戦真っ盛りの一九五〇年代にあっても、かのじょの家庭には左翼アクティヴィストが足繁く通っていた。つまり、幼いアンジェラの近くには、体制順応主義《コンフォーミズム》の時代のアメリカで人知れず存在していた、主流の公民権運動とは趣を異にするオルタナティヴの黒人自由闘争があったのだ。

その後、ニューヨークの高校に在籍中に左翼サークルに加わり、マサチューセッツ州のブランダイス大学へ進学すると、フランクフルト学派のひとりで、六〇年代の学生叛乱を牽引したニュー・レフトの学生たちに大きな影響を与えたハーバート・マルクーゼに師事して哲学を学び始めた。マルクス主義などの左翼思想を追究するために早々にフランスやドイツへ留学し、一九六三年九月、フランス南西部のビアリッツにある大学で学んでいたとき、故郷バーミングハムからのニュースに驚くことになる。――幼少期の知り合いが、ＫＫＫの一団による爆弾テロで死亡したのである。

この時代の黒人自由闘争の先陣に立っていたのはＳＮＣＣやＢＰＰに集ったデイヴィスと同年代の青年たちである（デイヴィスはカーマイケルのわずか三歳年少である）。当時のデイヴィスの主たる関心は社会運動の現場よりもむしろアカデミックな文書館にあったのだが、六〇年代後半の変転のなかで、やがてそのふたつは否応なしに重なっていく。

一九六七年の夏、フランクフルト大学での博士論文研究が終盤に差し掛かったころ、デイヴィスは帰国の途上でロンドンに立ち寄った。恩師のマルクーゼとストークリー・カーマイケルが登壇者になっているカンファレンスに参加するためである。前章で説明したように、当時のカーマイケルはすでにブラック・ナショナリズムへの傾斜を強めていて、人種間の共闘に否定的な考え方をもち始めていた。ＢＰＰとの合同集会のとき（第七章参照）と同じくこのカンファレンスでも、かれは左翼思想一般を「白人の男のもの（white man's thing）」と片づけ、デイヴィスは、ブラック・パワーの申し子のそのような姿に落胆することになった。ドイツ留学から帰国後、ＢＰＰロサンゼルス支部での活動を始め、カーマイケルとは異なり左翼運動に柔軟な対応をする党員たちの姿に勇気づけられるも、今度は、当時の武闘派黒人男性が顕示する男性優越主義《メール・ショーヴィニズム》に強く当惑し、支部の活動から徐々に身を引くことになる。[102]しばしばデイヴィスはＢＰＰの活動家として紹介されることが多いし、かのじょ自身もＢＰＰの政治路線を高く評価してはいるが、それはおそらく、大きなアフロヘアとラディカルな政治行動が一緒になったときに生まれるイメージだけを捉えた誤解である。インターセクショナリティという言葉が生まれる前から人種と階級とジェンダーの交差点で思想を彫り込んできたかのじょと初期ＢＰＰのマチズモの相性は悪く、かのじょが同党と深く関わったのはじつのところきわめて短い期間だった。

そのようなかのじょのアクティヴィズムの基盤となったのがアメリカ共産党だった。
一九六九年、デイヴィスはカリフォルニア大学ロサンゼルス校で哲学を講じ始めた。しかし、ロナルド・レーガン州知事がデイヴィスと共産党との関係を問題視したのが契機となって、大学理事会は彼女を解雇処分に付した。その後、思想・信条だけを理由とした解雇は違法であるという判決が下され、デイヴィスはいったん復職を果たすのだが、一九七〇年六月、今度は理事会は彼女が煽動的な発言を繰り返していることを理由にあげてふたたび解雇した。――そのような発言のひとつが、警官を豚と呼んだ、ということだった。[103]
解雇処分から二カ月後、さらにセンセーショナルな問題にデイヴィスは関与することになる。一九七〇年八月七日、カリフォルニア州マリオン郡の裁判所で、黒人の高校生ジョナサン・ジャクソンが銃を持って立て籠もり、警察と銃撃戦を行って死亡する事件が起きた。このときジャクソンが使用し、判事を銃殺することになった銃はデイヴィスが購入したものであり、かのじょの名で登録されていた。こうしてデイヴィス自身が判事殺害の第一級殺人罪の容疑でＦＢＩから指名手配されることになるのだが、黒人自由闘争の闘士が危険な「おたずね者」となり、アメリカ社会の強い関心を集めたのは、ロバート・Ｆ・ウィリアムスとＨ・ラップ・ブラウンに続いて三例目だった。
指名手配の二カ月後に「地下に潜伏」していたかのじょが逮捕されると、アメリカの左翼アクティヴィストとラディカルな黒人の組織は、国際社会を舞台にアメリカの人権侵害を告発する大キャンペーンを行った。――ＢＰＰがヒューイ・ニュートン保釈を求めて行った「フリー・ヒューイ・キャンペーン」のときの政治連合がふたたび動いたのだ。衆目の関心が集まるなかで公判が始まると、大き

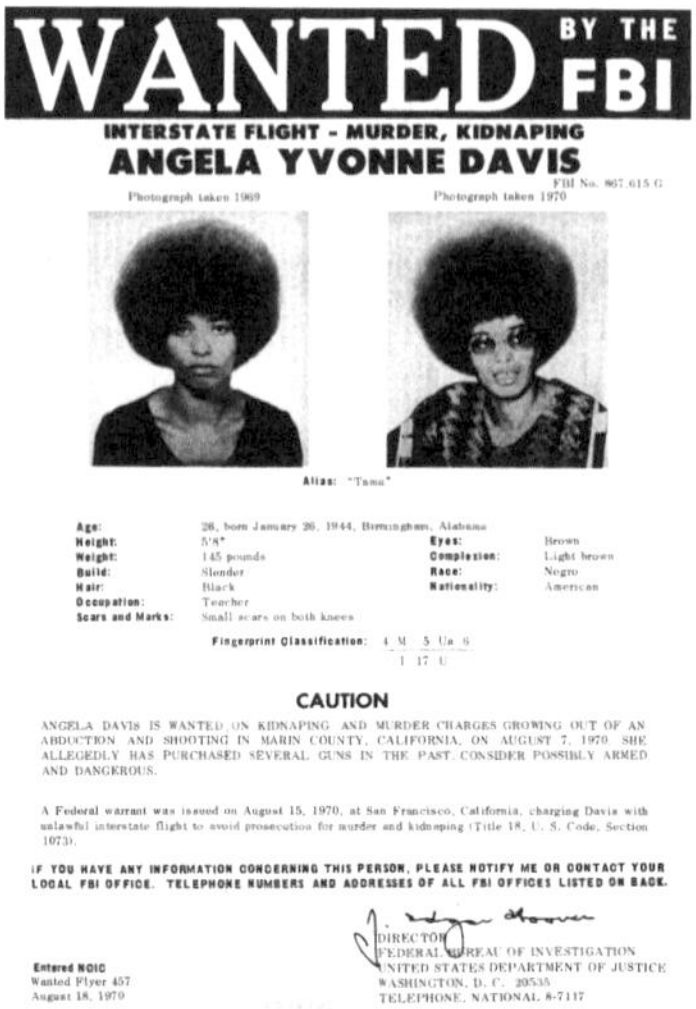
WANTED BY THE FBI

INTERSTATE FLIGHT - MURDER, KIDNAPING

ANGELA YVONNE DAVIS

FBI No. 867,615 G

Photograph taken 1969 / Photograph taken 1970

Alias: "Tamu"

Age:	26, born January 26, 1944, Birmingham, Alabama		
Height:	5'8"	Eyes:	Brown
Weight:	145 pounds	Complexion:	Light brown
Build:	Slender	Race:	Negro
Hair:	Black	Nationality:	American
Occupation:	Teacher		
Scars and Marks:	Small scars on both knees		

Fingerprint Classification: 4 M 5 Ua 6 / 1 17 U

CAUTION

ANGELA DAVIS IS WANTED ON KIDNAPING AND MURDER CHARGES GROWING OUT OF AN ABDUCTION AND SHOOTING IN MARIN COUNTY, CALIFORNIA, ON AUGUST 7, 1970. SHE ALLEGEDLY HAS PURCHASED SEVERAL GUNS IN THE PAST. CONSIDER POSSIBLY ARMED AND DANGEROUS.

A Federal warrant was issued on August 15, 1970, at San Francisco, California, charging Davis with unlawful interstate flight to avoid prosecution for murder and kidnaping (Title 18, U. S. Code, Section 1073).

IF YOU HAVE ANY INFORMATION CONCERNING THIS PERSON, PLEASE NOTIFY ME OR CONTACT YOUR LOCAL FBI OFFICE. TELEPHONE NUMBERS AND ADDRESSES OF ALL FBI OFFICES LISTED ON BACK.

DIRECTOR
FEDERAL BUREAU OF INVESTIGATION
UNITED STATES DEPARTMENT OF JUSTICE
WASHINGTON, D. C. 20535
TELEPHONE, NATIONAL 8-7117

Entered NCIC
Wanted Flyer 457
August 18, 1970

アンジェラ・デイヴィスに対する指名手配書

なアフロヘアで入廷し、論理明快に訥々《とつとつ》と自分の立場を釈明するデイヴィスの姿は、この時代のアイコンになっていった。こうして迎えた一九七二年六月の評決の日、陪審員は、事前の予想を覆して、かのじょを無罪とした。評決が読み上げられると、陪審員の白人がデイヴィスに向かって右手の拳を固く結んで突き上げた。——ブラック・パワーの合図を送って、かのじょが象徴することになった大義の支持を表明したのである。[104]

かのじょがこのような「事件」に関与することになったのは、ジョナサン・ジャクソンの兄であり、カリフォルニア州ソルダッド刑務所に服役していたジョージと親しい関係にあったからだった。ジョージ・ジャクソンは、一九歳のときにガソリンスタンドの店員に銃を突きつけて七〇ドルを盗み「一年以上終身」の不定期懲役刑を受け、その後何度も保釈申請を行ったが取り合ってもらえず、獄中ですでに二八歳になっていた。つまり七〇ドルの強盗で九年も刑に服していたのである。ジャクソンは、自分に対する処遇だけでなく、刑務所のなかでのさまざまな権利侵害に対して沈黙することなく、獄中でBPPに入党、自筆のエッセイをBPP機関誌『ブラック・パンサー』などに寄稿して、当時のラディカルたちの注目を集めていた。他方、帰国後のデイヴィスの関心は、この時点にしてすでに、黒人を犯罪者化する社会制度に向かっていて、受刑者の抵抗の象徴的なリーダーであるジャクソンと親交を温めていたのである。[105]

その後もデイヴィスは、刑務制度のなかのレイシズムとセクシズムの問題と関わり続け、一九九七年に、歴史地理学者のルース・ウィルソン・ギルモアやマイク・デイヴィスらと刑務所廃止運動のための研究プラットフォーム、〈クリティカル・レジスタンス〉を結成した。二〇〇三年にデイヴィスが著した『刑務所は時代おくれなのか？』は、先に述べたヴァカンの議論に奴隷制に始まる長い歴史的経緯の分析を加えて刑罰国家アメリカの威容と獄産複合体の実態を暴き、〈クリティカル・レジスタンス〉のさまざまな活動とともに次の世代の黒人自由闘争が生まれる知的基盤を秘かにつくっていった。[106]

これから一〇年あまりが経過すると、アメリカ型刑罰国家とレイシズムの関係に次第に多くの人びとが気づき始めていった。二〇一二年、フロリダ州サンフォードで、一七歳の黒人青年、トレイヴォン・マーティンが自警団員から射殺された。団員から黒人ゆえに怪しい人物であると思われたのが事件の発端だった。この裁判の過程で、素行のよくない高校生だからそもそも疑われたのだと、流行し始めたソーシャル・ネットワークだけでなく、ＦＯＸネットワークなどの保守系メディアでも、マーティンは人格攻撃に晒され、かれの尊厳は傷つけられていった。正当防衛を訴える被告の自警団員に陪審が無罪の評決を下すと、この評決の夜、黒人クィアのアクティヴィスト、アリシア・ガーザが「黒人へのラブレター」と題したフェイスブックへの投稿の結語にある言葉を使用し、二一世紀の黒人自由闘争のスローガンが人知れず生まれた。――「ブラック・ライヴズ・マター」である。

二〇一四年八月九日、今度はミズーリ州ファーガソンで、一八歳の黒人青年、マイケル・ブラウンが警官に射殺された。このときの抗議運動はおよそ四カ月に及ぶ激しいものとなったのだが、長期にわたって抗議が維持されたのは、このときまでに、警官暴力に抗議を始めた青年たちの組織、〈ムーヴメント・4・ブラック・ライヴズ〉が活動を始めていたからである。それは、エラ・ベイカーの組織論そのままに、目的意識を共有する人びとが緩やかに集い、互いが親交を温めるなかで問題認識を深化させ、カリスマ的指導者を置かないことを特徴とする新種の運動体であった。この青年たちの運動の年輩の同走者であり、エラ・ベイカー研究の第一人者であるバーバラ・ランスビーは、〈クリティカル・レジスタンス〉の活動をブラック・ライヴズ・マター運動の政治思想上の源泉のひとつにあげ、「アンジェラ・デイヴィスが政治犯だった一九七〇年代、［ブラック・ライヴズ・マター運動の］オーガナイザーたちはまだ生まれてもいなかった。それでもしかし、［中略］かのじょのインパクトは、触ってすぐに分かるほどはっきりとしている」と評している。[107]

かくしてファーガソンで抗議が続くなか、一一月二四日、大陪審が被疑者の警官を不起訴処分にすると、直後の感謝祭の週末には、「ブラック・ライヴズ・マター」のスローガンとともに、大規模な抗議デモが全米に拡がり、その規模と勢いは公民権運動以来であると言われることになったのである。

ブラック・ライヴズ・マター運動の時代のアクティヴィストたちは、リスペクタビリティを微塵も重要視せず、現代社会のレイシズムと不正義を問う。黒人の命・生活《ブラック・ライヴズ》が大切だと訴えるために、リスペクタブルである必要はない。制度的人種主義が黒人からリスペクタブルになる機会を奪い続けるかぎり、断罪されなければならないのはレイシズムが浸透した社会だ。半世紀前にジョージ・ジャクソンが七〇ドルの窃盗で残酷にも長い懲役刑に服していた社会はいまも黒人を呪う。二〇ドルの偽造紙幣の使用を疑われただけで、もうひとりのジョージ、すなわちジョージ・フロイドが警官から路上で処刑される社会に正義はない、と。

ブラック・ライヴズ・マター運動の時代のアクティヴィストはストリートでまたこうも言っている。――「言い訳せずにブラックだ Unapologetically Black」。それはブラック・パワー時代のアクティヴィストがアメリカ社会に対して向けた姿でもあった。

黒人自由闘争は、前世紀の運動を引き受けて、いまも続く。

注

序章

1 Larry Buchanan et. al., "Black Lives Matter May Be the Largest Movement in U.S. History," *New York Times*, July 3, 2020. 二〇二〇年のＢＬＭ運動については以下を参照。拙稿「ブラック・ライヴズ・マター蜂起の可能性――「刑罰国家」アメリカとレイシズム」『世界』九三五号(二〇二〇年八月)、四二―五一頁。

2 以下を参照。Transcript of Barack Obama's Keynote Speech at the 2004 Democratic National Convention, *National Public Radio*, July 24, 2004, https://www.pbs.org/newshour/show/barack-obamas-keynote-address-at-the-2004-democratic-national-convention(最終閲覧日二〇二四年一〇月二日)。

3 同判決だけでなく、ウィスコンシン州やジョージア州、フロリダ州など、共和党が主導権を握る州では、すでに人種に基づく差別はないという前提のもとに、黒人の投票権の抑圧が急速に進行している。以下を参照。Carol Anderson, *One Person, No Vote: How Voter Suppression Is Destroying Our Democracy*(New York: Bloomsday, 2018); Ari Berman, *Give Us the Ballot: The Modern Struggle for Voting Rights in America*(New York: Farrar Straus & Giroux, 2015)〔アリ・バーマン(秋元由紀訳)『投票権をわれらに――選挙制度をめぐるアメリカの新たな闘い』(白水社、二〇二〇年)〕。

4 二〇二四年七月、同法の一部に対して連邦巡回控訴裁判所が違憲判決を下したが、かかる政策を推したデサンティスは保守派のあいだで依然として高い人気を誇っている。Andrew Atterbury, "Federal Courts Spike Piece of DeSantis 'Stop Woke Law'," *Politico*, July 26, 2024. Katie Reilly, "Florida's Governor Just Signed the 'Stop Woke Act.' Here's What It Means for Schools and Businesses," *Time*, April 22, 2022.

5 Richard Kluger, *Simple Justice*(New York: Alfred A. Knopf, 1976).

6 David J. Garrow, *Bearing the Cross: Martin Luther King, Jr., and the Southern Christian Leadership Conference*(New York: Vintage, 1986); Adam Fairclough, *To Redeem the Soul of America: The Southern Christian Leadership Conference and Martin*

Luther King, Jr.(Athens, GA.: University of Georgia Press, 1987); Taylor Branch, *Parting the Waters: America in the King Years 1954–1963*(New York: Touchstone, 1988).

7 Karen Anderson, *Little Rock: Race and Resistance at Central High School*(Princeton: Princeton University Press, 2013).

8 Clayborne Carson, *In Struggle: SNCC and the Black Awakening of the 1960s*(Cambridge, Mass.: Harvard University Press, 1981).

9 Branch, *Parting the Waters*, 825.

10 Carl M. Brauer, *John F. Kennedy and the Second Reconstruction*(New York: Columbia University Press, 1977); Glenn T. Eskew, *But for Birmingham: the Local and National Movements in the Civil Rights Struggle*(Chapel Hill: University of North Carolina Press, 1997); Diane McWhorter, *Carry Me Home: Birmingham, Alabama, the Climactic Battle of the Civil Rights Revolution*(New York: Touchstone Book, 2001).

11 Garrow, *Bearing the Cross*, 399. じっさいには、しかし、ナチス・ドイツを思わせることは現実に起きていた。このことに関わるアメリカ史上の問題は、第三章で詳述するが、ここではジム・クロウ制度や移民法など、ナチスはアメリカの制度を熱心に研究していたということに簡単に触れておく。以下を参照。James Q. Whitman, *Hitler's American Model: The United States and the Making of Nazi Race Law*(Princeton: Princeton University Press, 2017)〔ジェイムズ・Q・ウィットマン(西川美樹訳)『ヒトラーのモデルはアメリカだった――法システムによる「純血の追求」』(みすず書房、二〇一八年)〕。

12 Colleen Shogan, "We Shall Overcome," *The White House Historical Association*, April 8, 2021, https://www.whitehousehistory.org/we-shall-overcome-lbj-voting-rights(最終閲覧日二〇二四年一〇月二日); バーマン『投票権をわれらに』三九—四〇頁。

13 David J. Garrow, *Protest at Selma: Martin Luther King, Jr., and the Voting Rights Act of 1965*(New Haven: Yale University Press, 1978). キング研究の第一人者のギャローは、このセルマ闘争は、キングが率いた数々のキャンペーンのなかでも、その統制の面で最高の成功例であると指摘している。このきわめて「感動的」な運動の衰微は、史実に忠実に沿って、黒人でフェミニストの映像作家、エイヴァ・デューヴァーネイが、ずばり *Selma* というタイトルで映画化した。*Selma* というタイトルの映画がアメリカの映画市場で通用し、ゴールデングローブ賞とアカデミー賞の双方で作品賞にノミネートされる一方、日本での同作の邦題は『グローリー――明日への行進』という、なんの史実を指しているのか分からないものになっている。このような文化的実態にも、公民権運動のじっさいのプロセスが日本でいかに知られていないかという事情が映し出されているように筆者には思える。

14　このような暴力的事件を「暴動」と呼ぶか否かについては、本書終章で検討するように、さまざまな議論がある。本章では、一般的な理解を整理しているために便宜的に「暴動」と記しているが、それは筆者の判断を意味するものではないことを断っておく。

15　Garrow, *Bearing the Cross*, 439–440; Gerald Horne, *Fire This Time: The Watts Uprising and the 1960s*（Charottesville: University Press of Virginia, 1995）, 105–106.

16　James R. Ralph, *Northern Protest: Martin Luther King, Jr., Chicago, and the Civil Rights Movement*（Cambridge, MA: Harvard University Press, 1993）.

17　National Advisory Commission on Civil Disorders, Report of the National Advisory Commission on Civil Disorders（Washington, D.C.: Government Printing Office, 1968）, 1; Gregg Lee Carter, "In the Narrows of the 1960s U.S. Black Rioting," *Journal of Conflict Resolution* 30（March 1986）, 115–127; Sidney Fine, *Violence in the Model City: The Cavanagh Administration, Race Relations, and the Detroit Riot of 1967*（Ann Arbor: University of Michigan Press, 1989）; Peter B. Levy, *The Great Uprising: Race Riots in Urban America during the 1960s*（New York: Cambridge University Press, 2018）, 1.

18　たとえば以下を参照。Eric Williams, *From Columbus to Castro: The History of the Caribbean 1942–1969*（New York: Vintage, 1970）; Edmund S. Morgan, *American Slavery American Freedom: The Ordeal of Colonial Virginia*（New York: Norton, 1975）; Cedric J. Robinson, *Black Marxism: The Making of the Black Radical Tradition*（Chapel Hill: University of North Carolina Press, 1983）; David Brion Davis, *The Problem of Slavery in the Age of Revolution, 1770–1823*（New York: Oxford University Press, 1999）; Sven Beckert, *Empire of Cotton: A New History of Global Capitalism*（New York: Penguin, 2014）.

19　黒人史の勝利主義的解釈にかかわる同様の指摘については、以下を参照。Kevin Gaines, "The Civil Rights Movement in World Perspective," *OAH Magazine of History* 21（January 2007）, 57–64; Randall Kennedy, "The Civil Rights Movements and the Politics of Memory," *American Prospect*（Spring 2015）, 78–85.

20　Rosa Parks, *My Story*（New York: Puffin Books, 1991）, 174–175.

21　Charles E. Cobb Jr., *This Nonviolent Stuff'll Get You Killed: How Guns Made the Civil Right Movement Possible*（New York:

Basic Books, 2014). 同書の著者チャールズ・カッブは、一九六〇年代当時、本稿で詳述するＳＮＣＣの幹部スタッフを務めていた。

22　Hazel Gaudet Erskine, "The Polls: Race Relations," *Public Opinion Quarterly* 26(Spring 1962), 145.

23　この議論の嚆矢のひとつとなった研究を紹介しておく。Michael J. Klarman, "How Brown Changed Race Relations: The Backlash Thesis," *Journal of American History* 81(June 1994), 81–118.

24　Garrow, *Bearing the Cross*, 238.

25　Garrow, *Bearing the Cross*, 83; Jeanne Theoharis, *The Rebellious Life of Mrs. Rosa Parks*(Boston: Beacon Press, 2013), 116–149.

26　Anderson, *Little Rock*, 166–167.

27　Juan Williams, ed., *Eyes on the Prize: America's Civil Rights Years, 1954–1965*(New York: Penguin, 1987), 224.

28　当日、ワシントンでじっさいに行進に参加した人びとから筆者が聞いた限りでは、集会の現場となった屋外会場（ワシントン市中心部のモール）の音響設備の具合が悪く、後列にいた者にはなにが語られたのか分からなかったらしい。

29　Seth Cagin and Philip Dray, *We Are Not Afraid: The Story of Goodman, Schwerner and Chaney and the Civil Rights Campaign for Mississippi*(New York: Bantam Books, 1988).

30　以下を参照。Carol Anderson, *White Rage: The Unspoken Truth of Our Racial Divide*(New York: Bloomsbury, 2016).

31　Lance Hill, *The Deacons for Defense: Armed Resistance and the Civil Rights Movement*(Chapel Hill: University of North Carolina Press, 2004).

32　ポスト公民権世代に対するこのような批判については、以下を参照。James Forman Jr., *Locking Up Our Own: Crime and Punishment in Black America*(London: Abacus, 2017). なお、同書の著者は、ＳＮＣＣで執行幹事を務めたジェイムズ・フォアマン（本書第四章参照）の息子であり、同時期の運動指導者の多くと幼いころから親しくしていた。同書執筆時には、首都ワシントンで公選弁護人として刑事裁判で起訴された黒人青年たちの弁護活動に従事し、被疑者に寄り添い、警官暴力や大量投獄の問題と格闘している。

33　Malcolm X, "The Ballot or the Bullet, April 3, Cleveland," in *Malcolm X Speaks, Selected Speeches and Statements*, ed., George Breitman(New York: Grove Weidenfeld, 1965), 26.

34 アリのイメージの変転については、以下を参照。Mike Marqusee, *Redemption Song : Muhammad Ali and the Spirit of the Sixties*（London : Verso, 1999）［マイク・マークシー（拙訳）『モハメド・アリとその時代 ── グローバル・ヒーローの肖像』（未來社、二〇〇一年）］；拙稿「モハメド・アリの生涯とその「遺産」」『立教アメリカン・スタディーズ』第三九号（二〇一七年三月）、一二一―一四一頁。

35 Carl M. Brauer, *John F. Kennedy and the Second Reconstruction*（New York : Columbia University Press, 1977）; Steven L. Lawson, *Black Ballots : Voting Rights in the South, 1944–1969*（New York : Columbia University Press, 1976）.

36 Steven F. Lawson, "Freedom Then, Freedom Now : The Historiography of the Civil Rights Movement," *American Historical Review* 96（April 1991）, 456–471.

37 Howard Zinn, *SNCC : The New Abolitionists*（Westport, Conn.: Greenwood Press, 1964）［ハワード・ジン（武藤一羊訳）『反権力の世代』（合同出版、一九六七年）］。

38 William H. Chafe, *Civilities and Civil Rights : Greensboro, North Carolina, and the Black Struggle for Freedom*（New York : Oxford University Press, 1980）; Clayborne Carson, *In Struggle : SNCC and the Black Awakening of the 1960s*（Cambridge, MA : Harvard University Press, 1981）; Garrow, *Bearing the Cross* ; Branch, *Parting the Waters* ; John Dittmer, *Local People : The Struggle for Civil Rights in Mississippi*（Urbana : University of Illinois Press, 1994）; Charles M. Payne, *I've Got the Light of Freedom : The Organizing Tradition and the Mississippi Freedom Struggle*（Berkeley : University of California Press, 1994）. これらの研究は、今日でもまずは参照されるべき基礎的な研究であるが、残念ながら邦訳が刊行されることはなかった。

39 Jeanne Theoharis and Komozi Woodard, eds., *Groundwork : Local Black Freedom Movement in America*（New York : New York University Press, 2005）; Peniel E. Joeseph, ed., *Neighborhood Rebels : Black Power at Local Level*（New York : Palgrave, 2010）.

40 Sarah Evans, *Personal Politics : The Roots of Women's Liberation in the Civil Rights Movement and the New Left*（New York : Vintage, 1979）; Mary King, *Freedom Song : A Personal Story of the 1960s Civil Rights Movement*（New York : William Morrow, 1987）; Bettye Collier-Thomas and V.P. Franklin, eds., *Sisters in the Struggle : African American Women in the Civil Rights-Black Power Movement*（New York : New York University Press, 2001）; Danielle L. McGuire, *At the Dark End of the Street : Black Women, Rape, and Resistance–A New History of the Civil Rights Movement from Rosa Parks to the Rise of Black Power*（New York : Vintage, 2010）; Faith S. Holseart, Martha Prescod Norman Noonan, Judiy Richardson, et. al., eds., *Hands on the Freedom Plow :*

Personal Accounts by Women in SNCC(Urbana: University of Illinois Press, 2012)Jeanne Theoharis, *The Rebellious Life of Mrs. Rosa Parks*(Boston: Beacon Press, 2013).

41 Robert Korstad and Nelson Lichtenstein, "Opportunities Found and Lost: Labor, Radicals, and the Early Civil Rights Movement," *Journal of American History* 75(December 1988), 786–811; Jaquelyn Dowd Hall, "The Long Civil Rights Movement and the Political Uses of the Past," *Journal of American History* 92(March 2005).

42 Jaquelyn Dowd Hall, "The Long Civil Rights Movement and the Political Uses of the Past," *Journal of American History* 92(March 2005).

43 念のため付言しておくが、ホール自身は「インターセクショナリティ」という表現を使っていない。

44 「長い公民権運動論」については、ほかにも代表的なところで以下を参照。Robert Korstad and Nelson Lichtenstein, "Opportunities Found and Lost: Labor, Radicals, and the Early Civil Rights Movement," *Journal of American History* 75(December 1988), 786–811; Robert Rodgers Korstad, *Civil Rights Unionism: Tobacco Workers and the Struggle for Democracy in the Mid-Twentieth-Century South*(Chapel Hill: University of North Carolina Press, 2003).

45 Sundiata Keita Cha-Jua and Clarence Lang, "The 'Long Movement' as Vampire: Temporal and Spatial Fallacies in Recent Black Freedom Studies," *Journal of African American Studies* 92(Spring 2007), 265–288; Thomas C. Holt, *The Movement: The African American Struggle for Civil Rights*(New York: Oxford University Press, 2021).

46 代表的なモノグラフのみを挙げておく。Richard M. Dalfiume, "The 'Forgotten Years' of the Negro Revolution'," *Journal of American History* 55(June 1968), 90–106; August Meier and Elliot Rudwick, "The Boycott Movement Against Jim Crow Streetcars in the South, 1900–1906," *Journal of American History* 55(March 1969), 756–775.

47 Jeanne Theoharis, *A More Beautiful and Terrible History: The Uses and Misuses of Civil Rights History*(Boston: Beacon Press, 2018). 同様の見解については以下の論集を参照。Renee C. Romano and Leigh Raiford, eds., *The Civil Rights Movement in American Memory*(Athens: University of Georgia Press, 2006).

48 Theoharis, *A More Beautiful and Terrible History*, 2–38; Tavis Smiley, "The One Single Thing Donald Trump and Martin Luther King, Jr. Have in Common," *Time*, December 1, 2017.

49 代表的な議論として以下を参照。Shelby Steele, *A Dream Deferred: The Second Betrayal of Black Freedom in America*(New

York: Harper, 1994)［シェルビー・スティール（拙訳）『白い罪――公民権運動はなぜ敗北したか』（径書房、二〇一一年）］。また、スティールなどの「黒人保守」に関わる議論は以下を参照。大森一輝『アフリカ系アメリカ人という困難――奴隷解放後の黒人知識人と「人種」』（彩流社、二〇一四年）。

50 Hall, "The Long Civil Rights Movement and the Political Uses of the Past," 1234.

51 本田創造『アメリカ黒人の歴史』（岩波新書、一九六四年）、ならびに上杉忍『アメリカ黒人の歴史――奴隷貿易からオバマ大統領まで』（中公新書、二〇一三年）は、アメリカ黒人の歴史に関心を抱いた者がまず手にし、さらに研究を志す者であるならば、最初に取り組まなくてはならない必読の書である。だが前者は初版が一九六四年ということもあり、その後の展開には触れてなく（一九九一年の新版でも十分な議論は展開されていない）、後者は、微妙なニュアンスでブラック・パワー運動を記述しているものの、最終的には、この運動が公民権運動の衰退とアメリカ社会の分断を促したと捉え、基本的には公民権運動の「下り坂勾配史観」に立っている。また、エリック・フォーナーやリザベス・コーエン等、アメリカ歴史学の大家によるアメリカの大学授業用テキストの理解も同様である。以下を参照。David M. Kennedy, Lizabeth Cohen and Thomas A. Baily, *The American Pageant: A History of the American People*, 14th ed. (Boston: Wadsworth, 2010), 804–814; Eric Foner, *Give Me Liberty!: An American History* (New York: W. W. Norton, 2012), 975–1001.

52 オバマの勝利演説の公式動画は本書執筆時もまだインターネットで視聴可能である。"President-Elect Barack Obama on Election Night," BarackObamadotcom, https://www.youtube.com/watch?v=HfHbw3n0ElM（最終閲覧日二〇一四年一〇月二日）。オバマの勝利演説とキングの演説との関係については以下を参照。「黒人政治の黄昏――バラク・オバマの時代と公民権運動の選択的記憶」『歴史学研究』九〇七号（二〇一三年七月）、二六―三二頁。

53 Yohuru Williams, *Rethinking the Black Freedom Movement* (New York: Routledge, 2016), 35.

54 Clayborne Carson, "Civil Rights Reform and the Black Freedom Struggle" in *The Civil Rights Movement in America*, ed., Charles W. Eagle (Jackson, MS.: University Press of Mississippi, 1986), 364.

55 Peniel E. Joseph, ed., *The Black Power Movement: Rethinking the Civil Rights–Black Power Era* (New York: Routledge, 2006).

56 大文字の公民権運動（Civil Rights Movement）の実態は小文字の公民権運動の連なり（civil rights movement）であるという運動像は、二〇一三年に開催されたアメリカ学会年次大会でのシンポジウム「平等概念の多様性」における樋口映美氏の報告から強い示唆を受けた。

57 Philip S. Foner, *Organized Labor and Black Worker, 1619–1981*, 2nd ed.(New York : International Publishers, 1981).

58 手近な代表例としてリベラルであることを自任する以下の歴史家の著書を参照。Mark Lilla, *The Once and Future Liberal : After Identity Politics*(New York : Harper, 2017); マーク・リラ(夏目大訳)『リベラル再生宣言』(早川書房、二〇一八年)。

59 たとえば、川島正樹『アメリカ市民権運動の歴史――連鎖する地域闘争と合衆国社会』(名古屋大学出版会、二〇〇八年)を参照。同書は、公民権運動の地域的な多様性を捉えた優れた研究であるが、残念ながら「市民権運動」と表現することで、かえって論旨が分かり難くなってしまっている。定訳を改変した意図が筆者には分からない。

60 なお、岡山裕『アメリカの政党政治――建国から二五〇年の軌跡』(中公新書、二〇二〇年)が「市民的権利運動」という訳語を用いている。

第1章

1 Harvard Sitkoff, A *New Deal for Blacks, the Emergence of Civil Rights as a National Issue : The Depression Decade*(New York : Oxford University Press, 1978); Nancy J. Weiss, *Farewell to the Party of Lincoln*(Princeton : Princeton University Press, 1983).

2 James R. Grossman, *Land of Hope : Chicago, Black Southerners, and the Great Migration*(Chicago : University of Chicago Press, 1989); James N. Gregory, *The Southern Diaspora : How the Great Migrations of Black and White Southerners Transformed America*(Chapel Hill : University of North Carolina Press, 2005); Isabel Wilkerson, *The Warmth of Other Suns : The Epic Story of America's Great Migration*(New York : Vintage, 2010).

3 Forrester B. Washington, The Negro in Detroit : A Survey of the Conditions of a Negro Group in a Northern Industrial Center during the War Prosperity Period, 1920, Bentley Historical Library, University of Michigan, Ann Arbor.

4 竹中興慈『シカゴ黒人ゲトー成立の社会史』(明石書店、一九九五年);樋口映美『アメリカ黒人と北部産業――戦間期における人種意識の形成』(彩流社、一九九七年);中野耕太郎『二〇世紀アメリカ国民秩序の形成』(名古屋大学出版会、二〇一五年); Kevin Boyle, *Arc of Justice : A Saga of Race, Civil Rights, and Murder in the Jazz Age*(New York : Henry Holt, 2004).

5 Herbert R. Northrup, *The Negro in the Automobile Industry*(Philadelphia : University of Pennsylvania Press, 1968), 8–10.

6 Lloyd H. Bailer, "The Negro Automobile Worker," *Journal of Political Economy* 51(January 1943), 416.

7 *Ibid*., 417–419.

8 Bailer, "The Negro Automobile Worker," 417.

9 August Meier and Elliot Rudwick, *Black Detroit and the Rise of the UAW*(New York : Oxford University Press, 1979), 49, 61.

10 Sidney Fine, *Sit-down*(Ann Arbor : University of Michigan Press, 1969); Walter Galenson, *CIO Challenge to AFL : A History of American Labor Movement*(Cambridge, MA : Harvard University Press, 1960).

11 Philip S. Foner, *Organized Labor and Black Worker, 1619–1981*. 2nd ed.(New York : International Publishers, 1981); David R. Roediger, *The Wages of Whiteness : Race and the Making of the American Working Class*(New York : Verso, 1991)[デイヴィッド・ローディガー(小原豊志・竹中興慈・井川眞砂・落合明子訳)『アメリカにおける白人意識の構築――労働者階級の形成と人種』(明石書店、二〇〇六年)]。

12 W. E. B. Du Bois, "Youth and Age at Amenia," *Crisis* 40(October 1933); W. E. B. Du Bois, "Segregation," *Crisis* 41(January 1934); David Levering Lewis, *W. E. B. Du Bois : The Fight for Equality and the American Century, 1919–1963*(New York : Henry Holt, 2000), 338–343; W. E. B. Du Bois, *The Autobiography of W. E. B. Du Bois : A Soliloquy on Viewing My Life from the last Decade of Its First Century*(New York : International Publishers, 1968), 289–299.

13 Elmer A. Carter, "A. Philip Randolph," *Opportunity* 15(October 1937); Elmer A. Carter, "A. Philip Randolph," *Opportunity* 15(October 1937); Jervis Anderson, *A. Philip Randolph : A Biographical Portrait*(Berkeley : University of California Press, 1972); William H. Harris, *Keeping the Faith : A Philip Randolph, Milton P. Webster, and the Brotherhood of Sleeping Car Porters, 1925–1937*(Urbana : University of Illinois Press, 1977); Paula F. Pfeffer, *A. Philip Randolph ; Pioneer of the Civil Rights Movement*(Baton Rouge : Louisiana University Press, 1990); Angela D. Dillard, *Faith in the City : Preaching Radical Social Change in Detroit*(Ann Arbor : University of Michigan Press, 2007), 88, 110–112.

14 Report of Resolutions Committee, 27th Annual Conference N.A.A.C.P., Baltimore, Md., July 3, 1936, National Association for the Advancement of Colored People Papers, Manuscript Division, Library of Congress, Box 12.

15 樋口『アメリカ黒人と北部産業』一六七―二〇七頁 ; Shelton Tappes, Transcript of Shelton Tappes Oral History Interview with Herbert Hill, Part 1, p. 40, Blacks in Labor Movement, Archives of Labor and Urban Affairs, Walter P. Reuther Library, Wayne

State University.

16 その代表例が、一九二四年のデトロイト地方裁判所判事の選挙である。ブラッドビーをはじめとする黒人エリートは、フォードの意向に逆らって、ミシガン州で勢力を拡大させていたクー・クラックス・クランへの対応を約束したアイルランド系のフランク・マーフィを地方検事に推すことで、その後のデトロイト市長、フィリピン総督、連邦司法省長官、最高裁判事を歴任することになるかれのキャリアをスタートさせていたのだった。Beth Thompkins Bates, *The Making of Black Detroit in the Age of Henry Ford*(Chapel Hill: University of North Carolina Press, 2010), 2, 83-90.

17 Tappes Oral History Interview, Part 1, 29-31, 36; St. Clair Drake and Horace H. Cayton, *Black Metropolis: A Study of Negro Life in a Northern City*(Chicago: University of Chicago Press, 1945), 85-87, 734-746; James Goodman, *Stories of Scottsboro*(New York: Pantheon, 1994); Mark Solomon, *The Cry Was Unity: Communists and African Americans, 1917-1936*(Jackson: University Press of Mississippi, 1998); James A. Miller, Susan D. Pennybaker, and Eve Rosenhaft, "Mother Ada Wright and the International Campaign to Free the Scottsboro Boys, 1931-1934," *American Historical Review* 106(April 2001), 387-430.

18 Meier and Rudwick, *Black Detroit and the Rise of the UAW*, 57-58.

19 Editorial, "Mind Your Own Business," *Crisis* 44(August 1937), 241.

20 Meier and Rudwick, *Black Detroit and the Rise of the UAW*, 79.

21 White, "Who Owns the Negro Church?," *Christian Century*, February 9, 1938; Dillard, *Faith in the City*, 4.

22 Tappes Oral History Interview, Part 1, 8-9, 39.

23 *Ibid*., 33.

24 Coleman A. Young and Lonnie Wheeler, *Hard Stuff: The Autobiography of Coleman Young*(New York: Viking, 1994), 45.

25 *Ibid*., 85-86; Dillard, *Faith in the City*, 88-89.

26 組織化運動を現場で担ったタペスは、工場内で操業を続けた労働者の大半は、UAWと対抗していたAFL傘下の白人労働組合員であったと主張している。また、シェフィールドも同じく、スト破りのほとんどは黒人ではなかったと述べている。Tappes Oral History Interview, Part 1, 42-43; Horace Sheffield, Horace Sheffield Oral History Interview with Herbert Hill, July 24, 1968, 1-2, Blacks in Labor Movement, Archives of Labor and Urban Affairs, Walter P. Reuther Library, Wayne State University.

27 Walter White, *A Man Called White: The Autobiography of Walter White* (New York: Viking, 1948), 213–217.
28 Dillard, *Faith in the City*, 36–38.
29 Tappes Interview, Part 1, 12.
30 Jay M. Berman, "Industry Output and Employment Projections to 2012," *Monthly Labor Review*, February 2004, 77–79.
31 Robert C. Weaver, *Negro Labor: A National Problem* (New York: Harcourt, Brace, 1946), 32-33. なお、ウィーヴァーは、ローズヴェルト政権で重用された黒人行政官の一陣であるいわゆる「黒い閣僚(black cabinet)」のひとりであり、その後の一九六六年から二年間、住宅都市開発省長官を務めることになる。
32 Charles S. Johnson, *To Stem This Tide: A Survey of Racial Tension Areas in the United States* (Boston: Pilgrim Press, 1943), 10.
33 Andrew Buni, *Robert L. Vann of Pittsburgh Courier: Politics and Black Journalism* (Pittsburgh: University of Pittsburgh Press, 1974); William Jordan, "'The Damnable Dilemma': African-American Accommodation and Protest during World War I,' *Journal of American History* 81 (March 1995), 1562–1583.
34 Herbert Garfinkel, *When Negroes March: The March on Washington Movement in the Organizational Politics* (New York: Ahteneum, 1969); Paula F. Pfeffer, *A. Philip Randolph*, 240–280.
35 Johnson, *To Stem This Tide*, 10.
36 Alan Clive, *State of War: Michigan in World War II* (Ann Arbor: University of Michigan Press, 1979), 94.
37 *Ibid*., 103–104.
38 *Ibid*., 105–106.
39 Arnold R. Hirsch, *Making of the Second Ghetto: Race & Housing in Chicago 1940–1960* (New York: Cambridge University Press, 1983), 1-18; Thomas J. Sugrue, *The Origins of the Urban Crisis: Race and Inequality in Postwar Detroit* (Princeton: Princeton University Press, 1996), 110-140[トマス・J・スグルー(川島正樹訳)『アメリカの都市危機と「アンダークラス」』(明石書店、二〇〇二年)]; Richard Rothstein, *The Color of Law: A Forgotten History of How Our Government Segregated America* (New York: Liveright, 2017), 16–89; David M. P. Freund, "Marketing Free Market: State Intervention and Politics of Prosperity in Metropolitan America," in *The New Suburban History*, eds., Kevin M. Kruse and Thomas J. Sugrue (Chicago: University of Chicago Press, 2006), 11–32; Kenneth T. Jackson, "Race, Ethnicity, and Real Estate Appraisal: The Home Owners

Loan Corporation and the Federal Housing Administration," *Journal of Urban History* 6 (August 1980), 419–452.

40 Johnson, *To Stem This Tide*, 50; Dominic J. Capeci, *Race Relations in Wartime Detroit: The Sojourner Truth Housing Controversy of 1942* (Philadelphia: Temple University Press, 1984).

41 Robert F. Williams, Transcript of Interview with Robert Carl Cohen, 1968, Robert Carl Cohen Papers, Box 1, State Historical Society of Wisconsin, University of Wisconsin.

42 Todd C. Shaw, *Now Is the Time: Detroit Black Politics and Grassroots Activism* (Durham: Duke University Press, 2009), 43; Sugrue, *The Origins of the Urban Crisis*, 119.

43 先行して北部都市に住んでいた黒人と南部からの移住者の緊張を孕む関係については以下を参照。 Grossman, *Land of Hope*, 123–160.

44 Johnson, *To Stem This Tide*, 50.

45 *Ibid.*, 51.

46 *Ibid.*, 52.

47 Weaver, *Negro Labor*, 63.

48 Dillard, *Faith in the City*, 137; Meier and Rudwick, *Black Detroit and the Rise of the UAW*, 182.

49 Dillard, *Faith in the City*, 90–99; Survey of Racial and Religious Conflict Forces in Detroit, September 10 to September 30, 1945, Confidential Report prepared by Herbert Hill, Civil Rights Congress of Michigan Collection, Archives of Labor and Urban Affairs, Walter P. Reuther Library, Wayne State University, Box 71.

50 カラーブラインド主義については以下を参照。 Eduardo Bonilla-Silva, *Racism without Racist: Color-Blind Racism and the Persistence of Racial Inequality in America* (New York: Rowman and Littlefield, 2014).

51 Ronald Tobey, Charles Wetherell, and Jay Brighan, "Moving Out and Settling In: Residential Mobility, Home Owning, and the Public Enframing of Citizenship, 1921–1950," *American Historical Review* 95 (December 1990), 1413–1422.

52 *Ibid.*, 1412.

53 "A Disgrace to Detroit," *Detroit Tribune*, January 31, 1942.

54 Clive, *Sate of War at Michigan*, 146–147.

55 "Detroiters in Riot on Negro Project," *New York Times*, March 1, 1942.

56 "Detroit Riot Issue Put Up to Capital," *New York Times*, March 2, 1942 ; Clive, *State of War*, 148.

57 "Detroit Has a Race Riot," *Life Magazine*, March 16, 1942, 40–41.

58 "Detroit Housing Unit Won't Be Opened Now," *New York Times*, March 3, 1942.

59 Clive, *State of War*, 145–150 ; Sugrue, *The Origins of the Urban Crisis*, 73–77.

60 Johnson, *To Stem This Tide*, 59.

61 Robert Rodgers Korstad, *Civil Rights Unionism : Tobacco Workers and the Struggle for Democracy in the Mid-Twentieth-Century South*(Chapel Hill : University of North Carolina Press, 2003) ; Robert Korstad and Nelson Lichtenstein, "Opportunities Found and Lost : Labor, Radicals, and the Early Civil Rights Movement," *Journal of American History* 75(December 1988), 786–811.

62 Clive, *State of War at Michigan*, 149 ; Meier and Rudwick, *Black Detroit and the Rise of the UAW*, 183.

63 "Join the Rally," *Michigan Chronicle*, April 10, 1943.

64 "20,000 Members in 1943," *Crisis* 50(May 1943), 154.

65 William C. Berman, *The Politics of Civil Rights in the Truman Administration*(Columbus, Ohio : Ohio State University Press, 1970) ; Harvard Sitkoff, "Harry Truman and the Election of 1948 : The Coming of Age of Civil Rights Politics," *Journal of Southern History* 37(November 1974), 597–616.

66 "Expect 20,000 People at Cadillac Square Rally," *Michigan Chronicle*, April 10, 1943 ; "5,000 at Rally Ask Jobs for City's Negro Women," *DFP*, April 12, 1943 ; "20,000 Members in 1943," *Crisis* 50(May 1943), 140–141. 他方でまた、ＵＡＷも着実に組織勢力を急拡大させていた。四三年七月、航空機産業を管轄下に置いたＵＡＷは、正式メンバーだけで一〇〇万人(黒人はそのうちの約一割)を超え、アメリカ最大の労働組合へと成長を遂げていた。Clive, *State of War at Michigan*, 73, 190.

67 Sugrue, *The Origins of the Urban Crisis*, 75.

68 Dominic J. Capeci, Jr. and Martha Wilkerson, *Layered Violence : The Detroit Riot of 1943*(Jackson, Miss.: University Press of Mississippi, 1991), 5–6.

69 Clive, *State of War at Michigan*, 141–142.

70 皮肉にも、この記録は一九六七年のデトロイトでの騒擾が抜くことになるのだが、このときまでに人種間対立の内実は大きく変化し、そこで起きた暴力的衝突を「暴動」と言い表すこと自体に問題が生じることになる(終章で詳述)。

71 Capeci, Jr. and Wilkerson, *Layered Violence*, 87–121 ; Thurgood Marshall, "The Gestapo in Detroit," *Crisis*, August 1943, 232.

72 "Claim Mayor in Tears at Citizens Meet," *Michigan Chronicle*, June 26, 1943.

73 Meier and Rudwick, *Black Detroit and the Rise of the UAW*, 193–194 ; Clive, *State of War at Michigan*, 161.

74 Clive, *State of War at Michigan*, 57–58.

75 Meier and Rudwick, *Black Detroit and the Rise of the UAW*, 201–205.

76 Sugrue, *The Origins of Urban Crisis*, 174–175 ; Dillard, *Faith in the City*, 161–166.

77 Danielle L. McGuire, *At the Dark End of the Street : Black Women, Rape, and Resistance* (New York : Vintage, 2010), 10–15, 94–98 ; Jeanne Theoharis, *The Rebellious Life of Mrs. Rosa Parks* (Boston : Beacon Press, 2013), 14–16.

78 Walter Galenson, *CIO Challenge to AFL : A History of American Labor Movement* (Cambridge, MA : Harvard University Press, 1960), 43–44 ; Robert H. Zieger, *The CIO 1935–1955* (Chapel Hill : University of North Carolina Press, 1995), Chapter 9 ; Roger Keeran, *The Communist Party and the Auto Worker's Union* (New York : International Publishers, 1980).

79 Shelton Tappes, Transcript of Oral History Interview with Herbert Hill Part 2, February 10, 1968, p. 5, Blacks in Labor Movement, Archives of Labor and Urban Affairs, Walter P. Reuther Library, Wayne State University.

80 Robert Battle, Transcript of Oral History Interview with Herbert Hill, March 19, 1968, 11–18, Blacks in Labor Movement, Archives of Labor and Urban Affairs, Walter P. Reuther Library, Wayne State University ; Sheffield Oral History Interview, 11 ; "Addes-Frankensteen to Support Proposal for UAW Board Member," *Michigan Chronicle*, September 25, 1943.

81 "Reuther for Negro on UAW Board," *Michigan Chronicle*, October 2, 1943 ; Battle Oral History Interview, 22–23.

82 Lichtenstein, *Walter Reuther*, 210.

83 Tappes Oral History Interview Part 2, 15–18.

84 Battle Oral History Interview, 24–28 ; Tappes Oral History Interview Part 2, 5.

85 Tappes Oral History Interview Part 2, 6–7.

86 同時期のアメリカ外交と黒人の運動については以下を参照。Brenda Gayle Plummer, *Rising Wind : Black Americans and U.S. Foreign Affairs, 1935–1960* (Chapel Hill : University of North Carolina Press, 1996) ; Penny M. Von Eschen, *Race Against*

Empire: Black Americans and Anticolonialism, 1937–1957 (Ithaca: Cornell University Press, 1997); Mary L. Dudziak, *Cold War Civil Rights: Race and the Image of American Democracy* (Princeton: Princeton University Press, 2000); Carol Anderson, *Eyes off the Prize: The United Nations and the African American Struggle for Human Rights, 1944–1955* (New York: Cambridge University Press, 2003).

第二章

1　グリーンズボロの運動については、以下を参照。William H. Chafe, *Civilities and Civil Rights: Greensboro, North Carolina, and the Black Struggle for Freedom* (New York: Oxford University Press, 1980). すでに四〇年前の古典的研究だが、ローカルな社会史を大きなアメリカの変化に結びつける著者の手法はいまでも鮮やかさを失っていない。

2　シットインの準備段階からの女子学生の参加については、以下の記事を参照。John Hatchett, "Hidden from History: Bennett College Women and the Greensboro Sit-ins," *Freedom Socialist Party*, February 2005, https://socialism.com/fs-article/hidden-from-history-bennett-college-women-and-the-greensboro-sit-ins/（最終閲覧日二〇二四年一〇月二日）。なお、この事実は現在ではごく少数の研究者が知っているわけではない。筆者は二〇二四年二月に、このシットインの記録を残し、公民権運動の歴史を保存するためにグリーンズボロに設立された国際公民権センター博物館 International Civil Rights Center and Museum を訪れたが、その公式ガイドツアーでも女子学生の参加の事実は強調して伝えられていた。

3　"Negroes in South in Store Sitdown," *New York Times*, February 3, 1960.

4　Franklin McCain Interview in *My Soul Is Rested: The Story of the Civil Rights Movement in the Deep South*, ed., Howell Raines (New York: Penguin, 1977), 78.

5　第二波フェミニズムと公民権運動の関係については以下を参照。Sarah Evans, *Personal Politics: The Roots of Women's Liberation in the Civil Rights Movement and the New Left* (New York: Vintage, 1979); Mary King, *Freedom Song: A Personal Story of the 1960s Civil Rights Movement* (New York: William Morrow, 1987).

6　この時期の公民権運動の停滞については、David J. Garrow, *Bearing the Cross: Martin Luther King, Jr., and the Southern Christian Leadership Conference* (New York: Vintage, 1986).

7　ローザ・パークスの生涯については、Jeanne Theoharis, *The Rebellious Life of Mrs. Rosa Parks* (Boston: Beacon Press,

2013）を参照。

8　マッシヴ・レジスタンスについては、Neil R. McMillen, *The Citizen's Council: Organized Resistance to the Second Reconstruction, 1954–1964*（Urbana: University of Illinois Press, 1971）; Dan T. Carter, *The Politics of Rage: George Wallace, the Origins of the New Conservatism, and the Transformation of American Politics*（Baton Rouge: Louisiana State University Press, 2000）; Kevin M. Kruse, *White Flight: Atlanta and the Making of Modern Conservatism*（Princeton: Princeton University Press, 2012）.

9　Michael J. Klarman, "How Brown Changed Race Relations: The Backlash Thesis," *Journal of American History* 81（June 1994）, 81–118.

10　"Transcript: Joe Biden's DNC Speech," *CNN*, August 21, 2020, https://edition.cnn.com/2020/08/20/politics/biden-dnc-speech-transcript/index.html（最終閲覧日二〇二四年一〇月二日）。

11　プルマン・ポーターの労働組合を結成し、黒人自由闘争を担う重要な組織に育てたのがA・フィリップ・ランドルフである。ランドルフについては第一章を参照。

12　Kevin K. Gaines, *Uplifting the Race: Black Leadership, Politics, and Culture in the Twentieth Century*（Chapel Hill: University of North Carolina Press, 1996）.

13　Evelyn Brooks Higginbotham, *Righteous Discontent: The Women's Movement in the Black Baptist Church, 1880–1920*（Cambridge, Mass.: Harvard University Press, 1994）, 242; Paula Giddings, *When and Where I Enter: The Impact of Black Women on Race and Sex in America*（New York: William Morrow, 1984）, 93–98.

14　Barbara Ransby, *Ella Baker and the Black Freedom Movement: Radical Democratic Vision*（Chapel Hill: University of North Carolina Press, 2003）, Chapter 1.

15　Irma Watkins-Owens, *Blood Relations: Caribbean Immigrants and the Harlem Community, 1900–1930*（Bloomington: Indiana University Press, 1996）.

16　ガーヴィ主義については以下を参照。荒木圭子『マーカス・ガーヴィーと「想像の帝国」――国際的人種秩序への挑戦』（千倉書房、二〇二一年）; Judith Stein, *The World of Marcus Garvey: Race and Class in Modern Society*（Baton Rouge: Louisiana University Press, 1986）; Winston James, *Holding Aloft the Banner of Ethiopia: Caribbean Radicalism in Early Twentieth-Century America*（New York: Verso, 1998）.

17 Pauli Murray, *The Autobiography of a Black Activist, Feminist, Lawyer, Priest and Poet*(Knoxville, University of Tennesse Press, 1989), 75. なお、二〇二〇年九月一八日に逝去した、連邦最高裁判事でフェミニストのルース・ベイダー・ギンズバーグの半生を映画化した『ビリーブ――未来への大逆転』(原題 *On the Baisis of Sex*)には、若きギンズバーグに法廷弁論の厳しい訓練を行う黒人女性が現れる。その女性がパウリ・マレイである。マレイなど、ブラック・フェミニストについては、以下を参照。土屋和代「ブラック・フェミニズムとインターセクショナリティ」藤永康政・松原宏之編著『「いま」を考えるアメリカ史』(ミネルヴァ書房、二〇二二年)、二一七―二五三頁。

18 Charles F. Howlett, *Brookwood Labor College and the Struggle for Peace and Social Justice in America*(Lewiston, NY: Edwin Mellen Press, 1993).

19 Ella Baker and Marvel Cooke, "The Bronx Slave Market," *Crisis* 42(November 1935), 330-331, 340.

20 Kimberlé William Crenshaw, "Race, Reform, and Retrenchment: Transformation and Legitimation in Antidiscrimination Law," *Harvard Law Review* 101(May 1988), 1331-1387; パトリシア・ヒル・コリンズ、スルマ・ビルゲ『インターセクショナリティ』(人文書院、二〇二一年); 土屋和代・井坂理穂編『インターセクショナリティ――現代世界を織りなす力学』(東京大学出版会、二〇二四年)。

21 Ransby, *Ella Baker*, Chapter 4.

22 この「フィールド・セクレタリー」の重要な役目は、実話を素材に、人種・ジェンダー・階級が多層的に絡まった南部の繊維工場の組織化の模様を描いた映画『ノーマ・レイ』(一九七九年)に克明に描かれている。

23 Ransby, *Ella Baker*, Chapter 4.

24 *Ibid.*

25 *Ibid.*

26 *Ibid.*

27 *Ibid.*; Theoharis, *The Rebellious Life of Mrs. Rosa Parks*, 25.

28 Garrow, *Bearing the Cross*, 120-121.

29 集団中心的リーダーシップについては以下のアクティヴィストたちの回顧録を参照。Cheryl Lynn Greenberg, ed., *A Circle of Trust: Remembering SNCC*(New Brunswick, NJ: Rutgers University Press, 1998).

30　Barbara Ransby, *Making All Black Lives Matter: Reimagining Freedom in the Twenty-First Century*（Oakland, CA: University of California Press, 2018）, 3, 69–71［バーバラ・ランスビー（拙訳）『ブラック・ライブズ・マター運動　誕生の歴史』（彩流社、二〇二二年）］。

31　キングの非暴力思想の形成過程については、黒崎真『マーティン・ルーサー・キング――非暴力の闘士』（岩波新書、二〇一八年）を参照。

32　Clayborne Carson, *In Struggle: SNCC and the Black Awakening of the 1960s*（Cambridge, Mass.: Harvard University Press, 1981）, 23.

33　The Student Nonviolent Coordinating Committee Papers, Microfilm, Reel 1.

34　Carson, *In Struggle*, 24–25.

35　Stokely Carmichael, *Ready for Revolution: The Life and Struggle of Stokely Carmichael* ［*Kuwame Turé*］（New York: Simon and Schuster, 2003）, 110–154.

36　Ella Baker Interview by Eugene Walker, September 4, 1974, 20. Southern Oral History Program Collection, Documenting American South, University of North Carolina, https://docsouth.unc.edu/sohp/G-0007/G-0007.html（最終閲覧日二〇二四年一〇月二日）。

37　本節のベイカーとキングに関わる引用は別に注記をしない限り、Ransby, *Ella Baker*, Chapter 6 を参照。

第三章

1　自治体が管理する住民登録のないアメリカで投票するには、選挙に先立って有権者登録（voter registration）を行う必要がある。投票権の抑圧はもっぱらこの有権者登録の段階で生じていた。

2　Roy Wilkins, *Standing Fast*（New York: Penguin, 1982）, 237–238; David J. Garrow, *Bearing the Cross: Martin Luther King, Jr., and the Southern Christian Leadership Conference*（New York: Vintage, 1986）, 78–91, 166.

3　Virginia H. Hein, “The Image of ‘A City Too Busy to Hate’: Atlanta in the 1960’s,” *Phylon* 33（Fall 1972）, 205–221; Tomiko Brown-Nagin, *Courage to Dissent: Atlanta and the Long History of the Civil Rights Movement*（New York: Oxford University Press, 2011）.

4 Garrow, *Bearing the Cross*, 142–143.

5 Harris Wofford, *Of Kennedys and Kings : Making Sense of the Sixties*(Pittsburgh : University of Pittsburgh Press, 1980).

6 Carol Anderson, *Eyes off the Prize : The United Nations and the African American Struggle for Human Rights, 1944–1955*(New York : Cambridge University Press, 2003), 36–52, 71–76.

7 William C. Berman, *The Politics of Civil Rights in the Truman Administration*(Columbus, OH : State University Press, 1970) ; Brenda Gayle Plummer, *Rising Wind : Black Americans and U.S. Foreign Affairs, 1935–1960*(Chapel Hill : University of North Carolina Press, 1996) ; Michael R. Gardner, *Harry Truman and Civil Rights : Moral Courage and Political Risks*(Carbondale, IL : Southern Illinois University Press, 2002) ; Anderson, *Eyes off the Prize* ; Harvard Sitkoff, "Harry Truman and the Election of 1948 : The Coming of Age of Civil Rights Politics," *Journal of Southern History* 37(November 1974), 597–616.

8 Garrow, *Bearing the Cross*, 149.

9 COREについては、August Meier and Elliott Rudwick, *CORE : A Study in the Civil Rights Movement 1942–1968*(Urbana : University of Illinois Press, 1975), 6–12.

10 バーミングハムについては以下を参照。Glenn T. Eskew, *But for Birmingham : the Local and National Movements in the Civil Rights Struggle*(Chapel Hill : University of North Carolina Press, 1997) ; Diane McWhorter, *Carry Me Home : Birmingham, Alabama, the Climactic Battle of the Civil Rights Revolution*(New York : Touchstone Book, 2001).

11 Taylor Branch, *Parting the Waters : America in the King Years 1954–63*(New York : Touchstone, 1988), 425.

12 Robin D. G. Kelley, *Hammer and Hoe : Alabama Communists During the Great Depression*(Chapel Hill : University of North Carolina Press, 1990)〔ロビン・D・G・ケリー(村田勝幸訳)『「人種か、階級か」を超えて――大恐慌期アラバマにおけるコミュニストの闘い』(彩流社、二〇一四年)〕。

13 Clayborne Carson, *In Struggle : SNCC and the Black Awakening of the 1960s*(Cambridge, MA : Harvard University Press, 1981), 34.

14 Branch, *Parting the Water*, 454–465.

15 James Farmer, *Lay Bare the Heart : An Autobiography of the Civil Rights Movement*(New York : Plume, 1985), 206.

16 Larry A. Still, "A Bus Ride through Mississippi," *Ebony*(August 1961), 23.

17 Hazel Gaudet Erskine, "The Polls: Race Relations," *Public Opinion Quarterly* 26 (Spring 1962), 137–148.

18 Meier and Rudwick, *CORE*, 140.

19 Carson, *In Struggle*, 38.

20 James Farmer, *Freedom: When?* (New York: Random House, 1965), 72.

21 たとえば、以下のSNCCアクティヴィストたちのリユニオンでの講演録を参照。Cheryl Lynn Greenberg, ed., *A Circle of Trust: Remembering SNCC* (New Brunswick, NJ: Rutgers University Press, 1998), 177–199.

22 Carson, *In Struggle*, 37.

23 "Bus Segregation Assailed by Rusk," *New York Times*, June 2, 1961.

24 Mary L. Dudziak, *Cold War Civil Rights: Race and the Image of American Democracy* (Princeton: Princeton University Press, 2000), 7.

25 この時期のアメリカの黒人の運動を国際的視点から捉えた研究の代表として、Brenda Gayle Plummer, *Rising Wind: Black Americans and U.S. Foreign Affairs, 1935–1960* (Chapel Hill: University of North Carolina Press, 1996); Penny M. Von Eschen, *Race Against Empire: Black Americans and Anticolonialism, 1937–1957* (Ithaca: Cornell University Press, 1997); Dudziak, *Cold War Civil Rights*. 簡潔にまとめられた邦語文献として、中野耕太郎『二〇世紀アメリカの夢——世紀転換期から一九七〇年代』(岩波新書、二〇一九年)。

26 オリヴィエ・ザンズ(有賀貞・西崎文子訳)『アメリカの世紀——それはいかにして創られたか?』(刀水書房、二〇〇五年);有賀夏紀『アメリカの二〇世紀(上)——一八九〇年～一九四五年』(中公新書、二〇〇二年)、七五―七六頁。

27 Walter A. Jackson, *Gunnar Myrdal and America's Conscience: Social Engineering and Racial Liberalism, 1938–1987* (Chapel Hill: University of North Carolina Press, 1990), 16–34.

28 Gunnar Myrdal, *An American Dilemma: The Negro Problem and Modern Democracy* (New York: Harper and Brothers Publishers, 1944), lxxxiii, lxxxv, 7–9.

29 *Ibid.*, lxxix.

30 Jackson, *Gunnar Myrdal and America's Conscience*, 140–185. この時期に形成された「人種リベラリズム」については以下を参照。南川文里『未完の多文化主義——アメリカにおける人種、国家、多様性』(東京大学出版会、二〇二一年)、四八—五三頁。

31 Myrdal, *An American Dilemma*, 44.

32 David Halberstam, "Bus Riders Urged to Shift Target," *New York Times*, June 20, 1961 ; Carl M. Brauer, *John F. Kennedy and the Second Reconstruction*(New York : Columbia University Press, 1977), 114.

33 ミシシッピでの有権者登録運動については以下を参照。Howard Zinn, *SNCC : The New Abolitionists*(Westport, Conn.: Greenwood Press, 1964), 79–101 ; John Dittmer, *Local People : The Struggle for Civil Rights in Mississippi*(Urbana : University of Illinois Press, 1994) ; Charles M. Payne, *I've Got the Light of Freedom : The Organizing Tradition and the Mississippi Freedom Struggle*(Berkeley : University of California Press, 1994).

34 Aldon D. Morris, *The Origins of the Civil Rights Movement : Black Communities Organizing for Change*(New York : Free Press, 1984), 102–103.

35 James Forman, *The Making of Black Revolutionaries*(New York : Open Hand, 1985), 284–285.

36 Dittmer, *Local People*, 125.

37 *Ibid.*, 149–152.

38 なお、次章以後の議論のために、このとき、黒人のなかには警棒を奪い取り、実力を行使して「反撃」にでていたものがいたことを付言しておく。*Ibid.*, 155.

39 *Ibid.*, 153–157.

40 Zinn, *SNCC*, 190–215.

第四章

1 John Lewis, "Original Text of Speech to Be Delivered at the Lincoln Memorial," in *The Eyes on the Prize, Civil Rights Reader : Documents, Speeches, and Firsthand Accounts from the Black Freedom Struggle, 1954–1990*, eds., Clayborne Carson et al.(New York : Penguin, 1991), 163.

2 Malcolm X, "Message to the Grassroots," in *Malcolm X Speaks, Selected Speeches and Statements*, ed., George Breitman(New York : Grove Weidenfeld, 1965), 15–16.

3 Carl M. Brauer, John F. Kennedy and the Second Reconstruction (New York: Columbia University Press, 1977), 288; William P. Jones, *The March on Washington: Jobs, Freedom, and the Forgotten History of Civil Rights* (New York: W. W. Norton, 2013).

4 ホリス・ワトキンズ、C・リー・マッキニス(樋口映美訳)『公民権の実践と知恵 —— アメリカ黒人 草の根の魂』(彩流社、二〇一九年)、第六章。Manning Marable, *Malcolm X: A Life on Reinvention* (New York: Viking, 2011), Kindle edition; マニング・マラブル(秋元由紀訳)『マルコムX —— 伝説を超えた生涯(上)』(白水社、二〇一九年)、三五九—三六一頁。

5 マルコムXがポピュラーカルチャーのなかでも存在感が大きいのに対し、ウィリアムスの名を知る者は日本ではほとんどいない。じっさいのところ、邦語の研究は、拙稿以外は、約三〇年も前に出版された中島和子のものしかなく、公民権運動関連の研究でかれの名が言及されることすら少ない。中島和子『黒人の政治参加と第三世紀アメリカの出発』(中央大学出版部、一九八九年)、一一五六頁;拙稿「「公民権物語」の限界と長い公民権運動論 —— ウィリアムス、キング、デトロイト・グラスルーツの急進主義に関する一考察」油井大三郎編『越境する一九六〇年代 —— 米国・日本・西欧の国際比較』(彩流社、二〇一二年)、一二四—一四一頁。

6 His Best Credential, Transcript of Radio Interview, March 8, 1964, WDAS Philadelphia, in *Malcolm X: As They Knew Him*, ed., David Gallen (New York: Carroll and Graf, 1992), 164.

7 かれの殺害者が誰であるのかの真相は明らかになっていない。かれの死をめぐる哲学的・人類学的意義について、以下を参照。中村寛『残響のハーレム —— ストリートに生きるムスリムたちの声』(共和国、二〇一五年)。

8 Robert F. Williams Interview with Robert Carl Cohen, 1968, Transcript, Box 1, Robert Carl Cohen Papers, State Historical Society of Wisconsin, University of Wisconsin, 1-2.

9 Thomas C. Holt, *The Movement: The African American Struggle for Civil Rights* (New York: Oxford University Press, 2021), 29.

10 同地は、一九八〇年代の上院共和党保守派の大物政治家、ジェシー・ヘルムスの出身地でもある。

11 Robert F. Williams Interview, 38-41.

12 Robert Shogan and Tom Craig, *The Detroit Race Riot: A Study in Violence* (New York: Chilton Books, 1964), 43; Timothy B. Tyson, *Radio Free Dixie: Robert F. Williams & the Roots of Black Power* (Chapel Hill: University of North Carolina Press, 1999), 42-43.

13　Robert F. Williams Interview, 164–165.

14　*Ibid.*

15　Robert F. Williams Interview, 127, 174.

16　Tyson, *Radio Free Dixie*, 47–48. ＦＢＩの監視はウィリアムスが職業訓練を受けていたときに人種差別に抗議したころより始まり、デトロイトでかれが左翼活動家と親しくなるにしたがってはっきりとマークされたものになっていった。

17　Robert F. Williams Interview, 143–145.

18　Lance Hill, *The Deacons for Defense : Armed Resistance and the Civil Rights Movement*（Chapel Hill : University of North Carolina Press, 2004）; Christopher B. Strain, *Pure Fire : Self-Defense as Activism in the Civil Rights Era*（Athens : University of Georgia Press, 2005）; Hasan Kwame Jeffries, Bloody Lowndes, *Civil Rights and Black Power in Alabama's Black Belt*（New York : New York University Press, 2009）; Akinyele Omowale Umoja, *We Will Shoot Back : Armed Resistance in the Mississippi Freedom Movement*（New York : New York University Press, 2013）; Charles E. Cobb Jr., *This Nonviolent Stuff'll Get You Killed : How Guns Made the Civil Right Movement Possible*（New York : Basic Books, 2014）.

19　Tyson, *Radio Free Dixie*, 79–80.

20　Robert F. Williams, *Negro with Guns*（1962 ; repr., Detroit : Wayne State University Press, 1998）, 14–15 ; Tyson, *Radio Free Dixie*, 80–83.

21　James Forman, *The Making of Black Revolutionaries*（New York : Open Hand, 1985）, 165–166 ; Tyson, *Radio Free Dixie*, 83–86.

22　Williams, *Negro with Guns*, 19–21 ; Tyson, *Radio Free Dixie*, 88–89.

23　Tyson, *Radio Free Dixie*, 90–91.

24　Forman, *The Making of Black Revolutionaries*, 171.

25　エメット・ティル殺害事件については、以下を参照。Timothy B. Tyson, *The Blood of Emmett Till*（New York : Simon & Schuster, 2017）［ティモシー・Ｂ・タイソン（廣瀬典生訳）『エメット・ティルの血』（晃洋書房、二〇二一年）］。

26　Tyson, *Radio Free Dixie*, 92–96, 109–110.

27　Forman, *The Making of Black Revolutionaries*, 175 ; Conrad Lynn, *There Is a Fountain : An Autobiography of Conrad Lynn*（Chicago : Lawrence Hill, 1979）, 145.

28 Forman, *The Making of Black Revolutionaries*, 173.

29 Tyson, *Radio Free Dixie*, 112.

30 James Boggs, *Racism and the Class Struggle: Further Pages from a Black Worker's Notebook*(New York: Monthly Review Press, 1970); Anna Grimshaw, ed., *The C. L. R. James Reader*(Cambridge, MA: Blackwell, 1992), 1-24; Grace Lee Boggs, *Living for Change: An Autobiography*(Minneapolis: University of Minnesota Press, 1998), 45-116.

31 Lynn, *There Is a Fountain*, 141-157.

32 Forman, *The Making of Black Revolutionaries*, 175; Tyson, *Radio Free Dixie*, 145-146.

33 Tyson, *Radio Free Dixie*, 148.

34 U.S. Senate, *Hearings before the Subcommittee to Investigate the Administration of the Internal Security Act and Other Internal Security Laws of the Committee on the Judiciary, Testimony of Robert F. Williams*, 91st Congress, 2nd session, Part 2, March 24, 1970, 90; Williams, *Negro with Guns*, 25.

35 Tyson, *Radio Free Dixie*, 149; "N.A.A.C.P. Leaders Urges 'Violence'," *New York Times*, May 7, 1959.

36 Tyson, *Radio Free Dixie*, 150-152.

37 Tyson, *Radio Free Dixie*, 160; Barbara Ransby, *Ella Baker and the Black Freedom Movement: Radical Democratic Vision*(Chapel Hill: University of North Carolina Press, 2003), Chapter 7.

38 Forman, *The Making of Black Revolutionaries*, 175; Tyson, *Radio Free Dixie*, 176.

39 Roy Wilkins, *Standing Fast*(New York: Penguin, 1982), 265. キングについては、たとえば以下を参照。Martin Luther King, Jr., "The Social Organization of Non-Violence," *Liberation*, October 1959, reprinted in *The Eyes on the Prize, Civil Rights Reader*, 113.

40 なお、ＦＢＩの指名手配書にはschizophrenicという表現が使われている。この単語は今日では「統合失調」と訳するのが適切であるが、当時の手配書に記されていた含意とバイアスを正確に伝えることを優先し、ここでは問題の多い「精神分裂」という表現を敢えて採用した。

41 Forman, *The Making of Black Revolutionaries*, 186-207; Lynn, *There Is a Fountain*, 141-157.

42 James A. Geschwender, *Class, Race, and Worker Insurgency: The League of Revolutionary Black Workers*(New York: Cam-

bridge University Press, 1977); Grace Lee Boggs, *Living for Change: An Autobiography*(Minneapolis: University of Minnesota Press, 1998), 125; Michael Hamlin, *A Black Revolutionary's Life in Labor: Black Workers Power in Detroit*(Detroit: Against the Tide Books, 2012), 25. なお、一九六二年、ニューヨークの左翼系出版社が、ウィリアムスの番組の筆記記録を『銃を持ったニグロ』というタイトルの小冊子にまとめて出版し、かれのメッセージは特定の時間にラジオ番組を聴く時間のない者にも届くことになった。Tyson, *Radio Free Dixie*, 289.

43 反植民地闘争との関連については、Penny M. Von Eschen, *Race Against Empire: Black Americans and Anticolonialism, 1937–1957*(Ithaca: Cornell University Press, 1997); Brenda Gayle Plummer, *Rising Wind: Black Americans and U.S. Foreign Affairs, 1935–1960*(Chapel Hill: University of North Carolina Press, 1996); Carol Anderson, *Eyes off the Prize: The United Nations and the African American Struggle for Human Rights, 1944–1955*(New York: Cambridge University Press, 2003).

第五章

1 Fred Powledge, "Poll Show Whites in City Resent Civil Rights Drive," *New York Times*, September 21, 1964; Hazel Gaudet Erskine, "The Polls: Race Relations," *Public Opinion Quarterly* 26(Spring 1962), 137–148; Elahe Izadi, "Black Lives Matter and America's Long History of Resisting Civil Rights Protest," *Washington Post*, April 19, 2016.

2 Charles Mills, *The Racial Contract*(Ithaca: Cornell University Press, 1998), 18–19. この表現が認識論的には撞着したものになっているのも、この現象の逆説性を強調するためである。

3 たとえば、代表的なところで、以下を参照。荒このみ『マルコムX——人権への闘い』(岩波新書、二〇〇九年)。

4 Adina Back, 'Exposing the "Whole Segregation Myth": The Harlem Nine and New York City's School Desegregation Battles,' in *Freedom North: Black Freedom Struggles Outside the South, 1940–1980*, eds., Jeanne F. Theoharis and Kamozi Woodard(New York: Palgrave Macmillan, 2003), 69–70.

5 Barbara Ransby, *Ella Baker and the Black Freedom Movement: Radical Democratic Vision*(Chapel Hill: University of North Carolina Press, 2003), Kindle edition.

6 Jeanne Theoharis, *A More Beautiful and Terrible History: The Uses and Misuses of Civil Rights History*(Boston: Beacon Press, 2018), 38–39.

7 Back, Exposing the "Whole Segregation Myth," 71.

8 Ellen Cantarow and Susan Gushee, "Ella Baker: Organizing for Civil Rights," in *Moving the Mountain: Women Working for Social Change*, ed., Ellen Cantarow(New York: Feminist Press, 1980), 68.

9 Theoharis, *A More Beautiful and Terrible History*, 40.

10 Ransby, *Ella Baker and the Black Freedom Movement*.

11 "Parents Picket City Hall over Delay in Integration," *New York Times*, September 20, 1957.

12 Theoharis, *A More Beautiful and Terrible History*, 40–41; Back, Exposing the "Whole Segregation Myth," 70.

13 Back, Exposing the "Whole Segregation Myth," 73.

14 Quoted in Theoharis, *A More Beautiful and Terrible History*, 38.

15 Joan Cook, "Paul B. Zuber Is Dead at Age 60: Fought Segregated Schools," *New York Times*, March 10, 1987.

16 Mae Mallory Interview, 1970. Ralph Johnson Bunche Oral History Collection. Moorland-Spingarn Research Center. Howard University, Washington, D.C.

17 黒人自由闘争とマスキュリニティについては以下を参照。Steve Estes, *I Am a Man: Race, Manhood, and the Civil Rights Movement*(Chapel Hill: University of North Carolina Press, 2005).

18 Conrad Lynn, *There Is a Fountain: An Autobiography of Conrad Lynn*(Chicago: Lawrence Hill, 1979), 161–163; Timothy B. Tyson, *Radio Free Dixie: Robert F. Williams and the Roots of Black Power*(Chapel Hill: University of North Carolina Press, 1999), Chapter 7; Jeanette Merrill and Rosemary Neidenberg, "Mae Mallory: Unforgettable Freedom Fighter Promoted Self-Defense," *Workers World*, February 26, 2009. メイフィールドについては、以下を参照。Kevin K. Gaines, *American African in Ghana: Black Expatriate and the Civil Rights Era*(Chapel Hill: University of North Carolina Press, 2006), 136–178.

19 "Riot in Gallery Halts U.N. Debate," *New York Times*, February 16, 1961; Brenda Gayle Plummer, *Rising Wind: Black Americans and U.S. Foreign Affairs, 1935–1960*(Chapel Hill: University of North Carolina Press, 1996), 303; James H. Meriwether, *Proudly We Can Be Africans: Black Americans and Africa, 1935–1961*(Chapel Hill: University of North Carolina Press, 2002), 233–238.

20 Tyson, *Radio Free Dixie*, 237. また、黒人自由闘争における「国連暴動」の重要性については、以下も参照。ケヴィン・ゲインズ「ガーナにおけるアフリカ系アメリカ人亡命者と一九六〇年代の「長く暑い夏」」油井大三郎編『越境する一九六〇年代——米国・日本・西欧の国際比較』（彩流社、二〇一二年）、一一三—一一六頁。

21 James Baldwin, "A Negro Assays the Negro Mood," *New York Times*, March 12, 1961. ここでボールドウィンが「ブラック・ムスリム」と述べているのは、〈ネイション・オヴ・イスラーム（NOI）〉信徒のことである。この「ブラック・ムスリム」という表現に関し、マルコムXをはじめ黒人のNOI信徒のなかにはこれに強く反撥する者もいた。したがって、本書では、参照する原典中の表現でない限り「ブラック・ムスリム」という表現は避け、NOI信徒と記すことにする。

22 Manning Marable, *Malcolm X: A Life on Reinvention*（New York: Viking, 2011）. ここで付言しておくと、同書は、ラディカルな黒人の政治を運動と研究の双方においてリードしてきたマニング・マラブルが、二〇年来のリサーチプロジェクトの集大成として公刊されたものである。しかし、マラブルの病との闘いのなかで執筆され、かれの訃報が流れた直後に同書は急いで出版され、数多くの偶像破壊的な新事実が明らかにされているものの、十分な歴史学的な検討もなく事実がたんに羅列されているものに留まっており、将来の歴史研究者にその仕事を託することに終わってしまっている。

23 C. Eric Lincoln, *The Black Muslims in America*（Trenton, NJ: Africa World Press, 1961）, 71–72; Elijah Muhammad, *Message to the Blackman in America*（Atlanta: Messenger Elijah Muhammad Propagation Society, 1965）, 103–122.

24 Penny M. Von Eschen, *Race Against Empire: Black Americans and Anticolonialism, 1937–1957*（Ithaca: Cornell University Press, 1997）, 174.

25 Peniel Joseph, *Dark Days, Bright Nights: From Black Power to Barack Obama*（New York: Basic Books, 2010）, Chapter 2.

26 Malcolm X with the assistance of Alex Haley, *The Autobiography of Malcolm X*（New York: Penguin, 1965）, 162–163.

27 *Ibid.*, 369.

28 Karl Evanz, *The Messenger: The Rise and Fall of Elijah Muhammad*（New York: Pantheon, 1999）, 126–132.

29 Marable, *Malcolm X*, 120.

30 拙稿「「公民権物語」の限界と長い公民権運動論——ウィリアムス、キング、デトロイト・グラスルーツの急進主義に関する一考察」油井編『越境する一九六〇年代』一三二頁。

31 Les Payne and Tamara Payne, *The Dead Are Arising*, Chapter 11.

32 Angela D. Dillard, *Faith in the City: Preaching Radical Social Change in Detroit*（Ann Arbor: University of Michigan Press, 2007）, 230–231; Scott Kurashige, “Introduction,” in Grace Lee Boggs, *The Next American Revolution: Sustainable Activism for the Twenty-first Century*（Berkeley: University of California Press, 2011）.

33 Malcolm X, “Message to the Grassroots,” in *Malcolm X Speaks: Selected Speeches and Statements*, ed., George Breitman（New York: Grove Weidenfeld, 1965）, 3–17.

34 *Ibid.*; Grace Lee Boggs, *Living for Change: An Autobiography*（Minneapolis: University of Minnesota Press, 1998）, 128–189; Peniel E. Joseph, *Waiting 'Til the Midnight Hour: A Narrative History of Black Power in America*（New York: Henry Holt, 2006）, 88–92.

35 “Malcolm X Scores U.S. and Kennedy,” *New York Times*, December 2, 1963.

36 Kevin K. Gaines, *American African in Ghana: Black Expatriate and the Civil Rights Era*（Chapel Hill: University of North Carolina Press, 2006）, 179–208.

37 Herb Boyd, “Mae Mallory, an Often Ignored Militant Activist,” *New York Amsterdam News*, June 15, 2017. 当初よりマルコムXの暗殺には政府機関が関与しているという噂があったが、その事実を示す証拠はない。ただし、FBIをはじめとする捜査機関が、NOIのなかに諜報員を送り込み、ムハマド側近とマルコムXとの内訌を熟知していて、ときには対立をエスカレートさせる工作を行っていたことは、連邦議会上院の諜報活動に関する調査委員会でも確認された事実である。以下を参照。David Gallen, ed., *Malcolm X: The FBI File*（New York: Carol and Graf Publishers, 1991）.

第六章

1 Peniel E. Joseph, *Stokely: A Life*（New York: BasicCivitas Books, 2014）, 324.

2 *Ibid.*, 7–8.

3 Irma Watkins-Owens, *Blood Relations: Caribbean Immigrants and the Harlem Community, 1900–1930*（Bloomington: Indiana University Press, 1996）; Winston James, *Holding Aloft the Banner of Ethiopia: Caribbean Radicalism in Early Twentieth-Century America*（New York: Verso, 1998）; Christina M. Greer, *Black Ethnics: Race, Immigration, and the Pursuit of the American Dream*（New York: Oxford University Press, 2013）.

4　Stokely Carmichael, *Ready for Revolution : The Life and Struggle of Stokely Carmichael* (New York : Simon and Schuster, 2003), 83-84.
5　Joseph, *Stokely*, 12.
6　Carmichael, *Ready for Revolution*, 100-102.
7　*Ibid*., 95.
8　*Ibid*., 112 ; Joseph, *Stokely*, 23.
9　Carmichael, *Ready for Revolution*, 135.
10　*Ibid*., 187.
11　*Ibid*., 172.
12　*Ibid*., 139, 166.
13　*Ibid*., 119, 161.
14　Carmichael, *Ready for Revolution*, 179-180.
15　*Ibid*., 181.
16　*Ibid*., 184 ; Joseph, *Stokely*, 32-33.
17　*Ibid*., 185.
18　Joseph, *Stokely*, 46-47 ; Eric R. Burner, *And Gently He Shall Lead Them : Robert Parris Moses and Civil Rights in Mississippi* (New York : New York University Press, 1994).
19　John Dittmer, *Local People : The Struggle for Civil Rights in Mississippi* (Urbana : University of Illinois Press, 1994), 118-119.
20　Clayborne Carson, *In Struggle : SNCC and the Black Awakening of the 1960s* (Cambridge, MA : Harvard University Press, 1981), 96-129.
21　Joseph, *Stokely*, 67.
22　Dittmer, *Local People*, 251-252.
23　Carson, *In Struggle*, 26, 73-74.
24　Kay Mills, *This Little Light of Mine : The Life of Fannie Lou Hamer* (New York : Penguin, 1994), 119-122. なお、演説結語の

「聴いてくれてありがとうよ」は、本心からの表現ではなく、終わりだから取りあえず言うという感じの「捨て台詞」である。

25　Maegan Parker Brooks and Davis W. Houck, eds., *The Speeches of Fannie Lou Hamer: To Tell It Like It Is* (Jackson: University Press of Mississippi, 2013), Kindle edition.

26　Aaron Henry with Constance Curry, *The Fire Ever Burning* (Oxford: University Press of Mississippi, 2000), Kindle edition［アロン・ヘンリィ／コンスタンス・カリー（樋口映美訳）『アメリカ公民権の炎――ミシシッピ州で闘ったアロン・ヘンリィ』（彩流社、二〇一四年）、二四七―二五六頁］。

27　Mills, *This Little Light of Mine,* 132.

28　John Lewis with Michael D'Orso, *Walking with the Wind: A Memoir of the Movement* (New York: Simon & Schuster, 1998), 282.

29　Robert Penn Warren, *Who Speaks for the Negro?* (New York: Random House, 1965), 118.

30　Carmichael, *Ready for Revolution*, 382.

31　Thomas C. Holt, *The Movement: The African American Struggle for Civil Rights* (New York: Oxford University Press, 2021), 83.

32　David J. Garrow, *Protest at Selma: Martin Luther King, Jr., and the Voting Rights Act of 1965* (New Haven: Yale University Press, 1978).

33　ワッツ暴動については、以下を参照。Gerald Horne, *Fire This Time: The Watts Uprising and the 1960s* (Charlottesville: University Press of Virginia, 1995).

34　Joseph, *Stokely*, 90–91.

35　Stokely Carmichael, "Berkely Speech," October 1966, in *Stokely Speaks: Black Power Back to Pan-Africanism* (New York: Vintage, 1971), 51–52.

36　Stokely Carmichael and Charles V. Hamilton, *Black Power: The Politics of Liberation* (New York: Vintage, 1967), 98; Hasan Kwame Jeffries, *Bloody Lowndes: Civil Rights and Black Power in Alabama's Black Belt* (New York: New York University Press, 2009), Kindle edition.

37 "Lowndes County Freedom Organization Leaders Talk about Their Party," *The Movement,* June 1966, 3.

38 Gene Roberts, "New Leaders and New Course for 'Snick'," *New York Times*, May 22, 1966.

39 Carmichael and Hamilton, *Black Power*, 115.

40 Carson, *In Struggle*, 206–211 ; Dittmer, *Local People*, 389–407 ; Cleveland Sellers, *The River of No Return : The Autobiography of a Black Militant and the Life and Death of SNCC*(Jackson, MS : University Press of Mississippi, 1973), 155–169.

41 Joseph, *Stokely*, Chapter 8–10 ; David J. Garrow, *Bearing the Cross : Martin Luther King, Jr., and the Southern Christian Leadership Conference*(New York : Vintage, 1986), 390, 424, 462–469.

42 マケバとのあいだを仲介したのは、同じカリブ海出身者としてかねてより親交のあったカリプソ歌手のハリー・ベラフォンテだった。ベラフォンテはSCLCやSNCCへ多額の運動資金を寄付するなど、エンターテインメント界の公民権運動の支援者として有名であった。一九八五年のエチオピア飢饉救済チャリティのためにUSA for Africaを組織して、当時の有名シンガーが勢揃いした「ウィー・アー・ザ・ワールド」を売り出す活動の中心にいたのもベラフォンテである。以下を参照。Joseph, *Stokely*, 62–64 ; Carmichael, *Ready for Revolution*, 214.

43 Martin Luther King, Jr., "Where Do We Go from Here : Chaos or Community ?," in *A Testament of Hope : The Essential Writings of Martin Luther King, Jr*., ed., James M. Washington(New York ; Harper & Row, 1986), 562–566 ; Joseph, *Stokely*, 126.

44 Carmichael, "Berkely Speech," 49.

45 Stokely Carmichael, "Who Is Qualified," *New Republic*, January 8, 1966.

46 Carmichael, "Toward Black Liberation."

47 Joseph, *Stokely*, Chapter 11 ; Martin Luther King, Jr., "A Time to Break Silence," in *Testament of Hope*, 233 ; Mike Marqusee, *Redemption Song : Muhammad Ali and the Spirit of the Sixties*(London : Verso, 1999), 162–252.

48 Carol Anderson, *White Rage : The Unspoken Truth of Our Racial Divide*(New York : Bloomsbury, 2016).

第七章

1 Schomburg Center for Research and *Black Culture, Black Power ! Brochure*, 2016.

2 ブラック・スタディーズの制度化をブラック・パワー運動最大の成果とみる見解については以下を参照。William L.

Van Deburg, *New Day in Babylon: The Black Power Movement and American Culture, 1966–1975*(Chicago: University of Chicago Press, 1992).

3 "The Many Meanings of 'Black Power'," *New York Times*(*NYT*), July 23, 1967; "Excerpts from the Speech by Wilkins," *NYT*, July 6, 1966; M. S. Handler, "Wilkins Assails CORE and S.N.C.C.," *NYT*, July 8, 1966.

4 Stokely Carmichael and Charles V. Hamilton, *Black Power: The Politics of Liberation*(New York: Vintage, 1967), 44–45.

5 *Ibid.*, 49.

6 *Ibid.*, 76.

7 Clayborne Carson, *In Struggle: SNCC and the Black Awakening of the 1960s*(Cambridge, MA: Harvard University Press, 1981), 271.

8 *Ibid.*, 98–120; Carmichael and Hamilton, *Black Power*, 76.

9 *Saturday Evening Post*, September 10, 1966, 88.

10 Carmichael and Hamilton, *Black Power*, 3.

11 *Ibid.*, 4. なお、「五人の黒人の子どもを殺害」とは、ワシントン大行進の直後、一九六三年九月一五日に起きた事件のことを指す。じっさいには五名が致命的な傷を負ったが、このうち一名は命をなんとか取り止めた。この事件についてはまた、終章参照。

12 *Ibid.*, 5.

13 *Ibid.*

14 Stokely Carmichael Interview in *Fire in the Streets: America in the 1960s*, ed., Milton Viorst(New York: Simon and Schuster, 1979), 376.

15 John T. McCartney, *Black Power Ideologies: An Essay in African-American Political Thought*(Philadelphia: Temple University Press, 1992), 55–73.

16 内的植民地としての黒人ゲトーという考えの歴史については、以下を参照。Robert L. Allen, *Black Awakening in Capitalist America*(Trenton, NJ: Africa World Press, 1990).

17 歴史学的方法論の点から考えても、文書記録の不足だけで、ある団体や組織の研究が完全に不可能になるわけではない。メディア報道や同時代的論考、当事者の回顧録(その数は多い)やオーラルヒストリーインタビューを総合することで、実証的に検証することはある程度可能である。かかる意味における実証性の高いBPP研究として、以下を参照。Yohuru Williams, *Black Politics/White Power: Civil Rights, Black Power, and the Black Panthers in New Haven*(Malden: Blackwell, 2008); Donna Jean Murch, *Living for the City: Migration, Education, and the Rise of Black Panther Party in Oakland, California*(Chapel Hill: University of North Carolina Press, 2010); Joshua Bloom and Waldo E. Martin, Jr., *Black Against Empire: The History and Politics of the Black Panther Party*(Berkeley: University of California Press, 2013); Robyn C. Spencer, *The Revolution Has Come: Black Power, Gender, and the Black Panther Party in Oakland*(Durham: Duke University Press, 2016).

18 Terence Cannon, "A Night with the Watts Community Alert Patrol," *Movement*, August 1966, 1; Bloom and Martin, *Black Against Empire*, 30–38.

19 10 Point Program and Platform: What We Want, What We Believe, October 1966. なお、この「一〇箇条の綱領」は、その後幾度か書き直されており、なかにはパレスティナの解放運動との同盟に触れたものもある。ここに訳出したのは最初期の綱領である。当時の活動で配布されていた現物のレプリカを、BPP中央執行委員会委員だったビリー・ジェニングス(Billy Jennings)氏から筆者は譲り受けており、それを翻訳の原資料として使った。

20 Angela Y. Davis, *Freedom Is a Constant Struggle: Ferguson, Palestine, and the Foundation of a Movement*(Chicago: Haymarket Books, 2016), 1, 163. ブラック・ライヴズ・マター運動については以下を参照。Barbara Ransby, *Making All Black Lives Matter: Reimagining Freedom in the Twenty-First Century*(Oakland, CA: University of California Press, 2018)〔バーバラ・ランスビー(拙訳)『ブラック・ライブズ・マター運動誕生の歴史』(彩流社、二〇二二年)〕。

21 晩年の急進化し孤立したキングについては、Michael Eric Dyson, *I May Not Get There with You: The True Martin Luther King, Jr.*(New York: Free Press, 2000).

22 Eldridge Cleaver, "The Courage to Kill: Meeting the Panthers," June 1968, in *Eldridge Cleaver: Post-Prison Writings and Speeches*, ed., Robert Scheer(New York: Random House, 1969), 36.

23 Bloom and Martin, Jr., *Black Against Empire*, 47–49; Thomas W. Casstevens, *Politics, Housing and Race Relation: California's Rumford Act and Proposition 14*(Berkeley: Institute of Governmental Studies, University of California, 1967); Lisa McGirr, *Suburban Warriors: The Origins of the New American Right*(Princeton: Princeton University Press, 2001); Daniel Martinez HoSang,

Racial Propositions : Ballot Initiative and the Making of Postwar California（Berkeley : University of California Press, 2010）.

24 Executive Mandate No. 1, June 2, 1967, in *The Black Panther Speaks*, ed., Philip S. Foner（New York : J. B. Lippincott, 1970）, 40–41.

25 Bloom and Martin, Jr., *Black Against Empire*, 99–114.

26 Ben Franklin, “Chief of S.N.C.C. Hunted by F.B.I.,” *NYT*, July 26, 1967. なお、ブラウンの発言は、メリーランド州ケンブリッジで公民権運動の拠点となっていた教会が焼き討ちされるなど、高度に緊張した人種関係のなかでなされた。このとき州兵も公民権運動を暴力的に弾圧する側に回ったのだが、アラバマ州セルマのような公衆の関心を集めることはなく、逆に強硬策を支持したスピロ・アグニュー知事は、保守派政治家の関心を集め、同年の大統領選挙でリチャード・ニクソンから副大統領候補に指名されることになった。以下を参照。Peter B. Levy, *The Great Uprising : Race Riots in Urban America during the 1960s*（New York : Cambridge University Press, 2018）, 69–70.

27 Sellers, *The River of No Return*, 247.

28 “Where Is At,” *Movement*, April, 1963 reprinted in *The Movement 1964–1970*, ed,, Claiborne Carson（Westport, CT : Greenwood Press, 1993）, 357.

29 日系アメリカ人がＢＰＰ結党で重要な役割を果たしていたということについて、筆者は、二〇〇六年一〇月にオークランドで開催されたＢＰＰ党員の結党四〇周年集会に参加し、アオキ、シール、キャスリーン・クリーヴァーら幹部当人から聞くまで寡聞にして知らなかった。シールの回顧録には Aoki は Iokey と記されており、かれらの関係が幼いころよりの口語的・散文的なきわめて親しいものであったことが垣間見える。Bobby Seale, *Seize the Time : The Story of the Black Panther Party and Huey P. Newton*（New York : Random House, 1970）, 79. なお、史料の検証方法について問題が指摘されてはいるものの、アオキについてはＦＢＩのエージェントであったという指摘が歴史研究者によってなされていることも紹介しておく。以下を参照。Diane J. Fujino, *Samurai among Panthers : Richard Aoki on Race, Resistance, and a Paradoxical Life*（Minneapolis : University of Minnesota Press, 2012）.

30 Huey P. Newton, “To Black Movement,” May 15, 1968, in *To Die for the People : The Writings of Huey P. Newton*（San Francisco : City Lights Books, 2009）, 90.

31 Scot Brown, *Fighting for US : Maulana Karenga, the US Organization, and Black Cultural Nationalism*（New York : New York

University Press, 2003).

32 Carson, *In Struggle: SNCC*, 280; Joseph, *Stokely*, 282.

33 ＣＯＩＮＴＥＬＰＲＯについて、その後のウォーターゲート事件を契機に高まった諜報活動への批判のなか、上院が特別委員会を設置して調査を行った。以下を参照。Ward Churchill and Jim Vander Wall, *Agents of Repression: The FBI's Secret Wars Against the Black Panther Party and the American Indian Movement* (Cambridge, MA: South End Press, 1988); idem, *The COINTELPRO Papers: Documents from the FBI's Secret Wars Against Dissent in the United States* (Boston: South End Press, 1990).

34 *Washington Post*, April 6, 1968, A16.

35 カーマイケルがブラック・パワー宣言を行った直後、公民権指導層はニューヨーク・タイムズ紙に連名で非難広告を出した。キングは、その広告に名を連ねることを拒否していた。David J. Garrow, *Bearing the Cross: Martin Luther King, Jr., and the Southern Christian Leadership Conference* (New York: Vintage, 1986), 497.

36 Peter B. Levy, *The Great Uprising: Race Riots in Urban America during the 1960s* (New York: Cambridge University Press, 2018); "Looting in Washington," *New York Times*, April 5, 1968; "Army Troops in Capital as Negroes Riot," *NYT*, April 6, 1968.

37 James Forman, *The Making of Black Revolutionaries* (New York: Open Hand, 1985), 535–541.

38 "S.N.C.C. in Decline After 8 Years in Lead," *NYT*, October 7, 1967.

39 結党以前よりニュートン、シールの友人であり、党創設当初はプログラム・ディレクターの任にあったデイヴィッド・ヒリアードは、この事件が、クリーヴァー主導による警察襲撃だったと後に述べている。だがしかし、ヒリアードが終始一貫してニュートンに近く、ニュートンとクリーヴァーがその後激しい内訌を繰り返したことを鑑みると、この主張をそのまま正しいとするわけにはいかない。ＢＰＰに関わる詳細な実証研究を公刊したブルームとマーティンは、事件の真相は分からないとしている。David Hilliard and Lewis Cole, *This Side of Glory: The Autobiography of David Hilliard and the Story of the Black Panther Party* (Boston: Little Brown, 1993), 182–195; Bloom and Martin, Jr., *Black Against Empire*, 118, 425.

40 George Katsiaficas, *The Imagination of the New Left: A Global Analysis of 1968* (Boston: South End Press, 1987).

41 Elaine Brown, *A Taste of Power: A Black Woman's Story* (New York: Doubleday, 1992), 247–249. サヴァイヴァル・プログ

ラムとBPPの女性党員については、特に以下を参照。Spencer, *The Revolution Has Come*.

42 *Report of the President's Commission on Campus Unrest*(Washington, D.C.: Government Printing Office, 1970), 109.

43 Transcript of George Mason Murray speech, *Gramma News*, Cuba, reprinted in *Black Panther*, October 12, 1968, 14.

44 Fed M. Hechinger, "The Demand Grows for 'Black Studies'," *NYT*, June 23, 1968; Stokely Carmichael, *Ready for Revolution: The Life and Struggle of Stokely Carmichael*(New York: Simon and Schuster, 2003), 644.

45 John H. Bunzel, "Black Studies at San Francisco State," *Public Interest* 13(Fall 1968), 26–27.

46 *Ibid*., 28.

47 E. Franklin Frazier, *Black Bourgeoisie*(New York: Macmillan, 1957)［E・F・フレイジァ(太田憲男訳)『ブラック・ブルジョアジー —— 新興中産階級の勃興』(未來社、一九七七年)］。

48 以下ストの展開については、Bloom and Martin, Jr., *Black Against Empire*, 269–286.

49 Peniel Joseph, "Black Studies, Student Activism, and the Black Power Movement," in *The Black Power Movement: Rethinking the Civil Rights-Black Power Era*, ed., idem(New York: Routledge, 2006), 251–277.

50 ハンプトンは、一九六九年一二月未明、イリノイ州検事エドワード・ハンラハンが陣頭指揮を執った党本部への「強制捜査」で、シカゴ市警から就寝中に猛烈な銃撃を受けて死亡した。検事局は党本部から発砲があったので応戦した正当防衛であるとして殺害を説明し、誰ひとり訴追されることはなかった。これに怒ったシカゴの黒人コミュニティは、公選職である州検事の落選運動を行い、ハンラハンが再選されることはなかった。William J. Grimshaw, *Bitter Fruit: Black Politics and the Chicago Machine, 1931–1991*(Chicago: University of Chicago Press, 1992); Jeffrey Haas, *The Assassination of Fred Hampton: How the FBI and the Chicago Police Murdered a Black Panther*(Chicago: Lawrence Hill, 2010); Jakobi Williams, *From the Bullet to the Ballot: The Illinois Chapter of the Black Panther Party and Racial Coalition Politics in Chicago*(Chapel Hill: University of North Carolina Press, 2013).

終 章

1 代表的なところで以下を参照。Komozi Woodard, *A Nation Within a Nation: Amiri Baraka(LeRoi Jones)and Black Power Politics*(Chapel Hill: University of North Carolina Press, 1999); Scot Brown, *Fighting for US: Maulana Karenga and, the US Or-*

ganization, and Black Cultural Nationalism(New York: New York University Press, 2003); Robert O. Self, *American Babylon: Race and the Struggle for Postwar Oakland*(Princeton: Princeton University Press, 2003); James Edward Smethurst, *The Black Arts Movement: Literary Nationalism in the 1960s and 1970s*(Chapel Hill: University of North Carolina Press, 2005); Jeanne Theoharis and Komozi Woodard, eds., *Groundwork: Local Black Freedom Movement in America*(New York: New York University Press, 2005); Matthew J. Countryman, *Up South: Civil Rights and Black Power in Philadelphia*(Philadelphia: University of Pennsylvania Press, 2006); Peniel E. Joseph, ed., *The Black Power Movement: Rethinking the Civil Rights-Black Power Era*(New York: Routledge, 2006); Angela D. Dillard, *Faith in the City: Preaching Radical Social Change in Detroit*(Ann Arbor: University of Michigan Press, 2007); Thomas J. Sugrue, *Sweet Land of Liberty: The Forgotten Struggle for Civil Rights in the North*(New York: Random House, 2008); Donna Jean Murch, *Living for the City: Migration, Education, and the Rise of Black Panther Party in Oakland, California*(Chapel Hill: University of North Carolina Press, 2010); Yohuru Williams, *Black Politics/White Power: Civil Rights, Black Power, and the Black Panthers in New Haven*(Malden: Blackwell, 2008); Robyn C. Spencer, *The Revolution Has Come: Black Power, Gender and the Black Panther Party in Oakland*(Durham: Duke University Press, 2016); Gary Rivlin, *Fire on the Prairie: Chicago's Harold Washington and the Politics of Race*(New York: Henry Holt, 1992); Abdul Alkalimat and Doug Gill, *Harold Washington and the Crisis of Black Power in Chicago: Mass Protest*(Chicago: Twenty-First Century Books, 1989).

2 Peniel Joseph, *Dark Days, Bright Nights: From Black Power to Barack Obama*(New York: Basic Books, 2010), 3.

3 Detroit News, *A Time of Tragedy: A Special Report*, August 11, 1967, 3.

4 WXYZ Radio Detroit, *Seven Days in July: One Radio Station's Coverage of the Nation's Worst Riot*(Detroit: WXYZ Radio, 1967).

5 *Ibid.*

6 WXYZ Radio Detroit, *Seven Days in July*; Detroit Free Press, *Reporting the Detroit Riot*(New York: American Newspaper Publishers Association, 1968), 4.

7 WXYZ Radio Detroit, *Seven Days in July*; Sidney Fine, *Violence in the Model City: The Cavanagh Administration, Race Relations, and the Detroit Riot of 1967*(Ann Arbor: University of Michigan Press, 1989), 196-199.

8 Detroit Free Press, *Reporting the Detroit Riot*, 40.

9 Detroit Free Press, *Reporting the Detroit Riot*, 17, 52; WXYZ Radio Detroit, *Seven Days in July; Detroit News, A Time of Tragedy: A Special Report* (Detroit: Detroit News, 1967), 6.

10 Fine, *Violence in the Model City*, 195.

11 Detroit News, *A Time of Tragedy*, 5; Fine, *Violence in the Model City*, 192.

12 Detroit News, *A Time of Tragedy*, 11.

13 Fine, *Violence in the Model City*, 202; WXYZ Radio Detroit, *Seven Days in July*.

14 WXYZ Radio Detroit, *Seven Days in July*.

15 Disturbance Chronology, July 24, 1967, George Romney Papers, Bentley Historical Library, University of Michigan (BHL-UM), Box 319; Transcript of Romney-Cavanagh Press Conference, July 24, 1967, *ibid.*; Transcript of Press Conference, July 31, 1967, *ibid.*; George Romney to Lyndon B. Johnson, July 24, 1967, *ibid.*; Transcript of Press Conference, July 31, 1967, *ibid.*

16 Fine, *Violence in the Model City*, 207–208.

17 *Ibid.*, 209, 214.

18 "Political Jousting Delays Use of GIs to Quell Riots," *Detroit Free Press* (*DFP*), July 16, 1967; Fine, *Violence in the Model City*, 212–215; WXYZ Radio Detroit, *Seven Days in July*.

19 "OK to Resume Business Is Given as Sniping Dies," *Detroit News*, July 25, 1967; Fine, *Violence in the Model City*, 223–226.

20 Fine, *Violence in the Model City*, 232–233.

21 Detroit News, *A Time of Tragedy*, 12.

22 National Advisory Commission on Civil Disorders, *Report of the National Advisory Commission on Civil Disorders* (New York: Bantam, 1968), 6, 84–108; Lyndon Baines Johnson, *The Vantage Point: Perspectives of the Presidency, 1963–1969* (New York: Holt, Rinehart and Winston, 1971), 167–178.

23 Joe T. Darden, Curtis Stokes and Richard W. Thomas, *The State of Black Michigan 1967–2007* (East Lansing: Michigan State University Press, 2007), 7; Joe T. Darden and Richard W. Thomas, *Detroit: Race Riots, Radical Conflicts and Efforts to Bridge the Racial Divide* (East Lansing: Michigan State University, 2013); John Gallagher, *Revolution in Detroit: Strategies for Urban Reinvention* (Detroit: Wayne State University Press, 2013); Scott Kurashige, *The Fifty-Year Rebellion: How the U.S. Political Crisis*

Began in Detroit(Berkeley: University of California Press, 2017); 矢作弘『都市危機のアメリカ —— 凋落と再生の現場を歩く』(岩波書店, 二〇二〇年)。

24 Mayor's Committee for Human Resources Development, Human Resources Development Program Summaries, June 1, 1967, Kornegay General File, Detroit Urban League Records, BHL-UM; Arthur Johnson, Interview, July 23, 1984, Detroit Riot Oral History Project transcripts, 1984-1985, BHL; United Community Service of Metropolitan Detroit, *Fact Book: War on Poverty*, September 1, 1965, Social Work Library, University of Michigan; Joseph Turrini, "Phooie on Louie: African American Detroit and the Election of Jerry Cavanagh," *Michigan History Magazine*(November/December, 1999), 11-17; WXYZ Radio Detroit, *Seven Days in July*.

25 モータウンについては, Nelson George, *Where Did Our Love Go?: The Rise and Fall of the Motown Sound*(New York: St. Martin's Press, 1985); Suzanne E. Smith, *Dancing in the Street: Motown and the Cultural Politics of Detroit*(Cambridge, MA: Harvard University Press, 1999).

26 WXYZ Radio Detroit, *Seven Days in July*.

27 George Walker, "It's Not a Racial Conflict," *DFP*, July 26, 1967; "The Sights and Sounds Were Unforgettable," *DFP*, July 20, 2007.

28 David Ritz, *Divided Soul: The Life of Marvin Gaye*(New York: Da Capo, 1985), 119, 136-155.

29 David O. Sears and T. M. Tomlinson, "Riot Ideology in Los Angles: A Study of Negro Attitudes," *Social Science Quarterly* 49(December 1968), 489, 496.

30 Detroit Urban League and Detroit Free Press, *The People Beyond 12th Street: A Survey of Attitude of Detroit Negroes After the Riot of 1967*(Detroit: Detroit Free Press, 1967), unpaged.

31 Joe R. Feagin and Harlan Hahn, *Ghetto Revolts: The Politics of Violence in America*(New York: Macmillan, 1973), 271.

32 Angus Campbell and Howard Schuman, *Racial Attitudes in Fifteen American Cities: Supplemental Studies for the National Advisory Commission on Civi Disorders*(Washington, D.C.: Government Printing Office, 1968), 48-49.

33 Detroit Urban League and Detroit Free Press, *The People Beyond 12th Street: A Survey of Attitude of Detroit Negroes After the Riot of 1967*(Detroit: Detroit Free Press, 1967), unpaged.

34 WXYZ Radio Detroit, Seven Days in July : One Radio Station's Coverage of the Nation's Worst Riot (Detroit : WXYZ Radio, 1967).

35 "After the Riots : A Survey," *Newsweek*, August 21, 1967, 21.

36 Governor's Commission on the Los Angeles Riots, *Violence in the City : An End or a Beginning ?*, December 2, 1965, 1, 5–9.

37 Detroit Urban League and Detroit Free Press, *The People Beyond 12th Street*.

38 *Ibid.* ; Robert M. Fogelson, "White on Black : A Critique of the McCone Commission Report on the Los Angeles Riots," *Political Science Quarterly* 82 (September 1967), 33–67 ; Feagin and Hahn, *Ghetto Revolts*, 282 ; National Advisory Commission on Civil Disorders, *Report of the National Advisory Commission on Civil Disorders* (New York : Bantam, 1968), 73.

39 Lee Rainwater and William L. Yancey, *The Moynihan Report and the Politics of Controversy* (Cambridge, MA : M.I.T. Press, 1967) ; James T. Patterson, *Freedom Is Not Enough : The Moynihan Report and America's Struggle over Black Family Life from LBJ to Obama* (New York : Basic Books, 2010).

40 Douglas S. Massey and Robert J. Sampson, "Moynihan Redux : Legacies and Lessons," *Annals of the American Academy of Political and Social Science* 621 (January 2009), 6–27.

41 Governor's Commission on the Los Angeles Riots, *Violence in the City*, 6.

42 Bayard Rustin, "Watts 'Manifesto' and McCone Report," *Commentary* 91 (March 1966), 29, 35.

43 *Ibid.*, 30.

44 "After the Riots : A Survey," *Newsweek*, August 21, 1967, 18–19.

45 David O. Sears and T. M. Tomlinson, "Riot Ideology in Los Angles," 490 ; Feagin and Hahn, *Ghetto Revolts*, 278.

46 Bayard Rustin, "Watts 'Manifesto' and McCone Report," *Commentary* 91 (March 1966), 29–30.

47 Detroit Urban League and Detroit Free Press, *The People Beyond 12th Street.*

48 Martin Luther King, Jr., "The Other America," Grosse Pointe High School, March 14, 1968, Grosse Point Historical Society Website, https://www.gphistorical.org/mlk/mlkspeech/（最終閲覧日二〇二四年一〇月二日）。

49 キング暗殺後の「受難週蜂起（Holy Week Uprising）」については以下を参照。Peter B. Levy, *The Great Uprising : Race Riots in Urban America during the 1960s* (New York : Cambridge University Press, 2018), 152–188.

50　たとえば以下を参照。Scott Kurashige, *The Fifty-Year Rebellion: How the U.S. Political Crisis Began in Detroit*(Berkeley: University of California Press, 2017); Mannning Marable, *Race, Reform and Rebellion: The Second Reconstruction in Black America, 1945–1982*, enlarged 2nd ed.(Jackson, MS.: University Press of Mississippi, 1991); Elizabeth Hinton, *America on Fire: The Untold History of Police Violence and Black Rebellion since the 1960s*(New York: Liveright, 2021).

51　Clayborne Carson, *In Struggle: SNCC and the Black Awakening of the 1960s*(Cambridge, MA: Harvard University Press, 1981), 126; Nelson Lichtenstein, *Walter Reuther: The Most Dangerous Man in Detroit*(Urbana: University of Illinois Press, 1995), 392–394; アロン・ヘンリィ/コンスタンス・カリー(樋口映美訳)『アメリカ公民権の炎――ミシシッピ州で闘ったアロン・ヘンリィ』(彩流社、二〇一四年)、二五三―二五六頁。

52　シカゴのサウスサイドでの借家人の支援と左翼政党の活動については、St. Clair Drake and Horace H. Cayton, *Black Metropolis: A Study of Negro Life in a Northern City*(Chicago: University of Chicago Press, 1945), 85–88.

53　Grace Lee Boggs, *Living for Change: An Autobiography*(Minneapolis: University of Minnesota Press, 1998), 36.

54　Boggs, *Living for Change*, 35–39.

55　Herbert Garfinkel, *When Negroes March: The March on Washington Movement in the Organizational Politics*(New York: Ahteneum, 1969), 88–91; Paula F. Pfeffer, *A. Philip Randolph: Pioneer of the Civil Rights Movement*(Baton Rouge: Louisiana University Press, 1990), 57–65.

56　Boggs, *Living for Change*, 39.

57　*Ibid*., 42–60.

58　*Ibid*., 66–69.

59　*Ibid*., 63–68.

60　James Boggs Interview in *Untold Tales, Unsung Heroes: An Oral History of Detroit's African American Community, 1918–1967*, ed., Elaine Latzman Moon(Detoit: Wayne State University Press, 1994), 149–153.

61　Ernest C. Dillard Interview in *Untold Tales, Unsung Heroes*, 158–159.

62　Boggs, *Living for Change*, 77–78.

63　Fine, *Violence in the Model City*, 17–37; Dillard, *Faith in the City*, 208–218.

64 Sugrue, *The Origins of the Urban Crisis*, 239–279.

65 Hiley H. Ward, *Prophet of the Black Nation*(Philadelphia: United Church Press, 1969), 179–180; Dillard, *Faith in the City*, 259–267.

66 Albert B. Cleage, Jr., "NAACP 'Snafu'," *Illustrated News*, May 27, 1963.

67 Hiley H. Ward, "On Protest Parade: Negro Ministers Vote 'Hands Off'," *DFP*, June 12, 1963; Nick Salvatore, *Singing in a Strange Land: C. L. Franklin, the Black Church, and the Transformation of America*(Urbana: University of Illinois Press, 2006), 248–249.

68 Albert Dunmore, "Straighten Out Confusion, Diggs, Jr. Warns Leaders," *MC*, June 8, 1963.

69 "Cavanagh Urges All to Join in Rights Rally Here Sunday," *Detroit News*(*DN*), June 21, 1963.

70 Allan Blanchard and Earl B. Dowdy, "Greatest Freedom Walk," *DN*, June 24, 1963.

71 "Reverend Cleage Pushes Freedom Now Party," *Michigan Chronicle*, April 18, 1963; David R. Jones, "Negro Party Puts Strength to Test," *NYT*, October 4, 1964; "Fact Sheet on the Freedom Now Candidates, Nov. 3. 1963 Election," Ernerst Smith Collection, Box 1, Archives of Labor History and Urban Affairs, Walter P. Reuther Library, Wayne State University(ALHUA-WPL). グレイス・リー・ボッグスによると，ミシガンＦＮＰ幹部は，マルコムＸを連邦上院議員に擁立しようとしていた。Boggs, *Living for Change*, 134.

72 Albert B. Cleage, Jr., "Freedom Now Party," *Illustrated News*, March 9, 3–6.

73 Freedom Now Party, *Freedom Now: New Stage in the Struggle for Negro Emancipation*(New York: Pioneer Publishers, 1963); "An All-Negro Party for '64 Is Formed," *NYT*, August 24, 1963.

74 Conrad Lynn, *There Is a Fountain: An Autobiography of Conrad Lynn*(Chicago: Lawrence Hill, 1979), 184.

75 "Wilkins Oppose Negro 3rd Political Party," *Chicago Defender*, August 27, 1963; "Racism in Politics," *NYT*, August 26, 1963.

76 Lynn, *There Is a Fountain*, 185.

77 "Senators Doubt Wallace Impact on Rights Action," *NYT*, May 21, 1963; Dan T. Carter, *The Politics of Rage: George Wallace, the Origins of the New Conservatism, and the Transformation of American Politics*(Baton Rouge: Louisiana State University Press, 2000), 419–422, 427–438.

78 "Homeowners Plan Open Housing War," *MC*, August 31, 1963 ; "Why Every Detroit Citizen Should Vote, 'No' on the Homeowner's Ordinance," June 22, 1964, Detroit Urban League Records, Box 54, BHL-UM ; "How Proposal Fared in Election," *Detroit Daily Press*, September 3, 1964.

79 County of Wayne, State of Michigan, "Official Statement of Votes Cast at the General Election, November 3, 1974," Ernest Smith Collection, Box 1, ALHUA-WPL.

80 Boggs, *Living for Change*, 137–138 ; Grace Lee Boggs and James Boggs, "The City is the Black Man's Land," *Monthly Review* (April 1966), 35–46.

81 West Central Organization, *A People's Union : A Self-Determination of Neighborhood Groups* (Detroit : WCO, 1966) ; "Black Power ! No," October 18, 1966, Francis A. Kornegay Papers, Box 12, BHL-UM ; "Negro Leaders Issue a Statement of Principles Repudiating 'Black Power' Concepts," *NYT*, October 14, 1966.

82 Arthur Johnson Interview Transcript, July 23, 1984, 5–6, Detroit Riot Oral History Project, BHL-UM ; Cyrus Vance Interview Transcript Part I November 3, 1969, 22, Lyndon Baines Johnson Library, University of Texas.

83 Johnson Interview Transcript, 34 ; Romney and Cavanagh to –, July 27, 1967, Box 393, Jerome P. Cavanagh Collection (JPCC), ALHUA-WPL.

84 Recommendation for Mayor Cavanagh, n.d. [*circa* August 1967], Box 393, JPCC, ALHUA-WPL. クラーグについて付言すると、かれはデトロイトの医師の家庭に生まれ、ウェイン・ステイト大学で社会学と神学を修めていた。

85 Cavanagh to John A. Hamilton, September 6, 1967, Box 393, JPCC, ALHUA-WPL ; "Detroit Courting Negro Militants," *NYT*, August 13, 1967.

86 "'Decent' Housing Takes Precedence Over Integration," *MC*, August 17, 1967 ; "One More Plea, If It's Not Too Late : Self-Determination," *MC*, August 26, 1967.

87 "Militants Rap Mayor's Group in Rebuilding," *DN*, July 28, 1967 ; "Detroit Negro Uniting in 'Front'," *NYT*, December 3, 1967 ; Boggs, *Living for Change*, 139.

88 "How Detroit's Militants Are Changing," *DFP*, October 1, 1967 ; Detroit Council of Organization, Press Release, December 19, 1967, Joseph L. Hudson Papers [JLHP], Box 1, BHL-UM.

89 Ray Hatcher to Hudson, December 11, 1967; Robert Battle III and Horace Sheffield to Hudson, December 11, 1967; James Garret to William Patrick, December 12, 1967, JLHP, Box 1, BHL-UM.

90 Albert B. Cleage, Jr., "Self-Determination and Accountability," *MC*, January 13, 1968.

91 "Humphrey, in Detroit Speech, Urges a Marshall Plan for Impoverished Americans," *NYT*, August 3, 1967.

92 Michael Hamlin, *A Black Revolutionary's Life in Labor: Black Workers Power in Detroit*(Detroit: Against the Tide Books, 2012).

93 James A. Geschwender, *Class, Race, and Worker Insurgency: The League of Revolutionary Black Workers*(New York: Cambridge University Press, 1977), 91-92; Dan Georgakas and Marvin Sarkin, *Detroit: I Do Mind Dying*(Cambridge, MA: South End Press Classics, 1998), 70-71.

94 Geschwender, *Class, Race, and Worker Insurgency*, 104-105.

95 *Ibid*., 110.

96 この普遍主義的リベラリズムを象徴した人物がバラク・オバマであり、オバマ当選後のアメリカでは、アメリカがレイシズムを超越し「ポスト人種」の時代に入ったという議論が喧しかった。かかる議論とその対抗議論、さらにはその後のブラック・ライヴズ・マター運動に流れ込んでいく黒人の運動については、以下の拙稿を参照。「オバマの時代――ポスト人種の功罪とトランプ政権の誕生」『歴史評論』八一一号(二〇一七年一一月)、八六―九五頁。

97 Loic Wacquant, "From Slavery to Mass Incarceration: Rethinking the 'Race Question' in the US," *New Left Review* 13 (January-February 2002), 41-60.

98 Radley Balko, *Rise of the Warrior Cop: The Militarization of America's Police Forces*(New York: Public Affairs, 2013), Chapter 4.

99 Heather Ann Thompson, *Whose Detroit?: Politics, Labor and Race in a Modern American City*(Ithaca: Cornell University Press, 2001), Chapter 4; Elizabeth Hinton, *From the War on Poverty to the War on Crime: The Making of Mass Incarceration in America* (Cambridge, MA: Harvard University Press, 2016), 190-201.

100 刑罰国家と人種の関係については以下の拙稿を参照。「ファーガソンの騒乱――「監獄社会」と二一世紀の人種主義」『アメリカ史研究』第三八号(二〇一五年八月)、九四―一〇三頁;「アメリカ合衆国の人種主義的大量収監と二一世紀

の刑罰国家」『歴史学研究』(二〇一九年九月)、一七―二五頁。

101 デイヴィスの来歴については、以下を参照。Angela Davis, *Angela Davis: An Autobiography* (New York: Random House, 1974)〔アンジェラ・デービス(加地永都子訳)『アンジェラ・デービス自伝』(現代評論社、一九七七年)〕。

102 *Ibid.*, 133–139.

103 Wallace Turner, "California Regents Drop Communist From Faculty," *NYT*, June 20, 1970.

104 Philip Hager, "5 Factors Noted in Angela Davis Innocent Verdict," *Los Angeles Times*, June 6, 1972.

105 Dan Berger, *Captive Nation: Black Prison Organizing in the Civil Rights Era* (Chapel Hill: University of North Carolina Press, 2014), 91–137.

106 Angela Y. Davis, *Are Prisons Obsolete?* (New York: Seven Stories Press, 2003)〔アンジェラ・デイヴィス(上杉忍訳)『監獄ビジネス――グローバリズムと産獄複合体』(岩波書店、二〇〇八年)〕。

107 ブラック・ライヴズ・マター運動と黒人自由闘争の関係については以下を参照。Barbara Ransby, *Making All Black Lives Matter: Reimagining Freedom in the Twenty-First Century* (Oakland, CA: University of California Press, 2018), 15–20〔バーバラ・ランスビー(拙訳)『ブラック・ライブズ・マター運動誕生の歴史』(彩流社、二〇二二年)、四〇―四六頁(訳語は一部本書の文脈に併せて原著の意を変えずに変更)〕。

写真出典一覧

一二頁　セルマ闘争の碑　著者撮影（二〇〇九年八月一五日）
二四頁　四名の少女の死を悼む碑　著者撮影（二〇〇九年八月一四日）
八一頁　「われらの白人コミュニティが欲しているのは白人の入居者である」　アメリカ議会図書館所蔵
（https://www.loc.gov/pictures/item/2017844754/）
八五頁　警官に暴行される黒人　*Life*, march 16, 1942
一〇二頁　Ａ＆Ｔカレッジの男子寮の前に立つ四名の男子学生の銅像　著者撮影（二〇一四年一月）
一一六頁　一九四四年当時のエラ・ベイカー　Wikipedia
（https://commons.wikimedia.org/wiki/File: Ella_Baker_(1903-1986)_circa_1944. png）
一四二頁　ＫＫＫから襲撃を受けて炎上するバス　Wikipedia
（https://en.wikipedia.org/wiki/File: Greyhound_Bus_Attack_Anniston_1. jpg）
一九九頁　ロバート・Ｆ・ウィリアムスの指名手配書　Wikipedia
（https://en.wikipedia.org/wiki/Robert_F._Williams#/media/File: Hooverwarrantforwilliams. jpg）
二三〇頁　キングを訪ねるマルコムX　アメリカ議会図書館所蔵
（https://tile.loc.gov/storage-services/master/pnp/ds/15100/15163u. tif）
二五七頁　ラウンズ郡で活動していた頃のカーマイケル　ヒューストン美術館所蔵
（https://www.mfah.org/press/gordon-parks-stokely-carmichael-black-power）
二九二頁　「非西洋的」な椅子に座るヒューイ・ニュートン　*The Black Panther*, Vol. 1-6, 1967
三四九頁　『イラストレイテッド・ニュース』誌の表紙　*Illustrated News*, June 23, 1963
三五八頁　デトロイトの中央会衆派教会　著者撮影（二〇〇七年七月二三日）
三七〇頁　アンジェラ・デイヴィスの指名手配書　Wikipedia
（https://commons.wikimedia.org/wiki/File: Angela_Yvonne_Davis_Wanted_Poster. jpg）

あとがき

本書の柱のひとつはブラック・パワー運動である。公民権運動に関わる邦語の文献は多くあるものの、ブラック・パワー運動に強い焦点を当て、歴史学的な論点を含めて論じたものは、おそらくはわが国では初のものになると思う。

他方、本書で展開した黒人史研究上の枢要な議論の多くは、二〇年前には出ていたものであり、それゆえ、いまはずいぶんと遅れて「宿題」を終えた気持ちになっている。

こんなにも「宿題」が遅れたのには個人的で学問的な理由がある。それは本書の隠れた大枠とも関わることゆえに、ここで説明しておきたい。

ブラック・パワー運動の意味が、筆者にとって鮮明になったのは、実はほんの最近のことである。ブラック・パワーとは政治化したギャングスタリズム、そう断罪されるには根拠がある。バラク・オバマの政治スタイルのように、普遍主義的な近代リベラリズムへの信頼こそが、レイシズムを撃つ最善の方法であるかもしれない。そう思うことが度々あり、モノグラフを書き重ねることはできても、それをひとつの史学議論に編み上げることが筆者には無理だった。ブラック・パワー運動を語る論理、その論理が動く歴史がみえなかったのだ。

だが新たな闘争の始まりがこの事情を変えた。二〇一四年八月、ミズーリ州ファーガソンで起きた黒人青年マイケル・ブラウン君の射殺事件を契機に、大規模な抗議運動が興隆した。その模様はわたしにとって衝撃的だった。とりわけて目についたのが抗議参加者の「行儀の悪さ」だった。重武装した警官隊に中指を立てて向かっていくかれらかのじょらの姿はまるでブラック・パワーの時代のアクティヴィストのようだった。同年一一月の感謝祭の週末、全米各地で同時に行われた抗議集会は、まさに六〇年代以来の激しさになっていった。今日ではブラック・ライヴズ・マター運動（ＢＬＭ）として広く知られている闘争が起こる光景をみていて、筆者には黒人自由闘争の歴史のなにかがみえてきたような気がした。

二〇二〇年春、今度はミネソタ州ミネアポリスでジョージ・フロイド氏が殺害された。その後の抗議運動が文字どおり世界中に拡がったのは読者もきっとご存じのことであろう。だがしかし、このときの日本では、激しい抗議運動に対して否定的な意見が多く、デモに便乗した商店への掠奪行為が横行した日の翌朝には、アメリカからの情報が乏しいのにもかかわらず、「これはもう単なる暴動です、抗議などではありません」という旨の激しい表現を使いながら、ブラック・ライヴズ・マター運動を一括りに断罪したアメリカ研究者もいた。このような動向に筆者は大きな危機感をもたざるを得なかった。

岩波書店編集局の押川淳氏から、ＢＬＭについて雑誌『思想』への連載のお話を頂いたのはこのようなときだった。そこで、筆者は、押川氏との最初のミーティングで、ストリートでの暴力について殊更それが否定的に捉えられるのは非暴力の公民権運動に関する歴史の実態から乖離した特異な認識（「公民権運動の正史」「公民権運動の勝利主義的解釈」）が関係していること、ブラック・パワー運動をきちんと論じなければＢＬＭの本格的議論は不可能であるということをまずはお伝えした。

また、ＢＬＭの先頭に黒人女性と性的マイノリティが立っているが、この事情はブラック・フェミニズムをきちんと伝えなくては理解できないとも説明した。黒人女性の歴史を語る手っ取り早い方法は、連載の一回をブラック・フェミニズムに割くことだが、そのような「隔離」は行いたくない、かのじょたちをしっかりとセンター・ステージに立たせ、黒人の現代史の語り自体を大きく変えたい。そのような「思い」をおそらくは一方的に語った。

こうして始まった『思想』での連載を骨子に、デトロイトでの実証研究を新たに加えてできあがったのが本書である。当初の筆者の「思い」は、具体的な内容を欠いているわりには大胆な目的を掲げたものであり、そのような、ひとりの研究者の試論を発表して鍛え上げること、そしてさらにはそれをひとつの書籍に編み上げていくこと、これらは押川淳氏のご理解とご支援がなければとうてい不可能であった。ここに記して感謝の意を表したい。

本書でも論じてきたが、アメリカの歴史には、人種、ジェンダー、そして階級でつねに太い分断線が走っている。ならば、「公民権運動の勝利主義的解釈」と一線を画する黒人自由闘争の歴史を通じてこそ、「トランプの時代」の混乱はより深く理解できるのではなかろうか。読者の率直で厳しい評価を頂ければ幸いである。

本書の多くの部分はすでに発表している拙論である。以下に初出一覧を示すが、その議論の進め方や表現は大幅に書き改めた。なかには初出の論考と同じなのは議論の着想と筆者に特有の表現だけのものもある。

序章

書き下ろし

第一章

「ブラック・パワーとリベラリズムの相剋——デトロイトの黒人自由闘争」中野聡・木畑洋一編『岩波講座・世界歴史二三巻——冷戦と脱植民地化Ⅱ』(二〇二三年六月)。

「第二次世界大戦時のデトロイトと公民権ユニオニズムの興隆」『日本女子大學紀要文学部』第六七号(二〇一八年三月)。

第二章

「学生非暴力調整委員会の誕生——黒人自由闘争の歴史(一)」『思想』第一一六一号(二〇二一年一月)。

第三章

「公民権運動の急進化と冷戦公民権——黒人自由闘争の歴史(二)」『思想』第一一六四号(二〇二一年四月)。

第四章

「ロバート・F・ウィリアムスの抵抗——黒人自由闘争の歴史(三)」第一一七〇号『思想』(二〇二一年一〇月)。

第五章
「マルコムXの軌跡――黒人自由闘争の歴史(四)」『思想』第一一七四号(二〇二二年二月)。
第六章
「ストークリー・カーマイケルとブラックパワーの興隆――黒人自由闘争の歴史(終)」『思想』第一一七八号(二〇二二年六月)。
第七章
「黒人ラディカリズムの「六八年」とブラックパワー」『思想』第一一二九号(二〇一八年五月)。
終章
前掲「ブラック・パワーとリベラリズムの相剋――デトロイトの黒人自由闘争」。
「「公民権物語」の限界と長い公民権運動論――ウィリアムス、キング、デトロイト・グラスルーツの急進主義に関する一考察」油井大三郎編『越境する一九六〇年代――米国・日本・西欧の国際比較』(彩流社、二〇一二年)。
「ブラック・パワーの挑戦とアメリカン・リベラリズムの危機――ニュー・デトロイト委員会の活動を中心に」『アメリカ史研究』第三五号(二〇一二年)。

本書は遅れた「宿題」であると先に述べました。多くの方々の支えがなければ、長期にわたる取り組みを続けることはできませんでした。黒人史の魅力を知ったのは神戸市外国語大学の学生だったときです。アメリカ黒人史をまさに「いろは」から教えてくださったのは大塚秀之先生です。先生からは研究に臨む姿勢も(きちんとわたしが身につけているかはともかく)学びました。東京大学大学院総合文化研究科では、故新川健三郎先生、遠藤泰生先生、そして油井大三郎先生からご指導いただきました。油井先生には大学院を出たあとも共同研究等で、実に三〇年以上にわたりご指導いただきました。

本書のデトロイトに関する研究は、油井先生が代表を務められた日本学術振興会科学研究費基盤研究(A)「一九六〇年代の米国における文化変容とその越境に関する総合的研究」で着手したものを、フルブライト奨学金研究者プログラムならびに科研費基盤研究(C)「黒人自由闘争の現代的展開に関する実証研究」の助成を受けて実施した調査を経て完成したものです。二〇〇八年秋から一年間、ミシガン大学アフリカン&アフロアリカン研究所に客員研究員として滞在することになりましたが、ケヴィン・ゲインズさんには公私ともにたいへんお世話になりました。

また、樋口映美さんからは、ここで簡単に記すことができないさまざまな場面でご教示いただきました。本書の最終的な骨子ができあがったときにも親身にご指導くださり感謝しています。また、上杉忍先生から『思想』連載の拙論についていつも丁寧なご批評を頂きました。ありがとうございます。

一九九〇年代、大学院生として同じ時代を過ごした先輩と同僚のみなさんは、わたしの最大の支えでした。現在はアメリカ史研究を先頭で引っ張っている優秀な方々に囲まれて長い時間を過ごせたことは、このうえない幸運です。お名前をあげれば長大なものになり、このようなかたちで失礼しますが、畏友との語らい、「早く書け」との激励は筆者の宝です。

最後に、父實、母桂子、そして妻の理恵子へ。定時制高校で学び、その後はまさに汗と油にまみれて働いてきた父にとって、親元を離れたわたしは「意味不明な人間」になっていきました。わたしが若く、父もまだ元気だったころ、ラディカルに理論武装して故郷に帰るわたしと父とのあいだでは、なんども文字どおり家が揺れる口論がありました。学生非暴力調整委員会の面々は学生です。それは学生運動でもあります。学生運動は父が忌み嫌うものでした。それでも晩年の父は、わたしと似たようなことを言うようになったのですが、父子を横で見守り、不器用な父の愛をわたしに伝えてくれたのは母です。感謝しています。研究の動機は様々にあると思いますが、筆者の場合は、対象に惹かれたのがきっかけです。だから筆者自身もラディカルであろうとします。すると、ふと気づけば「世界」から遠く離れてしまったこともありました。そのようなときには、(大義のかけらもなく素振りだけを真似て、カーマイケルよろしく)「説明する責任はわたしにはない」という態度をとってしまいます。筆者に「世界」との適切な距離の取り方を教えてくれたのは常識的な理恵子です。ひとに伝わる言葉で黒人自由闘争の歴史を書くことは、どれだけ研究を重ねても、かのじょなしでは筆者にはできなかったでしょう。ありがとう。

トランプ再選の報を聞いた直後、今後の激動に思いを馳せながら
二〇二四年一一月一四日

藤永康政

藤永康政

日本女子大学文学部英文学科教授．東京大学大学院総合文化研究科博士課程修了．山口大学人文学部准教授，ミシガン大学アフリカン＆アフロアメリカン研究所客員研究員を経て，2018 年から現職．専攻はアメリカ黒人の歴史，公民権運動／ブラックパワー運動．著書に『「ヘイト」の時代のアメリカ史』(共著，彩流社，2017 年)，『「いま」を考えるアメリカ史』(共編著，ミネルヴァ書房，2022 年)ほか，訳書にマイク・マークシー『モハメド・アリとその時代』(未來社，2001 年)，バーバラ・ランスビー『ブラック・ライヴズ・マター運動誕生の歴史』(彩流社，2022 年)ほか．

〈黒人自由闘争〉のアメリカ史
──公民権運動とブラック・パワーの相剋

2024 年 12 月 25 日　第 1 刷発行

著　者　藤永康政《ふじながやすまさ》

発行者　坂本政謙

発行所　株式会社　岩波書店
〒101-8002 東京都千代田区一ツ橋 2-5-5
電話案内 03-5210-4000
https://www.iwanami.co.jp/

印刷・精興社　製本・松岳社

ISBN 978-4-00-022982-1　　Printed in Japan

評伝モハメド・アリ —アメリカで最も憎まれたチャンピオン— ジョナサン・アイグ 押野素子訳 菊判 六二二頁 定価三九六〇円

カースト アメリカに渦巻く不満の根源 イザベル・ウィルカーソン 秋元由紀訳 A5判 四六八頁 定価四一八〇円

「犠牲区域」のアメリカ 核開発と先住民族 石山徳子 四六判 二九八頁 定価三八五〇円

それで君の声はどこにあるんだ? —黒人神学から学んだこと— 榎本空 四六判 二二二頁 定価二二〇〇円

移民国家アメリカの歴史 貴堂嘉之 岩波新書 定価九六八円

岩波書店刊

定価は消費税 10% 込みです
2024 年 12 月現在